大学生职业生涯辅导 系列丛书

大学生求职择业与职业发展

编委会主任

黎大志 周俊武

编委会副主任

宋叔培 姚金海 田 野 周 俊

主 编

黎大志

执行主编

周劲松 姚金海

副主编

曾南雁 熊剑峰 陈 松 谈 芳 陈胜国 向 兵 贺慧星
雷道金 彭赛丰 刘 杰 罗 元 赵鑫海 李小燕 贺 莉

编委会成员

(以姓氏笔画为序)

于 烽 马 欣 王 云 王术芳 王 磊 邓 敏 田 野 叶巧先
向 兵 向延娥 刘 卫 刘 飞 刘兆一 刘争气 刘 杰 刘 姗
刘晓瑞 刘 植 孙雯波 李小燕 李灿华 李 波 李 蜜 李 俐
李 漓 宋叔培 杨 柳 欧阳丹玲 张元强 张自辉 张晓红 肖 剑
陈 君 陈 松 陈胜国 陈 敏 陈 嫒 罗 元 罗 明 罗 艳
罗繁荣 周 灿 周劲松 周 俊 周俊武 周 容 钟毅平 姚金海
贺 莉 贺慧星 胡碧瑜 赵鑫海 夏 禹 莫 燕 唐 军 耿自强
秦建新 银海强 聂建成 谈 芳 黄元国 黄丽萍 曹俊峰 彭建国
彭赛丰 曾凯欣 曾南雁 谢胜文 廖 欢 熊卓然 熊剑峰 黎大志

湖南师范大学出版社

HUNAN NORMAL UNIVERSITY PRESS

图书在版编目（CIP）数据

大学生求职择业与职业发展/黎大志主编．—长沙：湖南师范大学出版社，
2009.10

ISBN 978－7－5648－0112－0

Ⅰ．大…　Ⅱ．黎…　Ⅲ．①大学生—学生生活②大学生—职业选择
Ⅳ．G645.5　G647.38

中国版本图书馆 CIP 数据核字（2009）第 187969 号

大学生求职择业与职业发展

主　　编：黎大志
执行主编：周劲松　姚金海

◇责任编辑：何海龙　莫　华
◇责任校对：赵亚梅
◇出版发行：湖南师范大学出版社
　　　　　　地址/长沙市岳麓山　邮编/410081
　　　　　　电话/0731－88873070　88873071　传真/0731－88872636
　　　　　　网址/http：//press．hunnu．edu．cn
◇经销：湖南省新华书店
◇印刷：长沙超峰印刷有限公司
◇开本：710×1000　1/16
◇印张：19
◇字数：362 千字
◇版次：2009 年 11 月第 1 版　2019 年 7 月第 12 次印刷
◇书号：ISBN 978－7－5648－0112－0
◇定价：35.00 元

职场名言

● 机会只会垂青有准备的人。

● 知己知彼，百战不殆。认识自我，认识社会，认识用人单位和招聘官是求职制胜的重要前提。

● 诚心、信心、恒心是求职制胜的三大法宝。

● 磨刀不误砍柴工。充分准备、合理定位是叩开就业大门的金钥匙。

● 不求现在最好，但求以后更好！

● 该出手时就出手——抓住机遇，充分展示自己的特长与优势。

● 简历：简洁而有杀伤力。

● 用人单位需要什么，我就提供什么；招聘官欣赏什么，我就展示什么。

● 求职成功的关键在于：如何发挥自身优势去说服招聘官，让招聘官信任你、欣赏你。

● （树立求职目标时）要学会跳起来摘苹果。

● "山不过来，我就过去。"主动出击，适应社会，适应用人单位。

● 世界上没有最好的工作，只有最适合自己的工作。凡适合自己的，就是最好的。

● 高不成低则就。因为我们相信，是金子总会闪光。

● 细节决定成败。

● 泰山不让细壤，方能成其高；东海不择细流，故能就其大。

● 机不可失，时不再来！抓住机遇，就是抓住未来。

● 如果做不了大道，就请做条小径；如果做不了太阳，就请做颗星星；如果想欣赏玫瑰的芳香，就请用心去浇灌；如果对自己都没有信心，又怎能企盼别人对你的信任？

- 找工作要登高望远，不能鼠目寸光，只顾眼前利益，而不顾长远发展。
- 以退为进，海阔天空。
- 天生我材必有用，千金散尽还复来。
- 滴水千日能穿石，有志不怕天再高——坚持就是胜利。
- 不经历风雨，怎能见彩虹？不到基层磨炼，哪有上升空间？
- 自下而上，从低到高，是人才成长的普遍规律。
- 一切皆有可能，只要你有真才实学。

目　录

第一章 求职择业期望与原则

选择职业，是绝大多数具有劳动能力的人所面临的最普通、最基本，也是最重要的问题。只要人活着，就得工作，寻求一份职业，以满足基本的生存需要。随着社会的发展，现代社会的人们已不再满足于一般的物质需求，因此，职业也不仅仅是谋生的手段，在满足人们的物质需要的同时，还要实现人的精神需求，因此导致人们的职业期望也变得纷纭复杂、多种多样，并不时发生变化。作为大学毕业生，如何根据时代的变化确立自己的职业期望，把握自己的择业期望值，坚持正确的择业原则，是一个值得思考的问题。

第一节 求职择业需考虑的因素

一、地域因素

调查表明，大学毕业生求职择业首先考虑的问题是工作单位所处的地域。位于北京、上海、天津、广州等大城市的用人单位尤其受到大学生青睐。其次是沿海开放城市或特区，如：深圳、珠海、青岛、宁波、厦门、苏州、杭州等。而对处于边远地区、西部地区、中小城市的单位则往往考虑较少。

这些选择自己求职择业单位所在地域的方法，尽管带有普遍性、实际性，但不利于毕业生的自身发展。虽然选择大城市、沿海开放城市单位就业有一定的优越性，这些地区，不但生活方便、条件优越、文化生活丰富，而且继续学习深造、获得更大发展的机会多，但是毕业生同时也应该考虑到：由于这些大城市的大公司、大机关人才济济，专业人员齐备，因而刚刚毕业的学生很少有锻炼机会，容易受压抑，再加上2008年由美国次贷危机引发的金融风暴对以制造业和进出口业务为主的长三角、珠三角等沿海地区乃至全国众多企业造成严重影响，对人才的需求量大大减少；而西部地区、边远地区、中小城市和广大农村虽然条件差，比较艰苦，但是由于缺乏人才，所以对大学生的聘用极为重视，毕业生的才智有充分发挥的余地。随着信息化时代的悄然来临，虽然这些单位离大城市较远，但交通便利和互联网的普及也大大地缩短了距离，缩短了时间。这对有志者来说也是可以考虑的因素。

二、环境因素

选择就业单位，需要考虑当前的经济环境对人才的需求，未来社会发展对人才的需求，以及政治、法律、文化环境乃至家庭环境的影响。用人单位对人才的需要受制于经济大环境的影响，比如，当前的金融危机就直接导致了金融、地产、外贸类、制造类企业对相关专业人才需求的减少。但是，这只是周期性的，从长远来看，具有较强的适应能力、学习能力、创造能力和团队合作精神的毕业生还是能受到企业青睐的。因为工作不是一两年而是十几年几十年的事，要有长远的目标。

求职择业要考虑的环境因素包括以下几个方面：

（一）单位因素

1. 用人单位对人才需求的迫切性

求职者具体供职的单位十分重要，如：一般来说，迫切需要毕业生具备某项专业技能、素质的单位，对毕业生的使用十分重视，工作安排也较如人意，比较合理。如果用人单位对人才需求量少，或可有可无，可进可不进，那么，毕业生的安排多是不够理想，只能做些辅助工作而已。

2. 用人单位的发展前景

毕业生的发展前景与所在单位的发展前景密切相关。如果所在单位技术装备水平高，企业（公司）规模大，并在不断发展壮大，或成立时间不长，但领导知人善用，职工文化素养高，经营项目好，市场（国内、国际）竞争力强，无疑对人才的需求量大，发挥才能的机会多，得到锻炼的机会也多。这对毕业生的发展是相当有利的。

3. 继续深造的条件和机会

大学毕业生从学校出来，一般仅掌握某一门专业知识，知识面还是有限的。要在今后求得发展、有所作为，必定要在工作中继续学习，补充新知识。为了今后的发展，毕业生在求职择业时应该考虑用人单位是否具备学习深造的条件，比如：学习场所、科研设备，是否有深造的机会等。这样可以边干边学，在实践中争取深造的机会。

4. 人际关系

这是个不得不考虑的求职择业因素。设想人际关系紧张、勾心斗角，每天要应付来自各"群体"、"派系"的干扰，怎能舒心地工作和学习呢？所以，有条件的话，在这个问题上一定要用些时间了解群众与领导、领导与领导、群众与群众之间的关系，这对于未来的工作不是一件坏事。但怎么处理工作、生活中的人际关系，依然是一门学问。在你的周围建立一种建设性的良好的人际关系，会让你获得一种温暖、安全的感觉。不奢求让周围的每一个人都喜欢你，但至少让他们不讨厌你，这对你和你的工作都是一种快乐。良好的人际关系，使得你在需要他人时，会有人伸出援助之手。

5. 单位性质

单位性质在求职择业时不容忽视。如国有企业、党政机关工作相对稳定，按部就班，但缺乏灵活性和挑战性；民营企业、外贸企业机制较为灵活，富有挑战性，但工作不稳定，有一定风险。

6. 单位实力

包括单位规模、经济效益、社会知名度、社会影响力、行业竞争力等。

其他，如经营范围，主要经营项目等亦要适当考虑。

7. 待遇因素

如：工资标准、奖金数额、住房条件、失业保险、养老保险、医疗保险、住房公积金及各种福利待遇等。

以前，毕业生就业之后，工资标准是一定的，边远地区稍高些，而一般行业、一般地区则完全统一标准。但是随着改革开放的深入和多种承包经营责任制的实行，各种所有制形式的公司、企业如雨后春笋般涌现，其中包括中外合资企业、新兴城市集体企业等。这些单位发展的前景不同，职工的经济收入差距逐渐拉大，有的甚至是很悬殊的。大学毕业生在求职择业时也应考虑和研究这个问题，但是要从长远发展考虑，绝不能一味追求实惠而荒废了自己的专业，忽视自己的发展前途。工作的基本目的是赚钱养活自己，但不是所有能赚钱的都是好工作，不能只顾眼前利益而忽视长远发展。

【案例参考】

有一名毕业生，他毕业之后分到一个企业的子弟学校，每月拿着500元左右的工资，经过再三考虑，他决定辞去这份工作。当他把辞职书送上去时，校长对他说："你走了之后我这个年级的数学就会垮了。"于是，他没有再提出辞职。过了几年，该子弟学校归属于当地教育局，他因为出色的教学表现被提拔到领导岗位，他负责的这所学校也成为了当地有名的中学。他不仅更好地发挥了自己的专长，经济待遇也得到了较大提高。

（二）行业因素

俗话说：男怕入错行，女怕嫁错郎。行业的现状及发展前景是求职择业时不能忽视的重要因素。

（三）经济因素

研究表明，GDP 每增长一个百分点，将增加约 100 万个就业岗位。产业结构、经济规模、经济建设的重点和方向将在一定程度上影响就业。如发达国家第三产业占国民经济的 70% 左右，而我国才 30% 左右，因而随着经济的发展和产业结构的调整，我国第三产业对人才的需求将不断增加。国家经济建设发展的重点领域，如高新技术、新能源、环保、生物医药、汽车等领域需要大量人才。一些经济发达地区，特别是沿海地区正在蓬勃兴起的工业园（区）、高新产业开发区对人才的需求量大，吸纳力强，如苏州工业园、吴江汾湖开发区等。

（四）政治因素

政治因素对求职择业有举足轻重的影响。特别是国家的相关政策对求职择业影响巨大。如国家关于鼓励大学生去西部就业的政策、鼓励大学生去基层就业的政策、西部志愿者政策、选调生政策、大学生到村任职政策、西部大开发政策、中部崛起政策等均在大学生中产生了巨大的影响，吸引着越来越多的大学生去西部，去基层就业。

此外，家庭、文化、法律等因素也不容忽视，它们在一定程度上影响着大学生求职择业。

三、个人因素

包括个人性格、兴趣、特长、技能及人生观、价值观等因素，是求职择业时必须考虑的重要因素。特别是根据个人兴趣、价值观和能力特长选择工作尤为重要。

第二节　职业期望

所谓职业期望，是指个体对某种职业的渴求和向往。人类社会自从有了职业以来，人们就有了职业期望，只不过原始的职业期望只是一种自下而上的需要。随着社会的发展，职业的不断分化和新的职业的产生，人们的职业期望也随之不断发生变化。由于社会的经济、政治、文化条件以及家庭对人的影响不尽相同，再加上人的思维方式、知识素养、价值观念等存在的差异，从而形成了不同的人有不同的职业期望。在大学毕业生的职业选择中，其职业期望也是各种各样，呈现出多元化的态势。有的毕业生向往有一份能实现自我价值的职业，并凭自身条件干一番事业；有的毕业生则希望有一份能发挥自身素质优势的职业，并在此职业岗位上为社会、为国家做出自己的贡献等。那么，什么样的职业期望才是合理的，才是符合社会需要的？大学生该怎样把握自己的择业期望值？这正是我们要讨论的问题。

一、职业期望分类

在现代社会中，职业是多种多样的，人们的职业期望也不尽相同。按照职业期望的发生过程，可分为自然性职业期望和社会性职业期望；按照职业期望所指向的对象，可分为物质性的职业期望和精神性的职业期望；按照职业期望实现的程度，还可分为合理性的职业期望和不合理性的职业期望等。

1. 自然性职业期望和社会性职业期望

在人的职业选择中，如果你对职业的要求只是为了谋求维持自己的生存及延续后代的条件，而没有其他的向往，那么，这种职业期望就是自然性的职业期望，也是一种较低层次的职业期望。人是大自然的产物，决定了他永远不能摆脱自然界的制约。没有任何自然性的要求，个体就不能生存和延续后代。所以，自然性的职业期望是保障人类生存的基本要求。社会性的职业期望，是在社会职业活动中形成的对人类文化的期盼，对政治生活和交往活动的追求，如对成就的渴望、对文化生活的向往、对社会肯定的追求等。在现代生活中，人们所处的社会环境和经济地位不同，社会性职业期望也就不尽相同。随着社会的发展和文化的进步，人们的自然性职业期望越来越少，而社会性的职业期望则越来越强烈。从一定意义上讲，当人们的社会性职业期望得不到满足时，虽然人的生存条件不会受到太大的影响，但会使人产生一种不愉快的感觉。比如在"十年动乱"中，许多科学家被迫去当清洁工，许多高级管理人才去当门卫，实际上是剥夺了他们的社会性职业期望，显然是非常痛苦的。

根据我国目前的人才管理体制，大学毕业生的社会性职业期望一般都会得到满足，毕业生就业政策中的专业对口、学用一致、人尽其才等原则，为广大毕业生实现其社会性职业期望提供了可能，社会主义市场经济条件下的人才合理流动，以及人才市场的发育和完善，更为广大毕业生的职业追求提供了充分的社会条件。因此，广大毕业生要正确认识这一点，在职业选择中眼光不只盯在生活条件上，要把成就事业、施展才华、为社会多做贡献作为自己最高层次的职业追求。

2. 物质性的职业期望和精神性的职业期望

物质性的职业期望主要表现为人们对职业活动中物质文化的向往，包括工资待遇、生活条件以及生活环境等，是人最基本、最重要的欲求，也是其他一切需要的基础。人的精神性职业期望，主要表现为人们对职业活动中文化方面的向往，比如文化环境、学习条件以及对美的追求等。现代职业活动给人们物质性的职业期望和精神性的职业期望都提供了实现的可能，因为在职业活动中，人们在物质欲望得到满足的同时，也为精神、文化欲望提供了必要的条件和环境。而且职业活动本身就是一种精神享受，在人们共同的职业活动中，会促进朋友之间、同事之间的感情交流，使人产生满意感和归宿感，职业活动的结果又使人产生一种成就感。通过职业活动你会感到自己的力量和智慧，从而使你的精神更加充实。由此可见，物质性的职业期望和精神性的职业期望的实现，是相辅相成的，只要你抱定了为社会、为人类贡献自己聪明才智的决心，并在职业岗位上勤奋工作、不断进取，则无论职业岗位如何，你都能从中得到物质和精神上的满足。只有那些不劳而获的人，才是精神最空虚的人。所以，当代大学生应以中华民族的大业为己任，无论在祖国经济建设的任何职业岗位上，都能施展自己的才干，为国家、为人民做出自己应有的贡献。

3. 合理性的职业期望与不合理性的职业期望

职业期望是复杂多样的，但在现实生活中，并不是所有的职业期望都能变成现实。一个人的职业期望能否变成现实，主要看其是否建立在合理的基础上。比如在大学生就业过程中，也许每个人都希望自己有一份既轻松愉快，待遇、条件好，又不怎么费劲就能成就一番事业的职业。很显然，这种职业期望是不可能实现的。也许不少大学毕业生都希望到中国科学院、中国社会科学院等单位从事设计、研究工作，或者希望到沿海开放城市寻求一份高收入的职业。殊不知，任何一个职业的选择，都受到社会需求、自身素质以及其他社会因素的制约。另外，人的职业期望又是发展变化的，它随着社会生产力的发展而发展，随着社会职业结构的变化而变化。比如在太空飞行器还未诞生之前，就不会产生当一名宇航员的职业欲望，即使有也难以实现。由此可见，人们在职业选择过程中，应实事求是地对自己的职业期望有一个客观的、科学的分析，分清哪些是合理的，是能够实现的，应该努力追求的，哪些是不合理的，是实现不了的，应该放弃的。这就要求每一位大学毕业生，以自己的专业所长、个人素质优势以及客观的社会需求为基础，确立自己合理的职业期望，要学会"跳起来摘苹果"。

二、大学生职业期望的现状

总的来说，目前有相当一部分大学生职业期望值过高，因而出现"就业难"的问题。

目前已经公布的一些调查数据和分析结果都认为大学生不顾自己的实际情况，在求职择业过程中盲目攀高，而这种状况已经成为大学生就业难的主要原因。具

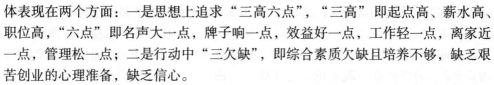

体表现在两个方面：一是思想上追求"三高六点"，"三高"即起点高、薪水高、职位高，"六点"即名声大一点，牌子响一点，效益好一点，工作轻一点，离家近一点，管理松一点；二是行动中"三欠缺"，即综合素质欠缺且培养不够，缺乏艰苦创业的心理准备，缺乏信心。

调查数据也支持这一观点。首先表现在薪水方面。据 2004 年 10 月 20 日《中国教育报》的一份调查显示，学生的择业期望值比较高。此次调查是中国人民大学"中国大学生就业问题研究"中心向北京、广州、上海 600 家用人单位的人力资源主管发放的问卷，调查表明在月薪方面，2000～3000 元为 49.32%，3000～4000 元为 10.96%，高于 4000 元的为 6.85%，用等级中值代替处理后的平均值为 2345 元，这种收入预期目标远远高出市场承受能力，与实际状况存在相当差距。复旦大学公布了其主持研究的《2002～2003 年上海大学生的生存状态和价值观念》，这份报告调查了一千多名 2002～2003 年上海在校大学生，以大量信息描述了上海大学生的生存状态和价值观念，其中有一项是大学生的就业收入期望值。他们的研究结果表明，大学生期望最低月收入平均约 3200 元，与 2000 年的调查相比，提高了 700 元。这个期望值与社会实际情况相比偏高。据湖南师范大学就业指导中心于 2008 年 5 月对该校 2759 名 2008 届毕业生所做的问卷调查显示，关于"对第一份工作薪水的最低要求"：月薪 5000 元以上，51 人，占 1.8%；月薪 3000～5000 元，222 人，占 8.0%；月薪 2000～3000 元，866 人，占 31.4%；月薪 1500～2000 元，934 人，占 33.9%；月薪 1000～1500 元，480 人，占 17.4%；月薪 1000 元以下：198 人，占 7.2%。其中 1500～3000 元，即 2000 元左右达 65.3%，占相对多数。其次为 1000～1500 元，占 17.4%。该调查数据显示，大学毕业生的就业期望值近年来开始回归实际和理性。

其次，大学生的择业期望值还不仅仅限于收入标准，就业的地域倾向和单位性质也是大学生择业期望的主要方面。据 2004 年 10 月 20 日《中国教育报》对北京高校的一份调查表明，选北京的有 74.8%，上海有 9.4%，广州、深圳有 6.5%，东部沿海城市有 5.9%，选中部其他大城市的有 1.4%，西部大中城市有 0.6%，其他城市的有 1.4%。上海华东师范大学人口研究所于 2000 年 11 月对上海华东师范大学的 600 名学生进行调查，对"首选就业地"这一问题，有 74% 的大学生选择了上海，选北京、广州、江浙及其他沿海地区和中西部的比重不大，基本上都低于 5%，这与上海能够提供较多的施展个人才能的就业机会有很大关系。据湖南师范大学就业指导中心对 2785 名（收回有效问卷 2534 份，无效问卷 251 份）2008 届毕业生的调查表明，关于就业地域的选择，希望去东南沿海城市就业的达 1179 人，占 46.5%；希望去北方大城市就业的达 213 人，占 8.4%；希望去中部地区大城市就业的，达86人，占3.4%；希望去西部地区就业的，达61人，占2.4%；希望留在长沙就业的，达464人，占18.3%；希望去港澳台或国外就业的，达62人，占2.4%；希望去县城及其以下基层单位就业的，达24人，占0.9%；希望回家乡就业的，达195人，占7.7%；无所谓者，达250人，占9.9%。毕业生的择业地都集中在大城市或沿海发达城市，这与这些地区能够给施展个人才能提供较多的空间和提供相对较高的收入有关。尽管大学生择业地点集中于大城市或沿海发达地区有其一定的合理性，但择业地点过度集中化，必然导致大城市或沿海发达地区的人才闲置和浪费，增加大学生就业的难度，而且在区域经济社会统筹发展的今天，这样的结果确实令人担忧。

湖南师范大学学生在面临职业的真正选择时，与他们先期表现的职业期望值比较吻合。在金融危机之前，毕业生对于省内的单位，除了长沙市，其他的县市哪怕待遇薪水较高，如省级示范性中学，或地区重点中学，一些学生都提不起兴趣。但2008年金融危机发生之后，同学们的期望值降低了很多，愿意去县市的比例大大提高。

三、正确把握择业期望值

所谓择业期望值，是指一个人要获得的职业岗位对其在物质和精神上的需求的满足程度，比如工资收入、福利待遇如何，工作环境、工作条件怎样，能否受到尊重和器重，能力特长和抱负能否得以施展，等等。

在大学毕业生就业过程中，每一个人都希望能获得一份能更多、更好地满足自己物质生活和精神生活需求的职业。但是必须看到，这种期望变为现实可能，要受到自身条件等客观因素的制约。一个人的择业目标能否实现，除了个人素质、专业、社会需求、机遇等条件外，更重要的是自己对择业期望值高低的选择。所以，当毕业生根据自身条件和社会需求确定了自己的目标之后，如何把握选择的期望值，成为关系到求职择业目标能否实现的关键性问题。如果把握不好，就难免走入求职择业的误区。

正确地把握择业的期望值，必须注意防止和克服几种错误的思想倾向：

一是图虚荣的思想。由于虚荣心作怪，许多大学毕业生往往只盯着大城市、大公司，也不论岗位是否有发展，是否能发挥专长，或者只选好岗位，也不论自己是否胜任，其结果要么因超越现实而无法实现，要么在工作岗位上因无法施展才干而业绩平平。

二是图享受思想。优越的待遇和条件往往对大学生最具诱惑力，但也是最容易导致毕业生求职择业失败的原因之一。

随着市场经济的发展，一种职业的社会声望，越来越多与经济收入状况联系在一起，这一社会现实也反映在一些大学生求职择业上。客观地讲，一些毕业生希望有一个较好的工作环境和生活环境，这种职业期望不能说是错的，问题是有部分毕业生对这类单位的职业活动特点知之甚少，而对其收入和生活条件期望过高，这就意味着即使他们能如愿以偿地得到这份职业，但如何进入职业角色，实现自己的抱负，却十分茫然。甚至有部分毕业生只重金钱，图实惠，只要生活条件好，不惜放弃自己的专业和抱负。这种只图一时实惠和享受，不考虑国家需要和个人长远发展的思想倾向，不仅是不可取的，也是不现实的。

三是图安逸的思想。害怕艰苦，不愿到生产建设一线和艰苦地区工作，这也是导致部分毕业生求职择业出现偏差的重要原因。几分耕耘，便有几分收获。人生犹如一个竞技场，不付出艰苦劳动，是无法获得社会的承认的。事实上，即使在环境较好的职业岗位上，只图安逸、享受也是不行的，因为任何一个单位良好的生活条件，都来自于企业良好的经济效益，而企业良好的经济效益则来自全体员工的勤奋工作和开拓进取，图安逸贪享受显然是行不通的。

把握求职择业的期望值，在方法上还应注意以下几点：一是要防止偏离自己的求职择业目标。求职择业目标的确定要从自身素质和社会需要来考虑，确定求职择业期望值也应如此。大学生在确立自己的求职择业期望值的过程中，如果偏离自己的求职职业兴趣、专业特长和实际能力，你就失去了自己的优势，从而偏离自己的择业目标。还有的毕业生明明在某一方面素质不太好，却要选那些对这方面素质要求较高的单位或岗位；也有的毕业生明明在某一方面素质好，却轻易地放弃了对有可能发挥自己优势的单位或岗位，这不仅不利于自身的发展和成长，而且对国家和人民的利益也是不利的。二是防止期望值过高。有的毕业生在求职择业过程中，不顾自身条件的限制，眼睛死盯着"好单位"，宁愿呆在"大城市"无所事事，也不愿到"基层"较适合自己的地方去施展才华。实践表明，求职择业期望值过高最容易使人陷入两种困境：一种是由于期望值超出现实太多而使你在求职择业时屡屡失败；再一种是即使你侥幸获胜，也会因自身能力不及、工作无法胜任而力不从心，处处被动。

正确的求职择业期望值不是一下子就能确定的，通常采取"分步达标"和自我调整的办法，来不断调整求职择业的期望值，使其达到最佳。所谓"分步达标"，即确定一个总的期望值，再将总的期望值分解成几个阶段性目标，然后逐步付诸实施。在实行过程中，如果发现自己所选择的阶段期望值过高，就可把未实现的部分目标移作下一个阶段的期望目标。所谓自我调整法，就是把其职业期望，按其主次分成不同的层次，首先满足主要的需求，然后根据自己的实际情况和客观条件的变化，依次进行必要的调整，直到个人意愿和社会需求二者相吻合为止。

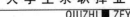

第三节 择业原则

所谓求职择业原则，就是在选择职业岗位时应遵循的原则，是指一个人在认识和处理职业岗位选择问题的准绳。大学毕业生在就业过程中，能否掌握正确的职业岗位选择原则，不仅关系到个人能否找到合适的职业岗位，而且影响到个人的成长、成才和职业理想的实现。在具体的职业选择过程中，每一个人都希望找到一份与自己兴趣、爱好、能力相当的职业，这是可以理解的，然而要实现这种理想却又不那么简单，因为就业是一项关系到社会、经济、文化以及家庭等诸多因素的复杂的系统工程，不是单凭主观愿望就能解决好的。所以，大学毕业生在选择职业时应注意遵循以下原则：

一、符合社会需要的原则

所谓符合社会需要的原则，是指一个人在选择职业岗位时，要把社会需要作为出发点和归宿，以社会对自己的要求为准绳，去观察、认识问题，进而决定自己的职业岗位。

近年来，高校毕业生就业制度的改革，实行毕业生与用人单位"双向选择"，一方面使毕业生有了更多择业的自主权，另一方面也使择业与社会需要联系更加紧密，择业自主仍然是相对的、有条件的，并非可以不顾社会需要，一味地追求"自我设计"。我们是社会主义国家，国家培养大学生的目的，是要求他们为社会主义建设事业服务和为人民服务。社会的发展，科技的进步，经济的繁荣，也都期望着合格的大学生为之去奋斗。从另一方面看，社会是由人构成的，社会需要本质上就是人类的需要。在现实生活中，无论个人需要的内容怎样多，个人需要的结构怎样复杂，它总是受现实社会的要求所制约。人们通过不同的职业活动，既满足着社会的需要，也满足着个体的需要。社会的每一步发展，都是种种职业活动共同作用的结果。

职业岗位，是随着社会历史的发展而产生的，社会上每一个职业岗位的出现，也都是社会发展的需要。比如：因开矿的需要，才有人从事矿业；因航海的需要，才有人从事造船业；因交通的需要，才有人制造车辆，等等。正是由于社会不断发展，需要越来越多的人从事职业活动，才有了职业岗位的选择。由此可见，没有社会的需要，就没有职业的分工，也就没有职业岗位的选择。因此，在选择职业时，我们首先要把社会需要作为选择职业的出发点，把个人意愿和社会需要结合起来、统一起来，始终坚持职业岗位符合社会需要的原则。当个人利益与国家利益、集体利益发生矛盾时，自觉地服从社会需要，到祖国最需要的地方去建功立业。

二、发挥个人素质优势的原则

所谓发挥个人素质优势的原则，是指一个人在选择职业岗位时，综合自己的素质情况，根据自身的特长和优势选择职业岗位，以利于今后在职业岗位上顺利地、出色地完成本职工作。对于人的素质，不同的学科，从不同的角度可以有不同的理解。这里所讲的个人素质，是指青年学生在选择职业岗位时应具备的基本条件，主要包括思想品德素质、科学文化素质、身体素质、个性心理素质等。在坚持符合社会需要原则的前提下，为什么还要发挥个人的素质优势呢？这是因为：

1. 有利于青年学生的自身成长

由于主客观因素的限制，任何人都不可能十全十美，各人有各人的长处，各人有各人的短处，重要的是怎样做到扬长避短。从心理学上讲，当一个人的主观体验感到满意时，就会情绪饱满，干劲倍增；而当一个人的主观体验不满意时，就会心灰意冷，意志消沉。因此，如果一个人所在的职业岗位正是其素质所长和优势所在，就会比其他的人更容易完成本职工作，这样就会受到周围同事、领导的肯定，从而激励他更加努力地去完成一个又一个的任务，而在完成任务的过程中，不仅提高了技术能力水平，使其更加成熟，而且也从中感到价值实现的意义，从而不断提高思想觉悟，促进自己健康成长。

2. 有利于胜任工作

任何一项事业都是实实在在的实践活动，而实践的好坏，则与个人素质的高低有着直接的关系。比如一个企业，同样的硬件，如果全体员工的整体素质高，则该企业的发展速度就快，如果全体员工的整体素质较差，则企业的发展速度就慢，甚至停滞不前或者更糟。对于一个人来讲，如果按照自己的素质所长选择职业岗位，则不仅有利于胜任工作，而且也为自己出色地完成任务创造了条件。因此，根据自己的素质优势情况选择适合发挥自己素质优势的职业岗位，不仅体现了人尽其才、学用一致的要求，而且体现了对职业负责、对社会负责的精神。

3. 有利于创造性劳动

心理学研究表明，人们对某项工作兴趣越浓，其投入就越大，就越容易克服困难，从而成就某项事业。对于一个人来讲，由于其所选择的职业正是其自身的素质优势所在，那他就会对其职业产生浓厚的兴趣，并随着兴趣的发展逐步形成职业兴趣，在顺利而出色地完成本职工作的同时，随着经验的丰富，能力的提高，加上个人刻苦钻研，就可能出现灵感上的火花，从而有所发明和创造。

要发挥个人的优势，最基本、最重要的就是要客观地认识自己的长处和短处。

应该承认，每个人在素质上是有差异的，正可谓"骏马能历险，犁田不如牛；坚车能载重，渡河不如舟"。因此，大学毕业生选择职业岗位时要真正做到扬长避短，充分发挥自己的素质优势，同时还必须做到以下几点：

1. 发挥专业所长。大学毕业生经过四年的学习，不仅具有较为扎实的基础理论和基础知识，而且具有一定的专业知识，因此在选择职业岗位时，一定要从所学专业特点出发，做到专业基本对口，这样，根据自己的专业所长，就可以在职业岗位上大显身手，否则的话，学非所用，不能发挥专业优势，对自己、对单位都是不利的。当然，这里我们所说的专业对口，是指基本对口，因为在实际工作中，完全的专业对口是较少的，这也要求我们在职业岗位上发挥自己专业特长的同时，还要不断学习，主动适应职业岗位的需要。

2. 发挥能力所长。同一专业的同届毕业生，由于各人的情况不同，能力也有差异，根据不同的能力选择不同的职业岗位，是充分发挥个人素质优势的最佳体现。比如，有的毕业生语言表达能力较强，适合搞教学、宣传工作；有的毕业生设计能力较强，适合从事设计工作；有的毕业生研究能力较强，适合搞科研；有的毕业生组织管理能力强，则适合于从事领导或管理工作；有的毕业生文字表达能力较强，则适合从事文秘、编辑等工作。由此可见，根据自己的能力所长选择职业岗位，既是胜任工作的需要，也是发挥个人的最大潜力进行创造性劳动的需要，否则的话，事与愿违，功不成、业不就，贻误事业与前程。

3. 适当考虑自己的性格特点。就性格本身来讲，并不能决定一个人的成才方向和成就的高低。同一性格的人，有的可能很有作为，有的则可能一事无成；性格相异的人也可能在同一领域、同一职业中成才。但是，在选择职业岗位时，适当考虑自己的性格特点，充分发挥性格所长则是十分必要的。比如在职业活动中，有的人总是用理智去衡量一切并支配行动，这样的人就适合从事基础理论研究工作；有的人很有主见，并善于发现问题和解决问题，这样的人就较适合从事科学研究或领导工作；性格外向的人，适合外联、经销等。

三、主动选择的原则

所谓主动选择的原则，是指大学毕业生在职业选择中不能消极等待，而应主动出击，积极参与。这里所说的主动选择，主要包含以下三个方面的意思。

1. 主动参与职业岗位竞争

"竞争"，已成为我们生活、生存的常态。竞争机制的引入，冲击着各行各业，也冲击着人才就业市场。反映在毕业生就业过程中，竞争的展开使得原来的"皇帝女儿不愁嫁"变为"自己找婆家"，原来的学好学坏一个样变为"优胜劣汰"。竞争使人们增加了紧迫感和危机感，也增加了责任感。从某种意义上说，职业岗位的竞争就是靠才华、靠良好的素质去争得一份比较理想的职业。

2. 主动地了解人才供求信息和相关要求

随着社会主义市场经济体制的建立和发展，各项改革的进一步深化，社会对大学生的要求也随之发生变化。从最近几年的毕业生就业情况看，下面几种类型的毕业生最受用人单位的欢迎：一是思想政治素质较高的毕业生。近几年来，优秀毕业生和毕业生中的学生干部、中共党员，普遍成为用人单位的"抢手货"，尤其是各级党政机关和国有企事业单位的管理部门，在选拔录用毕业生时，往往把思想政治素质放在第一位。二是有事业心与责任感的毕业生。一位企业负责人说过，我们需要的毕业生不仅要具有一定的专业知识，更重要的是要有与企业同甘苦、共患难、荣辱与共的企业精神。具有强烈的事业心与责任感，一心一意干事业，这也是许多单位对大学毕业生提出的普遍要求。三是有吃苦耐劳精神的毕业生。根据近年来用人单位反馈的信息，现在的大学生与五、六十年代的大学生相比，最大的弱点就是怕吃苦，缺乏实干精神。而一个企业的发展，最需要全体员工同心协力，踏踏实实地共渡市场竞争的难关。四是基础扎实、知识面宽、计算机操作能力强、外语水平高的毕业生。许多科研机构、大型企业和涉外单位，他们除了需要专业对口的毕业生外，对基础扎实、知识面宽的毕业生尤其看重。而随着对外开放步伐的加快和信息社会的发展，许多单位对毕业生的外语水平要求和计算机应用能力要求也越来越高，尤其欢迎那些既懂专业知识，又有较高外语水平的非外语专业毕业生。五是懂专业、会管理、善交际的毕业生。从最近几年的毕业生就业情况看，许多用人单位最欢迎既懂专业、懂管理，又善于交际的多面手。因为这样的大学生适应能力强，工作上路快，发挥作用明显。特别是随着市场经济的发展，这类毕业生越来越受到用人部门的普遍欢迎。此外，学习能力、创新能力、团队合作意识与团队协作能力也日益受到用人单位的关注和重视。由此可见，主动了解用人单位对人才规格的要求和需求信息，对有的放矢地选择职业岗位有着重要的意义。

3. 主动地完善自己

根据目前高校毕业生就业工作情况，部分毕业生在毕业半年前就明确了就业单位。对这部分毕业生来说，在毕业前的这段有限的时间内，千万不能有松口气的思想，而是要抓紧时机，根据工作岗位的需要调整自己，提高自己。首先，要明确未来的工作岗位对自己有哪些要求，比如你将从事什么样的具体工作，工作内容和范围包括哪些，该工作对你的知识、能力、技能等方面有哪些要求等。然后充分利用在校的这段时间，有的放矢地学习、训练和充实自己，以便尽早、尽快地适应新的工作岗位。其次，要进一步了解单位对你的使用意图和培养方向，并按这一要求分析自己还有哪些薄弱环节。如果是知识和技能方面的，就抓紧在校的这段时间，努力学习和完善；如果是思想素质方面的，就在思想上做好准备，今后严格要求自己，在实践中不断进步，逐步提高。

四、分清主次的原则

在毕业生就业过程中，摆在毕业生面前的选择是多方面的，比如单位性质、工作地点、工作条件、生活待遇、使用意图、发展方向等诸多的方面，不可能样样遂人心愿，重要的是在择业过程中怎样权衡利弊，分清主次。

从用人单位的情况来看，有的单位可能性质较好，比如科研、设计部门，既有较好的工作环境，又有较高的社会地位，也容易出成果，但也许其所在地域较偏僻，生活环境艰苦；有的单位可能生活条件较好，待遇也高，但工作劳动强度大，有风险；有的单位在大城市或沿海地区，文化条件较好，但专业不对口，英雄无用武之地；也有的单位虽然生活条件艰苦，基础条件差，但其发展前景广阔，而且有利于毕业生的成长和成才。凡此种种，该怎样取舍，如何选择？事实上，在目前的社会条件下，很少有单位是十全十美的，作为新时代的大学毕业生，应从是否有利于自己才智的发挥，是否符合社会的需要出发，分清主次，作出抉择，切不可因一味求全、急功近利、好高骛远而失去良机。

五、着眼长远面向未来的原则

"风物长宜放眼量"，选择职业，绝不能只盯着眼前，而应从宏观经济背景、社会发展趋势等方面来作综合考察。一些行业，如一些环境污染较严重的行业，虽然目前员工待遇丰厚，但不具备可持续发展的潜力。另一些行业，目前虽然还不够景气，但已经显示了良好的发展前景与趋势，如 IT 业、信息产业、生物制药、生态农业、环保业、海洋开发与利用等，加盟其中，一定有较大的发展空间。随着社会的发展，新行业、新职业不断涌现，更让我们大有可为。因此，如果我们只看到行业与单位的现在，只作一时一地实惠的思考，只顾眼前利益，而忽视了长远的考量，则对自己的未来发展不利。

因此，毕业生在选择职业时，不能只看眼前实惠，而不看企业发展前景；不能只看暂时困难，而不看企业的未来；不能只图生活安逸，而不顾事业的追求等。青年是社会主义现代化建设的生力军和突击队，是祖国的未来，肩负着光荣的历史使命，所以选择职业时，要站得高，看得远，放开视野，理清思路，不仅着眼于本世纪，更要看到下世纪，把自己的命运和祖国的命运紧紧联结在一起，找到自己的最佳位置，牢牢把握职业选择的主动权。建设有中国特色的社会主义这一伟大事业呼唤着千百万人才，而大学毕业生只有在改革开放的伟大事业中才能把自己铸造成祖国的栋梁之才。

第二章　求职材料的准备

几乎每个求职者都会遇到这样的情况：当你走进熙熙攘攘的招聘会场，好不容易找到一家中意的单位，一个适合你的"空缺"，想上前去"搭讪"时，摊位前却堆满了人，你费力挤进去，可工作人员忙得焦头烂额，根本无暇听你的"唠叨"，你只好毕恭毕敬地将求职材料递上，怀着一颗期待的心离去。当你打开报纸，看到一则招聘广告所列条件，正好与你吻合，且招聘的职位，又对你很有吸引力，你恨不得马上与"联系人"当面谈谈时，可是接下来一看，却有这样的字眼：有意者请寄个人资料。最后还要特别提醒：谢绝来访。在这样的情况下，求职材料是求职者与用人单位进行接触的重要的甚至是唯一的方式。诚然，任何一个用人单位都不会仅凭一份求职材料，便决定录用某一个人，但是，他们在依据求职材料进行初选时，却必然会将那些他们认为不合适的人打入"冷宫"。因此，从某种意义上说，求职材料既可以成为求职者的"通行证"，也可能会变成一块"止步牌"。所以，求职者重视求职材料的准备，精心打造求职材料是非常有必要的。

第一节　制作求职材料的原则

对求职材料的制作原则，很多同学不以为然，认为求职材料谁不会做？找来往年学长、学姐的材料，依葫芦画瓢做一份就是，或者到打印室胡乱地套用一份他人的模板，甚至到网上下载一份求职材料，改头换面变成自己的。别人的求职材料固然有参考价值，但全盘照抄对自己的确不负责任。因为求职材料对毕业生来讲，是求职时通往面试的最有效的护照。它就如同一个人的脸一样，清楚地显示着求职者的各项特点，并给招聘人员留下不同的感觉。精制的求职材料可以创造就业机会，而使用粗制滥造的求职材料，即使自己是颗"夜明珠"，也会埋在泥土中。

制作求职材料是有原则的，不懂得这些原则，求职材料要么粗制滥造，毫无特色，要么剑走偏锋，浪费钱财。曾经有报道说，成都某高校一名即将毕业的女大学生为了找份好工作，不惜花巨资搞包装，还专门到影楼去拍了艺术照。一本自荐材料居然就花去了 980 元，简直是天价。这样高成本的求职材料，对于大多数同学而言，是没有可能也没有必要的。用人单位毕竟不是那买椟还珠者，他们要的是具有真才实学的毕业生，不会因为你的简历很豪华就降低聘人的标准。况且，有关统计数据表明，在大型招聘会上，招聘者花在每份求职材料上的时间一般不会超过 15 秒。因此，在求职材料上投入过大的成本实在划不来。

那么，到底什么样的求职材料才是用人单位所欢迎的呢？归纳起来，好的求职材料在制作时必须遵循以下原则。

一、求职材料必须真实

真实，是求职材料的灵魂。当前，大学毕业生求职材料"注水"的情况是令人堪忧的。不少同学通过弄虚作假来把自己"打扮"得异常完美。他们编造不平凡的经历，来说明自己能力突出；他们篡改学习成绩单，来表明自己学习出色；他们将别人的文章、证书换成自己的名字变成自己的成果，来证明自己"出类拔萃"。有一位到某高校招聘的人事主管在收上来的毕业生求职材料中，居然发现了 3 位"校学生会主席"。更有意思的是，一位记者对某高校进行调查，一个班只有 37 位同学，在毕业前夕，竟然冒出 19 个"班长"。凡此等等，不一而足。

简历"注水"现象已经引起用人单位的警惕。很多用人单位看到过于"完美"的求职材料，他们会通过其他的方式来求证求职材料的真实性。比如到学校教务部门查对成绩，到学院的学生工作办了解平时表现。工作细致的，甚至会暗中找同学了解该生在生活中的表现情况。而有的"注水"材料，根本用不着四处查证，一眼就可以看出真假。因为假的终究是假的，无论包装得多么天衣无缝，总是会有意无意地露出破绽。比如，上文举过一个例子，说某人事主管到高校招聘，在收上来的材料中发现 3 个"校学生会主席"，这谁都可以看出，肯定有同学在说谎话。因为一般情况下，同一年级不太可能出多名校学生会主席。用人单位一旦发现求职材料名不副实，他们就会毫不犹豫地把应聘者"枪毙"。因为在用人单位看来，求职者的人品永远是第一位的，求职材料"注水"毫无疑问是不诚信的表现。本来，求职者在求职材料上作假的目的是为了找一个好单位，结果却让"注水"的材料打湿了前程，真是有点得不偿失。

因此，我们制作求职材料首先要确保求职材料真实。但真实并不意味着将自己所有的情况都说出来。把握的原则是：不利于自己求职的话可以不说，但绝不要说假话。

二、求职材料必须准确

求职材料是否准确，既可以看出求职者思维是否严谨，也可以看出求职者的作风是否踏实。所以，对求职材料，我们必须仔细推敲、斟酌。求职材料的准确包括两个方面的内容。

（1）材料里所涉及的概念、数据、结论以及所列举的个人经历要准确无误。尤其涉及对自我的评价，要把握分寸，话不要说得太满，比如不要使用"非常"、"十分"、"特别"、"很"之类的带夸耀性的形容词或程度副词。要用修饰词，可以用"比较"，如"我具有比较扎实的专业基础"，或者干脆不用修饰语，如"我写作能力强"。也不要使用"我想"、"我觉得"、"我认为"等带有强烈的个人感情色彩的表述。

（2）材料的排版、装帧以及遣词造句要规范、正确。尤其要注意的是，我们要在材料中避免人人都可以一眼看出的"硬伤"，比如错别字、病句等。据了解，绝大多数用人单位的人事主管都说他们最讨厌错字、别字，他们甚至说："当我发现错别字时我就会停止阅读。"因为用人单位很容易把这些东西跟你的作风、态度和学术水平联系起来。没人愿意招做事马虎或缺乏水准的人。我们曾经看到一位毕业生的求职材料，在总共 3000 字左右的材料中竟有 11 个错别字，2 处格式上的错误。还有些同学的求职材料弄得皱皱巴巴、污迹点点，这会让用人单位觉得你对求职的事都不用心，那么在今后的工作中也不会用心。所以求职者在制作材料的过程中一定要再三阅读你的求职材料，确保没有错漏，才能将求职材料投出。对于一些不太明白的用词要特别小心，避免用错词语而使你原有的意思被误解或贻笑大方。如果自己没有把握，则可以请老师、同学帮你看几遍。

三、求职材料必须有个性

有人说，在信息时代我们最稀缺的不是粮食、水、石油，而是注意力。所以现在很多人把市场经济叫做"注意力经济"。注意力实际上就是"眼球"，吸引住了顾客的"眼球"就是赢得市场的先导。所以精明的商家往往无所不用其极地推出五花八门的"创意"来争夺顾客的"眼球"。毕业生求职也应这样。现在毕业生就业已经进入卖方市场，一个比较好的单位，往往有多人应聘，千篇一律的求职材料容易使用人单位产生"审美疲劳"。要使自己从众多的求职者中脱颖而出，被用人单位相中，这就需要想办法吸引用人单位对自己的"注意"。而吸引用人单位"眼球"的最好方式就是使求职材料"个性化"。

所谓"个性化"，就是求职材料必须凝结个人的智慧，体现独创性。求职材料要做到个性化，一要体现个人的优势与长处。比如，如果你钢笔字漂亮，那么求职材料最好手写。二要与专业特点结合起来。学文科的求职材料应充分展示雄厚

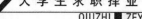
的文字功夫；如果学理科，求职材料应见缜密、严谨的逻辑思维。三要与求职的岗位风格相吻合。讲究创意的单位，求职材料不妨另类、活泼；传统的就业岗位，求职材料最好严谨、规范。四是找懂美工的人设计版式。这样求职材料看起来就漂亮舒服一些。

个性化的求职材料应该是精心设计、用心制作的结果。千万不要图省事，采取"拿来主义"，到文印室或者网上找一个模板，把内容往里面套就是。从文印室"流水线"下来的求职材料，也许美观，但谈不上个性，是很难吸引用人单位"眼球"的。

需要指出的是，有的毕业生过分追求求职材料的豪华、另类，显然剑走偏锋了。曾有报道说，一些企业在收取大学毕业生的求职材料的过程中，发现不少女生还在材料上附有精心拍摄的美女照：有穿低胸晚礼服的，露着大半个胸脯；有穿大红描金旗袍的，有意侧着身子，隐约可见玉腿；还有穿短到膝盖以上的短裙和短到肚脐以上的紧身衣的。福州的一些影楼介绍说，确实有女大学生专门来拍过个人组照。一组照片 10 张，连同租衣服、化妆、拍摄、洗照片、相册的费用，一般价格都在 400 元以上。有的甚至还配上多媒体光盘，总制作费超过千元，成了名副其实的"天价豪华求职材料"。求职材料进行适当的包装是可以理解的，但是不惜血本则是舍本逐末、误入歧途了。

四、求职材料必须有针对性

所谓针对性，就是求职材料必须根据招聘单位的具体情况和要求量身制作。我们很多毕业生不懂得这一点，往往是制作一份材料，然后复印若干份，天女散花般的到处投寄。这种一份求职材料通吃所有的单位的做法不是明智之举。

用人单位的性质、规模、企业文化、工作岗位等决定了不同的单位对求职者有不同的要求。比如，国有企业与外资企业对人才的要求是不一样的。要是去国有企业求职，最好把各种证书带上，因为传统的管理模式使得这类单位非常看重这些证明；外企则注重人的根本素质、进取意识、合作精神等，那些证书作用就不大了，明智之举是事先多花些时间准备回答面试官可能提出的问题。

还有，任何人都有自己的缺点和优点，然而优点和缺点并不是绝对的，有时对一种工作来说是优点，而对另一种工作则可能是缺点。同样一种因素，对某些招聘者看来是优点，而在另一招聘者看来就可能是缺点。比如，沉默寡言，从一个角度看是不善交流，对沟通能力要求比较高的岗位来说，是不足，但沉默寡言的人往往给人留下稳重、老实的印象，若从事保密性质较强的工作，如财务工作、档案管理工作、机密文件管理工作等则比较合适。

因此，我们在制作求职材料时，应该根据用人单位的用人要求有选择地突出自己的某些特点，也就是要扬长避短，把自己的优势转化成对方的需要。我们应避免同一份求职材料散发到不同的招聘单位。有些同学就业意向多，为了省事，做一份求职材料后"批量生产"，投递到不同类型的用人单位。这样做有点无的放矢，效果不会太理想。毕业生在填写就业意向时，最好是针对将要谋求的岗位性质，每份求职材料只写一个求职意向，这样便于组织文字和材料，也更有针对性。如果你有多个求职意向，可以设计多份不同的求职材料。俗话说"磨刀不误砍柴工"，如果不多费心思准备，势必会给你的就业带来消极影响。因为缺少针对性的求职材料并非"发"之四海而皆准，没有一份材料会适用所有的单位。

五、求职材料必须突出重点

由于时间的关系，招聘人员可能只会花短短几秒钟的时间来审阅你的简历。因此，我们不要将个人简历搞成个人自传，事无巨细地列举、描述你所经历的、拥有的一切。而是要针对用人单位的招聘要求，重点突出与职位要求相适应的经历、经验、技能和优势。有些同学的求职材料做工精巧，设计美观，但就是没有突出重点，前面很多页全是一些无关紧要的东西，如学校简介、院系简介、人生格言等等。还有一些同学在简历中，把自己的中学经历都写了进去；社会实践工作也是大大小小不论是否相关、是否重要全都填上；而证书、奖状则是厚厚的一叠，如三好学生证书，奖学金证书，优秀学生干部证书，英语四、六级证书，计算机一、二级证书，一份不漏地附上。在求职材料中无针对性、无重点地堆砌、罗列材料的做法，会影响求职的成功率。求职材料要突出重点，应注意以下几个方面：

一是与你申请的工作无关的事情尽量不写，而对你申请的工作有价值的经历、经验、技能、特长绝不能漏掉。尤其要突出你适合这个职位的成功经验和经历。如果你应聘的是一个行政管理人员，你最好不要使你的描述更适合做一名销售人员。

二是要尽可能简洁。很多人以为在简历后，附上一大堆证明材料可以增加竞争力。这是一种认识的误区。没有证据表明，过多的证明材料会增加录取机会。不过，附上这些材料也没有负面的影响。如果你的证书、奖状很多，则要有所筛选。比如英语四、六级证书，计算机二、三级证书都有，你就可以省去英语四级和计算机二级证书的复印件，学校与学院的同项奖励，只需列举学校的。

三是要突出自己的经历、技能。列出所有与所求职的岗位相关的经历、成绩、技能。千万不要简单地罗列你的工作、学习单位和你所担任的职务。而是要多用数据和事实说话，突出你是怎么做的，取得了什么效果，包括你从事某项工作时有什么创新以及为部门节约了多少资金、多少时间等。

第二节　求职材料的构成

求职材料的内容一般包括就业推荐表及相关附件材料（如重要获奖证书、资格证书、发表作品等）。不同的场合、不同的单位对求职材料有不同的要求。有时候，比如大型的人才招聘会，求职材料可以是"简历"，要求"简洁"而有"杀伤力"；而有的时候，如小型招聘会或一家用人单位单独招聘，投递求职材料与面试是一并进行的，则求职材料不妨全面些，以"厚实"来吸引招聘者的"眼球"。因此，我们可以根据求职岗位的情况来决定材料的取舍与组合。

一般情况下，一份完整的求职材料应该包括以下内容：

一、封面

封面是很重要的信息，因为封面最先被用人单位看到，因此我们要珍惜，要精心设计。封面做好了，即便用人单位不翻开求职材料，通过封面也能对求职者的基本情况有大致的了解。我们制作封面时要注意：

（1）封面应标注学校、学院、专业、性别与姓名，并尽可能使这些要素醒目些。

（2）如有可能，还可以把你的亮点与长处在封面中展示出来。有的同学喜欢在封面的中央放上个人的照片，或者其他的风景图作装饰，这未尝不可。但如果这个位置放上你获奖证书的照片，恐怕更能突出自己的优势。

（3）封面应该简洁、美观，并且重点突出。建议封面的设计，要征询一下懂平面设计的人的意见，不能光凭自己的审美观和好恶来设计封面。

二、求职信

求职信是毕业生确定就业目标后针对意向性单位写的自荐信。主要内容为：简单介绍自己，简单描述你对用人单位的认识，简单说明你的能力、特长和意向，请求用人单位给予面试机会等等。如果你对该单位情况较熟，对其发展也有所考虑，不妨粗略地提出一两条建议，以吸引招聘官的注意，获取面试机会。求职信要有针对性，同时要简洁明了，切忌空话、大话。

（一）求职信的格式

求职信顾名思义，它首先是一封信，我们就要按信的格式来书写。书信的格式大致包括以下几部分：

1. 称呼

称呼最好具体化。如：××总经理，××处长等。

称呼对方时，可以以职务或职称相称。如王校长、李教授等；也可以以领导、老师相称。如尊敬的公司领导等，或者以负责人相称，如：××公司负责人等。

2. 正文

正文是求职信的核心，在这里要介绍自己的基本情况，客观表明你的经历、知识、专业技能和特长，尤其要简洁、有条理地突出自己能胜任工作的长处、优势。注意不能说大话，文字要简洁、直白。

3. 结尾

一般以"此致敬礼"结尾，也可以写其他充满人情味的话语，比如"祝您身体健康，万事如意"等。要注意"此致敬礼"的写法。"此致"另起一段，"敬礼"另起一行顶格，后面不要跟"！"。

4. 落款

就是署上姓名和年月日。

（二）求职信正文的写法

求职信正文大致分四个部分，每一部分都有各自不同的要求。

1. 开头

开头部分要交代清楚你是谁，你的求职目标是什么以及你写这封求职信的缘由。一个典型的写法可以是："我是××大学大四的学生，在×年×月毕业，专业是××。毕业后我想成为一名语文教师。前几天，我在网上看到了贵校的招聘公告，其中有语文教师这个岗位。对照你们的要求，我觉得自己比较合适，特写此信应聘。"

2. 自我推销

在这一部分，要突出重点，直奔主题，列出与求职岗位要求相符的经历、素质、技能，使用人单位读了以后，感觉到你是最适合该职位的人选。可以采取"总—分"的写作方式，先对你的资历来个总括，然后再加以实例逐条分说。一个典型的开头可以这样写："我的专业是新闻，在中央电视台实习过，我获得过以下的成绩，具有以下的技能。"然后再列举求职岗位需要而你又具备的成绩、技能、素质。

3. 愿望与决心

在这部分里，如果应聘的是企业，要对该企业恰如其分地赞赏一番，让他们知道你很愿意在此服务，你可以提一提该企业的名声、销售成绩、公司文化、管理宗旨或其他他们感到骄傲的东西。雇主们通常想知道为什么这个企业是你的目标，而不是你一下发了许多求职信中的公司中的普通一个。对不同的企业，你要有针对性地进行赞赏，以表达你对他们的公司有所了解。同时，再次真诚地表达希望去该单位工作的强烈愿望和做好本职工作、为应聘单位添砖加瓦的坚强决心和信心。

4. 进一步行动的要求

一些人认为此部分是求职信的结尾部分，其实不然。结尾部分不仅仅是对所求职单位的负责人花时间读你的信表示感谢，这也是开启另一扇门的地方。在这里，你可以留下电话号码或者 E - mail，以方便用人单位跟你联络。

（三）撰写求职信要注意的问题

求职信写起来并不难，但要写出特色，能够在众多求职信中脱颖而出却又是不容易的。为此，广大毕业生在写求职信时应该注意以下几个问题：

1. 称呼要得体

一般可用职务或职称相称，也可用性别相称。不要以"考官"或"评委"、"老板"等相称，不要张冠李戴。

2. 内容要凝练

求职信内容要凝练，文风要直白，不要堆砌词藻，不要空洞的抒情。体现在篇幅上应注意不能过长，因为求职信很多，用人单位没耐心去阅读洋洋几千字的长篇大论，但又不能过短，以致表达不清楚，给人以马虎之感。一般应在 800 ~ 1000 字，用 A4 纸打印出来不要超过 1 页纸。

3. 最好用手写

求职信文字的整洁美观很容易引起用人单位对求职者的好感。相反，如果字迹潦草，龙飞凤舞，则会给用人单位留下不好的印象。现在绝大多数毕业生的求职信是用计算机打印出来的，但如果你的钢笔字写得很漂亮，建议你还是工工整整地用手写，这样能给人以亲切之感，同时也向用人单位展示了自己的特长。

4. 针对性要强

在动笔之前要着眼于现实，对单位的情况应有所了解，以事实和成绩恰如其分地介绍自己，重要的是要有针对性地突出自己的特长。如果用计算机打印求职信，建议你最好能准备几份，根据不同单位来选择内容。如果你是给"三资"企业去信，最好用中文和英文各写一份，这样既可自荐又可表现你的外语水平。在内容上要突出适合于所求职业的特长和个性，不落俗套，起到吸引和打动对方的目的。如果单位是招聘去实验室工作的科研人员或者是档案管理人员，而你却在信中大讲自己多么好动，爱好音乐，生性活泼，是文体活动积极分子，过多介绍这些与专业职位不相干的特长不但不能起好的作用，反而适得其反。如果了解到单位需要你去从事营销、公关或者是管理工作，你最好应突出写在校期间参与过的相关社会实践活动，突出你的组织、协调能力，社会活动能力，语言表达能力和自信心，这样才能"投其所好"，赢得胜机。

5. 表述要得体

这样做，是为了避免引起对方反感。有的毕业生求职心切，在语言上不太讲究，引起用人单位反感。比如：①"我家人都在某市，故很想去贵单位就职"，本来可能是要表达去了以后能安心，但给人感觉你是为和家人在一起才去的，对单位并不感兴趣；②"请于×月×日前复信为盼"，表面上看相当客气，但却限定对方时间，容易引起反感；③"本人谨以最诚挚的心情应聘于贵单位，盼望获得贵单位的尊重考虑"，这似乎在说你不聘用我就是不尊重我，让人难以接受；④"现有多家单位欲聘我，所以请您从速答复我"，单位会认为，既然有那么多单位要你，还来我这干什么，从而对你不予考虑。

【案例参考】

尊敬的李校长：

您好！

我是湖南师范大学文学院的学生，将于 2009 年 6 月毕业。我的专业是汉语言文学。毕业后我想成为一名中学语文老师。前几天，我在网上看到了贵校的招聘公告，其中就有语文教师的职位。我对照了一下应聘条件，觉得自己比较合适，特写信前来应聘。

我学的专业是师范教育。在大学里我一直致力于提高自己的专业素质和教师职业技能。我曾在湖南师范大学附属中学实习过。大学期间获得过以下成绩和技能：

第一，我具有比较扎实的职业技能。在大学里，我苦练钢笔字、粉笔字、毛笔字、普通话，"三字一话"水平较高。我曾获学院钢笔字比赛一等奖，普通话测试是一级乙等。曾参加学院"第十一届语言艺术大赛"，获二等奖。参加学校组织的"未来教育家"比赛，获文科组一等奖。

第二，我具有较扎实的专业基础。参加学院的"古典诗词背诵"比赛，获第三名。在老师的指导下，曾在中文核心期刊《中国文学研究》增刊上发表论文《论毛泽东诗词的人格魅力》。我勤于练笔，大学四年，在《中国青年报》、《中国教育报》等70多家报刊上发表时事评论、杂感、散文170余篇，是新华网、红网的特约评论员。

第三，具有较强的组织协调能力。在大学里，我热心为同学服务，曾担任班长、年级学生会主席、院团委副书记等职。在院里任职期间，协助老师创办了文学院团校，并担任院团校首任常务副校长。我还发起组织了"文化早茶"、"古典诗词背诵大赛"、"语言艺术大赛"等旨在提升同学专业素养、拓展同学素质的活动，取得了较大的成功，得到了老师和同学的充分肯定。大三的暑假，我组织了一个14人的小分队，深入贵州山区进行调研，所撰写的调查报告获学校一等奖。

我十分热爱中学语文教师这一工作。加盟贵校一直是我多年的期盼和努力的方向。贵校在您的领导下，办学理念明确，学校发展日新月异，尤其是贵校推行的素质教育在全国很有影响和地位。作为蜚声全国的省示范性中学，贵校是任何一个热爱教育包括我在内的学子所向往的。如果有机会去贵校工作，我一定虚心向您和前辈们学习，以饱满的热情全身投入到语文教学工作之中，不断创新教学方法，提高教学技能，决不辜负您的期望，为贵校的蓬勃发展添砖加瓦，奉献青春。

感谢您在百忙之中抽时间阅读我的求职材料。随信附有我的简历、有关证明材料及联系电话，希望在您方便的时候能得到与您面谈的机会。

恭祝您身体健康　鹏程似锦

恭祝贵校蓬勃发展　桃李满天

此致

敬礼

求职人：李中华

2008 年 11 月 20 日

三、个人简历

个人简历是对你自己的情况、经历的记载和陈述。简历分为时序型简历、功能型简历和目标型简历三类。时序型简历，一般是按时间顺序，系统、全面地把个人身份、学历、成绩、特长等充分表达出来的一种文体。而功能型简历一般强调的是与应聘岗位相匹配的求职者的条件、能力、特长、经验等。这种写法摒弃工作和教育经历的时序排列，而是着重分析、列举求职者的强项或技能。无论是哪种类型的简历都要反映出你个人的基本情况、技能、素质，使用人单位对你有一个大致的了解。功能型简历更受用人单位关注。最好将用人单位最感兴趣、最符合应聘岗位或单位需要，本人最重要的技能、特长、经历、奖项及相关优势放在简历前面醒目的地方。

（一）简历的类型

时序型简历　按照由近及远的时间顺序，列出你的工作经历、教育背景、兴趣爱好以及已有成果。时序型简历是基本的传统简历格式。有些人说时序型简历太过普通。但它详细地概括了大部分招聘主管所需要的信息，而且准备起来也比较容易。时序型简历很容易看出工作与教育的分界，因此，不要留下空白年份很重要。如果有一两年的时间无法解释，可能由于下面的原因（如果真的如此，也请标明出来）：

●花了一年时间去欧洲游历，补充所受的理解不同文化的正埚教育。

●职业探索中，辅助家族生意，既负责开发市场，又负责库存。

●参加各类志愿活动，寻找把服务公众作为职业的机会。

功能型简历　将你的技能和成果组织起来，放到可以支持你希望获得的工作功能或任务中。你读到的下面这段文字就摘自一份功能型简历的一部分。

监督职责：为了开创一个平稳运作的娱乐节目，曾经组织过 5 个公园员工的活动。为了帮助一个屋面材料公司的成功，训练及管理过 4 个层面材料专家。

功能型简历很有用，因为它强调了你已取得的成功和已获得的技能。通过这种方式，一份普通的工作经历看上去可以变得更加生动。例如，上面的经历列在"监督职责"的下面，就比简单列出"游乐场监督人员"和"屋面材料员工组长"显得更加光彩。但功能型简历的一个问题是，它遗漏了许多招聘主管要求的事实信息。因此你有可能看上去好像是在隐瞒一些背景。

目标型简历　关注某个特定的工作目标或职位，仅呈现你可以支持该目标的信息即可。使用目标型简历的格式，一名信息技术职位的应聘者可能只需要列出信息技能方面的工作经历。而在教育背景里，应聘者可能只关注与信息技术相关的课程，如信息系统和电子商务等。目标型简历有利于突出表现你与你希望获得的职位之间的匹配。不过，这种简历格式忽视了你的其他相关信息，对于不同的目标岗位，需要准备不同的简历。

无论你选择哪种简历的格式，最好把你最大的卖点放在第一位。如果你的工作经验有限，那就把教育背景放在工作经验的前面。如果你的技术比你的教育或工作经验更能打动人，就把它们放在首位。

使用这里推荐的格式，许多人都取得了好的结果。不过不要限制自己，调查一下其他简历的格式，包括那些可以提供给使用者简历提纲的软件。例如，微软Word 下就有工作简历模板，在"文件/新建/其他文档"下，你可以找到许多种模板——如现代型、高雅型、专业型等。在简历向导的帮助下，你很容易制作自己的个人简历。

（二）简历的基本内容

个人简历可以单独拿去应聘。个人简历无固定模式，但应反映出自己的基本情况。以下内容可供参考。

（1）个人资料：包括姓名、性别、年龄、民族、籍贯、政治面貌、学历、系别、专业、健康状况、身高、照片、联系方式等。

（2）知识结构：包括公共课、专业必修课、选修课、实习等。如果成绩不太理想，宁可不列，千万别弄虚作假，"拔高"自己的成绩。

（3）职业技能：即在今后的职业生涯中需要经常使用甚至必不可少的技能。如应聘教师岗位需要重点描述"三字一话"的师范技能，而外语水平、计算机水平可以作为辅助技能适当进行介绍。应聘秘书工作可重点描述文字技能，而驾驶等技能则可作为辅助技能适当介绍。

（4）主要社会工作。在学校里担任过什么学生干部。如果中学有值得一提的任职，也可以在这里体现出来。社会实践情况特别是与应聘工作相关的实践情况要重点突出来。如应聘教师，当家教的经历会对你有帮助；应聘市场营销工作，你帮企业推销产品的兼职打工经历对你会有帮助。

（5）爱好与特长：有人说自己没有任何特长，这是不准确的。不是没有特长，而是缺少对自己的认识和挖掘。当然，如果特长不是很明显、很突出，则不妨与爱好一起列举。尽管特长不等于爱好，但爱好完全有可能发展为特长。列举爱好与特长时要注意：

①写强项。弱项一定不要写，面试人员说不定对哪个项目感兴趣，有时会跟你聊两句，尤其是接连几个、十几个面试之后，有些招聘人员爱聊一些轻松的话题，一旦聊到的是你的弱项，绝大部分人会很尴尬，显出窘态，丧失自信，这对你很不利。更重要的是，招聘人员会觉得你在撒谎。

②强项要写也只写两到三项。因为极少有人能够达到"十项全能"水平。如果你觉得自己有很多强项，那么招聘经理会认为你的标准可能稍低了点儿。当然，确实有人有七八项强项，但一般人不相信个人强项特别多，所以你也没必要写那么多，以免给人轻浮的感觉。

③要具体，不要泛泛而谈。不具体的爱好不写，如体育、音乐、阅读。这些都是非常宽泛的词语，比如你是钢琴九级，而你在简历中只说自己爱好音乐，很可能会被误解为你就是爱唱唱卡拉OK。不具体的爱好，通常会被大家理解为你根本就没有真正的爱好。

④最好能写上一两项体育爱好。有时招聘经理会认为你的体质很差不适合运动，或者你缺乏毅力不愿运动，因为有些工作需要经常出差或者加班，如此高强度的工作可能你心有余而力不足，那么可能就不会聘用你。

（6）个人荣誉与奖励。如果获奖、评优多，级别高，选含金量最高的填写，以免冲淡了高级别奖励的成色。

（7）主要优点。要善于发现挖掘和归纳自己的优点。有人觉得自己优点不够突出，归纳不出来。人不可能没有优点，只是缺少自信，缺少发现。不善言辞，从一个角度看是不足，但从另外一个角度看，则意味着稳重、可靠。关键是看你从什么角度评价自己。

（8）求职意向。有人在这一栏里面，把自己愿意从事的职业都一股脑写上。这样做似乎可以给用人单位传达这样一个信息：我素质全面，什么样的职业都可以从事，可以放心大胆地聘用我。但用人单位不一定这么看。某化工公司的老板余先生曾被一个"完美"女孩吓倒过，她的简历上称自己精通四国语言，擅长企业管理、策划、公关、财会，有超强的营销能力，耳聪目明，天资超人。应聘的职位从公关部主任到销售部经理，财务、商务助理一应俱全。万金油治百病，但真的有病了谁也不会想到它。一份求职材料里求职意向过多，会让人产生一种不信任感。用人单位需要的是有专业特长的你，而不是样样都懂的"万事通"。因此，求职意向最好针对较为具体的行业、部门。一份求职材料一般只写一个求职意向。

（三）简历的长度

简历的长度要看招聘主管认为怎样的简历格式最好而定。美国国内的一份调查表明，24%的雇主认为简历最好"不要超过一页纸"，42%的认为"不要超过两页纸"，而34%的则认为"要取决于信息量的多少。"

在这里我会提供很多一般性的建议，帮你避免犯严重的错误。只要做得恰当，一份简历可以带来你与将来雇主的一次面谈。如果做得不好，它会使你被排除在进一步的考虑之外。

（四）创新风格的简历

既然雇主会收到如此众多的简历，要做到吸引他们的注意是一件很困难的事情。这就需要准备一份别出心裁的简历。创新风格的简历就是指拥有新颖的格式和设计的简历。这种简历再配上一些小伎俩，常常用于极端求职策略当中。创新的一种方式是把你的简历用菜单的样式打印出来。一名求职者做得更"过分"，把"教育背景"称作"开胃食品"，"工作经验"称为"主菜"，"业余兴趣与爱好"叫做"甜品"。还有人为了想让他们的简历更加显眼和突出，选择使用彩色印刷或者超大的纸张。另外一个伎俩是把简历放到你的个人主页上，然后吸引将来的雇主或者招聘部门访问你的主页（为了突出求职的目的，个人主页可以起一个合适的域名，如 www. annoyingjobseeker. com）。

如果是为了吸引招聘者对你的积极关注，创新风格的简历的确有其价值所在。然而，一般大家普遍接受的还是传统型的简历。有研究表明，93%的应届大学毕业生喜欢白色或象牙色的简历。对于初次进入求职行列的人来说，传统的也是最安全的。如果你申请的职位，首先需要的是创造天赋，那创新风格的简历会有所帮助。创新风格简历在许多"酷"行业中也能发挥很好的作用，如时装行业或者网络公司，而传统产业则需要传统类型的简历。人力资源专家经常会拒绝超大的简历，因为它们无法放到标准的文件袋中。

在尝试标新立异的时候，最好不要使你的简历看上去过于花哨，如使用超过三种以上的字体。建议用灰白色的纸张打印你的简历，并留有 1.3 厘米的空白边距（可能很多人不喜欢灰白色，那么象牙色也行）。这样，你的简历会传递一种经典、明晰的品质，看上去也不费劲。

不要把"创新"简历混淆于"自编"简历，后者是你为了给人留下好印象而"编造"了一些情况。许多雇主会对简历中所陈述的情况进行考察。如果发现歪曲事实或找到说谎的证据，通常申请者的资格会被立刻取消。如果你是在小商店做三明治的，就不要把你的工作职务称作"大厨"或者"执行副总裁"。而且简历中的错误信息，即使在申请者得到雇用之后，也迟早会被揭露出来的，那时他/她也会被立即解雇。

四、成绩单

最好使用学院（校）教务部门打印的原汁原味的成绩单，特别是专业课成绩不能缺少，并加盖教务部门的公章。如果个别科目，如个别选修课、公共课成绩不太理想，可不打印出来。不过有时你把不太理想的成绩打出来，反而会增添真实感，获得用人单位的信任。总之，要求成绩单必须真实可信，并尽可能全面。

五、学校或学院推荐意见

很多毕业生在制作求职材料的时候，会加上"学院（校）意见"这一栏。建议同学们在请老师签署意见时，请老师将推荐意见写具体一点，不要笼统地写上同意推荐几个字。推荐意见这一栏可以复印，但千万不能盖了公章再去复印。一定要保证公章不是复印的，而是红色的原件。

六、附件

附件很多时候不必随简历一并投给招聘单位，只有当获得面试机会的时候，才将它们带过去。但只需要带与应聘岗位相关的，有助于你应聘的有用附件、重要附件即可，如果是东拼西凑的大杂烩，则没有任何价值。附件包括以下内容：

1. 各种学习、考试证书

在校学习期间，很多学生挤出时间参加各种辅修专业的培训学习，以提高自己的综合能力，如：参加国家的英语、计算机等级考核及律师、会计师资格证书的考核，参加双专科或本科自学考试等等。可以把能证明你学历和能力的各种证书作为求职材料的补充，证明你除了具有本专业的知识能力外，还具有其他技能，以供招聘单位录用时参考。

2. 毕业设计（论文）或在报刊上发表的文章和作品

工科类的毕业设计，文科类的毕业论文，如选题新颖，用人单位也能从中看出你的水平。另外，在正式出版物上发表的文章（文学作品、科研论文）、摄影作品、音像作品、书画作品以及各类小制作、小发明、小创作的图像资料等。如果觉得材料还不够扎实，则可以附上实习总结、假期社会调查报告等。

3. 各种奖状、荣誉证书

如三好学生、优秀学生干部、优秀毕业生、优秀实习生等证书，奖学金荣誉证书，以及各类的征文、演讲、计算机设计、书画、摄影、体育等竞赛的获奖证书。如果证书、奖状比较多，则要有所筛选，而不是将你所拥有的东西都附上。

第三节　求职材料的制作

材料准备好了，还涉及材料的取舍、顺序的安排、文字的组织、材料的排版装订等。这几个方面也是有讲究的。

一、求职材料的取舍与组织

这么多材料，并不是都要放到求职材料中，我们要根据招聘岗位的情况，对材料进行精心组织与取舍。

1. 处理好材料厚薄的关系

原则上不要太厚，加上封面、封底，一般在8页以内。也可以将求职材料中的"个人简历"部分拿出来独立使用，有人主张"两张A4纸打天下"，这个建议是很中肯的。个人求职简历，就是要做到"简洁"而有"杀伤力"。累赘而冗长的求职材料可能意味着你不够体贴，没有顾及招聘者的时间压力。当然，厚厚一叠求职材料并不总是给人坏印象，一位人力资源经理坦言，他曾被一名应聘者长达数十页的求职材料所吸引，但其前提是经历必须精彩，文笔要好，条理要分明。

2. 合理安排各材料的顺序

不要指望招聘者会花大量时间仔细研读你的求职材料，很多时候是翻一翻，对感兴趣的部分，稍微看看。所以，我们要抓住招聘者的阅读心理，将最符合招聘岗位要求、招聘人员最为关注的项目、内容，优势或特长放在最前面。如果用人单位翻了四五页还不知道你学什么专业，则这份自荐材料是失败的。我们建议，除封面外，第一页放求职信，第二页放个人简历。个人简历可以制成表格的形式，一目了然。至于学校简介、专业介绍以及附件可以放后面。

二、求职材料的写作

自荐材料实际上是一种应用文体，我们就应该按应用文体的要求来写作，做到规范、准确和简洁。在写作时，我们要注意以下几点：

（1）在介绍自己的业绩过程中，写"怎么干"比写"干什么"更重要。如果你担任过学生干部，那么，就不要只写头衔，更重要的是要写你是如何担任这个职位的，组织了哪些有特色的活动，又是怎么组织的，有什么成绩和心得等。根据这些内容，招聘者可以判断出你的综合素质，从而看出你是否是最合适人选。

（2）材料的写作风格要简洁直白，力戒华而不实的文风。许多毕业生往往言辞过于华丽，形容词、修饰语过多，如"给我一个支点，我将撑起整个地球"，"让我们风雨同舟"等等，而大多数招聘者则反映，这样的材料一般不会打动他们，甚至会起到一些副作用。建议最好多用动宾结构的句子，简洁直白。多用动词说话，用事例说话，尽量少用或不用夸耀性的形容词或副词。

（3）要杜绝差错，尤其是"硬伤"。求职材料中字词的选择能反映出一个学生做事是否仔细、严谨，一份内容很好的求职材料往往会因为错别字而起到不好的效果。从实践来看，求职材料中的错别字与措辞不当、文理不通的毛病比较常见。比如将"出'生'在农村"写成"出'身'在农村"等。还有学生这样写："你知道有我这类应聘，势必大喜过望。"或者："我（她是女的）特别喜欢陌生人。"再如："这职位对我来说简直是无法抵挡的引诱。"此外，标点符号的使用也要注意。明明是中文求职材料，用的是英文标点符号，将"。"写成"."等等。所以说，毕业生在寄求职信前应仔细审阅内容，发现错别字及表述不当要及时纠正，但不要在求职材料上涂改，最好重写一份，不要因小失大。

（4）不用简写词语。可能你与朋友交谈时习惯简称自己的学校或所修的学科，但在求职材料上是绝不应该这样写的，如简称"×大"、"×工"、"商院"等，这样只会使人觉得你做事还是充满学生气，给人不良印象。

三、求职材料的打印、排版

现在很多求职材料都是用电脑制作、打印。电脑制作出来的材料规范、整齐，但如果不注意一些细节，效果会适得其反。因此，用电脑打印、制作自荐材料时，要注意：

1. 排版

（1）勿使用下划线。下划线与字迹相连容易造成误会。如 F 被看作 E。所以，在使用横线时，注意横线与邻近行的字要拉开距离。

（2）不用手写体和斜体。多数电脑对手写体和斜体的分辨率很低。如果雇方用电脑处理求职材料，手写体和斜体会给你带来不利影响。

（3）用圆括号括起电话号码的区号。为规范起见，请用圆括号括起电话号码的区号，使阅读者便于区分电话号码。

（4）电子邮件地址和网址单独排列。电子邮件地址和网址分行排列便于识别，两者并列应该间隔多个空格。

（5）慎用竖线。多余的竖线往往被计算机识别为字母"l"，所以要慎用。

（6）字体不能太大，也不能过小。用小四号字体比较合适。行与行之间保持合适的距离。不能太密，也不能太疏，五号字可以选择"单倍行距"，小四号字可以选择"1.5倍行距"。

（7）需要强调的部分采用粗体字，但是不要用太多花哨的字体或斜体字，因为会分散对方对于重点讯息的注意力。

2. 打印

使用白纸。彩色纸张会降低人眼对字迹的分辨率，所以最好用白纸，纸的大小用A4比较合适。

（1）采用优质白纸。彩色纸张复印的效果不佳（履历表经常会被复印成许多副本，在公司里流传）。基于同样的理由，也不要把履历表订成一份。

（2）采用效果良好的打印机。如果你给的是复印本，效果要很好。这点绝对不要随便将就，必要的话，可以找家印刷公司。

3. 装订

（1）切勿折叠。也许对方使用扫描仪把应聘者的履历扫描到计算机中，所以你的履历材料最好不要有太多的褶皱，以免造成扫描困难。

（2）勿用订书器。扫描时，用订书器装订的材料不易拆开，故少用为好。

第四节　大学生求职材料中普遍存在的问题

求职材料是敲开用人单位大门的"敲门砖"，应该简洁美观，客观准确，重点突出，富有针对性。很多同学虽然重视求职材料的制作，但是因为对求职材料的要求不够了解，所以制作起来不得要领，出现很多问题。

一、求职材料封面存在的问题

求职材料的封面如同一个人的脸面，应该清晰、素雅、干净，这样才能给人留下好印象。当然，求职材料要不要封面大家存在不同的看法。但一般来说，如果求职材料比较厚，还是套上封面比较好，一个设计精良的封面往往会成为求职的敲门砖。如果仅仅是一张、两张纸的求职简历，再加一个封面就是累赘，既浪费了招聘者的时间，又浪费了纸张。

求职材料的封面一般情况下应该突出学校、个人的要素，做到简洁、庄重、美观，使用人单位对你的基本情况一目了然。而我们很多同学在设计封面时，忽略了封面的制作要求，存在诸多问题。

一是套用模板，抄袭他人。很多同学喜欢到打印室套用一个模板或抄袭他人的封面，基本格式是：学校名称＋学校校徽＋学校风景照片＋个人姓名＋所在专业，虽然问题不是很大，但往往千篇一律，呆板生硬，很难一下抓住用人单位的眼球。正确的做法是，可以使用学校统一制作的推荐表封面，也可以请懂美工的同学、朋友设计与应聘职位风格相适应的封面。

二是五花八门，花里胡哨。有些同学虽然认识到了求职材料封面的重要性，也花了时间和精力精心设计封面，但是给人的感觉却很花哨，显得不庄重。比如，有的同学喜欢在求职材料封面画上一些俊男美女、鲜花绿草，显得花里胡哨，很不庄重，甚至令人反感、生厌。还有的同学喜欢用各种字体来装饰封面，黑体、斜体、魏碑、行书体，只要他认为漂亮的字体就用上，令人眼花缭乱，看起来极不协调。正确的方式是，封面文字的字体最好不要超过三种。

三是内容过多，不够简洁。很多同学太想在求职材料封面中展示与自己学校、专业、个人相关的信息，结果封面的内容太多、太满，给人的感觉不够简洁、清爽，无法使招聘者一眼从封面中抓住所需要的信息。求职材料的封面一定要简洁，同时要突出该突出的东西。可以在封面中恰当的位置突出自己的成绩、特长，但一定要简短、清爽，不可以胡乱堆砌，掩盖了其他一些重要信息，如所学专业、姓名等。也可印上自己精美的照片。

二、求职信存在的问题

求职信是求职者向用人单位表达求职意向和说明自己能胜任某个职位的一封信，应该简洁明了，重点突出，富有针对性，同时文风要朴实。我们很多同学不明白求职信的用途，把求职信写成了演讲稿、抒情散文或者决心书，这都是不合要求的。

从我们所掌握的情况看，同学的求职信普遍存在以下问题。

一是逻辑混乱、条理不清。一些同学根本不知道求职信应该写些什么内容，没有中心，没有重点，逻辑性和层次感都很差。这就降低了阅读者对求职者写作能力、逻辑思维能力的认同，让人觉得起码他做文字工作不行。缺乏条理的文字还容易让人产生厌倦感、疲劳感，从而忽略信中的一些重要信息。另外，语无伦次的表白会让人对求职者的能力介绍产生怀疑。

二是自吹自擂，炫耀浮夸。一些同学误以为在求职信中吹嘘自己可以引起用人单位的注意，因此求职信中经常可以看到这样的语句：我能够适应各种工作；我听说贵公司近期效益不好，我相信我有能力改变这种状况；在校四年中，我向各类电台、报纸、杂志投了百篇稿件；我是学艺术专业的，到贵系之后，我一定

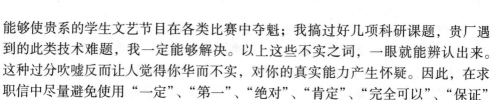

能够使贵系的学生文艺节目在各类比赛中夺魁；我搞过好几项科研课题，贵厂遇到的此类技术难题，我一定能够解决。以上这些不实之词，一眼就能辨认出来。这种过分吹嘘反而让人觉得你华而不实，对你的真实能力产生怀疑。因此，在求职信中尽量避免使用"一定"、"第一"、"绝对"、"肯定"、"完全可以"、"保证"等这一类带夸耀性的形容词。

三是滥用词句，哗众取宠。有些大学生有这样一种心理，既然是大学生，就是文人，应该给别人的感觉不一样，要显示出一点才气。于是乎，想尽办法堆砌甚至滥用各种华丽时髦的词句，似乎只有这样才能使文章动人，充分显示出自己的才华出众或聪明过人。殊不知滥用词语，会使人产生反感，让人对其品格产生怀疑。

四是东拉西扯，长篇大论。求职信撰写的要点就是要突出自己能胜任某工作的能力、经历，而不是将自己所有的优势、优点都写出来。如果不注意这一点，求职信就会东拉西扯，没有重点。我们建议求职信的长度最好控制在 800 至 1000字，打印出来不超过一页纸（如 A4 纸）。

五是平庸乏味，形象陈旧。求职信的新意可以从下面这些方面考虑：强调你的能力，突出你的特长，展示你的文采，表现你的书法等等。但是这并不是要你大吹大擂，而是要用事实说话。如从求职信本身就可以看到你的文学水平、文化修养、书法艺术，从作为求职信附件的已发表的论文复印件、科研成果证明、发明专利证书、各种竞赛奖励证书就可以看出你的能力。

此外，有的求职信废话连篇，有的像抒情散文，有的似演讲稿，有的如大杂烩，有的泛泛而谈、空洞无物等，必须引起求职者的高度重视。

三、个人简历存在的问题

有人说，制作个人简历要像一些时髦女士穿衣，追求"薄、露、透"，这是有一定道理的。薄，就是简历不能太厚，最好控制在 1～2 页纸以内。露，就是露出真面目，尽量减少不必要的包装，让招聘者对你的优点一目了然。透，就是要把用人单位关注的东西，比如你的重要实践经历、技能、优势等要讲透。然而，我们一些同学不太懂得简历的制作要求，以致在简历中出现不必要的失误。

一是含糊冗长，不够简洁。一些同学的简历事无巨细，一一列出，从学校概况到学院、专业，从小学到中学到大学，洋洋洒洒、包罗万象一大叠，甚至配上校园风景图片，唯独本人情况含糊其辞。

二是缺少重点，特色不清。个人简历没有突出用人单位最关注的个人工作经历和技能。即便是提到了，也只列什么时候干过什么或者获得了什么，不管其是否是所应聘岗位需要的技能和经历。简历写作，一定要用数据和事实说话，强调

"怎么干","干过什么"远比"能干什么"重要。同时，与所应聘岗位关系不大的成绩、技能不一定要写。比如，获"时事政治抢答赛"一等奖，对于向党政机关求职有用，而对于向科研部门或企业的非党政管理岗位求职就不一定有用。

三是定位不准，意向不明。一些同学定位不准确，应聘岗位幅度太大，既可以做最基层普通员工又可以胜任中层甚至是高层岗位。比方求职岗位里纵向既有文员、行政主管更有行政经理、总监，横向可以从前台跨到专业技术主管等等，给人的感觉是只要是工作就可以做，为找工作而找工作。正确的做法，一份求职简历只写一个求职意向，多个求职意向制成多份求职简历。

四是粗制滥造，错误频出。个人简历随便到打印室套用一个模板，显得很随意。编排、打印时，格式混乱，该使用中文标点的用了英文标点，排版行距过宽，字体应用过多，搭配不协调。甚至措辞不得体，语句不通，颠三倒四，还有错别字满篇，让招聘人员心生反感。

四、其他方面存在的问题

小处不可随便。求职材料是关系求职能否成功的重要的文本，应该处处小心，尽可能做到客观、准确、适当。而我们一些同学的求职材料，除了前面提到的问题外，在学习成绩栏、附件栏以及学院鉴定栏也存在诸多问题。

一是拔高成绩，弄虚作假。求职材料不可避免地要提到学习成绩。很多同学觉得学习成绩不理想，就对成绩改头换面，任意拔高。这样的做法很不明智。用人单位如果真的想了解你的成绩，那他们验证你成绩的渠道是很多的。如果你的成绩不真实，就会给用人单位留下不诚实的印象。正确的做法是，最好使用由教务部门提供的原汁原味的成绩单，并加盖教务部门的公章。

二是堆砌附件，水分较多。有同学认为，求职材料越厚越好，于是就在材料中拼命堆砌附件，不管这些附件是不是用人单位关注的，是不是会在用人单位的招聘者面前给你加分。求职材料后附上获奖证书、技能证书、所发表的作品、论文不是不可以，但这些附件一定是能证明你能胜任某个职位的东西，而不是你在大学期间所拥有的一切。

三是推荐意见，敷衍了事。很多同学的求职材料有"学院鉴定"或"学院推荐意见"一栏，但很多时候，学院的老师只在上面写了"同意推荐"几个字。这几个字没有传递更多有用的信息，等于没写。在自主择业、双向选择的今天，毕业生就业，学院没有不推荐的。既然有这一栏，就应该请老师客观、准确、恰当、具体地评价自己，而不是只简单写"同意推荐"敷衍了事。

四是缺少重点，顺序凌乱。有的同学求职材料做的比较厚，但是材料各组成部分排列的顺序不恰当，招聘人员要翻很多页才能了解到学生的基本情况。求职材料各部分的顺序应该根据材料的重要程度来排列，把用人单位最关注、最想了解的部分放到最前面，比如求职信、个人简历等。

第五节　电子求职材料的制作和运用

随着互联网的飞速发展，网上求职因为具有求职成本低、速度快等优点而逐渐成为众多求职者首选的求职途径。网络求职材料可分三类：一是制作的个人求职网页；二是在人才招聘网登录的个人求职信息；三是电子邮件投递的求职材料。

一、个人求职网页

要提高网上求职的成功率，在网上制作个人主页就十分重要了。利用个人主页，可使用人单位更加了解你的优点和专长，并可加深其对你的印象，同时也可更好地树立你的个人形象。那么，求职类的个人主页该怎样做才好呢？

1. 要展示你的才干和优点，而不是将全部的资料都放上去

如果你所做的个人主页是用于求职的，就不要将你所有的个人资料都放上去。这是因为各个职业有各个职业不同的特点，而即使是同一类型的职位也往往会由于各家公司的情况不同而对求职者的要求也不一样。所以你所应聘的职位不同给招聘方的个人求职资料也应有所不同。例如，同是应聘广告公司的文员，在一些小型的广告公司里，文员通常包括了会计等，跟打杂工差不多，而如果是去应聘一些大型的广告公司的文员，则可能只需你接接电话而已。这样，给小型的广告公司的简历跟给大型的广告公司的简历当然要有所不同，起码在重点方面要有所区别，这样才能做到有的放矢。如果将你所有的个人资料都放上去，则容易使你对某一行业不利的一些因素暴露出来而影响求职效果。

2. 主题集中，不要有其他花哨的东西，以免冲淡主题

求职网页的内容要精练，不累赘，令人看起来轻松，没有过多花哨的东西在里面，并能在尽量短的时间内使用人单位获得你要传达的信息，起到宣传的作用。我们发现有些求职者的个人主页内容包罗万象，连一些无关紧要的东西也放了进去，有的甚至连软件下载、潮流资讯、美女图库等根本不沾边的东西也塞到里头。这样做似乎可以显示你的网页设计的能力，但在现代社会里，时间就是金钱。招聘方要面对众多的求职者，他们只需在你的主页上获得一些关于你的相关信息，如你在主页里所放的东西过多，就会妨碍他们的视线，使其找起来过于麻烦，甚至容易因此而导致还没看到你的信息就将整个网页关掉。

3. 如果你的形象不是很差，则最好将你的相片放上去

将你的相片放到你的个人主页上可起到加深对方对你的印象和好感的作用。相片宜精不宜多，以三到五张为宜，否则可能会适得其反。在浏览一些求职者的网页时，我们发现一些相貌好的人将大量的相片放到主页上，特别是一些女孩子，像开个人影展似的，这样做有自卖自夸之嫌。要知道，我们中国人是很讲究谦虚的，如此自卖自夸容易使人反感，而且，物以稀为贵，相片少些容易被人珍惜。

二、人才招聘网个人求职材料的登录

目前有很多专门的求职网站。这些求职网站都要求求职者注册个人信息。建议大家多访问几家求职网站，并都登录你的个人信息，这样就可以达到"东方不亮西方亮"的效果。登录个人信息要注意两个问题：

一是要想使自己的求职信息在求职网首页多保留一段时间，可以采取付费的方式。大型的招聘网站，每天注册的求职者不计其数，因此，你的求职信息很快被后来注册的求职者冲得无影无踪。而一些网站通过收费的方式，可以做到在一定时间内使你的求职信息保留在显眼的位置。

二是在合适的地方巧妙嵌入你的联系方式。许多人才招聘网对求职者是免费开放的，而对招聘者则要收费。如果招聘者不付费，看到的求职者的信息是有限的，尤其是看不到求职者的联系方式。因此，求职者在注册之前，应该打开其他求职者的信息看看，了解一下哪些信息招聘者不收费是可以看到的，然后在不收费可以看到的信息栏里填写你的电话或者电子邮件。

三、电子邮寄材料

很多用人单位要求将个人求职材料用电子邮件发过去。通过电子邮件发送求职材料，要注意：

第一，最好不使用附件。目前很多邮箱有拦截附件的功能。你发送的求职材料可能被防病毒软件或者反垃圾邮件拦截。

第二，使用附件最好别用 WORD 文档。不是所有的公司和电脑使用的都是 WORD 软件。再说，WORD 在打包、发送的过程中，会出现丢失的可能；如果对方没有装 WORD 软件，也有打不开的可能，或者虽然打开了，会出现乱码。

第三，如果要用附件，一定要在邮件正文中标明。比如：附件一，附件二等。

第四，邮件主题一定要个性化。千万不要空着不填写，或者随便写上"求职简历"，这样处理，很容易被反垃圾邮件软件拦截。

第五，邮件在发送前最好经过病毒检查。可以用杀毒软件检查邮件没有病毒之后再发送。

第六，邮件的大小要控制在 1M 以内。太大的邮件投寄速度慢，同时也给收信带来困难。

第三章 求职择业的途径和技巧

一个人要达到某种目标，就必须通过一定的途径才能得以实现。如果能找到合适的途径，并运用适当的技巧，就能少走弯路，达到事半功倍的效果。就大学毕业生来说，求职择业是他们融入社会的必经之路。大学生要想谋求一份适合自己的良好职业，就必须掌握一定的求职择业途径和技巧，以避免求职过程中的盲目性和冲动性。

第一节 大学生求职择业的途径

大学毕业生求职择业的途径有很多，每位毕业生可以根据自身情况和客观环境，选择合适的求职择业途径。具体来说，大学毕业生的求职择业途径主要有以下几种：

一、通过学校推荐

即学校根据用人单位的需求情况，以及学生的能力特长，有选择性地向用人单位推荐符合条件的优秀毕业生。这种方式比较可靠，也是现阶段大学毕业生就业的主要途径之一。因为学校在与一些用人单位长期合作的过程中，已经建立起了一种互相了解、彼此信任的工作关系。学校可以在全面了解学生情况的前提条件下，向用人单位推荐符合要求的毕业生。这种由学校组织就业的方式对毕业生而言，具有极大的可靠性和安全性，用人单位也容易认可被推荐的学生。但是这种方式有它的局限性，因为高校扩招政策实行以来，毕业生队伍愈来愈庞大，学校不可能也无法保证为每一个毕业生找到合适的工作，否则，这就与统招统分的就业政策没有两样了，并且学校重点推荐的毕业生一般都是综合表现比较突出的优秀毕业生，不可能满足所有毕业生的需求。

二、通过人才招聘会

组织人才招聘会的主体有很多，如学校，各省、市、地方政府以及各行业部门等，都会组织一些专场的人才招聘会。就大学毕业生而言，参加学校组织的各种大、中、小型招聘会是目前最有意义的求职择业途径之一。因为用人单位之所以来学校进行专场招聘，主要是因为他们需要该校的毕业生，所以，只要毕业生符合用人单位的条件，就很容易被录用。除此之外，适合大学生的人才交流会主要有：学校情况、专业设置情况相似的兄弟院校主办的大型人才交流会，政府机关（如教育行政主管部门、人事部门）主办的大型人才交流会，相关行业举办的大型人才交流会（如医药卫生行业、教育行业）等。但毕业生如果盲目地参加其他非官方组织的各种各样的人才招聘会，就有可能既费时费力，又要付出较高的求职成本。因此，毕业生应该根据自己的实际情况正确选择参加招聘会。

三、通过实习或社会实践

毕业生如果有幸被安排到自己心仪的单位实习或者从事社会实践，一定要紧紧地抓住这样的机会，虚心向前辈学习，努力表现自己的长处。如果实习单位和实习生相互看中，一拍即合，那当然是省心省力的一种求职方式。同时经过一段时间的实习，对单位的领导、同事及各方面的情况都有了一定的了解，正式进入后也便于工作的顺利开展。通过实习或社会实践求职择业正日益受到广大用人单位和毕业生的青睐。

四、通过正规人才交流机构

正规人才交流机构受用人单位的委托，充当求职者和用人单位的中介，根据求职者的求职要求为求职者提供招聘信息并给予适当的推荐。通过人才市场应征调查发现，有近 16% 的求职者是通过人才交流机构的推荐或参加人才交流机构举办的招聘会达成意向而获得就业岗位的。所以，通过人才交流机构就业不失为一条有效的求职择业途径。正规人才交流机构作为职业介绍中介，其存在具有长期性、稳定性和专业性，能够提供大量的就业机会。因此，通过正规人才交流机构求职择业是大学毕业生的一种重要求职择业方式和途径。但它较之现场人才招聘会也有其不足之处。在招聘会现场，毕业生可以与用人单位面对面交谈，往往容易在现场就达成自己的意愿，而通过人才交流机构求职可能花费的时间更多，代价更大。到人才交流机构求职择业务必注意：目前一些地方人才交流机构多而杂，甚至有的人才交流机构打着招聘的幌子，内外勾结，从事诈骗活动。因此，大学毕业生到人才交流机构求职应聘，一定要擦亮眼睛，慎重选择：要选择有工商行政管理部门颁布的营业执照和政府人事或劳动部门颁发的"人才交流"或"职业介绍"许可证，有稳定的经营场所、良好的经营环境、良好的信誉和一定知名度的人才交流机构，谨防上当受骗。

五、通过媒体广告

现代社会已经进入信息社会，网络、广播、电视、电台、报纸、杂志等大众传媒手段都相当发达与普及，利用媒体广告求职已越来越被大学毕业生所认可。浙江大学经济学院的一份抽样调查显示：被调查者中，通过上网求职的有32%，通过电视、报纸广告的有22%，通过招聘会的有16%，通过中介的有11%，经熟人介绍的有10%，其他9%。显然，通过媒体广告求职的毕业生人数占一定比例。

1. 通过报纸广告求职

由于报纸发行量多、覆盖面较宽且读者广泛，很多用人单位都选择在报纸上登出招聘信息。通过阅读报纸招聘广告而获得求职的信息也是大学毕业生的求职择业途径之一。这种招聘信息一般比较可靠，是用人单位基本需求情况的真实反映。但我们必须注意到，报纸上的招聘信息虽然五花八门，但真正需求在校大学毕业生的信息却不是很多。所以虽然有很多人通过报纸广告而成功就业，但其中在校大学生却很少。并且，对于一个需求大学生的条件好的职位而言，一般竞争都特别激烈，求职者想要脱颖而出，不仅要有过硬的本领，还要做好充分的思想准备。

2. 通过网络求职

随着科技的发展，网络已逐渐渗透到社会生活的各个领域。网络求职也逐渐成为现代一种比较流行的求职方式，逐渐成为大学生求职择业的时尚和潮流。不仅求职者在逐步形成上网找工作的观念，用人单位也逐步将招聘信息发布到中国高校毕业生就业信息网、前程无忧、中华英才网等知名招聘网站以及各省市就业信息网和各高校就业信息网上。

【案例参考】

杭州星辰咨询服务公司卢总告诉记者，前段时间他花了几百块钱，到人才网上挂了个"财会"的招聘广告，两天就收到三百多封求职简历，而且通过人才网上的电脑软件筛选和电子化处理，与招聘要求不符合的，简历上都会自动标注出来，他们直接挑符合条件的简历看，全部了解清楚后，觉得可以的再约时间面试。"就这样，我们很快就招到了需要的人。整个过程非常方便，不用像招聘会那样到现场去，那样需要很多时间和人力。"

据了解，三四年前，上网招聘的用人单位大多都是IT和高新企业，而今网络上，能看到各行各业的招聘广告。浙江人才网对第一季度招聘单位进行了一次分类：首位是民营私企，有2382家，占总数的83．2%；其次是三资企业，占11．5%；国有事业单位占2%；其他占3．3%。需求专业最热门的前十类是生产制造、电子通讯、IT、房产建筑、纺织服装、金融经济、教育培训、信息咨询、机械仪表、贸易类。

大学毕业生可以通过上网随时了解到这些招聘信息，如果符合条件，就可将自己的电子简历传到网上进行自我推荐。并且，一般用人单位都有自己的网站，大学毕业生可随时在网上了解到各用人单位的基本情况，以避免"病急乱投医"。就用人单位而言，网上招聘有利于他们在更广大的范围内挑选人才，这样不仅使招聘轻松快捷，而且招聘的人才质量也更高。而对广大毕业生来说，网上求职能使他们在不需付出很大的时间和金钱代价的前提下，获得很多的选择机会。但是网上求职也有不足之处。一般来说，网上求职择业对于擅长电脑的人有更大的优势。并且，由于条件和设备的限制，用人单位与求职者之间无法面对面地沟通，所以对于能力素质一般，但有一定面试技能的人来说容易丧失面试机会。

另外，也可以通过电视、杂志、电台、广播等媒体广告求职。

六、通过手机的招聘短信增值服务

与传统的招聘会、媒体广告、网上招聘等招聘形式相比，手机的招聘短信增值服务显得更加通畅、更有针对性，因此，这种方式也被人们称之为"第五求职中介"。深圳是率先推出这种手机招聘短信增值服务的城市，目前每天在线的用户已达到了上万人。服务开通后，"深圳移动人才网"将会根据求职者所订阅的职位类别，结合其自身条件，每天发送 0 ~ 10 条符合条件的最新招聘信息，信息内容包括公司名称、招聘职位、面试时间地点或联系方式。在使用手机短信求职方式时，要特别注意把自己的求职条件写得越具体、越清楚越好，避免重复信息、赘余信息。选择的区域越大，信息的针对性就越小，人才机构提供的招聘信息的准确率就越低。所以，如果将定制的职位能够精确到某一行业的某一阶层，甚至是某家公司的话，准确性就会更高，而且也能更加节省费用。另外，由于不同人才中介机构的特点不同，比如有的主要针对白领，有的针对大学毕业生，因此在选择这种服务之前也要根据自己的情况具体定制信息。

七、通过社会关系求职择业

通过社会关系求职是指通过家人、亲戚、朋友以及老师等人的推荐来谋求工作，达到求职目的的一种择业方式。这种通过社会关系网络求职择业的方式是一种成功率较高的求职择业方式。有关调查显示，有 30% 的大学毕业生是通过社会关系而求职择业的。通过熟人推荐，大学毕业生可以充分了解到用人单位的基本情况，并能得到用人单位的重视和信任，因此，就业的把握性较大。大学毕业生应该充分利用自己的社会关系网络，为自己的成功就业助一臂之力。充分利用各种社会关系，巧妙运用公关手段，积极公关，将为你成功就业增添砝码。

八、报考公务员

国家机关考录公务员、事业单位选用工作人员和专业人才，企业大批选用人才，一般采用考试录用的形式。考试又包括笔试和面试。笔试主要考核毕业生的文字能力、知识面和综合分析能力。常见的笔试有行政能力测试、申论、专业知识考试、心理测试、命题写作、综合考试等类型。2006 年公务员招考，除了海关外，中央、国家机关及其系统的 97 个部门的 8662 个职位的网上报名人数达到了40．6 万余人，合格人数达 37 万多。总的招聘比例达到了 47：1，而合格人数与计划人数的比例约为 43：1，已经超过 2005 年的 37：1。湖南省 2008 年达到 140：1，由此可见，通过参加公务员考试以求达到就业目的人越来越多。

九、自主创业

自主创业是指大学毕业生利用自己的知识、能力和特长，通过科技创造、自己创办企业等方式来就业。近几年来，越来越多的大学生倾向于选择自主创业这条新的就业途径。大学生自主创业的社会环境越来越好。从中央到地方各级政府越来越重视大学生创业问题，正在制订相关政策，采取相关措施积极鼓励和扶持大学生自主创业，如小额贷款、减免税费等。长沙市于 2008 年制订了打造"创业之都"的蓝图，鼓励全民创业。自主创业体现了大学生独立自主的愿望和能力，减轻了父母亲友的负担和社会的就业压力。通过这种方式，大学毕业生不仅解决了自己的就业问题，体现了自我价值，而且能为社会创造更多的就业机会，实现了自我价值与社会价值的统一。虽然多数大学毕业生都渴望自主创业，但是，由于自主创业对大学生综合能力、心理素质、经济条件等方面要求很高，不是一般的大学毕业生能够做到的。因此，大学毕业生应从实际出发，结合自身的能力、经验和资本，根据市场需要，制订可行的创业计划，参与相关创业培训，然后做出理性的创业决定。

十、到境外工作

随着改革开放的不断深入和中国加入 WTO，中国经济与国际接轨越来越紧密，越来越多的大学毕业生参与国际人才竞争，到境外工作。如美国、加拿大、澳大利亚、英国等发达国家大量需要护士和企业高级管理人才、技术人才等。随着我国综合国力的增强和国际影响力的不断加大，越来越多的国家如韩国、印度尼西亚等学汉语的人数与日俱增，对外汉语教学人才日益走俏。邓小平指出：教育要面向现代化、面向世界、面向未来。作为怀有远大理想抱负的大学毕业生，更应该有参与国际竞争的勇气。大学毕业生到境外工作，能开阔视野，开拓就业创业途径，为我国与境外的技术交流合作、文化交流做出贡献。

十一、通过各种"国家计划"求职择业

"国家计划"主要指三支一扶计划、选调生、选聘高校毕业生到村任职、志愿服务西部计划、应征入伍等。"三支一扶计划"是指大学生毕业后到农村基层从事支农、支教、支医和扶贫工作，工作期限为 2 到 3 年，工作期满后，自主择业，择业期间享受一定的政策优惠，如：可以享受一定的政策加分或同等条件优先录用等。"选调生"是指这样一批毕业生：各级组织部门有计划地从高等院校选调品学兼优的应届大学毕业生到基层工作，作为各级党政领导干部后备人选的主要来源进行重点培养。选调对象现在采用根据条件自愿报名、单位推荐、统一考试、组织考察来确定。选聘高校毕业生到村任职：这项工作由中央组织部牵头，由省（区、市）党委、政府组织人事部门负责组织选聘工作，选聘到村任职的高校毕业生为"村级组织特设岗位"人员，系非公务员身份，工作期限为 2 到 3 年，中央则对其给予一定的财政补贴，并享受一定的优惠政策待遇（如：在校期间的国家助学贷款本息由国家代为偿还，报考公务员、研究生享受一定的政策加分或同等条件下优先录用），工作期满后，经组织考核合格、本人自愿的，可继续聘任。志愿服务西部计划是指大学毕业生到西部地区和艰苦边远地区服务 2 年以上，服务期满后 3 年内报考硕士研究生初试总分加分，同等条件下优先录取。大学毕业生可以根据自己的实际情况，选择合适的国家计划求职择业。

十二、个人上门自我推销

当代大学生面临着严峻的就业形势，在毕业时如何把自己推销出去，找到适合自己的工作，这是摆在大学生面前的一个很现实的问题。大学生发挥个人的主观能动性，积极出击，非常重要。如果大学毕业生积极主动地找到用人单位，毛遂自荐，自我推销，说不定就可以把握先机，成功谋得职位。作为自己的推销员，大学生除了积极主动以外，还必须具备一些基本素质。一是学会与人沟通：首先态度要坦诚，不卑不亢；其次观察要敏锐，善于发现对方目前最关心的问题，扬长避短，把自己最优秀的一面展示给对方。二是要注重礼仪：穿着打扮要大方、得体，待人接物要彬彬有礼，讲究语言的艺术，正确使用礼貌用语，注意面部表情和肢体语言，做到精神饱满，礼貌谦和。

第二节　大学毕业生求职择业的技巧

一、求职择业的基本要求

1. 注重礼貌

胡锦涛总书记在省部级主要领导干部提高构建社会主义和谐社会能力专题研讨班上指出："提倡尊重人、理解人、关心人，在全社会形成团结互助，平等友爱，共同前进的社会氛围和人际关系。"它深刻揭示了在构建和谐社会中人与人之间相互尊重的重要性。

尊重是人性的需要，尊重是人际交往的基本原则，尊重是求职的法宝。如果没有尊重，就没有很好的交流和沟通，更不会有社会的和谐与发展。可是，在求职过程中，一些毕业生却往往对此不够重视，以至于影响了求职的成功率。

在求职过程中，大学毕业生要始终面带微笑，态度坦诚，语言文明，尊重招聘人员以及竞争者，这样不仅能增加就业的机会，而且还向社会展示了我们当代大学生的风采。

【案例参考】

小扈是长沙某高校的大学毕业生，是一个漂亮聪明的女孩，学的专业是师范类，平时性格比较内向、不苟言笑。毕业求职在面试的第一个环节就被淘汰，遭到多次失败后，向有关老师请教，才深知微笑的重要性。于是，她借阅了一些书籍，并且按照书上的要求，每天对着镜子练习微笑。功夫不负有心人，小扈终于可以微笑"自如"了。她信心十足地去应聘，结果每次面试都能过关，小扈也找到了自己喜欢的单位。

由此可见，注重礼貌、保持微笑在应聘过程中的重要性。微笑是寒冬的暖阳，可以溶化心灵的冰霜；微笑是久旱的甘霖，可以滋润枯竭的心田。世界知名企业沃尔玛的成功之道一是规模效应，二是微笑生财。应聘者进了应聘单位或者见了招聘人员，一定要注重自己的礼仪。见到招聘人员之后，不管对方是何种表情，都要微笑、友善、自信地与其握手、作自我介绍。在面试过程中，也要始终注意，不要让面部表情过于僵硬，要适时保持微笑，用自信的目光注视着招聘人员。面试结束后，不管面试官给了你怎样伤心的答复，也要微笑着起身，并主动握手道别。

2. 诚实守信

时下的人才市场，人们感到最缺乏的不是智慧，而是诚信。那些精美的应聘材料中,大多经过了人为的包装。有一个班的大学生到同一个企业去应聘,个人材料中竟然有十来个人说自己是学生会主席。有的大学生本来没有什么工作经历,为了把自己包装成有经验的人,随意编造各种各样的工作经历。其实,只要招聘官随意问问,就会露出破绽。2007年湖南某高校一毕业生通过自己的努力终于拿到了心仪已久的单位的签约协议书,7月份学校按照规定时间将该生的档案邮寄给用人单位,过后不久该生就接到了该单位解除协议的通知。原因很简单,该生的自荐材料上的专业成绩与档案成绩不符合。

对于企业来说,尤其欢迎诚实的求职者。台湾"半导体之父"——台积电董事长张忠谋曾说过,诚实是一个人最重要的特质,如果让他选择求职者,他一定选择有诚信的人。因为个性诚实、耿直且积极努力的人,工作绩效自然出色。著名的英特尔公司更是明确地把"掺水"简历看成招聘中的大忌。凡是在简历上弄虚作假者,在英特尔的主考官面前均不能过关。因为这些负责招聘的主考官们,都是部门经理,有工作经验,伪造的东西他们很容易看出来,如果发现应聘者弄假,不管他有怎样的能力和资格,都会被淘汰。

诚信永不过时。

【案例参考】

有一个外企应聘者在求职信中写到自己的兴趣爱好时,写了喜欢旅游和攀岩。其实此人很少外出,对攀岩更是一无所知,但为了以具有冒险精神及前卫形象吸引招聘官,故意加了这两条。后来在面试中,主试官谈到自己也是个攀岩爱好者,但对攀岩中的一些应急技巧却不甚了解,想与该应聘者切磋。应聘者立即面红耳赤,手足无措,不得不承认自己说了谎。主试官非常生气,立即拒绝录用他。

还有一些公司搞招聘时,会故意设下陷阱,考验应聘者是否诚实。比如面试官会对那些简历上填上英语水平达到某某级者说,某次我在某某英语演讲比赛现场会上观看过你的精彩演讲,你的水平真高,没想到你今天来我们公司应聘,这真是我们公司的荣幸。很多应聘者听到这样的恭维话时,总是顺水推舟地自我"谦逊"一番,最后,自然把到手的机会也"谦逊"掉了。因此,面对激烈的市场竞争,求职者应当切记,诚实守信永不过时,它是一个人的第一美德。千万不要玩弄所谓的"智慧",忘掉诚信这个根本。

3. 虚心倾听

在求职过程中特别是在应聘面试时,做一个合格的听众至关重要。面试的实质是应聘者和招聘人员之间进行信息交流从而获得相互了解的过程。在应聘中,大学毕业生了解招聘人员的真实意图至关重要,因此,只有通过专心致志的倾听才能抓住问题的实质。

【案例参考】

小红是个比较内向的女孩，平日为人处世比较得体，也知道倾听的重要性，但在面试中还是出了一个小小的差错。一次，小红在一家公司接受面试，临近尾声时，招聘人员对小红的表现给予了正面评价，言语中颇有欣赏之意。也许是招聘人员今天的心情特别好的缘故，竟开始介绍起公司的基本情况与发展前景来。小红一高兴便分了神，也开始憧憬美好未来。看到她分神的样子，招聘人员很不舒服，就又多问了几个问题，最后，招聘人员说了句"很遗憾……"。

所以面试时，应聘者应全神贯注，虚心倾听，目光应正视对方，在招聘人员讲话的过程中适时点头示意，眼神不要游离。因为这既是对对方的尊重，也可以让对方感到你很有风度、诚恳、大方、不怯场。当招聘人员介绍公司和职位情况时，更要适时予以反馈，微笑着点点头等，表明你很重视他所说的内容，而且记在心里了。

4. 深入思考

【案例参考】

小黄平时性格大大咧咧，说话做事不拘小节，不善思考，就是这样一种性格，让小黄在应聘面试时吃了大亏。在学校举行的一次大型人才交流会上，他看中了一家单位，递交了自己的简历，招聘人员在六十多份简历中挑出了5份简历通知参加面试，小黄就是其中之一。面试中，招聘人员提出，"我们希望你一到学校就带高中毕业班，你行吗？"小黄不假思索就说行。招聘人员马上追问："怎么个行法？"小黄一下子说不出个道道来，陷入了沉思。小黄这种草率的行为，颇令招聘人员反感，将其排斥在学校大门之外是可想而知的。

当招聘人员问及一个重要问题，尤其是有关对今后工作的设计、在校期间从事的社会实践、获奖以及任职情况等，在回答之前，应适时停顿5秒钟，留出一段思考的时间。这样做，除了可以组织一下要表达的内容，重要的是要告诉对方你正在认真回忆过去的经历；若是你在回答这些问题时根本不用思考，且倒背如流，招聘人员第一感觉可能是你事先经过了精心准备，继而会对你所说内容的真实性打个问号。

5. 说普通话

俗话说：说好普通话，走遍中国都不怕。

【案例参考】

朱华伟在大学期间曾经是学院的主要干部，担任学院学生会主席，基本素质和能力非常不错，但是普通话很不标准，大学四年仍然乡音不改，一口方言说得非常顺溜，班上能听懂的也不多。上汉语语音课时，小朱也下了很大的工夫，无

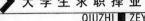

奈还是一张口就走"火"，引得全班同学哄堂大笑。长此以往，小朱学普通话的热情也就逐渐消退。大学毕业求职时，小朱的一口方言让他在应聘时屡屡碰壁，用人单位只要一听他说话就开始摇头，丧失了许多宝贵的就业机会。最后他只好回到了家乡一所很不起眼的学校。

可以说，普通话是求职时的语言通行证，不会讲普通话，就不能顺畅地与人交流，也就谈不上取得招聘人员的信任与好感了，求职可能会寸步难行。

6. 不带"亲友团"

【案例参考】

龚斌是独生子，平时比较依赖父母和他人，生活独立性很差。有一次他在一家大型人才交流会上看中一家公司，投出了简历。当天下午公司通知他去参加面试，他被安排在最后面试。轮到他面试时，招聘人员看见外面还有好几个人，就顺便问了一下。结果让招聘人员非常不高兴。原来，女的是他的女朋友，男的都是龚斌的寝室同学，他们是陪他而来的。面试也就草草结束，结果可想而知。

在应聘面试时，"亲友团"还是不带为妙。千万不要以"情侣档"、同学或父母陪同的方式去求职，否则会让招聘人员认为你依赖性太强、独立性太差，继而对你的能力产生怀疑。尤其值得注意的是，询问招聘的情况，一定要自己打电话或者上门亲自询问。这些直接影响着招聘人员对你的第一印象，决定着你求职的成败。

二、求职择业的基本技巧

有了畅通的就业渠道，大学生求职择业就有了强有力的保证。但大学毕业生如何抓住机会，在众多求职者中脱颖而出，确保求职择业成功，可以说是八仙过海，各显神通。大学毕业生在求职择业过程中，掌握一定的方法和技巧，能够大大促进求职择业的成功。

1. 电话求职技巧

电话求职，是指求职者看了一些单位的招聘广告后，根据其刊登的电话号码和联系人姓名，询问招聘情况并进行自我推销。通信事业的发达，使得电话求职成为一种新时尚。因为电话求职不仅可以起到"先声夺人"的效果，还可以节省时间，避免求职的盲目性，增加面试机会，提高求职效率。如果方便，你不妨打电话到你喜欢或已有所了解的单位建立联系。一旦他们出现空缺职位，你就可以先于别人提出申请。时下，一些招聘广告寥寥数语，让人莫名其妙，为了探个究竟，求职电话尤为必要。

专家认为，求职电话打得好：彬彬有礼、思维敏捷、吐字清楚、词达意准，往往给用人单位以良好的第一印象，起到"先声夺人"的效应。为达到这样的目标，打求职电话时需要掌握以下技巧：

（1）调整好通话心情并作好相应准备。电话求职时应该准备一些应征理由和自我推销的说辞，以面试的心情通电话。通常，一般公司在询问后会要求求职者寄履历表，甚至在电话中就进行第一关口试，决定是否进一步面谈。如果把事情想得太轻松、太简单，一旦突然被问到应聘的动机、工作经验等问题，恐怕会因为没有准备好而无法回答得很好。

（2）注意好通话场所。电话求职时如果一定要在外面联络，注意尽量少使用移动电话联络，利用固定电话较为理想。使用固定电话求职时，要特别注意周围环境，在吵闹的大马路或热闹非凡的酒吧里都不合适，既听不清楚，又容易让人产生厌烦的情绪。

（3）选择好通话时机。一般应选择上班时间拨打电话，如果在上班后半小时左右拨打求职电话，效果最为理想，这有利于强化记忆和印象。不要选择在对方可能忙于处理其他事务时去打电话，他可能以为是他所期待的某个业务电话，结果是你，令他几句话就想甩掉你。午休时间打电话影响别人休息，是不礼貌的，效果也不好。临下班前半小时不宜通电话，否则可能会影响对方的情绪，影响通话效果。当然，在下班时间一般也不要往招聘人员家里拨打求职电话，但是，如果是异地求职且临行前时间紧迫，也可以接通住宅电话，在就餐时间或早晨7时之前、晚上10点以后，是不适合打电话的。另外，如果估计通话时间较长，应该事先进行电话预约。

（4）准备好通话内容。作为求职的一种方式，打电话的根本目的就是争取面试机会，电话中能讲的最多只有一、两个中心内容。因此，电话求职时应一切都要围绕这个中心来准备通话的内容，尤其是弄清楚打电话的目的与意义，弄清楚要告诉对方哪些有吸引力的信息，预期的结果可能是什么，自己可能会碰到些什么阻碍，怎样处理意外事件，如何提出与对方会面的要求等等。把思路整理清楚后再拨通，接通后，按事先拟好的纲要，逐条讲述，这样做的好处是可以简明扼要、富有条理地叙述中心内容，让对方在最短的时间内发现你的闪光点。因为漫无边际的马拉松式谈话，会影响对方的工作，也影响他人使用电话，并给人留下婆婆妈妈、抓不住重点、拖泥带水的印象。求职电话一般应首先自我介绍，询问对方是否要人，要用什么样的人才，或直截了当询问招聘广告中不明了的有关事宜。此外，手头上应准备一些必要的求职材料，以便准确回答对方的提问。

（5）把握好表达方式。既然应聘者决定打求职电话，说明其对用人单位有诚意。接通后，应有礼貌地问清对方单位的名称，说出要找的人的姓名。如果对方就是受话人，应先问候，然后谈话；如果对方不是要找的受话人，应有礼貌地请求对方去传呼受话人，受话人如果不在，发话人应先主动请接电话的人把自己的单位和姓名转告受话人。若需要受话人回电话，应告知电话号码，如果需要他人转告受话人的事情，要礼貌地请求对方记下。通话时，应注意语音、语调和语气，要表现出令人愉悦的气质，要热情、坚定、自信，咬字要清楚；音量要适中，以对方听清楚为准；不要过分客套，不要含糊其辞。通话结束时，应该礼貌地说声"再见"。这是通话结束的信号，也是对对方表示尊重，听到对方把话筒放下，再把电话挂掉。

（6）运用好加深印象法。打电话认真是原则，但不妨来点幽默，给人留下开朗、活泼、朝气蓬勃的印象，不过不能失之轻浮、油腔滑调，应把握好"度"。打电话应语调连贯，不用"这个、那个"之类的习惯用语，也不可神情紧张、结结巴巴。要尽量用普通话，使接话人听得清、记得准，谈话要保持中速，不急不缓，因为说话从容往往给人以稳重、可靠的印象。打电话时要注意语气和声调，以显示自己是讲文明、懂礼貌的人。口要对着话筒，说话音量不要太大，也不要太小，咬字要清楚，吐字比平时略慢一些，语气要自然。当对方不够热情时，打电话更要注意语气和声调。

2. 学校推荐求职技巧

根据就业中心的调查，越来越多的企业希望学校提供毕业生推荐服务。这种推荐不同于以前的书面推荐材料或者学校分配推荐，而是希望学校能够提供全新的推荐模式。这种推荐建立在学校对学生进行深入的职业生涯辅导的基础上，学校通过科学客观的评价体系，了解掌握毕业生的全面情况，根据企业的具体需求提供一定数量的推荐对象，由企业直接进行面试或者进行实习，最终实现成功就业。要通过学校推荐就业必须从以下两方面着手：

（1）表现出众，享有良好的知名度和美誉度。要想得到学校推荐，首先要自身表现优异。专业成绩或综合能力或与推荐岗位所需的能力在同学中出类拔萃，就会得到优先推荐。

（2）尊重他人，具有良好的师生关系和合作精神。只有尊重别人，才会得到别人尊重。

如果你平时不积极参加集体活动和公益活动，不尊敬老师，不搭理同学，那么你的学业成绩即使不错，学校也可能不会推荐你。因为尊重他人，与人合作，既是做人的基本准则，也是从事职业的基本要求。平时多和老师和同学交流思想，讨论学业，尽力关心和帮助他人，那么你就会得到更多的推荐机会。

3. 通过中介服务机构求职技巧

（1）通过人才招聘会求职技巧。全国各地市及各高校每年都要举办各种大中

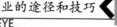

小型人才招聘会。在招聘会上，成千上万的学生将与数百家用人单位见面。怎样充分利用好这样的招聘会呢？

①做好准备，有的放矢：求职者在参加招聘会之前，应做好相关准备工作。如提前了解招聘会的相关情况：参会单位的基本情况、参会代表的基本情况、岗位需求情况、岗位职责及招聘要求等。并针对应聘单位和岗位制作好求职材料，带上就业协议书及相关证件（书）等。准备一份关于你的技能和才干的简要介绍，使你从同类竞争者中脱颖而出。事先演练一下你的口头表达，会使你感觉和表现得更加自信，推销自己时更有条理、突出重点。

②提前入场，抢得先机：入场后，先将整个会场浏览一遍，然后从中选择几家自己感兴趣的目标单位，重点进攻。

③第一印象至关重要：在面见用人单位代表时要满怀自信和热情，握手要坚定有力，微笑，眼睛直视对方，不要忘记表达出对他们公司和就业机会的浓厚兴趣。

④开阔视野：不要只看中"名牌"企业，不要因为对方不在 100 家最佳企业之列就不予考虑。在未来 10 年中，全新的就业机会主要来自中小企业，要学会在不断崛起的新星中寻找机会。

⑤拓宽思路：不要总是根据自己所学的专业死盯某一行业，思路狭窄，从而错失众多就业机会。如学医的不一定只能去医院工作，一些中小学甚至幼儿园都需要保健医生，而学计算机的也并非只能去计算机行业工作，医院、银行、商场等行业或单位都可列入选择范围。

⑥要会提问题：增加对企业发展趋势、人员结构、工作走向、培训情况以及其他信息的了解，能够帮助你做出明智的就业选择。至于薪水、福利等问题，要到公司对你有明确兴趣时方可提出。提问的方法、时机与内容等很重要。

⑦安排好主次：选择你最感兴趣的单位，重点与这些用人单位的招聘人员进行面谈。然后，如果时间允许再扩大你的接触面，不要将时间花在排队等候上，面试人多时，可先呆在一旁歇息，一边观察，一边思考对策，等人少时再去面试，从而赢得更多时间与招聘人员交流。这里要特别指出的是，人才招聘会的最新变异——反招聘。一般大大小小的招聘会上，主人都是用人单位，以挑剔的目光选择人才；毕业生就是客人，要等待主人的挑选，听从主人的安排。而"反招聘"则恰恰相反，它使毕业生摇身一变，成为招聘会上的主人。

【案例参考】

×月×日，河北大学新闻学院举行了一次"反招聘"活动，毕业生反客为主，更改了这种传统方式。

这次"反招聘"活动的"主人"是河北大学新闻学院广告系的全体应届毕业生，参加招聘会的客人有 Best formulations、石家庄神威药业、保定金风帆集团等近四十家用人单位。活动分为人才信息发布会和"反招聘"洽谈会两部分。在上午的信息发布会上，广告系的 30 名毕业生向用人单位展示了他们分赴北京、上海、广州、天津、石家庄、昆明、厦门等地的实习作品，并介绍了自己的特长，提出了就业意向和条件。下午的洽谈会上，用人单位向学生介绍了单位各自的状况和人才需求信息。双方在自由、轻松的气氛中进行了长时间的交流、谈判，最终有近十名学生与用人单位达成了就业意向。

这次活动的主要策划人之一、广告班班长王宏宇谈到举办此次活动的目的时说，以前我也参加过多次人才交流会，几乎所有的招聘模式都一样，都分初试、笔试、面试几个步骤。整个过程要拖很长时间。假如单位在外地，还要花很多路费。有时候递上一份简历就没了下文，连展示自己的机会都没有。传统的招聘方式效率比较低，在一定程度上还是单向选择，而非真正意义上的双向选择。

美国 Best formulations 中国总部总裁杜先生在谈到传统招聘时也有同样的感受。他说每年企业都要为招聘新人花去很大精力，而且仅凭简历就淘汰很多人，这其中难免会埋没许多真正的人才。"反招聘"则给了用人单位和大学生双方更多的互相了解和交流的机会，交流形式也更直接、更便捷，效率当然更高。他希望这种"反招聘"能在大专院校推广开来。河北大学学生处处长认为，这次活动是人才交流方式的一次创新，从形式上讲是人才市场由买方市场向卖方市场转化的一次大胆尝试。

（2）通过人才交流机构求职技巧。一般情况下，大学毕业生应该优先到有信誉的职业介绍机构或人才交流机构求职，这些机构服务周到、信誉高、功能全、收费低，有些机构还是公益性质的，免费提供职业介绍、职业指导服务。现在，各地开办的职业介绍机构繁杂众多，其中确有一些非劳动部门开办的职业介绍机构或信息服务机构，打着"职业介绍"的幌子，干着骗人敛财的勾当。因此，在通过其他的知名度与美誉度不高的职业介绍机构求职时，应注意以下几点：第一，要看其是否执当地劳动厅（局）或人事厅（局）颁发并经年检的职业介绍许可证或人才交流许可证，如属于赢利性的职业介绍机构，还须具有工商营业执照。其二，要看其工作人员是否持有职业介绍资格证书，并配戴统一印制的工作证章。其三，要注意非劳动部门和个人开办的职业介绍机构，不能超越劳动部门核定的业务范围开展工作，不能为本行政区域外的用人单位和求职者提供服务。其四，要看职业介绍机构发布的招工、招聘广告是否经劳动部门或人事部门核准。另外，如果通过媒体广告或经他人介绍求职，则特别要审查用人单位的招聘职位及工作条件，待遇的真实性，工商营业执照等，最好向当地劳动部门核准有关情况，以防受其蒙骗，尤其要防止传销陷阱。求职者在应聘前可到用人单位实地考察一下，如用人单位的经济效益很差，甚至连现在职工的工资都难以发出，这样的单位就最好不要去应聘。

4. 通过媒体广告求职的技巧

业内人士指出，随着网络招聘服务的升级细化，媒体广告求职的高效率、低成本的优势更是进一步凸显。特别是网络已成为求职招聘的主要手段，在所有招聘途径中上网招聘起码要占到 75% ~ 80% 的份额。所以，网络招聘的蓬勃兴起，对中国的人才网站来说，是无限的市场空间，对招聘单位来说，以后招兵买马时不用再千里迢迢，对求职的人来说，可以不用赶着到现场招聘会上与人摩肩接踵了。

采用媒体广告求职这一途径要认真阅读招聘广告。就业市场的招聘广告铺天盖地，面对众多的招聘广告，求职者该如何阅读，这是求职过程中的第一个重要环节。好的开始是成功的一半，能否正确、有效地阅读招聘广告，直接关系到求职的成败。正确阅读招聘广告应抱着"不可不信，不可全信"的态度，透过现象看本质，从广告的字里行间"读"出你所需要的信息来。

（1）注重全面性。招聘广告大致包括六个方面内容：①广告标题，如"高薪诚聘"、"某某公司招聘"等；②公司简介，包括企业名称、性质、主营范围等；③核准机关，发布招聘广告一定要经过人事或劳动主管机关的核准，广告中还需特别注明；④招聘职位，包括职位名称、任职要求、工作能力、工作地点等；⑤公司政策体现，包括工资薪酬、社会保障、福利待遇、学习培训等；⑥联系方式，指联系电话、通讯地址、邮政编码、传真、电子信箱、联系人等。有的应聘者"只见其一，不见其二"，往往因错读广告内容而使求职失败。

（2）注重启发性。招聘广告并不只是对求职者最有用，对一些在职者尤其是准备跳槽者也很有用。从广告中你可以了解到：在当地能找到哪些工作？入选者需要具备哪些条件？哪些工作领域看起来最有希望？可得到多少薪金？报纸上的招聘广告不仅反映了某些职位是空缺的，而且反映了这类工作的空缺是不是普遍性的，如果是普遍性的，那么，一定有许多尚未刊登广告的单位同样对这些职位有着招聘需求。研究招聘广告，还可以了解某一项工作需要哪些技能，这些情况可以帮助你为将来做好准备。

（3）注重时效性。有少数人事顾问公司，为了壮大声势，在职位推荐中，刊登一些已经过期的"招聘"信息，而所报的薪金亦可能与真实情况有差异，求职者宜选择信誉可靠的人事公司代为筛选。另一方面，网上招聘专页亦会出现更新不够及时的情况，求职者须注意广告的上网日期及网页的更新频率。由于报纸发行量大，覆盖面广，因而应聘的人多且竞争激烈，因此，求职者应尽可能早地买到报纸，早做准备，早点去应聘，以增加就业机会。

（4）注重真实性。许多广告都指明，见报三天后现场招聘。求职者可以利用这段时间打电话或实地考察招聘单位，了解经营和福利状况，做好思想准备，把握主动权。很多人认为，公开发行的报刊上刊登的招聘广告，应该是可信无疑的。其实不然，虽然招聘广告一般都有劳动或人事部门的批准文号，但这只表明该广告的合法性，并不代表其招聘行为的合法性。求职者一定要留意那些通过合法广告的"花言巧语"来掩饰的不法行为。招聘广告是虚是实、是真是假，都可以从广告字眼的"蛛丝马迹"中探索出来。如：

①招聘底气足不足。招聘广告以招聘为目的，但企业都会利用在大众媒体上"亮相"的机会为企业"脸上贴金"。那些在广告上避而不谈企业历史、现在和未来的，其规模不会很大，难以"上台面"。同时，即使是合资企业，如果合资双方均为财大气粗的公司，肯定会标明双方的背景，如果笼统地称为中外合资企业，那么合作双方极有可能是名不见经传的小企业。对于那些只留下联系信箱、手机号码之类的招聘单位，还是少接触为好，说不定哪天就会"人去楼空"。

②招聘职位虚实。一些公司为了提高入职要求，或吸引较高学历的应聘者，将职务头衔修饰得非常具有吸引力，有别于一般惯用的职称，就像大饭店里的菜名一样，听得爽心悦耳，但实际上就那么些菜，要小心上当。

③刊登次数的频繁程度。同一单位在短时间内连续刊登相同的招聘广告，说明该企业招聘的人数多且急，求职成功的可能性较大。若一个单位数周后再次刊登同样的广告，说明该单位待遇不好，很难招到人或招到人后留不住人，应三思而行。

④招聘降格求才。以往某职位一般需本科学历，而有些广告中明确写明只要中专学历及相关工作经验即可。看起来是降低了标准，其实，除非申请人拥有丰富经验或表现特别突出，否则难以录取。

⑤小心假"急聘"。某些公司附加"急聘"、"大量求聘"等字眼，目的是借助广告大量吸纳新血，在录用后的短期内再淘汰不合适的员工。本来"人拣你，你拣人"实属无可厚非，但是大学毕业生切勿胡乱申请，以免上了"使用廉价劳动力"的当。

⑥注意招聘中的怪异语法。早前某报刊登了被指有性别歧视的招聘广告，经法庭裁定，由于文句中无任何标点符号，使人得出两种不同的理解，而成功脱罪。由此可见，雇主可以利用一长句而避开有关法律的限制，求职者宜细细推敲此类

广告的含意，以免浪费精力和时间。对于语言不是很明确、有歧义的招聘广告，最好别理，或者是先打电话询问清楚再采取行动。

⑦警惕高薪诱人。许多广告打出的工资高得惊人，如年薪十万、百万，这些单位大多对学历、经验、能力、社会关系要求较高，不适合大学毕业生，而且许多广告是为了制造轰动效应，起促销作用，大可不必理它。

（5）注重灵活性。通过广告应聘，必须抓住关键词语，明确招聘要求，灵活把握，才能提高应聘效率。尤其是要分清"软"条件和"硬"条件，灵活把握软条件，这是提高应聘效率的关键。用人单位对所招聘的员工的种种要求是很明确的，这些要求，对求职者来说，有"软"、"硬"条件之分："软"条件是有商量余地的，"硬"条件是不可商量的。有时候"硬"条件也并非一成不变，关键在于岗位的需要，如果你有充足理由证明你适合该岗位，那么也不妨一试，说不定"硬"条件也因你而变。

【案例参考】

某公司招聘高级财务人员2名，要求：①财会专业本科以上学历；②本市常住户口；③年龄40岁以下；④有高级会计师职称；⑤男性；⑥有敬业精神、责任心强；⑦秉公办事、作风正派；⑧做事有条理，管理能力强。细读后发现，广告要求的一至五条是相当具体的，是"硬"条件。如果求职者有一条不符合的话，用人单位是不会接受的。而六至八条是"软"条件，伸缩性大，没有一个统一的标准，人人都可以说自己能做到，如果求职者"硬"条件完全符合，只是"软"条件稍有距离，也应大胆去应聘，只要在面试中能自圆其说，工作中认真努力，求职是大有希望的。

5. 通过社会关系求职择业技巧

通过社会关系求职主要是指通过亲戚、朋友、熟人等人的推荐来谋求工作。采用这种途径要注意区分不同的社会关系。在社会学中，人们的关系有强弱之分。强关系是指血缘很近或交往很密切、信任度比较高的人们之间的关系，弱关系则指血缘相隔比较远或交往不多、信任度不高的人们之间的关系。利用社会关系强弱不同，在求职的联系过程当中所采用的方式与态度应该是完全不同的。强关系就不用客套与啰唆，开门见山，直奔主题。弱关系则要注意礼貌与尊重，用词要委婉得当，该感谢的地方千万不可疏忽。

6. 上门自我推销的求职择业技巧

上门自我推销是指求职人员亲自到用人单位与相关人员进行毛遂自荐以求得职位。用这种方法求职的人尚且不多，但这种方法的求职成功率很高。只要正确掌握了这种方法的技巧，对你求职应该是很有用的。

（1）注意良好的公关礼仪。良好的公关礼仪是上门自我推销求职取得成功的首要因素。首先，要穿着得体。得体的穿着也是成功的条件之一。要穿上让自己舒服自在又能展示自己的品位、且与所求职位相符合的衣服。其次，要注意礼仪。在面见用人单位代表时要满怀自信和热情，握手要坚定有力，微笑，眼睛直视对方。最后，谈吐要得当。言谈举止之间要体现自己的气质与修养。

（2）要知"公"知"私"。所谓知"公"，是指事先要花些时间了解该公司的相关情况，言谈间表达出你对该公司的关注与喜爱，流露出能成为该公司职员的骄傲与自豪。当然，假设你能对该公司的发展提出一些中肯的意见与可行的建议，那肯定能使人对你刮目相看。所谓知"私"，是指对你要面见的人的性格、喜好与用人理念要有所了解，在面谈的过程中，既要保持自己的个性，又要不露痕迹地迎合他的口味，以取得他的好感与认可。我们不主张刻意的拍马屁，但只要拍马屁不拍到马蹄上，恰到好处地取得招聘官的欢心以求得理想的工作也未尝不可。能知"公"知"私"是上门自我推销求职取得成功的关键因素。

7. 另类求职技巧

俗话说得好，尽信书不如无书，讲了这么多求职的技巧，就算你一一掌握了，也许还是找不到中意的工作，这时候，你不妨来个出其不意，通过与众不同的求职方式来求得工作。如果你在众多循规蹈矩的求职者中，不能显示出自己的特长，不被重视，你不妨另辟蹊径，要些小聪明，反其道而行之，以此来吸引雇主的注意，也许会有意想不到的收获。

【案例参考】

"别出心裁的求职者"：有一个广告专业的大学生，找工作四处碰壁。怎样才能把自己"推销"出去呢？他考虑了很久。一天，他再次闯进那家旅游公司的总经理办公室。总经理一看见他，生气地说："我再一次告诉你，我们的人手已经足够了，不需要新手。""那么你一定需要这个！"那个大学生边说边从包里掏出一块精制的匾额，上面写着："本公司名额已满，暂不录用。"总经理一看笑了起来，他很欣赏这个小伙子的勇气与幽默，便聘用了他，并委以重任。

通常情况下，求职面试总是要说些恭维话，博得雇主的好感而得到机会，但一味说好话也未必总能打动人，指出对方的不足之处，且令对方心服口服，常常能达到求职的目的。这说明你是一个不附和、不随俗、不从众、有主见的人。

【案例参考】

"善于挑刺的女大学生"：南京大学天文学系一名女毕业生在参加某公司最后一轮面试时，大胆地指出该公司的不足，并列举国外的事例加以佐证，使主考官不得不折服，结果她被首先选中。

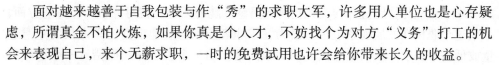

面对越来越善于自我包装与作"秀"的求职大军，许多用人单位也是心存疑虑，所谓真金不怕火炼，如果你真是个人才，不妨找个为对方"义务"打工的机会来表现自己，来个无薪求职，一时的免费试用也许会给你带来长久的收益。

【案例参考】

"零报酬求职法"：小李是某工科院校的才子，写得一手好文章。他想到当地一家很有影响的杂志社工作。当他第一次上门推销自己时，杂志的人事主管就很明确地告诉他，学工科的人不适合他们的工作。可小李并未放弃，他再次找到该社人事主管，并告诉他，自己的学业已快结束，学校里没有多少事情可以做，如果方便的话希望能到杂志社"帮帮忙"，以便自己利用这段空闲时间学点东西，而杂志社不需要给他支付工资。杂志社同意了他的要求。两个月后，小李用事实证明了自己的能力，征服了人事主管，顺利地签订了正式的聘用合同。在应聘过程中，很多人一看到自己的专业不对口，硬件不符合，一般扭头就走。其实硬件也是有一定灵活性的，如果你非常喜欢并确信自己适合这个工作，你不妨多呆会，在与面试官对话的过程中，充分展示自己这方面的才能。

【案例参考】

"将计就计，扬长避短"：在一场大型招聘会上，小王相中了一家广告公司，但对方只招聘营销员，并要求市场营销专业毕业。小王决定主动出击。轮到小王面试时，他先简单地作了个自我介绍："我毕业于北京工商大学，精通计算机，对设计、编排等也很熟悉，另外，我每年暑期都在外地一家广告设计公司实习。"招聘人员一听，对小王很感兴趣，便要求看他的简历。小王没有递上自己的简历，而是询问："我发现贵公司要招聘市场营销专业的学生，我想知道，贵公司看中的是市场营销专业学生哪方面的特质？"招聘人员告诉他，因为公司要扩大业务，所以需要能开拓市场的学生，他们认为市场营销专业的学生比较专业。小王立刻声明："我的开拓能力很强，对市场营销方面的知识非常熟悉。"招聘人员再次提出要看小王的简历时，他才告诉对方："我们学校没有市场营销专业，我是学工商管理的，但市场营销课，我得了96分。"三天后，小王拿到了复试通知书。

俗话说：到什么山上唱什么歌。大学生求职应聘也是如此。招聘单位需要什么，我就提供什么；面试官喜欢什么，我就展示什么。如面试官喜欢文学，你可以与他谈谈文学；如面试官喜欢言谈，你可以表现得健谈些。要知道，求职成功的奥妙在于如何使招聘官满意，使招聘单位满意！

在面试中，大学毕业生与招聘人员进行面对面交谈，如何看懂招聘人员的"脸色"，随机应变，是一项不可忽视的能力。比如，求职者在面试中介绍自身的某个特长，招聘人员却不时地移开目光，说明他很有可能对你介绍的内容不感兴趣，求职者应尽快跳过，转而谈招聘人员感兴趣的话题。在对待薪水和待遇方面，如果这个职位在发展前景上很有潜力，求职者应该巧妙地根据招聘人员的意愿适量放低薪水要求，从而避免仅仅因薪水问题上的一个小小分歧而错过一个很好的职位。

总而言之，在求职的过程中，各种技巧要掌握，能想一些奇招与新意出来更好。凡事都没有绝对，我们要注意随机应变，与时俱进，灵活把握。有专家预言，大学生求职择业其实是从"精英"劳动者变为"普通"劳动者的过程所必经的阵痛。第一份工作很重要，它是你正式工作的起点，不要让自己输在起跑线上，它也许会影响你的整个人生！第一份工作其实也不重要，在当今流动性很强的社会里，第一份工作并不能决定你的一生，除非你想让它决定你的命运。它只是你精彩人生的一个小片段而已！孰是孰非，你来定夺！最后在这里给大学毕业生提几点小建议：第一，不要好高骛远，只有适合你的工作而不存在最好的工作；第二，学习机会和发展空间比待遇更重要；第三，无论是在应聘过程中还是工作后都应时刻保持积极敬业的态度；第四，珍惜每一次有难度的机会，全力以赴，知难而进；第五，好的工作不是靠面试得来的，而是靠实际工作能力谱写出来的；第六，任何时候都要保持虚心好学的习惯，知识是能力的内聚，能力才是工作的基础！

第四章 面试技巧

第一节 面试概述

面试是求职过程中必不可少的重要环节，是开启就业大门的钥匙，是通向理想工作的必经之路。

有多少满腹经纶的学子满怀着对未来的美好憧憬和渴望，在斗智斗勇的面试场上却不知所措，手忙脚乱，很快败下阵来，失去了宝贵的就业机会，只得望洋兴叹，懊悔不已。

又有多少才不出众、貌不惊人者，却深谙职场法则，身怀面试之绝技，在面试战场上左右开弓、机智果敢、大显神通，轻而易举地得到了工作，令人羡慕不已。

人们不禁要问：怎样才能在风起云涌、变幻莫测、竞争激烈的面试战场上大显身手、立于不败之地？怎样才能获取迈向理想职业殿堂的金钥匙？

一、面试的概念与目的

面试即面对面的测试。主要指在特定场景下，经过精心设计，应聘者与面试官（用人单位招聘代表）之间面对面的语言及行为交流活动。它是一种应聘者与面试官之间互动的过程。通过这种互动交流，达到了解对方，并据此作出相应判断与决策的目的。

面试官通过面试，可以在一定程度上了解应聘者的形象、气质、性格、兴趣、专业、特长、能力和品质等，从而据此判断该应聘者是否为本单位所需要的人才，并作出是否进一步复试或录用的决定。求职者通过面试，可以在一定程度上了解用人单位的相关情况，如工作条件、工作环境、单位实力、福利待遇、发展前景等，从而作出是否前往该单位就业的决定。

在面试过程中，应聘者与面试官之间应该是一种平等互利的关系。但在目前严峻的就业形势下，应聘者由于处于买方市场的地位，往往比较被动，而面试官由于处于卖方市场的地位，往往更趋主动。

二、面试测评的主要内容

1. 仪表风度

这是指应试者的体型、外貌、气质、衣着举止、精神状态等。录用单位对教师、公关人员、公务员等职业的仪表风度的要求较高。研究表明，仪表端庄、衣着整洁、举止文雅的人，一般做事有规律、注意自我约束、责任心强。

2. 专业知识

了解应试者掌握专业知识的深度与广度，其专业知识是否符合所要录用职位的要求，作为对专业知识笔试的补充。面试对专业知识的考查更具灵活性和深度，所提问题也更接近对空缺岗位专业知识的要求。

3. 工作实践经验

一般根据查阅应试者的个人简历或求职报名登记表，作些相关的提问，查询应试者有关背景和过去工作的情况，以补充、证实其所具有的实践经验。通过工作经历与实践经验的了解，还可以考查应试者的责任感、主动性、思维能力、工作能力、适应能力、团队合作情况、口头表达能力及遇事的理智状况等。

4. 口头表达能力

面试主要考查应试者是否能够将自己的思想、观点、意见或建议顺畅地用语言表达出来。考查的具体内容包括：表达的逻辑性、准确性、感染力、音质、音色、音量、音调以及普通话水平等。

5. 综合分析能力

主要考查面试中，应试者是否能对面试官所提出的问题通过分析抓住本质，并且说理透彻、分析全面、条理清晰。

6. 反应能力与应变能力

主要看应试者对面试官所提的问题或给定的情景理解是否准确贴切，回答或应对是否迅速准确，对于突发问题的反应是否机智敏捷、回答或应对是否恰当、妥贴等。

7. 人际交往能力

在面试中，通过询问应试者经常参与哪些社团活动，喜欢同哪种类型的人交往，在各种社交场合中所扮演的角色及表现情况，可以了解应试者的人际交往倾向和与人交往的技巧。

8．自我控制能力与情绪稳定性

自我控制能力对于教师、公务员及许多其他类型的工作人员（如企业管理人员）显得尤为重要。一方面，在遇到上级批评指责、工作有压力或是个人利益受到冲击时，能够克制、容忍、理智地对待，不致因情绪波动而影响工作；另一方面，工作要有耐心和韧劲。

9．工作态度

主要是了解应试者对过去学习、工作的态度。在过去学习或工作中态度认不认真，做什么、做好做坏都无所谓的人，在新的工作岗位也很难说能勤勤恳恳、认真负责。

10．上进心、进取心

上进心、进取心强烈的人，一般都确立有事业上的奋斗目标，并为之努力。表现在努力把现有工作做好，且不安于现状，工作中常有创新。上进心不强的人，一般都安于现状，无所事事，不求有功，但求能敷衍了事，因此对什么事都不热心。

11．求职动机

了解应试者为何希望来本单位工作，对哪类工作最感兴趣，在工作中追求什么，判断本单位所提供的职位或工作条件等能否满足其工作要求和期望。

12．业余兴趣与爱好

了解应试者休闲时间喜欢从事哪些运动，喜欢哪些书籍以及喜欢什么样的电视节目，有什么样的嗜好。了解一个人的兴趣与爱好，这对录用者的工作安排有好处。

13．团队合作能力

随着知识经济时代的来临和科学技术的日新月异，社会分工日益精细化，越来越多的工作都离不开团队合作。无论是科学研究，还是现代企业的生产与管理，都必须有一个优秀的团队才能完成。举世瞩目的载人航天工程，从零部件研制、生产、装配到火箭发射以及监控、返回都环环相扣、相互牵制，每一个环节都不能出任何问题，必须有良好的协作与团队合作能力。

14．开拓创新能力

我们正处于一个知识快速更新，科技飞速发展，竞争日趋激烈的时代，只有具备较强的开拓创新能力，才能适应社会的变革与发展。无论是教学改革，还是企业的经营管理，乃至一般的行政事务工作等，都离不开开拓创新。只有创新，才能与时俱进，才能求得生存与发展。

15．其他素质与能力

如应试者的智力水平、头脑灵活性、逻辑思维能力、自信心、诚信、人生观、价值观、爱岗敬业、思想品质、身体素质及相关技能与特征等。面试官将根据单位需要、岗位需要等具体情况及个人喜好选择相关的内容进行提问与考查。

三、面试的基本特征

与求职资格审查、笔试、工作演示、试用等人员甄选方式相比，面试具有以下几个显著特点：

1. 面试以谈话和观察为主要方法

谈话是面试过程中的一项主要方法。在面试过程中，作为面试官，主要向应试者不断提出各种问题；作为应试者，主要针对面试官提出的问题进行回答。在面试过程中，面试官正确地把握提问技巧十分重要。这不仅可以直接起到有针对性地了解应试者某一个方面情况或素质的作用，而且对于驾驭面试进程，净化主题，营造良好的心理氛围，都有重要的影响。比如利用应试者的擅长之处，提出一些启发性的问题，调动其作进一步思索，展示其才华；当应试者回答问题文不对题时，可利用提问控制或调整话题，当应试者讲完后，可以通过端庄的沉思或补充性的追问，形成一个"缓冲区"，这对于振奋应试者的谈吐、引发新的意外的收获，转移到下一个话题都有益处。

观察是面试过程中的另一项主要方法。在面试中，要求面试官善于运用自己的感官，特别是视觉和听觉。

运用视觉主要是观察应试者的非语言行为，它不仅要求面试官在面试中要善于观察应试者的非语言行为，而且要能指明应试者的行为类型，进而借助人的表象层面推断其深层的心理。对应试者非语言行为的观察，主要有两个方面：一是面部表情的观察，二是身体语言的观察。

国外一项研究表明，在求职面试中，从应试者面部表情中获得的信息量可达50％以上。在面试过程中，应试者的面部表情有许多变换，面试官必须能观察到这种表情的变换，并判断其内在心理。例如，应试者面部涨得通红、鼻尖出汗，不敢与面试官对视，便反映出应试者自信心不足，或心情紧张。应试者的目光久久盯着地面或盯着自己的双脚，默不作声，可能反应了其内心的斗争与思考过程。当面试官提出某些难以回答或窘迫的问题时，应试者可能目光黯淡，双眉紧皱，带着明显的苦恼或压抑的神色。总之，面试官可以借助应试者面部表情的观察与分析，判断应试者的自信心、反应力、思维的敏捷性、性格特征、情绪、态度等素质特征。

严格地讲，面部表情也属身体语言的范畴。在面试过程中，除面部表情外，身体、四肢等在信息交流过程中也发挥着重要的作用。比如手势，它具有说明、强调、解释或指出某一问题、插入谈话的作用，它是很难与口头语言表达分开的。在面试过程中，具有不同心理素质的人，其身体语言的表现形式是不同的。一个情绪抑郁的人除了目光暗淡、双目紧闭之外，他可能两肩微垂，双手持续地做着某个单调的动作，身体移动的速度相对较慢，似乎经过很大的努力才行。而一个心情急躁、焦虑的应试者，常常会无休止地快速手足运动，双手还可能不断颤抖。一个行为退缩、缺乏自信心和创新精神的人，会始终使自己的双手处于与身体紧密接触的部位，头部下垂。一个人紧张或焦躁不安时，往往会出现这样一些身体动作，如膝盖或脚尖有节奏地抖动，手指不停地转动手里的东西，摆弄衣服，乱摸头发等。

在面试过程中，听觉的运用也十分重要。面试时，面试官应倾听应试者的谈话，对应试者的回答进行适度的反应，当应试者的回答与所提问题无关时，可进行巧妙地引导。在倾听应试者的谈话时，应边听边思索，及时归纳整理，抓住关键实质之处。对应试者的谈话分析，比如是否听懂了面试官的提问，是否抓住了问题的要害，语言表达的逻辑性、层次性、准确性等。还可根据应试者讲话的话语、语速、腔调等来初步判断应试者的性格特征等。比如声音粗犷、音量较大者多为外向性格；讲话速度快者，多为性格急躁者；爱用时髦、流行词汇者大多虚荣心较强等。

2．面试是一个双向沟通的过程

面试是面试官和应试者之间的一种双向沟通过程。在面试过程中，应试者并不是完全处于被动状态。面试官可以通过观察和谈话来评价应试者，应试者也可以通过面试官的行为来判断面试官的价值判断标准、态度偏好、对自己面试表现的满意度等，来调节自己在面试中的行为表现。同时，应试者也可借此机会了解自己应聘的单位、职位情况等，以此决定自己是否可以接受这一工作等。所以说，面试不仅是面试官对应试者的一种考察，也是主客体之间的一种沟通、情感交流和能力的较量。面试官应通过面试，从应试者身上获得尽可能多的有价值信息。应试者也应抓住面试机会，获取那些关于应聘单位职位及自己关心的其他信息。

3．面试内容的灵活性

面试内容对于不同的应试者来说是相对变化的、灵活的，具体表现在以下几个方面：

（1）面试内容可因应试者的个人经历、背景等情况的不同而有所不同

例如，有两位应试者同时应聘档案管理岗位，一位有多年从事档案工作的经历，另一位是应届档案管理专业的大学本科毕业生。那么在面试中对前者应侧重于询问其多年来从事档案管理方面的实践经验及工作中的有关情况；对后者，则应侧重了解其对该专业基础知识掌握的情况以及在校学习期间的有关情况。

（2）面试内容可因工作岗位不同而有所不同

不同的工作岗位，其工作内容、职责范围、任职资格条件等有所不同，例如

国家技术监督局的有关技术监督岗位和国家人事部的有关考录岗位，无论其工作性质、工作对象，还是其任职资格条件，都存在着较大差别。因此，其面试的考察内容和考察形式都不能做统一规定，面试题目及考察角度都应各有侧重。

（3）面试内容可因应试者在面试过程中的面试表现不同而有所不同

面试的题目一般应事先拟定，以供提问时参照。但这并不意味着必须按事先拟定好的题目逐一提问，一问到底，毫无变化。可以根据应试者回答某一问题的情况，随机提问。如果应试者回答问题时引发出与拟定的题目不同的问题，面试官还可顺势追问，而不必拘泥于预订的题目。

总之，从面试官角度看，面试内容既要事先拟定，以便提问时有的放矢、不打无准备之仗，又要因人因"事"（岗位）而异，灵活掌握；既要让应试者充分表现自己的才华，又不能完全让应试者信马由缰、海阔天空地自由发挥，最好是在半控制、半开放的情况下灵活把握面试内容。

4. 面试内容的多样性、随意性

笔试的内容有统一性，且侧重于知识考察，考察内容具体，答案客观标准，主观随意性较小。面试则不同，首先，面试是因人而异，面试官提出问题，应试者针对问题进行回答，考察内容不像笔试那么单一，既要考察应试者的专业知识、工作能力和实践经验，又要考察其仪态仪表、反应力、应变力等，因此只能因人而异、逐个进行。其次，面试一般由人事部门及用人部门主持，各部门、各岗位的工作性质、工作内容和任职资格条件等不同，面试差异大，较难在同一时间进行。第三，每一位应试者的面试时间，不能作硬性规定，而应视其面试表现而定，如果应试者对所提问题，对答如流，阐述清楚，面试官很满意，在约定时间甚至不到约定时间即可结束面试；如果应试者对某些问题回答不清楚，需进一步追问，或需要进一步了解应试者的某些情况，则可适当延长面试时间。

5. 面试时间的持续性

面试与笔试的一个显著区别是面试不是在同一个时间展开，而是逐个地持续进行，笔试是不论人数的多少，均可在同一时间进行，甚至不受地域的限制。

6. 面试交流的直接互动性

与笔试、心理测验等人员甄选方式不同，面试中应试者的语言及行为表现，与面试官的评判是直接相连的，中间没有任何中介转换形式。面试中面试官与应试者的接触、交谈、观察也是相互的，是面对面进行的。主客体之间的信息交流与反馈也是相互作用的。而笔试、心理测验中，一般对命题人、评分人严加保密，不让应试者知道。面试的这种直接性提高了面试官与应试者间相互沟通的效果与面试的真实性。

四、面试的一般程序

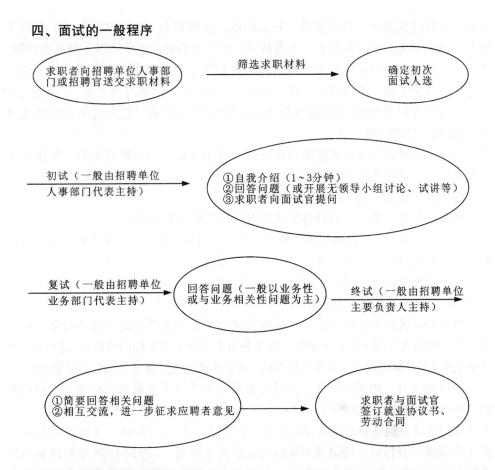

五、面试的历史由来与发展趋势

（一）面试的历史

其实，面试用于人员甄选，古已有之，源远流长。孔子"弟子三千"，多属慕名而来，拜孔子为师。孔子虽一贯坚持"有教无类"的思想，但犹恐失人，故对远道而来的学子们亦要"面试"一番，再决定取舍。例如宰予"利口辩辞"，孔子高兴收下；澹台子羽，孔子见其状貌甚恶，以为材薄，虽收留门下，但让其"退而修行，行不由径"，即把他列为"旁听"弟子。后来子羽在楚国办学成绩很大，名扬诸侯，孔子自我检讨说："吾以言取人，失之宰予；以貌取人，失之子羽。"

汉代刘劭对面试颇有研究。刘劭认为，面试时间可长可短，若只想了解某一方面的素质情况，则一个早晨的时间就足够了，若要详细地测评各方面的内在素质，则需要三天的时间。刘劭告诫人们，面试也有不足之处。如果不去深入交谈，不本着实事求是的态度去辨析对方之言，则会生疑误判。他说："不欲知人则言无不疑，是故以深说浅，益深益异。异则相反，反则相非。是故多陈处直，则以为见美。静听不言，则以为虚空。抗为高谈，则以为不逊。逊让不尽，则以为浅陋。言称一善，则以为不满。历发众奇，则以为多端。先意而言，则以为分美。因失难之，则以为不喻。说以对反，则以为较已。博以异杂，则以为无要。"刘劭还认为，面谈双方一旦谈论对方的兴奋之处，就会高兴起来，高兴之余，就难免有"亲爱之情，称举之誉"了。

一代名相诸葛亮对面试也相当有研究。对于面谈中的言谈与观察，他提出了一套曲折变幻颇有哲理的系统方法："问之以是非而观其志；穷之以词而观其变；咨之以谋而观其识；告之以难而观其勇。"

面试后来以"策问"的特殊形式普遍运用于科举取士中。

英、法、美、日等国的招聘中均有面试。从 1930 年起，英国文官录用考试中就加入了面试这一项。1937 年，面试分数就占全部考试分数的 1/3。现在，日本的公务员录用考试有 14 种，几乎每种考试中都有面试这一项。面试的具体方式有三种：个别面谈，集体面谈，集体讨论。

中共十一届三中全会以后，我国逐步进行了组织人事制度的各项改革，1981年 7 月，国家人事部下发了《关于下达部分海关新增干部指标的通知》，通知规定对新增干部的录用除笔试外，还要进行面试。面试由此进入到新增干部的录用考试之中。

1988 年 3 月，中央组织部、劳动人事部发出了《关于政治、税务、工商行政部门和银行、保险系统招收干部实行统一考试的通知》，其中规定：考试后，"由人事部门从高分到低分向用人单位推荐，经用人单位进行政审、体检和必要的考核（含面试）合格后，确定录用或聘用人员名单报批"。因此 1988 年全国面向社会招干约 8 万人，报考者达 105 万，在录用中上海、江苏、福建等许多省市均采用了面试形式，且面试突破了单一的面谈问答形式，出现了与演讲、模拟操作等相结合的形式，面试程序日趋规范。

1989 年 1 月，中组部、人事部联合颁发了《关于国家行政机关补充工作人员实行考试办法的通知》，通知要求考试的基本方式为笔试与面试。1994 年，国家人事部要求全国各地、国家各部委公务员的录用与招聘，按统一的程序与标准进行面试。原《国家公务员录用暂行规定》对面试的有关内容也作出了明确规定。

（二）面试的发展趋势

从这些年来的面试实践来看，面试呈现出了以下几个发展趋势：

1. 形式的多样化

面试早已突破那种两个人面对面一问一答的模式，而呈现出丰富多彩的形式。从单独面试到集体面试，从一次性面试到分阶段面试，从非结构化面试到结构化面试，从常规面试到引入了演讲、角色扮演、案例分析、无领导小组讨论及远程视频面试等形式，尤其是无领导小组讨论正日益受到广大用人单位重视，越来越多的招聘单位采用这种面试方式选拔人才。

2. 程序的结构化

以前，对面试的过程缺乏有效把握，面试的随意性大，面试效果也得不到有效保证。为了改进这一点，目前许多面试的操作过程已逐步规范起来。从面试官角度，面试的起始阶段、核心阶段、收尾阶段要问些什么、要注意些什么，事先一般都有一个具体的方案，以提高对面试过程和面试结果的可控性、科学性和公正性。

3. 提问的弹性化

以前许多面试基本等同于口试。面试官的提问问题一般都事先拟定好，应试者只需抽取其中一道或几道回答即可，面试官一般不再根据问题回答情况提出新问题。面试官评定成绩仅依据事先拟定的具体标准答案，仅看回答内容的正确与否来评分。实际上这只不过是笔试简单的口述形式而已。现在则不同，面试中面试官问题的提出虽源于事先拟定的思路，但却是适应面试过程的需要而自然提出的，也就是说后一个问题与前一个问题是自然相接的，问题是围绕测评的情景与测评的目的而随机出现的。最后的评分不是仅依据回答内容的正确与否，还要综合总体行为表现及整个素质状况评定，充分体现了因人施测与发挥面试官主观能动性的特点。

4. 面试结果评定的标准化

以前，许多面试的评判方式与评判结果没有具体要求，五花八门，可比性差。近年来，面试结果的处理方式逐渐标准化、规范化，基本上都是趋于表格式、等级标度与打分形式等。

5. 面试测评内容的全面化

面试的测评内容已不仅限于仪表举止、口头表达、知识面等，现已发展到对思维能力、反应能力、心理成熟度、求职动机、进取精神、身体素质等全方位的测评。且由一般素质为测评依据发展到主要是在科学发展观指导下以拟录用职位要求和应试者潜力及可持续发展能力、品质等为依据，包括一般素质与特殊素质在内的综合测评。

6. 面试官的专业化、专家化

以前的面试，主要由组织人事部门的人专门主持。后来实行组织人事部门、具体用人部门和人事测评专家等共同组成面试测评小组。现在，许多单位实行用人部门人员培训面试测评技术，人事部门人员培训业务专业知识，并实行面试前的集中培训，面试官的素质有了很大提高。"一流的伯乐选一流的马"，面试官的素质对于提高面试的有效性、科学性、公正性，保证面试的质量起着极为关键的作用。

第二节　面试的基本类型

一、结构化面试

1. 结构化面试的含义

面试官按照一定的模式，根据预先准备好的测评内容和有关细节，逐一向应试者发问，由应试者予以回答的面试方式。

在结构化面试中，面试前面试官往往就面试所涉及的内容、试题评分标准、评分方法等一系列问题进行了一系列的结构化设计。包括面试程序的结构化，面试内容的结构化，测评标准的结构化等。

2. 结构化面试的特征

（1）面试官的组成有结构

即面试官不是随意形成的，而是由若干名面试官依据选人岗位需要及本单位需要，根据专业、职务甚至年龄、性别按一定比例进行科学配置，其中有一名是主面试官，一般由他负责向求职者提问并把握整个面试的总过程。

（2）测评的要素有结构

这不仅体现在测什么、用什么题目测试，要根据测试前所做的工作分析来确定，并按一定的顺序及不同分值比重进行结构设计，同时还要在测评要素下面明确测评要点即观察要点，测评要点下面是测试题目，每个测试题目都有出题思路或答题参考要点供面试官评分时参考。

（3）测评标准有结构

它突出地表现在要素评分的权重系数有结构，每一测评要素的评分等级有结构（一般在评分表中分优、良、中、差四级），求职者的最后面试成绩是经过科学方法统计处理的（即去掉众多面试官要素评分中的最高分、最低分然后得出算术平均分，再根据权重合成总分）；作为对面试官评分科学性的估价及对面试官打分公正性的监督，还可以设标准差一项，看每一位面试官打分与标准分的离散度。

（4）面试程序及时间安排有结构

结构化面试是严格遵循一定的程序（如面试官、面试场所的选择，监督机制与计分程序的设立等）进行的，一般每个求职者的面试时间在10分钟左右。结构化面试具有内容确定、程序严谨、评分统一、形式活而不乱等特点。从近年面试实践经验上看，其测评的效度、信度较高，比较适合规模较大，组织、规范性较强的录用、选拔性测试，因此，结构化面试已经成为目前录用面试的基本方法。

二、无领导小组讨论

1. 什么是无领导小组讨论

无领导小组讨论是评价中心技术中经常使用的一种测评技术,其采用情景模拟的方式对求职者进行集体的面试。它通过给一组求职者(一般是 10 人左右)一个与工作相关的问题,让求职者进行一段时间(一般是 30 分钟左右)的讨论,来检测求职者的组织协调能力、口头表达能力、辩论能力、说服能力、团队合作意识、情绪稳定性、处理人际关系的技巧、非言语沟通能力(如面部表情、身体姿势、语调、语速和手势等)等各个方面的能力和素质是否达到拟任岗位的用人要求,以及自信程度、进取心、责任心和灵活性等个性特点和行为风格是否符合拟任岗位的团体气氛,由此来综合评价求职者之间的优劣。

在无领导小组讨论中,评价者或者不给求职者指定特别的角色(不定角色的无领导小组讨论),或者只给每个求职者指定一个彼此平等的角色(定角色的无领导小组讨论),但都不指定谁是领导,也不指定每个求职者应该坐在哪个位置,而是让所有求职者自行安排、自行组织,评价者只是通过安排求职者的活动,观察每个求职者的表现,来对求职者进行评价,这也就是无领导小组讨论名称的由来。

无领导小组讨论主要测试应试者论辩能力和组织协调能力,其中包括对法律、法规、政策的理解和运用能力,也包括对拟讨论题的理解能力,发言提纲的写作能力,逻辑思维能力,语言说服能力,应变能力和组织协调能力的考评。

2. 无领导小组讨论的几个阶段

无领导小组讨论的讨论阶段一般分为四个阶段:第一阶段,求职者了解试题,独立思考,列出发言提纲,一般为 5～10 分钟;第二阶段,求职者轮流发言阐述自己的观点;第三阶段,求职者交叉辩论,继续阐明自己的观点,或对别人的观点提出不同的意见,并最终得出小组的一致意见;第四阶段,由小组选出一名代表进行总结性发言,简要概括小组讨论情况,阐述结论、观点及理由。

3. 无领导小组讨论的程序

(1) 讨论前事先分好组,一般每个讨论组 10 人左右为宜;

(2) 讨论场所按易于讨论的方式设置,一般采用圆桌会议室,面试官席设在考场四边(或集中于一边,以利于观察为宜);

(3) 求职者落座后,工作人员为每个应试者发空白纸若干张,供草拟讨论提纲用;

(4) 主面试官向求职者讲解无领导小组讨论的要求(纪律),并宣读讨论题;

(5) 给求职者 5～10 分钟准备时间(构思讨论发言提纲);

(6) 主面试官宣布讨论开始,按顺序每人阐述观点(5 分钟),以此发言结束后开始自由讨论（20分钟左右）。

（7）面试官观察并依据评分标准为每位求职者打分，但不准参与讨论或给予任何形式上的诱导；

（8）无领导小组讨论一般以30分钟左右为宜。主面试官依据讨论情况，宣布讨论结束后，收回求职者的讨论发言提纲，同时收集各面试官评分成绩单，求职者退场；

（9）记分员去掉一个最高分，一个最低分，然后得出平均分的方式，计算出最后得分，主面试官在成绩单上签字。

4. 无领导小组讨论的功能

无领导小组讨论应该具备三个功能：

（1）区分功能：在一定程度上能够区分出求职者能力素质上的相对差异。

（2）评定功能：能在一定程度上评价、鉴别求职者某些方面的能力、素质和水平是否达到了规定的某一标准。

（3）预测功能：能在一定程度上预测求职者的能力倾向和发展潜力，预测求职者在未来岗位上的表现、成功的可能性和成就。

5. 无领导小组讨论的特征

无领导小组讨论能检测出笔试和单一面试法所不能检测出的能力或者素质；可以依据求职者的行为言论来对求职者进行更加全面、合理的评价；能使求职者在无意中显示自己各个方面的特点；使求职者有平等的发挥机会从而很快地表现出个体上的差异；节省时间；能对竞争同一岗位的求职者的表现进行同时比较（横向比较），观察到求职者之间的相互作用；应用范围广，能应用于非技术领域、技术领域、管理领域等。

但无领导小组讨论对测试题目和面试官的要求较高，同时，单个求职者的表现易受其他求职者的影响。

6. 无领导小组讨论试题的主要类型

无领导小组讨论的试题从形式上而言，可以分为以下五种：

（1）开放式的问题

其答案的范围可以很广、很宽。主要考查求职者思考问题是否全面，是否有针对性，思路是否清晰，是否有新的观点和见解。例如：你认为什么样的领导是好领导？关于此问题，求职者可以从很多方面，如领导的人格魅力、领导的才能、领导的亲和取向、领导的管理取向等来回答，可以列出很多的优良品质。对面试官来讲，这种题容易出，但不容易对考生进行评价，因为此类问题不太容易引起求职者之间的争辩，所考查求职者的能力范围较为有限。

（2）两难问题

是让求职者在两种互有利弊的答案中选择其中的一种。主要考查求职者的分析能力、语言表达能力、说服力及个人价值取向、兴趣取向等。例如：你认为以工作为取向的领导是好领导呢？还是以人为取向的领导是好领导？此类问题对求职者而言，既通俗易懂，又能够引起充分的辩论；对于面试官而言，不但在编制题目方面比较方便，而且在评价求职者方面也比较有效。但是，此种类型的题目需要准备两种备选答案且具有同等程度的利弊，不能是其中一个答案比另一个答案有很明显的选择性优势。

（3）多项选择问题

是让求职者在多种备选答案中选择其中有效的几种或对备选答案的重要性进行排序。主要考查求职者分析问题、抓住问题本质方面的能力。

例如：你被调到某酒店当总经理，上任后发现 2008 年第四季度没有完成上级下达的利润指标，其原因是该酒店存在着许多影响利润指标完成的问题，它们是：

①食堂伙食差、职工意见大；餐饮部饮食缺乏特色，服务又不好，对外宾缺乏吸引力，造成外宾到其他饭店就餐；

②分管组织人事工作的党委副书记调离一月余，人事安排无专人负责，不能调动职工积极性；

③客房、餐厅服务人员不懂外语，接待国外旅游者靠翻译；

④服务效率低，客房挂出"尽快打扫"门牌后不能及时把房间整理干净，旅游外宾意见很大，纷纷投宿其他饭店；

⑤商品进货不当，造成有的商品脱销，有的商品积压；

⑥总服务台不能把市场信息、客房销售信息、财政收支信息、客人需求、意见等及时地传给总经理及客房部等有关部门；

⑦旅游旺季不敢超额订房，生怕发生纠纷影响饭店声誉；

⑧饭店对上级的报告有弄虚作假现象，夸大成绩，掩盖问题，而实际上确定的利润指标根本不符合本酒店实践情况；

⑨仓库管理混乱，吃大锅饭，物资堆放不规则，失窃严重；

⑩任人唯亲，有些局、公司干部的无能子女安排到重要的工作岗位上。

请问：上述 10 项因素中哪三项是造成去年第四季度利润指标不能完成的主要原因（只准列举三项）？请陈述你的理由。

此种类型的题目对于评价者来说，比较难于出题目，但对揭示求职者各个方面的能力和人格特点则比较有利。

（4）操作性问题

这是给材料、工具或道具，让求职者用所给的材料制造出一个或一些面试官指定的物体来。主要考查求职者的能动性、动手能力、合作能力以及在一项实际操作任务中所充当的角色特点。

此类问题，考查求职者的操作行为比其他类型的问题要多一些，情景模拟的程度要大一些，但考查语言方面的能力则较少。必须充分地准备需要用到的一切材料，对面试官和题目的要求都比较高。

（5）资源争夺问题

此类问题使用于指导角色的无领导小组讨论，是让处于同等地位的求职者就有限的资源进行分配，从而考查求职者的语言表达能力，概括或总结能力，发言的积极性和反应的灵敏性等。如让求职者担当各个部门的经理并就一定数量的资金进行分配。因为要想获得更多的资源，自己必须要有理有据，必须能说服人，所以此类问题能引起求职者的充分辩论，也有利于面试官对求职者的评价，只是对试题的要求较高。

7. 无领导小组讨论的评分

一般而言，对于无领导小组讨论的计分有以下三种方式：

（1）各面试官对每个求职者的每一个测评要素打分。

（2）不同的面试官对不同的求职者的每一个测评要素打分。

（3）各面试官分别对每个求职者的某几个特定测评要素打分，在具体实施期间，面试官之间可根据面试官水平和面试官特长等具体情况，有针对性地选择使用某一种计分方式。

计分的内容一般包括三个方面：

（1）语言方面，包括发言主动性、组织协调能力、口头表达能力、辩论说服能力、论点的正确性等，这些不同的要素应根据职位的不同有不同的权重得分。在具体实施过程中，可根据具体情况，确定测评的要素和各要素的权重，以和具体的岗位、职位相对应。

（2）非语言方面（面部表情、身体姿势、语调、语速和手势）。

（3）个性特点（面部表情、进取心、责任心、情绪稳定性和反应灵活性）。

三、情景模拟面试

1. 什么是情景模拟

情景模拟测评，是设置一定的模拟场景和相关情况，要求被测试者扮演某一角色，并进入角色情景去处理各种事务及各种问题和矛盾。面试官通过对求职者在情景中所表现出来的行为进行观察和记录，以测评其素质潜能，或看其是否能适应或胜任工作。

2. 情景模拟测试的特征

（1）针对性

由于模拟测试的环境是拟招岗位或近似拟招岗位的环境，测试内容又是拟招岗位的某项实际工作，因而具有较强的针对性。如某市财政局在模拟测试中，给了应试者有关财务资料，要求应试者据此写出一份财务分析报告，内容包括数据计算、综合分析、个人的观点、意见和建议。某市设计局给应试者提供了某单位的原始凭证和记好的账目，要求应试者据此检查出错误，并定行为、定性质、改错帐。上述模拟测试就是针对财政工作和审计工作的需要和现实问题进行的。又如应聘药品营销工作的求职者扮演药品推销员向分别扮演医院院长、药剂科主任、药品采购员、临床医生等角色的面试官推销某种新药；应聘中学教师的求职者扮演中学教师说课，或直接面向学生讲课等。

（2）直接性

某市委宣传部将一篇成文信息抽取观点、颠倒次序后，由一位主面试官语无伦次地口头叙述，让应试者记录并据此写出一篇"简报"。某市检察院用中速放了一名犯罪分子的犯罪证词录音，要求应试者做笔录，并据此撰写出"起诉书"；还放了一个举报电话录音，让应试者当即处理。这样的测试，不仅测试内容与拟招岗位业务有直接关系，而且使测评人员能够直接观察应试者的工作情况，直接了解应试者的基本素质及能力，所以更具有直接性。

（3）可信性

总的讲，比较其他测试形式，情景模拟测验的特点主要表现在针对性、真实性和开放性方面。针对性表现在测验的环境是仿真的，内容是仿真的，测验本身的全部着眼点都基于拟任岗位对求职者素质的实际需要。需要指出的是，有时，表面上所模拟的情景与实际工作情景并不相似，但其所需要的能力、素质却是相同的，这时，表面的"不像"并不妨碍实质上的"像"。真实性表现为求职者在测验中所"做"的、所"说"的、所"写"的，与拟任岗位的业务最直接地联系着，犹如一个短暂的试用期，其工作状态一目了然。开放性表现在测验的手段多样、内容生动，求职者作答的自由度高、伸缩性强，给求职者的不是一个封闭的试题，而是一个可以灵活自主甚至即兴发挥的开阔天地。

上述特点也派生了模拟测验的相对局限性，主要表现为测验的规范化程度不易平衡，效率较低，同时，对面试官素质的要求较高。

3. 情景模拟测试的作用

第一，为考查应试者的业务能力提供依据。模拟测试在考核应试者业务能力方面发挥着笔试和面试答辩难以替代的作用。某市广播电视局在招录编辑、记者时，通过模拟测试中的采访笔录、采访提问、新闻综述和工作通讯的写作等几个环节，综合考查了应试者的采访能力、新闻敏感性和新闻写作水平，这样的业务能力综合测试为进一步了解应试者的业务差异提供了可靠的依据，是其他测试手段较难办到的。

第二，有利于避免高分低能现象。模拟测试注重于业务能力的考核，考核的标准是依据实际工作的要求拟定的，测评人员一般由用人单位的业务骨干担任。这些因素决定了模拟测试不仅能够为实践经验丰富、具有实际工作能力、胜任拟招岗位工作的应试者提供"用武之地"，而且可以避免笔试成绩较高，实际业务能力差的应试者进入录用行列。参加某市广播电视局测试的一位应试者，笔试成绩靠前，但模拟测试表现不佳，采访提问离题，撰写的新闻稿缺乏新闻性，而且两处失实，因此未录取。参加某市审计局测试的一位应试者，考前坚持上岗工作，没有充裕时间复习功课，笔试成绩排在第 52 名，面试答辩与心理测试表现一般，模拟测试成绩为第二，总成绩因此上升为 28 名，被该局录用，目前这位应试者已成为审计工作的骨干。

第三，为用人单位安排录用人员的具体工作岗位提供依据。实践表明，应试者在模拟测试中表现出的个体能力差异，与他们的实际工作能力往往呈高度正相关。录用人员之所以能够成为单位工作骨干，其中一个重要的原因，就是用人单位能够依据模拟测试成绩，本着扬长避短的原则，妥当安排录用人员的具体工作岗位。

4. 情景模拟测试的主要方式

（1）机关通用文件处理的模拟

这一项目可作为对招聘对象的通用情景模拟手段。它以机关的日常文件处理为依据，编制若干个（约 15～20 个）待处理文件，让被测者以特定的身份对文件进行处理，这些待定文件应是机关干部经常要处理的会议通知、请示或批复、群众来信、电话记录和备忘录等，要求被测者在两至三个小时内处理完毕。

测试的待处理文件的编制大体可分两类：第一类是工作中已有正确结论的，这可以在文书档案调查的基础上对某些文件和信息尚不完备的文件进行处理。这主要是测试其是否善于提出问题，假设或要求进一步获取有关信息的能力。此类文件的处理应用有一定难度，以评价被测者观察力的细致性和深刻性，思维能力的敏感性、逻辑性和周密性。第二类是文件处理的条件已具备，要求被测者在综合分析问题的基础上作出决策。这类文件应难易相间，以拉开档次。

通用文件处理应以团体方式进行。在测试前，由主持测评者作统一的指导，说明测试的目的及要求，消除被测者紧张情绪，以利相互配合。

（2）工作活动的模拟

这个测试项目可以采用以下两种形式进行：一是上下级对话形式，模拟接待基层工作人员的情景，由被测试者饰上级，测评员为下级，或向上级领导汇报或请示工作。这种模拟测试可采用主测人员与其对话，其余测评人员观察打分的方式进行，测试前应让被测者看阅有关材料，使其了解角色的背景和要求，测试主题可一个专业一题，需有一定难度和明晰评分标准，时间以每人半小时左右为宜。

再一种是布置工作的测试。要求被测者在看阅一份上级文件或会议纪要后，以待定的身份，结合部门实际，对工作进行分工布置和安排，这一项目可以个别测试的方式进行，测评人员一般为招聘部门领导。在一定条件下测评人员可向被测者进行发难，以对其进行较深入的整体测评，最后依据评分标准分别评分。

（3）角色扮演法

事先向求职者提供一定的背景情况和角色说明，模拟时要求应试者以角色身份完成一定的活动或任务，例如，产品推销，接待来访，试讲，主持会议，汇报工作等。

（4）现场作业法

提供给求职者一定的数据和资料，在规定的时间内，要求应试者编制计划、设计图表、起草公文、计算结构等。被普遍应用的计算机操作、账目管理、文件筐作业都属于此类形式。

（5）模拟会议法

将若干（10人左右）求职者分为一组，就某一需要研讨的问题、需要安排的活动或需要决策的议题，由求职者自由发表议论，相互切磋探讨。具体形式有会议的模拟组织、主持、记录及无领导小组讨论等。其中，文件筐测验、无领导小组讨论是近几年在借鉴国外先进测评技术基础上开发的面试方法。

四、压力式面试

在工作中，你可能每天都要面对突发的紧急情况以及频频发生的危机。因此，压力面试应运而生，即使是一个熟知各种技术变化的求职者，在一个不讲礼节的老板的严厉注视下也可能变得畏缩，甚至因为实在忍受不了一次不现实的极限打击而崩溃。

如果你申请了这样的职位，无论这个职位是办公文秘、大型策划、市场营销、空中交通管理员，还是飞行员、航天员、监狱守卫等等，面试官可能觉得，仅仅确认你能在最好的条件下胜任工作还是不够的，他还试图考验你在最糟糕的条件下表现如何。这也是压力面试的由来。

经过一次这样的面试，任何人都很难忘记。压力面试被设计用来打破客套的假象，直接进入问题的核心，试探面试者的真正素质。一个普普通通的问题在这种设置里可能显得生硬、粗暴，但这正是面试官想要营造的氛围和效果。

五、即兴演讲式面试

一般采取现场抽签的方式，进行即兴命题式演讲。从应聘者抽到演讲题开始准备到完成演讲，一般不超过 15 分钟。演讲时间一般为 5 分钟左右。

这种面试主要考察应聘者语言表达能力、思维敏捷性、逻辑性、知识渊博性等。产品销售员、公关人员、教师等职业领域较多采用即兴演讲式面试。

六、远程视频面试

是运用现代网路技术手段，面试官与求职者通过网络视频进行远程面对面网络交流活动的面试方式。由于这种面试较为便捷，且能节省大量人力物力和时间，面试官与求职者即使远隔千山万水，也无碍坐在各自的电脑旁进行面试活动，因而正日益受到越来越多的用人单位和求职者的关注和青睐。

七、综合式面试

由面试官通过多种面试方式综合考察应聘者多方面才能。

如综合运用结构式面试、情景模拟面试、即兴演讲面试等多种方式从多方位、多角度测试应试者专业水平、动手能力及语言表达能力、逻辑思维能力等。如武汉同济大学附属医院在招聘员工时，往往用这种方式进行面试，一般由七名左右各方面的专家组成的招聘团对应聘者的专业水平、英语口语水平、计算机操作能力、语言表达能力、随机应变能力等运用结构式面试、情景模式面试等多种方式从多个角度进行全方位的测试。

第三节　面试前的准备

俗话说：机会往往留给有准备的人。大学毕业生求职的经验教训告诉我们：做好面试前相关的准备工作是面试成功的必要前提。那么，在面试之前，应聘者要做好哪些准备工作呢？

一、知己知彼　百战不殆

（一）认识自我　深入挖掘

1. 认识自我的途径

（1）借助测评工具：通过职业测评系统进行网上（或纸上）性格测评、兴趣测评、职业价值观测评、职业能力测评等，借助测评工具达到自我认识的目的。

（2）他人评价：包括老师、同学、父母及其亲友以及身边其他比较熟悉自己的人对自己的评价。

（3）自我剖析：通过对自己近年来在学习、工作、生活、社会实践（包括实习、见习、课外兼职、社会调查等）等方面的经历与体验，回顾、总结、分析、反思，包括优点、优势、能力、特长，缺点、劣势、不足；兴趣与爱好；人生观与价值观等进行全面剖析，深入挖掘，反复询问自己：我是谁？我想干什么？我能干什么？

面试的过程就是推销的过程。你既是产品也是推销员。如果你的表现是毫无准备的，谈论自己的特别之处和过人之处，你不可能说服面试官"购买"你。大部分求职者对于"请介绍你自己"、"你怎么描述自己"等问题感到满头雾水，不知从何说起。因此，花一些功夫更好地认识自己是至关重要的。也许你在学校生涯中一路高歌，彩旗飘扬，但除非你花时间制作一份好的个人清单，否则你将会被劳动力市场的漩涡吞噬。

2. 认识自我的内容

通过系统的、科学的、公正的测评、评价及全面的自我剖析，提炼出下列重要内容：

（1）我最大的优势　·我最大的不足

（2）我最强的技能　·我最熟悉的领域或知识

（3）我最感兴趣的事情　·我个性当中最强的部分

（4）我最引以为豪的事情　·我最大的成就

（5）我做得最成功的事情　·我最大的失败

（6）我需要在职业中继续深造的知识与技能　·我能逐步改进的部分性格

（7）我最想干什么　·我最适合干什么

在此基础上，深刻反思并分析如下问题：

（8）我的个人清单中，哪些大概会使面试官认为我适合即将面试的职位？

（9）哪些知识、成绩、技能和特长使我看来最胜任这个职位？

（10）我的背景材料中哪些可以将我和别的求职者区别开来？

（11）我需要承认哪些弱点，如果提到的话，如何表明我已经有所改进或我即将改进？

（二）认识用人单位、面试官与招聘岗位

大多数初次找工作的人往往都会忽视这样一个十分重要的事情：花时间对应聘单位、招聘官与招聘岗位作全面而深入细致的调研与分析。任何工作面试最好的准备都在于知己知彼。你必须花时间了解你希望就职的单位，了解你即将面试的工作以及面试你的招聘官。不经过充分的调研，你凭什么确定是否想为一家单位工作？假如你是一名推销员，在对一个潜在的顾客一无所知的情况下，你如何去劝说他购买你的产品？

1. 需要了解招聘方的相关信息与内容

（1）关于用人单位

①单位性质：国有、集体、民营、股份制、外企、合资、个体等

②经营范围：指当前主要的经营项目、从事的主要业务等

③经营业绩：最近几年的经营状况，包括销售额、利润或亏损等情况

④发展前景：通过社会需求、社会声誉、社会地位及单位利润增长情况等予以综合分析与判断

⑤单位规模：包括职工人数、办公场所与生产、经营场所面积、注册资本等

⑥单位实力：包括规模、经营业绩、固定资产、资金利润、行业地位、社会知名度与影响力等

⑦工作环境：包括工作地点的自然环境、办公环境、人文环境等

⑧待遇福利：包括养老保险、失业保险、医疗保险、住房公积金及住房情况、各种补贴、奖金等

⑨文化理念、用人理念及学习深造与培训的机会等

（2）关于招聘岗位

①录用性质：正式录用（带编制）、临时聘用（临时工：一般聘用1～12个月）、合同工（每三年左右或者1～2年签一次合同）、招聘工或劳务派遣工（一般由劳务中介公司进行代理）

②现有在岗人员工作情况及相关负责人情况等

（3）关于招聘官

①用人观：欣赏什么样的人才

②交友观：喜欢与什么样的人交往

③主要经历：包括工作与学习经历、生活经历

④所任职务、职称以及在单位中所处地位与影响力

⑤兴趣、爱好　　　　·性格

⑥工作与生活习惯　　·办事风格

⑦人生观、价值观　　·籍贯、毕业学校

⑧其他：如，是健谈还是不善言辞，是温和坦诚还是刁钻圆滑等。

概括上述情况，进行综合分析，有的放矢，对症下药，投其所好。

2. 了解招聘方相关信息的途径和方法

（1）到招聘单位进行实地考察与调研：百闻不如一见。可拜访相关领导，找单位职工进行访谈等。

（2）到招聘单位实习或见习、短期打工：要知道梨子的滋味，就得亲口去尝一尝。

（3）通过校友或其他人打听相关情况。

（4）通过网络搜寻相关情况。

（5）通过媒体广告或证券分析师、股票经纪人等了解相关情况。

（三）充分了解竞争对手的相关情况

有多少人与我竞聘同一岗位，竞争对手的基本情况：毕业院校、学历、学业成绩、综合素质、能力、特长、形象、性格、籍贯等。与竞争对手相比，我有何优势，又有何不足？如何扬长避短，战胜竞争对手，从而在激烈的竞争中脱颖而出？这些都是求职者应深入思考与研究的问题。

（四）了解社会需求与相关行业发展趋势

要想找一份既适合自己，又有发展前途的工作，必须从社会需求出发，充分了解社会需求情况和相关行业发展趋势。如：当今社会究竟需要什么样的人才？迫切需要什么样的人才？西部大开发需要什么样的人才？中部崛起又需要什么样的人才？选调生、村官等需要什么样的素质和条件，发展前景如何？相关行业，如金融、教师、医卫、房地产等行业在中国的发展趋势与前景如何？在国外发展趋势与前景如何？可结合本人所学专业与求职意向等进行深入分析和科学决策。

（五）合理定位，确立合适的求职目标，制定切实可行的行动方案

结合本人、招聘方、社会需求等情况，确立合适的求职目标，并制定出相关的行动方案。目标不能太高，也不要太低，不能脱离现实，要学会跳起来摘苹果。

1. 确立求职目标应注意的问题

（1）必须在对本人、招聘方、社会需求、行业发展趋势乃至竞争对手的情况进行深入分析和研究后，才能确立求职目标。如在求职过程中出现原先确立的目标单位对手实力十分强大，本人与其差距较大，而应聘单位要求又很高，难度很大，竞争异常激烈，成功可能性不大，可以考虑放弃这一求职目标，重新确定合适的求职目标。学会放弃也是一种明智的选择。

（2）求职目标不宜太多，过于分散

切记：目标太多，就是没有目标！如有的求职者既想当老师，又想做公务员，还想搞文秘，搞管理等，似乎什么都能干，实际上什么也干不了，终将一无所获。求职目标一到两个即可，且相互有一定的关联性，不应相差太大。

（3）切勿好高骛远，目标不现实

如有的求职者一心向往大城市、大单位、高职位，对小城市、小单位、低职位（如服务员、营业员、收银员等）不屑一顾，整天幻想做惊天动地的大事，而不愿脚踏实地地从小事做起。"宁要大城市一张床，不要小城镇一栋房"，从而错过了众多的求职机会。

2. 制定求职行动方案应注意的问题

（1）行动方案必须具体可行。行动方案必须根据当前的就业形势和招聘工作的进展情况来制定，如：何时做好推荐表，何时去何地参加何种类型的人才招聘会，何时去何单位参加应聘，应聘时应带上哪些资料、证件，应做好哪些相关准备等。应聘者应拟定一个较为详细可行的计划方案。

（2）行动方案必须具有针对性。如应聘教师应做好哪些准备，应聘公务员应准备些什么，重点介绍什么；对温和亲切的招聘官应如何应对，对严肃古板的招聘官应如何应对等。对各种不同类型的招聘岗位、招聘方法和招聘官事先进行分析，然后有的放矢，有针对性地制定出相应的应对策略。

二、做好充分的求职择业心理准备

在求职择业前，求职者必须做好充分的思想准备和心理准备：既要在战略上藐视"敌人"，又要在战术上重视"敌人"；既要充分自信，又不要夜郎自大；既要谦虚礼貌，又不要自暴自弃；既要力争成功，又不要害怕失败；既要勇于坚持，又要懂得放弃；既不要把结果看得太重，又不要在行动上听之任之，随意而行；既要在行动上高度重视，又要在心理上无所畏惧。要做到：一颗红心，两种准备。

三、认真做好求职择业材料的准备

在面试前，必须做好推荐表、就业协议书、相关资格证书、获奖证书、身份证、学生证、毕业证、相关作品或成果的准备工作，将其复印件整理好装订成册，准备好原件，并随身携带前往面试地点。不要临时抱佛脚，否则将处处被动，寸步难行。

四、做好自我介绍准备

面试绝大多数都要求求职者做1～3分钟的自我介绍。为做到有备无患，求职者最好能提前做好自我介绍的相关准备：①在全面剖析自我的基础上，理出学习、工作、实践及个人性格、兴趣、特长等清单，并根据应聘单位、应聘岗位和招聘官的相关情况，有的放矢，从个人清单中提炼出需要介绍的内容。②根据自我介绍时间长短及招聘岗位相关要求，分别提炼、归纳、整理出1分钟自我介绍、2分钟自我介绍、3分钟自我介绍、5分钟自我介绍。③将整理好的自我介绍，用文字记录下来，并注意重点和逻辑性及表达顺序。④将写好的自我介绍，尽量口语化，用口语进行表述，将其背熟于心。⑤反复模拟，并请老师、同学或相关专家观看指导，及时修改。

五、做好回答问题的相关准备

求职者应根据个人基本情况（特别是自我介绍、推荐表中提到的相关情况）、应聘单位情况、应聘岗位情况和招聘官情况，分门别类，理出若干问题，并作好相关的回答准备工作。同时，应作好预料准备之外随机应变的准备。

六、做好服饰礼仪准备

俗话说：三分长相，七分打扮。大学生求职面试也是如此。合适得体的打扮将为你赢得良好的第一印象。那么究竟要如何做好服饰准备呢？

要尽量做到：干净整洁、朴实大方、和谐得体，符合大学毕业生的身份，能充分展示当代大学生的朝气蓬勃、奋发向上、与时俱进、风华正茂的昂扬风采。

七、通讯工具准备

为了便于联系，要随身带好手机或小灵通等通讯工具。注意把电充足，把通话费留足，随时保持通讯畅通，务必使招聘官随时可以找到你。防止因通讯工具不畅而痛失就业机会。

八、做好交通准备

如果到用人单位或者指定的其他陌生场所面试，最好事先到面试地方踩点，弄清其具体方位及乘车路线。考虑到塞车等因素，合理计算时间，从而真正做到有备无患。

九、做好充分的精力准备

在面试前不要劳累过度、精疲力竭，以免在面试时无精打采、死气沉沉，给招聘官留下不好印象。要养精蓄锐，注意合理饮食和营养搭配，适当参加体育锻炼。面试前半个小时左右可适当喝点浓茶或咖啡，以起提神之效。

十、其余相关准备

如在面试前一天或在面试前一个小时左右洗个澡，换件干净整洁的衣服，既可给面试官以神清气爽之感，又可保持清醒的头脑和敏捷的思维。如行程较远，还得准备一定的差旅费、应酬费等。

第四节　面试技巧

一、良好的第一印象是成功的一半

心理学首因效应的原理告诉我们：良好的第一印象是成功的一半。在求职面试过程中也遵循同样的规律。求职者应力争使招聘官产生良好的第一印象。如彬彬有礼的举止，大方得体的打扮，如沐春风的微笑，昂扬向上的风貌，潇洒飘逸的字体，文采飞扬的求职信，激情四溢、令人信服的自我介绍……都有可能成为招聘官心中良好的第一印象。

如何才能让招聘官产生良好的第一印象？良好的印象来源于充分的准备，来源于长期的人格修炼，来源于高度的自信，来源于良好的综合素质，来源于随机应变的能力。

二、做好自我介绍，深化第一印象

自我介绍往往是面试过程中必不可少的重要环节和内容。自我介绍的好坏将对紧跟而至的面试产生重要的影响。

温家宝总理在法国一所大学发表演讲时曾这样介绍自己："我是中华人民共和国的一位总理，同时也是一位普通的中国公民。如果我的祖国是一棵常青树，我就是这棵树上一片小小的叶子。"温总理的自我介绍真诚、谦和、朴实，使人倍感亲切和温暖，一下子就拉近了与现场大学生的心理距离，获得了雷鸣般的掌声。

一些应聘者在自我介绍时由于准备不充分或方法不当败下阵来：或心理紧张，全身发抖，语无伦次，吞吞吐吐；或漫无边际，夸夸其谈，浪费时间；或三言两语，匆匆而去……从而将这一充分展示自我的宝贵机会拱手让人。那么，应如何做好自我介绍呢？

（一）自我介绍过程中普遍存在的问题

1. 准备不足，匆忙上阵

一些求职者由于事前准备不足，连如何介绍自己，应介绍些什么，哪些应重点介绍，哪些作一般介绍等都是一头雾水，甚至连应聘职业（岗位）情况、用人单位情况、招聘官情况等均一无所知，更有甚者对自己也没有认真总结，不知道自己到底有何兴趣、能力、特长，又怎能作好自我介绍？

2. 缺乏信心，紧张不安

一些求职者由于过于自卑，缺乏自信，或由于把本次应聘看得过重，心理负担太重，因而导致心理紧张，坐立不安。有的全身颤抖，有的语无伦次。还未作介绍，就先败下阵来。

3. 夜郎自大，盛气凌人

一些求职者自以为自身条件好，了不起，根本不把一般用人单位放在眼里，不屑一顾，一副盛气凌人、趾高气扬的神态。自我介绍尚未开始，就先被招聘官判了"死刑"。

4. 不懂礼仪

（1）不能正确使用称呼语。一些求职者不能主动热情地向招聘官打招呼，在作自我介绍时不知如何称呼招聘官。笔者分析归纳了一千多份求职者自我介绍的称呼语资料，发现求职者的称呼语至少有 50 种之多，五花八门，令人啼笑皆非。如："各位考官好"、"××公司，您好"、"各位评委"、"尊敬的先生/小姐"、"尊敬的上司"、"各位好"、"大家好"、"各位领导及考官"等，有的干脆没有任何称呼语。

（2）语气粗俗，出口成"脏"。一些求职者不注意平时的修养，在作自我介绍时，语言低级庸俗，甚至不堪入耳，令人反感。

（3）不讲卫生，打扮不得体。一些求职者不修边幅，如衣服脏兮兮的，皮鞋上面尽是泥土、污垢，蓬头垢面。一些女大学生求职时不注意自己的学生身份，过于浓妆艳抹，或穿超短裙，透薄衣、奇装异服，打扮得不伦不类，像社会上一些"三陪小姐"，令人生厌。

5. 过分夸耀，口出狂言

一些求职者在作自我介绍时，大量使用带有夸耀色彩的语言，言过其实，过分炫耀自己。如"希望我这匹千里马能被伯乐相中"，"我将以我 100% 的工作能力＋200% 的亲和力＋300% 的社交能力＋400% 的创造力，努力酿造出 500% 的成果"，"我有雄厚的实力、扎实的专业知识、丰富的专业技能。无论从语文知识，还是从教学这两方面来讲，都已达到相当的水平"，"我做过家教，让我的学生得到了巨大提高"，"您给我一个机会，我将给你一个奇迹"，"我认为我是最好的，如果不录用我，你们会后悔的"，如此等等，不胜枚举。

（6）大话、空话、套话连篇，有用信息少

【案例参考】

"尊敬的考官：大家好！我叫×××，来自湖南益阳，是××高校 2006 届毕业生。所学专业为临床医学。惟楚有材，于斯为盛，浓厚的湖南文化气息造就了我们朝气蓬勃的新一代。在许多历史伟人的熏陶下，我终于成长起来了。毛泽东说过'未来是属于我们年轻一代的'。今天，我学业有成，以优异成绩完成了大学五年的学习，有扎实的基础知识和一定的临床经验。我总梦想自己有一天能够

'除人类之病毒，促健康之完美'，实现自己从小的理想。而如今贵单位正值用人之际，为我提供了这个良好的机会。我定当努力争取以自身的实力赢得你们的信赖。给我一片展翅高飞的天空，我将还以一片精彩的答卷。谢谢！"

上述介绍完全是空话、套话，有用信息几乎为零，简直是浪费时间。

【案例参考】

"为了使你们能够大致了解，也给我一个面试的机会，至此，我作一个简短的自我介绍……"

为什么要作"自我介绍"，无须解释，此举纯粹是画蛇添足。

【案例参考】

"我不喜欢逛街，不喜欢喧闹，这也许与现在吵闹的社会有点格格不入吧……"

上述介绍，完全是多余话语，没有任何实质意义，不但起不到正面表达效果，相反，却大量浪费时间，适得其反。

（7）类似演讲稿

【案例参考】

"我个人的人生格言是：没有最好的，只有更好的，我将发挥我个人的点点星光去带动整个团体的创造性和灵活性。21世纪是知识和技术的时代。我将好好地取人之长，补己之短，用我们年轻人所特有的青春和才干，为您的团队创造更加灿烂的辉煌！""剑鸣匣中，期之以声。热切期望我这拳拳寸草心、浓浓赤诚情能与您同呼吸、共命运、同发展、求进步。请各位领导给我一次机会，我将用行动来证明自己！""21世纪是一个信息的世纪，得信息者得天下。对作为一名掌握信息技术的大学毕业生来说，21世纪是一个能够充分发挥自我、体现价值的世纪。我正处在人生精力充沛的时期，我渴望在更广阔的天地里展露自己的才华……相信我经过自己的勤奋和努力，一定会做出应有的贡献！"

上述自我介绍虽充满激情，有一定的鼓动性，但偏离主题，类似于一篇激情洋溢的演讲稿，不符合自我介绍朴实实用的特点。

（8）类似抒情散文

【案例参考】

"我喜欢雨后的彩虹，但我更欣赏连绵的群山。因为彩虹靠反射阳光而美丽，而群山自有其厚重和气势。睡在甜美的回忆中进入梦乡固然令人陶醉，但这只能导致在温柔之中停滞不前。因而我更向往明天，我憧憬着崭新的希冀，憧憬着与您共创更加美好的未来。"

上述自我介绍虽然语言优美动听，类似于抒情散文，但不符合自我介绍的体

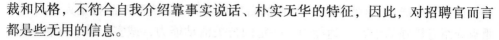

裁和风格，不符合自我介绍靠事实说话、朴实无华的特征，因此，对招聘官而言都是些无用的信息。

（9）三言两语，过于简单

【案例参考】

"我毕业于××高校运动人体科学专业。我掌握了有关专业知识的内容，并在学习中取得了较好成绩。本人积极参加校院活动，把自己锻炼成一名合格的大学生。我志愿到贵单位相关职位就业，敬请贵单位审查。"

这些介绍除了毕业学校与专业是有用信息外，其他有用信息太少，几乎为零，令招聘官无从了解你，一脸茫然。

（10）思维混乱，颠三倒四

一些求职者在自我介绍时，不知应先讲什么，后讲什么，重点讲什么，东拉西扯，思维混乱，层次不清，完全是一团乱麻，令招聘官感到满头雾水。

（11）吐词不清，音量不当

有的求职者在自我介绍时发音不准、吐词不清，不知讲些什么。有的自言自语，似乎只说给自己听，不在乎别人的感受。有的声音过大，好像打雷似的，仿佛一阵惊天动地的噪音；有的如绵绵絮语，招聘官竖起耳朵也听不清在讲些什么……严重影响了自我介绍的效果。

（12）面无表情，呆若木鸡

（二）抓住机会，充分展示自我，作好自我介绍

1. 树立信心，礼貌谦和

应聘者在自我介绍时要做到：满怀信心，精神饱满；沉着冷静，不慌不忙；面带微笑，彬彬有礼。礼貌谦和是中华民族的传统美德，也是在求职面试过程中博得招聘官好感和欢心的行为。要尽量使用尊敬与谦虚的语言，要使用尊称，如"尊敬的领导，您好"。称呼要得体，不要用"大家好"、"考官好"等。

2. 重点突出，有的放矢

（1）个人基本情况要讲清，重点要突出。如姓名、毕业学校、所学专业、本专业年级或班级排名（成绩排名、综合排名）、获奖情况、任职情况、社会实践等基本情况要讲清楚，不能省略。个人优点、能力、特长或特色要突出，要有鲜明的个性。

（2）要根据用人单位的需要和应聘职业（岗位）的要求，有针对性地进行自我介绍。用人单位需要什么，我就提供什么。如应聘教师，则应重点介绍本人应聘教师职位所具备的良好素质与优势。如良好的语言表达能力、一手潇洒漂亮的书法（粉笔字）、良好的专业知识水平、较强的课堂和课外活动组织能力、对学生的爱

心、课件制作能力、对教师这一职业的高度热爱等。如应聘产品推销人员，则可重点介绍有较强的语言表达能力，一定的公关活动能力，诚实，勇于吃苦耐劳，不怕挫折的优良品质，一定的开拓创新能力，一定的社会关系背景等。这些相应的素质与条件将有助于你面试成功。

3. 要用事实说话，事实胜于雄辩

事实胜于雄辩。要注意用事实说话，用真实可靠的数据说话。事实一定要具体，不能含糊其辞，要有说服力。如"多次获得奖学金"、"多次参加社会实践活动"等描述难以令人信服，一定要说明"何时获得几等奖学金"、"何时何地参加何种社会实践活动、有何收获"等。忌大话、空话、套话连篇，有用信息少。

4. 尽量少用或不用夸耀性的形容词、副词，多用动词，注重用动词说话

由于自我介绍注重用事实说话，因此，不宜使用"很好"、"非常好"、"极大"、"一切"、"深入"、"很强"、"很高"、"非常高"、"各种"、"丰富"、"渊博"、"精彩"、"精通"等形容词或副词，要大量使用"获得"、"学习"、"操作"、"创造"、"参加"、"从事"、"担任"、"通过"、"熟练"、"进行"、"掌握"、"组织"、"参与"、"得到"等动词，大量使用"动宾结构"。

5. 尽量少用或不用模糊语言

自我介绍要令人信服，就必须用较为肯定的语言（气）说话，一般不使用模糊语言，如"几乎"、"大概"、"好像"、"可能"、"差不多"、"几次"等词语一般不要使用。如："我的成绩排名好像在年级前 20 名吧。""我的成绩还算过得去吧。""胜任这份工作应该问题不大吧。"要用"是"、"确定"、"一定"等判断词，给人以可信感。如："我坚信自己一定能胜任这份工作，做好这份工作。"

6. 语言精练，把握时间

一般自我介绍时间为三分钟左右，很少超过五分钟。自我介绍时间的长短，往往与应聘者人数、面试官性格、动机等因素有关。若参加面试者人数众多，则自我介绍时间会相应缩短；若参加面试者人数较少，则自我介绍时间会相应较长些。但最短不会少于一分钟，最长一般也不会超过十分钟。要学会在规定时间内简要把自己的主要情况和优势、亮点介绍清楚，可以比规定的时间略短，但切不可超过。

7. 思路清晰，层次分明

先讲什么，后讲什么，哪些该讲，哪些不该讲，哪些应多讲，哪些应少讲，都要做到心中有数，有条不紊。不要心中一团麻，打乱仗。

8. 热爱单位，信念坚定

表明对应聘单位的仰慕憧憬之情，对应聘职业与岗位的热爱向往之心，以及

为之奋斗终生的坚定信心和决心。

9. 抓住机会，巧用赞美

俗话说：良言一句三冬暖，恶语伤人六月寒。要恰到好处地赞美招聘单位和招聘官。

10. 加强训练，虚心求教

为做到万无一失，最好事先将自我介绍以文字形式写好、背熟，进行模拟，请有经验的老师或同学帮你参谋指导，反复训练。

三、巧妙回答面试官的提问——语言的魅力

我们每天使用语言，就像我们每天呼吸空气。打开语言系统，就像打开一个神秘的盒子。掌握了语言的秘密，就拥有了游览世界的地图。语言是窗户，展示着五彩的世界；语言是阳光，照亮了心灵的通道；语言是宝库，在它里面，一代一代地存放着欢乐、悲哀、智慧和信仰。在茂密的语言森林里，你如果不会说话，就会迷失方向。语言是一串音符，可以谱写出动人的乐章；语言是一盒颜料，可以描绘出精美的图画；语言是蜂蜜，它粘着你的情感、我的梦想、他的思索……世界上的万事万物在人与人之间、人与自然之间，连接成绵延的一座座立交桥。如何回答面试官的提问，就是如何展示你的语言魅力，如何展示你的语音魅力。语言和语音的有机融合，将为你架起一座通往理想职业的桥梁，将为你铺就一条通往成功彼岸的金光大道。

我国有位驻法国大使，曾应邀出席该国上流社会的一次交谊活动。在与一位巴黎漂亮女郎跳舞时，该女士突然问道："请问先生，法国女子与中国女子，您更喜欢哪一个国家的呢？"该大使略加思索，便巧妙地回答："凡是喜欢我的女子，我都喜欢她。"这位漂亮女郎会心地笑了。

如果该大使说喜欢法国女子，则有损中华民族的尊严，也会使中国女性不快；如果该大使说喜欢中国女子，则会有损法国女子的自尊心，也会使这位巴黎女郎大为扫兴。

有位美国记者曾指着周恩来总理插在上衣口袋里的派克笔，讥讽地问周总理："总理先生，您作为中华人民共和国的领导人，为什么使用美利坚合众国生产的钢笔呢？"周总理巧妙地回答："哦，我想起来了，我这支派克笔是我们中国人民志愿军从朝鲜战场上缴获的战利品啊！"有一位西方记者不怀好意地问周总理："你们中国人为什么总是低着头走路，而美国人总是抬头挺胸呢？"周总理回答道："难道你不知道一个极其简单的生活常识吗？当一个人走下坡路时，总是抬头挺胸，而当一个人在爬坡时，总是弯着腰、低着头？因此，美国人正在走下坡路，所以总是抬头挺胸；而中国人正走上坡路，所以要低着头。"

也许，有些读者会问，这些外交辞令与面试有何关系？诚然，这些辞令，这些回答问题的角度、方式与面试会有所区别，但有几点是相同的或相似的，是可以借鉴的：回答问题的机智与灵活；国格与人格之尊严；沉着冷静，从容不迫的态度；针对提问者的目的和动机，有的放矢，切中要害，有理有据。

那么，在求职的过程中，我们应如何回答面试官的各种提问？

（1）在回答问题之前，要对应聘单位及相关岗位的情况有所了解，做到心中有数。

（2）要了解面试官提问的主要动机是什么，目的是什么，再有的放矢地去回答。

（3）投其所好，想方设法让面试官满意，让面试官高兴。

（4）从容不迫，机智灵活，巧妙作答。

（5）口齿清晰，语言流利，文雅得体。

（6）语言平和，语调适当，音量适中，把握节奏。

（7）语言风趣、幽默。

（8）有礼有节，不卑不亢。

（9）诚实谦和，虚心倾听。

（10）不懂不要装懂，不熟悉的东西不要过多发挥。

四、虚心倾听，注重细节

在面试过程中，求职者一定要虚心倾听，不能心不在焉，目空一切。要真正做到虚心倾听，首先要聚精会神，认真倾听，不能"人在曹营心在汉"；其次，要抱着谦虚谨慎、虚心学习的态度去倾听，不要夜郎自大、忘乎所以；再次，要多听少讲，不要随意插话，不要随意打断面试官的讲话。随意打断他人讲话，是一种极不礼貌的行为，将令人生厌和反感，无异于搬起石头砸自己的脚。

俗话说：细节决定成败。"泰山不让细壤方能成其高，东海不择细流故能就其大"，一些求职者由于不注意细节，粗心大意，随意而为而失去了一次又一次宝贵的机会，屡战屡败。如有的求职者在面试时姗姗来迟，有的衣衫不整或奇装异服，有的在面试官前跷起二郎腿、嚼槟榔、挖耳鼻，有的出口成脏，粗话连篇，有的一边啃馒头，一边参加面试，如此等等，不胜枚举，都是不注意细节的表现。要把握细节，首先要认真观察，用心观察；其次，要全面观察，全局把握，不要忽视任何细节，特别是那些自以为无足轻重的细节；再次，要反应敏捷，随机应变，果断决策，该出手时就出手。

【案例参考】

某知名银行招聘员工时，入场门口有几颗图钉，很多人视而不见，有一名应聘者主动将其拾起，结果被录用了。

【案例参考】

某面试场所的入口处有一张椅子挡在门口，很多求职者不屑一顾绕过去了。但有一名求职者小心翼翼地将其移开，结果被录用。

【案例参考】

某面试现场，服务员端来几杯茶水，几名男生由于口渴端起来就喝，但一名女生见此场景，转念一想：不对啊！几名面试官都还未端水喝呢！咱怎么可以抢先喝呢？于是很有礼貌地向面试官送去几杯茶。"还是女孩心细啊！"一名面试官感叹到，几名喝水的男士面面相觑，十分尴尬，而这位女孩自然被录用了。

【案例参考】

一名外籍面试官在一次面试前曾将自己的名字向各位求职者作了介绍。面试时，这位外籍人士问应聘者是否知道他的名字。那些研究生、博士生一个都未记住，都说不知道，令这位外籍人士很不高兴。但有一位本科生记住了，自然这名本科生被录用了，而哪些研究生、博士生都被淘汰。

五、诚实谦虚，有理有节

诚实谦虚是中国人的传统美德。在面试过程中，求职者一定要诚实，不能以虚假的事实去欺骗面试官，不能搞假成绩、假干部、假荣誉证书，否则，将偷鸡不成蚀把米。自我介绍、回答面试官提问等方面的相关内容应与推荐表（个人简历）相一致，与真实情况相一致。同时，在与面试官的交流过程中要态度谦虚、有礼有节、不卑不亢，不要口出狂言，大话连篇，目中无人。但也不要过分谦虚和热情，表现虚伪。要注意方法，把握好"度"。

六、满怀信心，坚持不懈——滴水千日能穿石，有志不怕天再高

信心是开启成功大门的金钥匙。在求职面试过程中务必时刻保持充分的信心。一个对自己都没有信心的人又怎能企盼他人对自己的信任？在举世震惊的四川汶川大地震中，一些生命的强者，在巨大的伤痛、困难和精神压力及死亡的威胁下怀着对生的强烈渴求与期盼，怀着坚定的信心，绝不向死神屈服，在沉重而阴森恐怖的废墟下坚持数百个小时，以自己的体液乃至排泄物为生，终于战胜死神，创造了一个又一个生命的奇迹，感天动地，令人敬佩。如果我们在求职择业过程中像这些生命的强者一样绝不屈服，永不抛弃，永不放弃，坚持不懈，那么，有什么样的困难不能逾越？有什么样的高山不能攀登？

【案例参考】屡败屡战，不到黄河不死心——松下幸之助求职范例

松下幸之助是日本松下电器公司总裁。然而，年轻时的松下幸之助由于其貌不扬，在求职时却到处碰壁，屡遭挫折。一次，当他来到日本某知名企业求职时，即被该企业人力资源部的负责人婉言拒绝："对不起，本公司招满了，暂时不需要

人，您过段时间再过来看看吧。"然而，松下并不气馁。过了几个月，他又满怀信心地来到了那家企业人力资源部，并找到了上次接待他的那位负责人，十分诚恳地说："您上次要我过段时间再来，我现在来了，请问您能给我一个机会吗？"而这位负责人却又推脱说："对不起，先生，您穿得这么寒酸，怎么能到我们这样的企业工作？岂不影响我们企业的形象吗？"于是，松下马上回去找亲戚朋友借了一些钱买了一套名牌服装，第二天就迫不及待地找到那位企业负责人。然而，这位负责人又给他泼了一瓢冷水："对不起，先生，我们是一家有实力的电子企业，而你的电子技术不行，怎么能要你？"然而，经历几次挫折和打击，松下仍不灰心，抱着不到黄河不死心的心态，立即去买了一些电子专业方面的书籍学习，并请相关电子方面的专家辅导。过了一段时间，松下又满怀信心来到那家企业，并对那位负责人说："经理先生，您说我的电子技术不行，我为此专门去充电，进行学习与实践，并请了专家辅导，您现在可以测试一下我的电子技术啊！"听罢此言，这位负责人感慨地说："先生，我真是服了你了！我做了这么多年招聘工作，还从未见过一名像您这样执著的求职者啊！您来上班吧！"松下就是靠这种充分的自信和坚持不懈、绝不放弃的精神打动了招聘官。而在后来的职场打拼中，松下也正是凭这种信心和精神一步一步披荆斩棘、勇往直前，终于登上了世界知名企业松下电器的总裁宝座。

【案例参考】山重水复疑无路，柳暗花明又一村——一名师范生的求职面试历程

远山，湖南师范大学文学院2008届毕业生。2008年3月，远山报名参加了广东省中山市某知名中学招聘面试。由于他第一次参加面试，缺乏经验，心理紧张，表现不佳，在初次面试中即被淘汰。然而，他并不灰心，鼓起勇气找到该校校长，十分恳切地说："尊敬的校长，我十分向往贵校，非常渴望能有机会去贵校工作。虽然我在初次面试中由于缺乏经验，过于紧张而差强人意，但我坚信我的实力，我坚信在后面的试讲和考核中，我一定能发挥出我的水平。我相信我一定能胜任学校给我安排的教学工作，绝不会使您失望。耽误您一些宝贵的时间，请您给我一个试讲的机会好吗？"这位校长终于被他的这种锲而不舍的精神和信心及诚恳的态度打动，于是破例给了他一次试讲的机会。在试讲中，远山吸取了初次面试的教训，进行了充分的准备，从容镇静，谈吐自如，表现出色，较好地发挥了自己的水平，被成功录用！

七、随机应变，将计就计

俗话说：到什么山上唱什么歌。这句名言包含了适应环境、随机应变的人生哲理。求职战场风云变幻，是一场没有硝烟的战争。在求职择业竞争中，应根据

不同的招聘官，不同的招聘岗位，不同的问题及面试过程发生的具体情况，随机应变，不能千篇一律地用一个固定的模式去应对，要将原则性与灵活性有机地融合起来。

有位西方记者曾不怀好意地问周总理："请问总理先生，在中国有妓女吗？"周总理马上回答："有！"顿时，几乎所有在场的记者都怔住了，记者招待会现场的空气似乎都凝固了。在场的记者都屏息静气地盯着周总理。稍加停顿，周总理突然话锋一转，掷地有声地说到："在中国台湾！"此时，现场爆发出雷鸣般的掌声。在场记者对周总理的机智而巧妙的回答表示由衷地敬佩。

【案例参考】某企业的招聘现场，有一位应聘该岗位业务经理的大学生，当面试官问起"这几年中你最难忘的事是什么"时，胸有成竹地把自己一些赚钱的经历娓娓道来，就连其中所花费的成本、宣传费用等都记得清清楚楚，令面试官心服口服，颇为欣赏，当场决定予以录用。

八、投其所好，巧用赞美

在面试过程中若找准机会，恰到好处地赞美面试官，尽量满足其自尊心和虚荣心，想方设法获得面试官的好感，将为你营造一个良好的面试氛围，助你走向成功。

【案例参考】

某市人民医院院长到湖南师范大学医学院招聘毕业生。该院长很爱才，比较看重专业知识水平。于是医学院的老师推荐了几名学业成绩比较优秀的学生，由于学生一些问题回答得不太理想，该院长不甚满意。有一名叫李伟的毕业生，虽然其专业成绩不是很好，但人很机灵。这位毕业生巧妙地回答道："尊敬的领导，今天我能有机会参加贵单位的面试十分高兴。最近，由于我一直忙于实习和找工作，看书的时间不多，因此，一些书本知识暂时忘掉了，但我相信凭自己的勤奋和能力，我将很快把它捡回来。贵单位一直是我梦寐以求的。特别是，作为一院之长，您不辞劳苦，千里迢迢、风尘仆仆来长沙选拔人才，令我十分感动和钦佩。我想，贵单位有您这样爱才惜才、求贤若渴的好领导，贵院一定会兴旺发达。这也更坚定了我去贵院工作的决心。如果我能有幸去贵院工作，我一定万分珍惜这个来之不易的机会，虚心向您及其他领导和同事们学习，以院为家，发愤图强，为贵院的发展奉献自己的青春和热血。"后来，这位院长高兴地说："虽然这名同学专业问题回答得不太好，但很有礼貌，嘴巴还蛮乖巧的啊！"于是录用了他。

九、抓住时机，展示特长——该出手时就出手

"人无我有，人有我优，人优我特"是求职的至理名言。在求职面试过程中，如能充分展示你的优点和特长，特别是应聘单位所需要的或面试官感兴趣的优点和特长，将大大吸引面试官的眼球，提高你的面试成功率。

【案例参考】

部队一般很少招女生。"二炮"部队在湖南师范大学的一次招聘活动中，有位勇敢的女生，"明知山有虎，偏向虎山行"，自告奋勇地来到面试官面前，称自己有特长，请求给她一次机会。这位女生说罢即展开宣纸，泼墨挥毫，洋洋洒洒，几行漂亮的毛笔字随即跃然纸上，熠熠生辉，令人刮目相看。紧接着，这位女生又在面试官面前翩翩起舞，跳起了美丽动人的新疆舞。这位女生多才多艺的表演，终于打动了面试官的心，当场破例把她录取了。

【案例参考】

某知名企业想招一名办公文员，应聘者中不乏名牌大学的本科生、研究生。在面试过程中，突然该面试官办公室的电脑出了故障，于是开始四处找人修理。这时，一名只有大专学历的应聘者自告奋勇站出来：让我试试好吗？在面试官疑惑的眼神注视下，这名应聘者很麻利地排除了故障，被该单位破格录用。

十、思路清晰，有的放矢

在回答面试官提问及与面试官的其他交流中，应聚精会神，时刻保持清醒的头脑，思路一定要清晰，要注重逻辑性，不能思维混乱，前后矛盾，东扯葫芦西扯叶。同时，要善于抓住重点，抓住关键，有的放矢，对症下药，不能漫无边际，泛泛而谈。否则，既浪费了时间，又影响效果。

十一、善始善终，做好面试后的相关工作

（1）尽可能让面试官留下联系方式，弄清其办公地点、住址等，以便事后拜访、交流。

（2）尽可能了解应聘单位招聘决策者的相关情况、联系方式等。

（3）面试后即发 E－mail、书面、电话或短信向面试官表达谢意，进一步加深印象。

（4）面试后1～3天之内，可考虑与面试官相约，前往其办公地点或住址拜访、交流，再次表达你对所应聘单位及所应聘工作的热爱与坚定不移的决心等。

（5）面试后一周左右，可发 E－mail、电话或短信查询应聘结果，既要表达你的诚意和拳拳之心，又不能流露出你的急躁情绪。

（6）必要时，可让亲朋好友打个招呼。如果这位亲朋好友与面试官或应聘单位主要决策人（负责人）关系较密切，或者是应聘单位的上级领导，或者与所应聘单位有一定利益关系，那么这样的"招呼"将有助于你的成功，否则，作用不大甚至会弄巧成拙，适得其反。

（7）总结与反思。通过这次面试，不论成功与失败，都要冷静地分析、总结与反思：在面试过程中，自己还有哪些不足？存在哪些差距？哪些方面被自己所忽视？在哪些方面尚须努力、加强？今后努力的方向是什么？下次面试，将如何应对？有哪些成功的经验？又有哪些失败的教训？前车之覆乃后车之鉴。只有不断总结与反思，不断发现自己的不足，才能不断完善自我，才能从失败走向成功，才能从成功走向辉煌！

第五节 面试应对策略

一、无领导小组讨论的应对策略

在面试小组中，每个人最直接的印象就是别人的风度、教养和见识。这三点都要靠个人的长期修养才能得来。在面试中是通过发言的时机、发言的内容、何时停止、当遭到反驳的态度、倾听他人谈话时的态度等表现出来的。

求职者应该有自己的观点和主见，即使与别人意见一致时，也可以阐述自己的论据，补充别人发言的不足之处，而不要简单的附和说："某某已经说过了，我与他的看法基本一致。"这样会使人感到你没主见，没个性，缺乏独立精神，甚至还会怀疑你其实根本就没有自己的观点，有欺骗的可能。当别人发言时，应该用目光注视对方，认真倾听，不要有下意识的小动作，更不要因对其观点不以为然而显出轻视、不屑一顾的表情，这样不尊重对方，会被面试官认为是涵养不够。对于别人的不同意见，应在其陈述后，沉着应对，不要感情用事，怒形于色，言语措辞也不要带刺，保持冷静可以使头脑清晰，思维敏捷，更利于分析对方的观点，阐明自己的见解。要以理服人，尊重对方的意见，不能压制对方的发言，不要全面否定别人的观点，应该以探讨、交流的态度在较和缓的气氛中充分表达自己的观点和见解。

在交谈中，谈话者要注意自己的态度和语气。有的人自视甚高，很有思想，因而说起话来拿腔作调，口若悬河，使别人没有时间反驳或发表自己的见解，而且轻视别人的思考能力。有的人认为自己能言善辩，为了引起众人的注意，"语不惊人死不休"，用夸张的语气谈话，甚至不惜危言耸听，哗众取宠。有的人说话喋喋不休，为了压制别人而有意无意地伤害别人的感情。这些人因为不懂得交谈中的基本礼仪，不但不能达到他们谈话的目的，反而只能给人留下傲慢、自私、放肆的印象，破坏了交谈的气氛，很难达到彼此交流的目的。

求职者应注意，在交谈中多表现出建设性的诚意。当谈话者超过三人时，应不时同其他所有的人都交谈几句，不要冷落了某些较内向、发言不多的人。不要与人耳语，这虽可与某人表示亲近，但会造成与其他人的隔阂感。

以上是关于小组面试时，成员间交谈的基本常识和礼仪要求。小组讨论的目的是表现自己，突出个人的各方面能力，赢得面试官的赞赏，因而要运用一些论辩说服的技巧，从中展示出自己的能力。

在无领导小组讨论中要做到：充满自信，大胆开口，抢先发言；有的放矢，入木三分，抓住本质；逻辑严密，论证充分，辩驳有力；注意礼貌，尊重他人，以理服人；虚心倾听，记录要点，与众不同；逐一点评，最后总结，争当领导；适当妥协，统一意见，把握时间；注意细节，随机应变，富有创意；不当话霸，不当哑巴，恰当说话；上交论纲，条理清晰，再露锋芒。

1. 发言积极、主动

面试开始后，抢先亮出自己的观点，不仅可以给面试官留下较深的印象，而且还有可能引导和左右其他应试者的思想和见解，将他们的注意力吸引到自己的思想观点上来，从而争取充当小组中的领导角色。自己的观点表述完以后，还应认真听取别人的意见和看法，以弥补自己发言的不足，从而使自己的应答内容更趋完善。

2. 奠定良好的人际关系基础

对方在考虑是否接受你的观点时，会首先考虑他与你的熟悉程度和友善程度，彼此的关系越亲密，就越容易接受你的观点。若他认为彼此是敌对的关系，那么对你的观点的拒绝就是对他的自我保护。

3. 把握说服对方的机会

不要在对方情绪激动的时候力图使他改变观点。因为在情绪激动时，情感多于理智，过于逼迫反而可能使其更加坚持原有的观点，做出过火的行为，造成更难以改变的结果。

4. 言词要真诚可信

能够设身处地地站在对方立场上考虑问题，理解对方的观点，在此基础上，找出彼此的共同点，引导对方接受自己观点。整个过程中要态度诚挚，以便对问题进行更深入地分析，用更充分的证据来说服对方。

5. 要抓住问题的实质，言简意赅

语言的攻击力和威慑力，归根到底来自于语言的真理性和鲜明性。要善于抓住问题的本质进行论述，不能被表面现象所迷惑，不能胡子眉毛一把抓。要言简意赅，不宜长篇累牍，滔滔不绝。反驳对方的观点不要恶语相加，敌视的态度不能达到有效反驳的目的，从心理学角度看，敌视的态度会使人产生一种反抗心理，因而很难倾听别人的意见。

6. 要多摆事实，讲道理

不仅要立场鲜明，态度严肃，而且要语气坚定，这样可以使对方明确己方的观点，重视己方的意见。事实胜于雄辩。要以理服人，不能盛气凌人，蛮不讲理。

7. 可以运用先肯定后转折的技巧，巧妙拒绝对方的建议

当对方提出一种观点，而你不赞成时，可先在某些方面肯定对方，再转折一下，最后予以否定。肯定是手段，转折——否定是目的。先予肯定，可使对方在轻松的心理感受中，继续接受信息。尽管最终是转折了，但这样柔和地叙述反对意见，对方较易接受。这样既能使自己从难以反驳的困境中解脱出来，又能使对方在较平和的心境中接受。

8. 广泛吸收，以求取胜

这其实是"后发制人"的策略，在面试开始后，不急于表述自己的看法，而是仔细倾听别人的发言，从中捕捉某些对自己有用的信息，通过取人之长补己之短。待自己的应答思路及内容都成熟以后，再精心地予以阐述，最终达到基于他人而又高于他人的目的。

另外，还有一些用得上的小技巧：

（1）在讨论中，如果自己处于被动的不利地位，就不要再纠缠于原来的话题，这时可以及时转移话题，或抓住对方的一个弱点。也可以从新的话题上向对方发起进攻，使自己变被动为主动。

（2）如果发现自己有明显的错误，最好趁对方发觉并予以指出之前，自己主动承认错误，这样可以避免受到无可反驳的批评，又因为有主动认错而显得很有风度，还可以变被动为主动，消除对方的戒备心理。

（3）不要太相信第一印象对别人的判断。日常生活中往往易根据印象对某人的气质、性格作出判断，在小组讨论中，不要以此判断一个人的学识、论辩能力和观点态度。如果先入为主，很可能不利于自己在论辩中的地位和能力的发挥。

（4）不要太急于抢夺话语权，可以适当地保持沉默，仔细倾听其他人的意见，同时修正和完善自己的论点，充分吸收别人的优势。这样当别人气势已尽，或彼此陷入争执，因混乱而出现疏漏时，你的发言将显得特别有利，俗话说"旁观者清"，你了解各方的观点，又超脱其外，让人觉得你有仲裁的权利，同时你已修正了自己的观点，吸收了别人的长处，发言就容易被各方接受。原来论辩的各方都不愿树敌太多，此时你具有概括力的观点、超脱的态度、对他们的理解，都会使他们愿意引你为己方人员，这样无形之中，你就能成为获得众人暂停、超越矛盾界限、沟通双方意见、驾驭全局的中心人物。

但也要注意，这其中你要真正能够把握、领会对方的观点，调和双方的矛盾，否则若仅仅是模棱两可，无主见地耍滑头，没有人会真正佩服你。这时倒不如坚持自己的观点，成为其中的一员，也许你鲜明的观点，充足的论据，倒可以独树一帜，成为论辩一方的一员干将，这同样可以使你引起面试官更多的注意。

退而求其次，如果你既做不了双方共同的领导，也做不了一方论辩的干将，就更要小心从事，力求"好钢用在刀刃上"。以礼待人，善解人意，也很重要，谈话中给予每个人同样的尊重，才是最有修养的。平凡中见神奇，让大家和面试官在一点一滴中感到你的魅力。

1. 无领导小组讨论试题

各种社会热点问题，如正在席卷全球的金融风暴，腐败问题，环境问题，能源问题，大学生就业问题；以及一些与应聘岗位密切相关的问题都有可能成为无领导小组讨论的话题。

如中国银行广东分行在 2008 年度的招聘面试中，出了一道无领导小组讨论试题：在求职择业过程中，你认为下列哪项因素最重要？请将其按重要性排序，并说明你的观点和理由。

①地域 ②行业 ③具体供职的单位 ④薪酬、福利 ⑤发展前景

2. 无领导小组讨论程序

（1）应试者接到"讨论题"后，可以用 5 分钟时间拟写讨论提纲。

（2）5 分钟准备时间过后，按编号顺序每人限 3 分钟依次发言阐明自己的基本观点。

（3）依次发言结束后，应试者即可进行自由交叉辩论；在辩论过程中应试者可更改自己的原始观点，但对新观点必须明确说明。

（4）辩论结束后，应试者将你写的发言提纲及草稿纸交给主考官（或考务人员），考生退场。

3. 无领导小组讨论组织、操作、评分要求与说明

（1）该讨论题设计主要目的在于测评考生综合分析问题、论证说服、组织领导能力。通过辩论，面试官可以在应试者间进行横向对比，易于把握应试者的整体能力水平差异。

（2）评分时，每位面试官手中有一张评分表，该表把参加本次讨论的应试者全包括在内，面试官可依据《评分参照表》为应试者打分。

（3）此项面试时间控制在 30~60 分钟之间，其具体操作步骤是：

①应试者依序号落座后，面试官核对应试者编号与姓名，此间各面试官可根

据核对的结果，在评分表中依次填写编号、姓名。

②面试官向应试者宣布纪律和要求：一是应试者不准相互商议、交头接耳；二是强调该项讨论对应试者面试总成绩很重要，鼓励并暗示应试者应积极发言。

③发放讨论试题及草稿纸。

④给应试者5分钟时间拟写发言提纲或为下一步讨论发言做准备；5分钟后，主面试官宣布讨论开始，应试者依编号顺序发言阐明自己的观点和主要论据，每人发言限3分钟。

⑤依次轮流发言结束，主面试官宣布自由交叉辩论开始，直至讨论结束。

⑥收回每位面试官手中的评分表，交给记分员按去掉一个最高分，去掉一个最低分，然后得出平均分的方法，为每位应试者计算出最后得分。

⑦主面试官在最后评分成绩单上签字。

4. 无领导小组讨论评分参照表（见表4-1）

表4-1　无领导小组讨论评分参照表

要素名称	分值分配	高分者特征	低分者特征
发言主动性	5	4-5分 发言积极主动，发言次数在4次以上；每次发言均有新意，不重复	1-3分 发言不够积极主动，发言次数在3次以下，每次发言重复内容多。或发言过于"积极"，一个人滔滔不绝讲个不停，完全不顾他人的感受，属于"话霸"之类。
组织、领导能力	4	3-4分 善于总结和利用他人的观点为己所用；并能够协调其他人之间的冲突	1-2分 协调能力较差，不善于利用他人的观点；在讨论中显得孤立无援
综合分析论证说服能力	12	7-12分 综合分析能力强，善于系统、全面地分析问题；论点鲜明、论据充分、逻辑性强；语言说服力、感召力强	1-6分 综合分析能力较弱，看问题缺少全面性、系统性；论点不鲜明，易受他人观点影响从而左右摇摆不定；论据没有层次，不清晰；语言平淡，说服、感召力不强
论点准确性	9		

二、情景模拟面试的应对策略

（一）应试者要掌握的三个要领

高度的针对性、逼真性是情景模拟面试的突出特点。这些特点使得情景模拟法不仅可以对应试者简单的能力与素质进行评价，同时也可用于测评复杂的能力与素质，即对应试者的素质进行全面测评。应试者处理问题的合理性、决策的科学性及其组织协调能力是主面试官对应试者作出评定的主要依据。为了能够从人员众多的应试者队伍中脱颖而出，应试者需要注意以下几点：

1. 沉着应对，准确感知

情景模拟面试的内容一般都可在现实生活中找到原形或样板，两者之间存在着高度的相似性。不同的只是情景模拟面试因有明确的时间限制及主面试官的参与而使气氛比平时更为紧张。而且，应试者的表现状况将对他的事业或其他方面产生影响，出于利害关系的考虑，应试者往往会感受到一种巨大的心理压力。处理不好的话，将会使应试者心慌意乱，感到无从下手，从而导致应试失败。因此，在情景模拟面试中，应试者心理与情绪的调节与控制是非常重要的。为了准确地感知模拟情景中的事物及其本质，并提出切实可行的解决办法，应试者一定要使自己的心绪保持稳定，沉着地去应对所面临的问题。

2. 大胆创新

情景模拟法以考查应试者的全面素质为出发点，它所考查的内容不仅包括简单的能力资格与素质条件，而且还包括创新等复杂的能力与素质。因而，应试者在情景模拟面试中，不能仅限于简单地演示平日工作中的方法手段，而应对事物进行灵活处理，以平时的经验为基础，根据模拟情景中的条件和线索进行大胆创新，探索新的解决同一问题的思路与方法。这种突破常规的做法或勇气，往往会给面试官留下深刻的印象。

3. 循规操作

情景模拟面试中，有一些内容的应答是不容许应试者创新的。如公文处理及机关事务处理等，他们的处理原则及程序都有明确规定，应试者只能循规操作，而不可自作聪明擅自更改某些规则。

（二）情景模拟测试实例

实例一：某市政府办公厅考试录用文秘职位公务员模拟测验

【模拟测验方法】实地调查法

【题目】写一篇标题自拟、篇幅不限的有关某蔬菜批发市场的调查报告。

【时间】一天

应试者7点15分在市政府礼堂集中，工作人员点名、验证，宣布测验形式、题目、时间安排及注意事项。

7点30分，应试者统一乘车出发，8点到达某蔬菜批发市场工商所会议室，集体听取有关人员对市场基本情况的介绍。应试者可以作笔录，但不得录音。

8点30分，应试者就地解散，分头到市场自由采访、考查。买主和卖主、批发商和小贩、职业倒爷和菜农、本地人和外地人，还有外国人、开大卡车的、蹬三轮车的、骑摩托车的、鱼贩子、肉贩子、牛羊贩子、海鲜贩子、小菜贩子、批发菜贩子、因塞车吵架的、因争摊位发生口角的、讨价还价的、没事闲逛的、收税的、打扫卫生的，包括维持秩序的交警、巡警都成为应试者的采访对象，商品的品种、质量、价钱、产地、运输、储存保管、成交量、损耗，还有度量衡、治安环境、税费等都在应试者的关注之列。

11点30分，考生统一乘车到一学校食堂吃盒饭，然后原地休息。期间任何人不得动笔下午1点整开始答卷，5点交卷。

试卷密封后，由资深专家封闭批阅，每卷经3人分别独立打分，取加权平均分为最终成绩。

实例二：角色扮演模拟试题

【指导语】请快速阅读关于你所扮演角色的描述，然后认真考虑你怎样去扮演那个角色。你将与其他两个人合作，因为你们三个角色的行为是相互影响的。进入角色前，请不要和其他两个应试者讨论即席表演的事。请运用想象力使表演持续10分钟。

【角色一】图书推销员

你是个大三的学生，你想多挣点钱自己养活自己，一直不让家里寄钱。这个月内你要尽可能多地卖出手头上的图书，否则就将发生"经济危机"。你刚才在党委办公室推销，办公室主任任凭你怎样介绍书的内容，他就是不肯买。现在你正进入人事处。

【角色二】人事处处长

你是人事处的处长，刚才你已注意到一位年轻人似乎在隔壁的党委办公室推销书，你现在正急于拟定一个人事考核计划，需要参考相关资料。你想买一些参考资料，但又怕上当受骗，你知道党办主任走过来的目的。你一直很反感别人觉得你没有主见。

【角色三】党委办公室主任

你认为大学生推销书是"不务正业"，只想自己多挣点钱。他们只是想一个劲儿地说服别人买他的书，而根本不考虑买书人的意愿与实际用途。因此你对大学生推销书的行为感到很恼火。你现在注意到那位大学生走进了人事处的办公室，你意识到这位大学生马上会利用你同事想买书的心理推销成功。你决定去人事处阻挠那个推销员，但又意识到你的行为过于明显会使人事处处长不高兴，认为你的好意是多余的，并产生你认为他无能的错觉。

角色扮演要点参考：

【角色一】（1）对人事处处长尽量诚恳而有礼貌；（2）避免党办情形的再度发生，注意强求意识不要太浓；（3）防止党办主任的不良干扰（党办主任一旦过来，即解释说，该书对党办的人可能不一定适合，但对人事处的工作人员则不然）。

【角色二】（1）应尽量鉴别好书的内容，看其实用价值如何；（2）最好在党办主任说话劝阻前作出买还是不买的决定；（3）党办主任一旦开口，你又想买则应表明你的观点，说该书不适合党办是正确的，但对你还是颇有用的。

【角色三】（1）装作不是故意来阻挠大学生的；（2）委婉表述你的意见；（3）掌握火候，注意不要惹恼了人事处处长和大学生。

三、文件筐测验的应对策略

文件筐测验是国外人才评测中常用的方法，在国内人才选拔中正逐渐运用。

（一）什么是文件筐测验

文件筐测验，通常又叫公文处理测验，是评价中心最常用和最核心的技术之一。文件筐测验是情景模拟试题的一种，通常用于管理人员的选拔，考查授权、计划、组织、控制和判断等多项能力素质。一般做法是让应试者在限定时间（通常为1~3小时）内处理事务记录、函电、报告、声明、请示及有关材料等文件，内容涉及人事、资金、财务、工作程序等方面。一般只给日历、背景介绍、测验提示和纸笔，应试者在没有旁人协助的情况下回复函电，拟写指示，作出决定，以及安排会议。评分除了看书面结果外，还要求考生对其问题处理方式作出解释，根据其思维过程予以评分。

文件筐测验具有考查内容范围广、表面效度高的特点，因而非常受欢迎。1990年国外的一项调查表明，81%的评价中心都要采用文件筐测验选拔管理人员（见表4-2），使用频率居各种情景模拟测试之首。

（二）文件筐测验的优缺点

文件筐测验有两个突出的优点：一是考查的内容范围广。作为纸笔形式的文件筐测验，测评应试者的依据是文件处理的方式及理由，是静态的思维结果。因此，除了必须通过对实际操作的动态过程才能体现的要素外，任何背景知识、业务知识、操作经验以及能力要素都可以寓于文件之中，测试考生对文件的处理实现对考生素质的考查。二是它的表面效度高。由于文件筐测验所采用的文件，十分类似于求职者应聘职位上常见的文件，有时就是完全真实的文件，因此，若应试者能妥善处理测验文件，就理所当然地被认为具备职位所需的素质。

表4-2 文件筐测验评分表（高级管理人员选拔）

序号		姓名		性别	年龄	文化程度	报考职位	
测评要素		观 测 要 素					满分	得分	备注
问题解决	洞察问题	觉察问题的起因，把握相关问题的联系，归纳综合，形成正确判断，预见问题的可能后果					10		
	解决问题	提出解决问题的有效措施并付诸实施，即使在情况不明朗时也能及时决策					10		
	计划统筹	确定正确、现实、富于前瞻性的目标和实现目标的有效举措及行动步骤，制定正确可靠的行动时间表					10		
日常管理	任用授权	给部属分派与其职责、专长相适应的任务，给部属提供完成任务必需的人、财、物支持，调动使用部属的力量，发挥部属的特长和潜能					10		
	指导控制	给部属指明行动和努力的方向，适时地发起、促进或终止有关工作，维护组织机构的正常运转，监督、控制活动经费的开支及其他资源的消耗					10		
	组织协调	协调各项工作和部属的行动，使之成为有机整体，按一定的原则要求，调节不同利益方面的矛盾冲突					10		
	团结部署	理解部属的苦衷，在力所能及的范围内解决部属的困难，尊重部属，倾听部属的意见，爱护部属的积极性，帮助部属适应新的工作要求，重视并在条件可能的情况下促进部属的个人发展					10		
个人效能	个人效能	注重实干、效率和行动，合理有效地使用、分配、控制自己的时间					10		
面试评语									

面试官签字

前一个优点使得文件筐测验具有广泛的实用性，而后一个优点使之易为人所理解和接受。因此文件筐测验在众多情景模拟测试手段中，属于最普遍使用的一种。

文件筐测验在实施中也有两个缺点：一是评分比较困难。一份文件的处理，除了个人素质的原因外，机构、氛围、管理观念等不同的组织，具有不同的评价标准。显然政府机关与企业、私营企业与国有企业对有关文件的处理是大相径庭的。在我国，从事实际工作的人们往往缺乏对招聘单位管理或经营状况的深入了解，因而文件如何处理才能充分表明应试者具备招聘职位所需素质，专业人员与实际工作者往往存在理解上的差异。因此，评分不容易把握。二是不够经济。测验的设计、实施、评分都需要较长的时间，投入的精力和费用比较大。

（三）文件筐测验的设计

文件筐测验的设计必须紧紧抓住三个环节：

第一，工作分析。深入分析职位工作的特点，确定胜任该职位必须具备哪些知识、经验和能力。工作分析的方法可以是面谈、现场观察或问卷。通过工作分析，要确定文件筐测验要测评什么要素，哪些要素可以得到充分测评，各个要素应占多大权重。

文件筐测验一般可以考察以下要素：

①书面表达及其理解能力

②统筹计划能力

③组织协调能力

④洞察问题和判断、决策能力

⑤任用授权能力

⑥指导控制能力

⑦岗位特殊素质，如法规条例知识。

第二，文件设计。包括选择什么文件种类，如信函、报表、备忘录、批示等；确定每个文件的内容，选定文件预设的情境等。文件数量较多，时间以 2~3 小时为宜。文件的签发方式及其行文规定可以忽略，但文件的行文方向（对上与对下、对内与对外等）应有所区别。特别要注意各个文件测评要素的设计。常常一个文件不同的处理可以体现不同的要素，设计的对文件的处理方式要有所控制，确定好计分规则或计分标准，尽量避免每个要素同时得分和无法归于某一要素的情况出现。

第三，测验评分。实施文件筐测验之后，评分一般由专家和具备该职位工作经验的人（一般是选拔职位的上级主管及人事组织部门的领导）进行，除了前面设计时要制订好评分标准外，更重要的是对评分者要进行培训，使评分者根据评

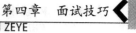

分标准而不是个人的经验评分。评分的程序也要特别注意，可以考虑各自独立评分，然后交流评分结果，对评分差异各自申述理由后，再次独立评分。最后将评分结果进行统计平均（评分者比较多时，可以去掉最高分和最低分），以平均分作为最后得分。有时，在求职者答案不明确的情况下，需要质询求职者，根据其对处理方式的解释确定得分。

整个文件筐测验的设计要特别注意两点：

一是测验材料难度的把握。目前国内对各个职位应具备何种程度的知识、经验和能力缺乏客观可靠的依据，难度的把握比较困难。把握不准，材料过难，固然作为选拔测验有时可以选拔到很好的人才，但大材小用，很难设想这个人才会安心本职位工作，且导致人才资源的浪费。材料过于容易，测验会出现"天花板效应"，大家都得高分，区分不出求职者的能力大小。二是要注意材料真实性程度的把握。完全杜撰的材料，应聘者可以根据一般知识推理，处理的结果没有针对性，看不出求职者的水平差异，求职者被录取后需要经过较长时间的培训和适应才能胜任工作。完全真实的材料，过于偏重经验的考查，忽视潜能的考查，最后选拔到的人无疑是完全与招聘单位文化气氛相同的人，违背了引入外来人才、给单位输入新鲜血液的本来目的。同时，完全真实的材料，使招聘考试本身对单位内部求职者和单位外部求职者不公平，同样的能力水平内部求职者被录取的可能性更大，结果给人留下"一切都是内定，考试不过是走形式"的印象，这对真正想引进外部人才的单位尤其不利。

（四）文件筐测验实施程序

文件筐测验可以集体施测，实施过程分准备、测试和评分三个步骤。

1. 准备

主要指测验材料和测试场所的准备。给每个求职者的测验材料事前要编上序号，答卷纸也要有相应序号，实施前要注意清点核对。答卷纸主要由三部分内容构成：一是求职者姓名（或编号）、求职单位和职位、文件序号只是文件的标志顺序，不代表处理的顺序，应允许求职者根据轻重缓急调整顺序，但给所有求职者的文件顺序必须相同，以示公正。测试的场所要求比较宽敞、安静，每个人一桌一椅，相互之间无干扰。为了保密，最好所有求职者在同一时间完成。如果文件内容涉及招聘单位内部的一些情况，测试前应对所有求职者提供培训，介绍相关情况，缩小内部求职者和外部求职者对职位熟悉程度的差别。

2. 实施

主试要对测验要求作一简单介绍，说明注意事项。然后发给求职者测试指导语和答卷纸，回答求职者的提问，当求职者觉得没有问题后再发测试用的文件。

求职者人数比较少时，也可以一次将材料发给求职者，但要求求职者严格遵从主试的要求，先看指导语再看文件。测试指导语是测试情境、求职者扮演的角色、求职者任务和测试要求的说明，必须明确、具体，一目了然。有时在初级人员的文件筐测验中，发给求职者指导语后，让求职者完成一个指导语的测验，强迫求职者熟悉理解指导语，这在文化水平低的群体中有时十分有用。在求职者正式进入文件处理后，一般不允许求职者提问，除非是测验材料本身有问题。

3. 评分

宜在求职者做完后立即进行，当有质询求职者的设计时，特别应该如此。为求客观，可将求职者编号，由一个人将求职者的处理意见和处理理由念给所有评分者听，由各位评分者独立评分。为了保证评分的一致性，事前的评分者培训很重要，可以考虑对一部分求职者（或者模拟求职者）进行试评分，考查各个评分者对标准的掌握及评分过程中存在的问题，待取得一致意见后再往下进行。评分时，可按序号逐一评定，也可按文件内容分类评定。前一种方法可以对求职者的素质形成整体印象，后一种办法容易达成评分标准的一致性。

第六节　常见面试问题剖析

一、设计面试题目应遵循的基本原则与要求

（一）设计、面试题目应遵循的基本原则

1. 针对性原则

针对性是面试试题编制上的重要原则。所谓针对性，主要指两个方面：一是空缺职位（岗位）需要的特殊性，落实"为用而考"的考试录用方针。因而在面试试题编制过程中，要注意选取那些带有岗位要求典型性、经常性、稳定性的内容去设计试题。二是应试者个体素质的特殊性。面试试题设计前要对应试者来源情况进行分析，结合岗位的需要，设计出既适合岗位要求又能切实测评出应试者个体能力素质的试题。从实际情况看，我国虽人口众多，但很多地区的公务员还不能够真正达到理论上所要求的水平。如果离开应试者来源背景这一实际，即使试题设计的理论水平很高，但未必能达到实际的选拔目的。另外，经过报表资格审查、笔试的筛选，进入面试的只是很少的一部分人，若能根据每一个应试者的履历表和笔试成绩，有针对性地拟定面试试题，这不仅是对笔试的一个补充，也可帮助我们更有效地测评出每个应试者具有的实际能力素质。

2. 科学性原则

在面试试题的设计编制中，不能随心所欲，拿来一个题目，一个案例就作为面试题目。所谓面试试题的科学性要求，一方面指从内容上它应该是严谨的，既源之于现实和岗位工作需要，又不是干巴巴的抽象理论或是不加修饰的生活原版，它是经过提炼、加工、改造后的具有典型性和现实性相结合的题目。另一方面，在形式上，它应该按照各类试题编制的规范来设计，题目的大小、提出或设置方式应适中、适度。尤其是那些难度较大的面试，其试题的设计在科学性、规范性上的要求更高，否则此类面试就会流于低层次循环，既测评不出应有的素质指标，也无法拉开应试者之间的距离。

3. 灵活性原则

灵活性原则要求在面试试题的编制设计中，题目的形式和内容都要采用较灵活的做法：一是为面试提问留有余地，给应试者的思考留有空间，调动应试者的积极性；二是灵活性的试题可以营造面试所特需的活跃气氛，使面试根据时间进展的情况，根据应试者的表现情况，有张有弛地进行，这有利于调节应试者的紧张心理，使其充分发挥自身的能力。

4. 弹性原则

弹性原则要求在设计编制面试试题时，除少量客观性试题外，尽量做到一题多义，一题多解，给应试者以充分的施展空间，让他们能够运用自身知识和工作经验，给面试官一个全面观察的时机。如果试题内容涉及面狭窄，答案唯一，凭应试者死记硬背就能完成，既便于应试者押题，也会极大影响面试测评的有效性，使面试变成了笔试的延续。

但是，具有弹性的面试试题，并不意味着大容量，或者是多个小问题的组合，好的弹性试题可能就是精炼的一句话，或一个简短的案例，它提供给应试者更多的是思考问题的多维性、创造性和联想性，而不是用一大堆习题、怪题压住应试者，让其疲于应对、难于应答，而无力展示自己多方面的能力。

5. 思维性原则

这是在设计面试试题时，必须坚持的一条重要原则。这一原则要求在设计和编制面试试题时，应着眼于党和国家的大政方针的导向性，以及现实生活中富有教育意义的热点问题和与应聘职位、职业相关的思想性、政策性强的试题，以避免那些格调不高、内容庸俗，甚至与大形势、大的政策路线相背离的问题。

（二）设计面试题目的基本要求

面试试题尽管类型繁多，性质不同，功能各异，但在设计、编制时，都有一些共同的质量要求。

1. 面试内容要直接体现面试的目的和目标

笔试的重点，在于考察应试者的知识，而面试的目的是要进一步考察应试者的能力水平、工作经验、体质精力以及其他方面的情况，以弥补笔试的不足，为选择合适人才提供充分依据。面试内容如果不明确、不具体，则面试的目的难以达到，进而将影响录用考试总体目标及录用计划实现。面试要依据评价目标，制订试题，从面试目标出发制作试题。

2. 面试题目必须围绕面试重点内容来编制

编制题目是为了完成对重点内容的考查，进而实现面试的目的。所以，题目所及必须是面试所要考察的重点。否则，面试时就会出现面试官海阔天空、漫无边际的提问，求职者不得要领、东拉西扯地回答的局面。

3. 试题的科学性与可测性统一

面试试题不仅应该是正确的、科学的，而且从达到面试目的而言应该是实用的、有效的。并不是任何表述科学、严密的问题（如笔试中的问题）都可以用在面试之中，用逻辑类题来考求职者的思维能力效果往往并不好，因为这类题目在面试的压力情况下，常令求职者张口结舌，无话可说，使面试无法进行下去；而我们请求职者就某一社会现象自由地发表自己的看法，常能使求职者有话可说，于自然表述中体现出思维水平。比如：考求职者的综合分析能力，可以考虑用这一题目："有句古话'木秀于林，风必摧之；堆高于岸，流必湍之'，你怎么看？"（如求职者不理解这句话的含义，换一种问法："'枪打出头鸟'，你怎么看？"）此题首先可考察求职者文化素养，如不理解"木秀于林……"的含义，其文化素养可能不高。由求职者的回答，可自然表现其综合分析能力。根据求职者的回答，面试者可进一步追问"如果你是秀于林的木，你将如何与别人相处"？进而了解求职者人际交往的意识与技巧。好的求职者可以联系中华文化的特点，深刻分析"木秀于林……"的含义，指出在我们的社会中，确实有这样的现象，并分析这种现象存在的原因，同时能适当、积极、建设性地提出，如果自己是"秀于林的木"，将如何做。面试中面试官若能深刻领会出题思路，加以变通追问，试题的有效性一定可以得到充分的保障。

4. 题目要有共性和个性

从面试的重点内容看，除"仪表风度"一项不必编制题目外，其余各项均要编制相应的题目，以便面试时有针对性地提问、考察。另外，由于应试者的经历不同，不可能对每个人都用同一套题目依序一问到底。因此，每项面试内容可从不同角度出一组题目，面试时根据情况有选择地提问，这样效果更佳。

5. 问题要有可评价性和透视性

问题要有可评价性和透视性是指问题能够扩展开求职者的思维，问题设计一定不可"直来直去"，即"正面提问，正面回答，正面评价"，这种试题是没有任何作用的。好试题是具有可评价性和透视性的。如下例：

[**例题1**] 房改是目前社会普遍关注的问题之一。对于房改具体措施的实施各执己见，特别是买房，现在对大多数人来说是可望而不可即的事情。请结合你自己的住房情况谈一谈你对房改的看法。

这类题目的着眼点不是让求职者发表什么专业性意见，而是看求职者观察问题的能力，思考问题的深度，有没有独立见解，思想是否成熟，思路是否清晰，是否言之有理。此题的测试目标是思维能力、言语表达能力。测试点为思维的逻辑性、严密性，思维的广度和深度，分析比较能力，推理判断能力，综合概括能力，观察力和知识面，言语表达的逻辑性、流畅性和准确简洁程度。

[**例题2**] 众所周知，机关工作会议多，效率较低，你认为怎样才能提高会议效率？

此题的测试目标是计划组织能力。测试点有制订计划能力，协调配合能力，组织实施能力，以及如何处理好行政首长层层负责制与充分发挥每个人的积极性的关系。

[**例题3**] 在你生活和工作的环境中，你经常要接触哪些人？你是如何处理同这些人的关系的？如果其中有你不喜欢又不得不与之打交道的人，你如何应付这种情况？

这道题的测试目标是人际关系的合作意识与技巧，特别是难处关系的处理能力。测试点有沟通能力，原则性和灵活性，处理问题的方式，主动性和适应能力、应变能力。

6. 面试试题要有内涵

内容有价值，与目的内在联系紧密，可以实现面试目的，否则实现目的就是一句空话；另外，进入面试的可能是多位应试者，因而面试内容有可比性，即通过对报考人按规定内容进行面试，不但可探知某人在这方面的情况，还可对所有应试者进行比较，以定优劣。

7. 试题的新颖性与启发性结合

为提高试题的效度，应该注意材料新、视角新、表述新、形式新，避免重复特别是简单重复，以便于测评求职者某些素质的真实水准。但这种新颖、新异、新鲜要与富于启发性结合起来，从而促使求职者的相似联想和对比联系进入活跃状态，摆脱约束与紧张，切实挖掘其潜力而表现潜在素质。

在福建省 1996 年首届招考公务员和党政机关工作者的面试题目中有道题是这样的："孙中山说：青年要立志做大事，不要立志做大官。拿破仑却说：不想当元帅的士兵不是好兵。请你对此加以评析。"从求职者对两种看似截然相反的观点的比较、分析和评价中，可以比较有效地测评其思维能力、表达能力、价值观和进取心。

8. 试题要讲究形式

（1）试题的大小要适度。尽量短小精炼，采取"大题化小、成套组合"方法。否则，会使求职者觉得题目太大，无从下手；或者太琐碎、细小，也会影响考试质量。

（2）试题要新鲜。如角度新、观念新、材料新、形式新。

（3）试题要有开放性、启发性。能触发思想火花，启发求职者思路，并运用自己的实践经验作答。如辩论、演讲的题目，就要有争议性，利于思辨，应试者愿谈、可谈。

（4）试题所用材料求职者要熟悉。试题应力求与应试者的实际生活接近，便于其理解，并能从容自然地回答问题，使面试官了解到其真实的思想情况。比如"根据你以往的经验，要想获得多数同事的好评，最主要的靠什么？"这道题紧贴求职者的实际，让其凭借自身以往的经验答题，使求职者不费解，能够自然地表露真实的想法。

（5）试题要清晰。试题在表述上，要做到清晰易懂，使求职者能迅速、准确地理解题意。

9. 试题设计的其他要求

（1）语言要精炼、明确，不可模棱两可，语意不清。模棱两可或语意不清会给求职者带来思考障碍，让求职者不能充分发挥。

（2）问题不可过长。过长的问题本身会成为应试者理解问题的障碍，一般提问时间不超过 40 秒。

（3）问题要有针对性和明确的意图。

（4）问题制作要注意政策，不可提侵犯求职者人权的问题，凡涉及个人隐私、家庭问题，尽可能回避。

（5）提问的宗旨不是"问难、问倒"求职者，而是给求职者一个展示自己的机会，求职者的全部素质展现了，面试官才能够发现问题，因此，"问好、问巧"是出题的宗旨。

二、面试问题类型

1. 封闭型问题

封闭型问题是要求应试者作出简单回答的问题，一般都有相对固定的答案，无需应试者进行自由发挥或解释、论述。这是一种要求应试者做"是""否"一个词或一个简单句的回答。例如：你是什么时候参加工作的？你在大学学的是中文专业吗？

再如：假如今天你遇到一件极不顺心的事，心情十分郁闷，现在你得知晚上一个朋友将组织一个生日晚会，不知什么原因，他并未通知你，你准备怎么办？（请从下列备选答案中选择）

A. 打电话问朋友，主动提出要求参加晚会

B. 怀疑自己是不是哪里得罪他了，和另外的朋友打听他为什么不请自己

C. 什么都不干，自己烦着呢

D. 自己去看电影、唱卡拉 OK、喝酒

2. 开放型问题

开放型问题是提出的问题要求应试者不能只用简单的一词或一句话来回答，而必须另加解释、论述，才能圆满回答问题。面试中的提问一般都应该用"开放型"的问题，以启发应试者的思路，激发其沉睡的潜质与素质，从大量输出的信息中进行测评，真实地考查其素质水平。

例如：你在原单位的工作，要求经常与哪些部门的人打交道？有些什么体会？

3. 假设型问题

假设型问题是以虚拟式的提问了解应试者的反应能力与应变能力、解决问题的能力和思维能力等。有时为了委婉地表达某种意思，也可用此提问方式。

例如：假如我现在告诉你，因为某种原因，你可能难以被录用，你如何看待呢？

4. 连串型问题

连串型问题提问一般用于压力面试中，面试官通过对应试者不断追问的方式，向应试者发起连珠炮式的进攻。主要考查应试者的反应能力，思维的逻辑性和条理性等，但也可以用于考查应试者的注意力、瞬间记忆力、情绪稳定性、快速判断力、综合概括能力等。

例如：我想问几个问题，第一，你为什么想到我们单位来？第二，到我们单位以后有何打算？第三，你报到工作几天后，发现实际情况与你原来想象的不一致怎么办？第四，我们为什么要聘用你？请举出聘用你的 3~5 个理由。

5. 压迫型问题

这种提问方式带有某种挑战性，其目的在于创造情景压力，以此考查应试者的应变力与忍耐性，一般用于压力面试中。这种提问多是"踏应试者的痛处"或从应试者的谈话中引出的问题。

例如：应试者表示如被录用愿服务一辈子，另一方面却知道他工作五年已换了四个单位的情况，此时面试官提问："据说你工作五年已换了四个单位，有什么可以证明你能在我们单位服务一辈子呢？"

6. 引导型问题

这类问题主要用于征询应试者的某些意向、需求或获得一些较为肯定的回答。如涉及薪资、福利、待遇、工作安排等问题，宜采用此种提问方式。

例如：到单位两年以后才能定职，你觉得怎么样？

7. 反衬型问题（迂回型问题）

当主试者觉察应试者不太愿意回答某个问题而又想有所了解时，可以采取声东击西的策略。例如，对于"政治问题"许多人不愿意表白自己真实的观点，此时可以迂回地提问："你的伙伴们对这个问题或这件事是怎么看的？"应试者因此会认为说的不是自己的意见，说出来不会暴露自己的观点，因而心情放松地说了一大通，其实其中许多都是他自己的观点。

8. 背景型问题

背景型题目是用于初步了解应试者的志向、学习、工作等基本背景，并为以后提问收集话题的问题类型。问题特点是让每位应试者都有话可讲，且能自由发挥，使应试者轻松、自然地进入面试情境；同时也考查应试者能否在短短的几分钟内既尽可能多地展现自己的优势，又做到简明扼要，重点突出，能考查应试者的言语表达和思维的逻辑性。

如：你对自己将要达到的事业目标有什么设想吗？为此你作出过哪些准备？已具备了哪些条件，或者已取得了什么成绩呢？请你用3~4分钟谈一谈。

再如：请你用两三分钟时间谈谈你现在所在单位的整体情况和你自己近几年来的工作情况。（如应试者没有工作过，谈谈近几年的学习情况）

9. 情景型问题（案例型问题）

情景型问题是通过情景性试题考查应试者的应变能力，情绪稳定性，计划、组织、协调能力等个性及能力的试题形式。

如：假设这样一个情况，本来你的工作负担已经很重了，可上级却给你安排了另一项任务。你觉得已经没有精力再承担更多的工作，但又不想与领导发生冲突，你会怎样对待这个问题？（考查应试者的人际交往的意识与技巧，主要是在组织中处理权属关系的能力）

再如：部机关新录用了一批公务员，假如要你组织他们去某个基层单位参观，你准备如何做好这项工作？（考查应试者的计划、组织、协调能力）

10. 行为型问题

行为型问题是用于考查应试者行为性技巧和能力的试题形式，如考查人际交往的意识和技巧，组织协调能力，人际交往能力，特别是解决平级组织矛盾问题的能力，以及着重考查其人际沟通以及与同事建立信任关系等行为性技巧和能力。

如：在你的工作经历中可能出现过这样的情况，你所在的组织（如单位、科室、班级、工作组等）与另一兄弟组织之间产生了矛盾或冲突，要由你来解决，如果有，请你举例谈谈整个情况。

追问一，请谈谈当时遇到什么问题？

追问二，你的任务是什么？

追问三，你采取了哪些措施？

追问四，最终效果如何？

再如：生活、工作中需要与各种各样的人交往，请你回忆一下，你遇到的最难打交道的一个人或几个人，为了把事情办成，你做了哪些努力？效果如何？

11. 社会型问题

社会型问题是通过对比较复杂的社会热点问题的讨论，考查应试者的综合分析能力，也在一定程度上考查应试者对社会的关心程度。这类题一般不是要应试者发表专业性的观点，不是对观点本身正确与否做评价，而主要是看应试者是否能言之成理。

如：北京市现在有数万下岗职工，他们的再就业是一个很大的难题。然而，每年却有上百万外地人在北京打工，挣走了上百亿元的人民币。请分析一下造成下岗职工就业难的原因，并简单谈谈你认为合适的解决办法。（是否能够全面地分析问题，论点鲜明，论据充分、恰当，论证严密，考虑问题有深度且有独到的见解，言之成理。）

再如：目前社会上"献爱心，捐助危重病人"的活动很多，你是怎样看待这个问题的？（不仅谈到了"爱心、互助"的意义，而且能进一步提出我国医疗制度现状及改革、发展的方向，则表示该应试者考虑得较深。）

12. 意愿型问题

意愿型问题是考查应试者的求职动机与拟任职位的匹配性、应试者的价值取向和生活态度。如：根据专业和能力情况看，你可选择的职业范围很广，为什么选择国家机关而且特别选择了我部门呢？（面试官可就事业追求和现实需要两方面对应试者加以追问，甚至给应试者以压力，考查其自我情绪控制能力，并尽可能全面了解应试者对事业和生活方面的真实想法，再与职位能提供的条件和要求相比较。）

再如：你为何想离开原工作单位？又为什么应聘现在的岗位？这次应聘倘若未被录用，你将有何打算？（报考的动机是否符合拟任职位所需条件，应试者是否既对报考的工作岗位有正确的认识和强烈的动机，又能正确对待挫折，抱有积极的生活态度。）

13. 知识型问题

知识型问题是通过应试者的回答，可了解其知识面、个性倾向和思维方式等情况的问题。如：唐诗宋词是我国巨大的文学遗产，你能背一首你最喜欢的诗词吗？（追问）请你谈谈为什么最欣赏它？

14. 常识型问题

常识型问题是通过应试者的回答，考查了解其一般生活常识，学习常识和工作常识，从而判断其观察能力、应用能力、分析能力等。如："危险三角"在身体的哪个部位？请指出来。正常人的血压一般在什么范围？又如，刚从冰箱中拿出来的冰冻肉在室温 20℃ 的环境下，放在水里与放在空气中，哪种方式更容易解冻？为什么？

15. 智能型问题

智能型问题主要是考查应试者逻辑思维能力、形象思维能力和解决问题的能力、随机应变能力等。如：微软公司的面试题：下水道的井盖为什么是圆的？又如：农夫有 17 只羊，除了 9 只外都病死了，农夫还有几只羊？在美国加州，一个男人可否和他的寡妇的姐姐或妹妹合法结婚？

三、常见面试问题及回答要点

面试中提问问题的种类一般是与面试内容基本吻合的，面试内容包括哪些，提问的问题一般也应涉及。当然也有些面试的内容，如仪表风度是无需专门提出问题的，不仅由于仪表风度无法提出相应的问题，而且由于一个人的仪表风度体现在整个面试过程中，应试者的谈吐、风度、走路、站立的姿态都可在观察中评定。应试者在整个面试过程中一般应实事求是地回答主试官提出的所有问题，而不要故意隐瞒一些不利于自己的情况。人的心理活动总是能够通过人的外在的一些东西表现出来，如表情，肢体动作等，如果一个人在面试过程中说谎或故意隐瞒一些情况，就会感到心情紧张，进而表现为不敢直视面试官，目光躲闪，或者坐立不安，双手不知如何摆放等，有经验的面试官通过应试者的这些外在表现很容易就能看出应试者在说谎，这样反而弄巧成拙，不利于应试者。但如果应试者如实地回答了一些明显不利于自己的问题，反而会被面试官认为诚实、可靠，可以信赖。

（一）应试者个人概况

一般情况下，有关个人背景的材料已填写在履历表内，面试时再提问只是为了验证一下，或者以这些不需应试者思考的问题开始，有利于应试者逐渐适应展开思路，进入"角色"，尤其是对那些一进入考场就显得紧张、拘谨的应试者，更该先提出一些容易回答的问题，帮助他树立信心，诱导他正常发挥出自己的水平。这方面常问的问题有：

（1）请介绍一下你的家庭状况。

（2）你的籍贯在哪里？

（3）你的父母分别从事什么职业？

（4）你有哪些业余爱好？

（5）你谈男（女）朋友吗？

对这些问题，应试者不需怎么思考，但最重要的是一开始就要注意调整好自己的应试状态，充满自信，口齿清楚，回答全面完整，但又要注意尽量简洁。一开始的应试状态如何会直接影响到整个面试过程中的表现。

（二）应试者的求学经历

受教育的大体状况在履历表已列出，提出这方面的情况是为了获悉更详细的情况。

（1）从你的申请表中我了解到你就读于××（高中），毕业于××年，请你进一步告诉我们一些有关申请表中所述的情况，并对你的高中阶段作一个简单的说明，尤其是对你职业生活有影响的事情。

（2）你曾经就读的中学（高中）是一般中学还是重点中学？学习环境怎么样？高考考了多少分？

（3）为什么选择了现在就读的大学和专业？高考填报志愿时，是你自己的志愿还是你父母、老师、同学或亲朋好友的意见？抑或其他什么原因？

（4）你学过哪些课程？你最喜欢哪门课程？最不喜欢哪门课程？为什么？

（5）在学校，你参加过什么活动？

（6）你的学习成绩如何？在班上或年级所处的位置如何？

（7）你担任过什么职位？受到哪些奖励？获得过什么荣誉？取得过什么成绩？

（8）读大学时你从事过什么社会工作？假期是怎么过的？

（9）你参加什么校内团体？是作为一般成员、领导还是其他？你为什么参加这些团体？有什么收获？

（10）毕业时你的职业考虑是什么？为什么？

总体来说，让招聘单位感兴趣的内容可适当多谈一些，如，从事过什么社会工作？有什么感受？对这个问题，如果是肯定的回答，应多谈与应聘岗位相关的工作经历，或能力证明，在谈感受时，应着重谈一谈有什么收获；如果没有参加过社会工作，应谈一谈校内课余时间或假期是如何度过的，从事了其他什么有意义的活动。再如，曾获得什么荣誉和奖励？不要仅简单地回答获得什么，还要简要叙述一下为什么被授予这个荣誉。

（三）应试者的工作经历或实践经验

（1）你曾从事过什么工作？有哪些社会实践经验？（如兼职打工、实习、社会调查等）

（2）你大学毕业后的第一份职业是什么？主要工作职责是什么？在工作中扮演什么角色？

（3）在实习或兼职打工过程中，你最大的收获是什么？相关负责人对你有何评价？

（4）在实习或兼职打工过程中，遇到过什么困难或问题？你是怎样处理和应付的？

（如果你当时对问题的处理有什么不妥之处，还可再补充一下，如果你现在遇到类似问题会如何处理。在谈遇到过什么困难时，尽量谈一下在业务上曾遇到的困难，其他方面的困难尽量少涉及或不涉及。）

（5）我们每个人都会犯错误，你能谈一下在工作中（包括实习等）所犯的错误和遭受的损失吗？你如何看待这些错误和损失？采取了什么补救措施？你从中得到了什么教训和启示？

（错误和失败举出一两例即可，不要太多，且不太严重，要尽量列举一些在因工作经验不足所犯错误且事后有较大收获的事，并要谈一下事后你是如何弥补的，从中吸取了什么经验教训。）

（6）是什么原因促使你离开了原来的工作岗位？

（阐明原因时不要过多强调一些物质条件，比如工资太低、住房条件差等，要着重于一些与工作有关的原因如我认为在原单位不能发挥我的特长，等等。）

（四）求职动机与愿望

（1）你选择本单位的原因是什么？

（这是个几乎每个招聘单位都会问到的问题。回答时，一般来讲，应将招聘单位的情况与自身的长处结合起来，同时应尽量具体，让人可信。如"贵单位上下级关系融洽，在这样的环境里工作，心情一定舒畅，可以充分发挥自己的才干"；"贵单位是涉外单位，我的英语还可以，在这里工作一定能发挥自己的长处，做出成绩来"。不要以福利待遇，工作的物质条件，工资高为原因，也应当避免别人劝我来之类的原因。在以招聘单位的情况为由时，不要使用"听说"，"据说"等模糊语言。）

（2）请举出 3~5 个聘用你的理由

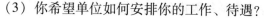

（3）你希望单位如何安排你的工作、待遇？

（在这方面，不要提出过高的要求，而是应表明自己愿意服从单位的适当安排，不要单纯强调自己的要求。）

（4）你在工作中追求什么？个人有什么打算？你想怎样实现你的理想和抱负？

（这时，你就可以对自己的工作做一下设计，但要注意目标和理想要切实可行，不要大而空，也不要简单地说目前还没有什么打算。如果没有什么长远打算，可谈一下如果被录取，你将怎样去工作。）

（5）谈谈你对将要从事的工作的认识。

（五）专业知识技能

（1）你大学学的是什么专业，接受过哪些特殊培训？（对这个问题你一定要如实回答，如果你大学的专业和你应聘的职位没有任何关系，如果你没有参加过什么特殊培训，那么你可以明确表示你对所应聘职务非常感兴趣，自学过相关知识或技术，选修过相关课程，且具有相关工作能力，你可以在实际工作中弥补以前所受教育的不足。）

（2）询问一些专业术语和有关专业领域的一些问题。

（3）询问一些专业领域的案例，要求其进行分析判断。（这道题不仅可以测试应试者的专业知识的广度和深度，还可以测定其分析判断能力，口头表达能力，逻辑思维能力。所以在回答时，除了要充分运用所掌握的专业知识进行正确的分析判断外，还要注意组织自己的语言，使回答条理清晰，用词准确，既要充分表达出自己的观点，同时又要做到言简意赅。）

（4）你有什么特长和具备什么资格与能力从事该工作？请举例说明。

（5）请谈谈你从事该工作的优势是什么？（这两道题其实是一回事。回答时既要能完全表达出从事该工作的优势，同时又要谦虚，绝不可狂妄自大。一些性格内向的测试者往往不善于表现自己，羞于说出自己的优势，只等待面试官去发现，这种心理状态极为不利。每个应试者都应该恰如其分地表现自己。回答类似的问题可从以下几个方面入手：首先，自己曾学过一些和该工作相关的课程；其次，自己曾在业余时间从事过类似的社会实践活动，如果应试者是曾有过工作经历的，可谈谈以前的工作对你应聘的职务会有哪些帮助；再次，你掌握了哪些从事该工作所需要的技能；再次，你的气质、性格可能更适合从事该项工作；最后，不要忘记说明你对本工作很感兴趣，你有某些特长使你能更顺利地从事该工作。）

（六）能力结构

1. 学习能力

（1）你认为自己的学习能力如何？在何种情况下你学得快些或慢些？

（2）你的专业成绩怎么样？专业成绩年级排名怎么样？

2．分析能力

（1）你认为你的分析能力如何？

（除了从总体概括你的分析能力如何以外，尽量能再举出一个例子来证明你的分析能力。）

（2）一般人认为你是勤于钻研每一细节，还是认为你比较毛躁呢？

（3）在日常学习和工作中你擅长运用哪些分析方法和工具？请举出 1~2 个你成功或失败的例子，并进行分析。

（5）你认为世界金融危机对中国有何影响？请予以分析。

（6）你认为大学生就业难的主要原因有哪些？为什么？

（7）请问 $1+1=$ ？

3．判断力

（1）你认为自己做出决定的方式怎样？你是果断、迅速，但有时急躁呢，还是你想事周到但有时显得迟缓？你是很敏感呢，还是一味忍受现实？

（2）你最近做出的两个最困难和最富挑战性的决定是什么？

（除了回答两个最困难和最富挑战性的决定之外，你还要回答当时为什么要那样决定，现在看来你当时的决定是正确还是错误，从中吸取了什么经验教训，如果现在再让你面临这样的情况，你会如何决定，为什么。）

（3）假如 A 单位和 B 单位同时录用你，你会选择哪一个？（A、B 是另外两个其他的单位。）

（阐明原因时，尽量避免这样一些回答：如工资待遇好、工作物质条件好等。而应尽量从这样一些角度回答：如更能发挥出我的特长；我对 X 单位的工作更感兴趣；X 单位更重视人才等。）

（4）大城市的小单位与小城市的大单位，你会选择谁？为什么？

4．形成概念的能力

你更喜欢接触实在的、明确的短语，还是抽象的、概括性的较长的句子结构？

（对这个问题要尽量给出一个特定的例子，然后再加以适当地解释。）

5．创造力

（1）你的创造性怎样？你的创造能力的最好的例证是什么？

（2）你对传统型的事物感兴趣还是对新鲜事物感兴趣？你一般习惯使用老产品还是新产品？

6．口头表达能力

（1）请谈谈你自己。

（2）你认为你适合干什么？为什么？

（3）即席演讲（3～5分钟）：风雨过后是彩虹。

（口头表达能力可以单出题测定，也可以通过应试者对所有问题的回答情况给定一个分数而不再专门出题测定。在回答问题时，应试者要注意条理清晰，前后连贯，主题鲜明，语言简洁明了，逻辑清楚，具有说服力，引例、遣词造句准确，语气发音合乎要求。尽量讲普通话，同时要注意姿态、表情，可辅以适当的肢体动作。要能抓住事物的本质，分析全面，说理透彻，顺畅地表达出自己的思想、观点和看法。）

7. 书面表达能力

（1）与他人的写作风格相比，你的写作有何特点？你认为写作应该注意哪些问题？

（2）你发表过什么作品吗？在什么刊物发表的？获过什么奖？

（3）请写一篇1500字左右的文章：滴水穿石。

（七）个性特征

1. 独立性

（1）你喜欢别人干涉你做出决定吗？

（2）你做出决定的时候容易受到其他人的影响和暗示吗？

（3）你喜欢一个人干事还是几个人一块儿去干？喜欢安静还是热闹？

（4）你喜欢接受别人的领导还是喜欢领导别人？

（5）在处理一件棘手的事情时，你首先想到的是自己尽力去干，还是让别人来帮助你？

（6）你父母对你的事情干涉多吗？关于你个人的一些事情（如谈恋爱等）常常是你自己做主，还是由你父母或同学、朋友帮你拿主意？

2. 情绪稳定性

（1）你如何在重负与压力下把握自己？请举例说明。

（2）在什么情况下你容易激动或发怒？

（3）描述一种你的情绪控制不当的情形。原因是什么？从中得到了哪些教训？

（4）描述一种你平生最生气的情形。你经常生气吗？经常与同学争吵吗？

（5）你曾最难接受的批评是什么？为什么？

（6）单位工作非常艰苦，要经常出差或加班加点，你怎么办？

（7）你怎么连这样的问题也不懂？

（8）你好像不太适合于在本单位工作。

（9）在日常生活中，如果你受了委屈，你会怎么办？是吵闹宣泄还是哭泣？

3. 适应性

(1) 当你从中学毕业，刚进大学时，无论在学习、工作、生活等方面可能都会有些不适应，你有何反应？你是如何进行自我调适的？

(2) 假如派你去一个遥远、偏僻、陌生而又很不习惯的地方出差或长期在那里工作，你会怎么办？

(3) 如果你被录用，你将在第一周采取什么行动？

4. 自知力

(1) 你的朋友或家人如何看待你？

(2) 你认为你的长处在哪里？你认为适合干什么？

(3) 你认为你个性上的优点是什么？缺点是什么？

(4) 你准备如何改正自己的缺点？

(5) 你认为你在多大程度上适于担任本职务？你认为我们为何要录用你？

（对这些问题的回答一定要实事求是，客观地分析评价自己。对自己要有一个清醒的认识，不能夸夸其谈，胡编乱造。）

5. 兴趣爱好

(1) 你喜欢什么运动？有哪些业余爱好？

(2) 你怎样消磨闲暇时间？

(3) 你喜欢读书吗？最喜欢读什么书？

(4) 你最喜欢的课程是什么？为什么？

(5) 你喜欢看哪些电视节目？

(6) 你喜欢与什么样的人交往？喜欢什么样的工作？

6. 性格

(1) 你认为自己的性格属于内向型还是外向型？

(2) 你对琐碎的工作是讨厌还是喜欢？

(3) 以下两种情景你较喜欢哪一种：奔腾的骏马，平静的湖泊？

(4) 你喜欢接触一些新奇事物吗？

(5) 闲暇时你是喜欢一个人呆着还是和大家一块儿玩？

(6) 你是喜欢还是羞于在公众场合谈话？

(7) 你容易和陌生人相处吗？

(8) 你喜欢流行音乐还是古典音乐？

(9) 很多人在一起时，你的谈话多还是少？

7. 品质

(1) 你认为现在社会中一个人最重要的是什么？

（2）你如何看待汶川大地震中的"范跑跑"现象？

（3）"受人之托，忠人之事"，对这句话，你怎么看待？

（4）你最喜欢的个人品质是什么？你最不能容忍的个人品质是什么？

（5）你认为自己的品质中有哪些好的方面？举例说明。

（6）举出两个人，他们的品质分别是你最喜欢和最不喜欢的。

8．工作态度、责任心、纪律性、工作风格

（1）对委任的任务完成不了时你会怎样来处理？

（2）你对学校的规章制度有何看法？

（3）所在的学校（单位）管得严吗？在学习或工作中看到别人违反制度和规定，你怎么办？

（4）所应聘职位的人员应承担哪些义务？

（5）你喜欢与什么样的领导或同事相处？

（6）你喜欢按部就班工作还是自由的、不受约束的工作？

9．人生观、职业观

（1）你的座右铭或比较喜欢的格言是什么？

（2）你对应聘的职位是否有持久的兴趣，会把其视为终身职业吗？

（3）你最崇拜谁？为什么？

（4）你是喜欢平淡安逸的工作还是喜欢带有挑战性而较辛苦的工作？

10．果断性

（1）你最近特别果断的两例——一例结果令人满意，另一例则相反。

（2）你会常常在做出决定后后悔吗？

（3）你喜欢迅速做出决定，还是喜欢在长时间深思熟虑后做出决定？

（八）人际交往

1．你的朋友和一般人比是多还是少？喜欢交朋友吗？

2．朋友如何看待你？

3．与他人交往时最注重什么？

4．你喜欢和哪些人交往？

5．你参加社交集会是出于喜欢，还是出于万不得已？

6．你认为自己的社交能力如何？

7．你如何与一位你不喜欢甚至十分讨厌的人在一起学习或工作？

（九）未来计划和目标

1．如果你被录用，你准备怎样开展工作？有什么设想？

2．如果有其他工作机会，你怎样看待？

3. 你打算沿着这条职业道路走下去至少五年至十年吗？十年后你希望从事什么工作？

4. 你准备怎样发挥自己的优势，弥补自己的不足？

5. 你是否确定了以后的奋斗目标？你准备怎样去实现自己的目标？你今后3～5年的职业规划是什么？

四、部分典型面试问题剖析

1. 请谈谈你的缺点。

（1）面试官提问的动机与目的：

①考察应聘者是否诚实；②考察应聘者是否能正确认识自己；③根据应聘者所陈述的缺点，推测与判断应聘者是否适合应聘岗位，有何负面影响，是否可以录用。

（2）回答重点与策略：①态度诚恳，实事求是

【案例参考】

一名求职者由于多次应聘失败，于是突发奇想，干脆一不做二不休，鼓起勇气，将自己所有的缺点一股脑儿全抖出来，而优点却只字不提，令某集团公司人事部经理十分惊讶，情不自禁地感叹到：我从事这么多年的人事工作，见过成千上万的求职者，却从未见过像这名求职者只说缺点、不讲优点之人！被该求职者的真诚所感动，于是将其录用。

②可以介绍一些与所应聘的工作无关紧要的缺点，甚至是一些表面上看是缺点，但从工作上看却是优点的缺点。

如：本人是"工作狂"，有时工作起来就没完没了，甚至废寝忘食。"太喜爱上网，有时一上就是一个通宵"，"本人太讲义气；有时路见不平拔刀相助"，"有时爱管闲事"等。（当今社会重情义、讲义气的人不多啊！如果本单位录用他，好好待他，说不定他"受人滴水之恩，当以涌泉相报"呵！）也可适当谈些本身所具有的，但不太严重的缺点。如"有时个性较强，有点争强好胜"，"有时眼里容不得沙子"等。

③语藏玄机，风趣幽默。

如"我很丑，但是我很温柔"，"我很笨，但我很勤奋"。

④表达一定克服缺点，扬长避短，做好本职工作的信心与决心。

（3）注意事项：

①不能说自己无任何缺点，把自己描绘成一个"十全十美"的完人。

②不宜自作聪明把那些明显的优点说成缺点，如忠于职守，乐于助人等，否则，会引起面试官的反感，适得其反。

③不宜说出严重影响所应聘工作的缺点，或令人不放心、感觉不舒服的缺点。如："本人最大的缺点就是喜欢睡懒觉，有时可以一觉睡到第二天太阳落山。""本人最大的缺点就是不喜欢洗衣服，有时衣服泡了个把月还不想洗。""本人最大的缺点就是不讲卫生，不喜欢洗澡，有时一个月难得洗一次澡。""本人最大的缺点是爱打抱不平，喜欢争强好胜，所以经常与同学吵架。""本人最大的缺点就是记性不好，经常丢三落四，借别人的东西，总是不记得还。""本人最大的缺点就是喜欢贪小便宜，有时顺手牵羊拿同学的衣服、MP3、自行车等。""本人最大的缺点就是喜欢讲假话，经常捉弄别人。""本人最大的缺点就是喜欢吹牛皮。"如此等等。

④不要过分谦虚，把自己描绘得体无完肤，一无是处。

（4）糟糕表现：

①（摸头不知脑）我好像没有什么缺点啊！

（呵，一个圣人！可人无完人，金无足赤！毛泽东还是"三七开"，邓小平还是"四六开"。看来，他比毛泽东、邓小平等伟人还要伟大呵！）

②我的缺点就是性格不好，脾气暴躁，有时动不动就骂人，甚至砸东西。

（呵，得小心点！说不定招了一个"恐怖分子"，哪天把咱们单位也给砸了！咱惹不起，还是躲得起啊！）

③我的缺点就是不讲卫生，喜欢偷懒，能偷就偷，能懒就懒。如脏衣服一泡就是个把月，也懒得去洗，任它起霉、发臭，直到同学们捂着鼻子进进出出，还不想洗。个把月也难得洗次澡，哪怕身上起了一层痂，也懒得去动它。

（真是一个大懒虫！亏他还说得出口，大言不惭，一点都不害羞！可别玷污了咱单位的形象呵！）

④我的缺点就是喜欢睡懒觉，有时从晚上一觉睡到第二天太阳落山还不想起床。我觉得睡在床上好舒服啊！

（岂不是咱还要专门派一个人去叫他起床吗？）

（5）回答参考：

①我的缺点就是喜欢直来直去，不会拐弯抹角。

（好啊！咱就喜欢这样的直性子。只可惜社会上像这样的直性子不多啊！不过有时还是要注意点方法！）

②我的缺点就是太重感情，太讲义气，容易冲动，路见不平，总是拔刀相助。

（咱就欣赏重感情、讲义气的人。只可惜像这种敢于伸张正义的人太少了！）

③我的缺点就是有时有点不拘小节。如有时忘了擦皮鞋，有时穿着比较随意等。

（区区小事何足挂齿！古人云：大行不顾细谨，大礼不辞小让啊！）

2. 你有何优点与特长

（1）面试官的动机与目的：

①了解你是否是一个能正确认识自己、正确评价自己的人。

②了解你是不是一个夸夸其谈、过分炫耀自己的人。

③了解你的综合素质情况。

④根据你的优点与特长，推测与判断是否为应聘工作所需或本单位其他岗位所需，是否对所应聘工作有所裨益。

（2）回答要点与策略：

①坦诚相待，实事求是。

②尽量介绍一些与所应聘工作有所裨益的优点与特长。

如应聘国家公务员，可着重介绍：沉着稳重、公正无私、能说会写、有一手漂亮的书法、有一定的组织领导才能等优点与特长。

③投其所好，"该出手时就出手"——摸清面试官的意图，在实事求是的基础上，尽量投其所好，抓住时机，充分展示自己的优点与特长。

如用人单位想招一名会打篮球的毕业生，你可以充分展示你的篮球特长；如面试官喜欢书法，对一手漂亮的字体十分欣赏、情有独钟，你尽可以展示你的书法特长，千万不要过分谦虚与羞涩，而痛失这一充分展示自我的良机。

④要善于挖掘与总结自己的长处，善于发现自己闪光的地方。

如实在找不出什么特长，可强调自己特别能吃苦耐劳、意志坚定、十分执著、不达目的决不罢休、心地善良、乐于助人、积极乐观以及较强的团队合作意识与能力等。

（3）注意事项：

①可适当夸大，但不能过分吹嘘，更不能无中生有、弄虚作假。

【案例参考】

一名女生在面试时吹嘘自己能歌善舞。结果，面试官问她会跳什么舞，她说会跳新疆舞。面试官马上要她当众跳一曲看看。这名女生只好硬着头皮，笨拙地扭动着僵硬的身躯，胡乱跳了几下，引得在场的观众和面试官捧腹大笑，使得她面红耳赤，十分难堪，骑虎难下。她压根儿没想到面试官会给她来真的，结果弄巧成拙。

②不能过于谦虚，不能说自己什么优点与特长都没有。

（4）糟糕表现：

①我好像没有什么优点与特长啊！

（也未免太谦虚了吧。要知道，过分谦虚就是骄傲啊！既然你什么优点与特长都没有，那我们要你干什么？）

②我的优点就是"助人为乐"。有时为了朋友甚至可以两肋插刀，不顾一切。如有时帮同学代考英语四级，一分钱报酬都不要，反而背上了一个处分，但我无怨无悔。有时，我的同学未来上课，我经常代他签到。考试时，我经常向同学递纸条，传递答案……虽然牺牲了我自己，但成全了别人。因此，我感到十分高兴。

（呵，助人为乐？那是助纣为虐！真是一个伟大的"枪手"！）

③我的特长是：吹牛皮不用打草稿！

（好一个牛皮大王！）

④我的特长是：能说会写、能歌善舞、能吃能喝、能做能玩……

（好一个全才！写篇文章看看！唱首歌看看……）

（5）回答参考：

最好结合所应聘岗位情况予以回答。

①我的优点是：待人诚恳、心地善良、乐于助人、谦和朴实（如经常帮助贫困的同学，每当见到那些可怜的乞讨者，总要情不自禁地献点爱心）。

②我的优点是：勤于学习、善于思考、勇于创新。

③我的特长是：毛笔字与粉笔字写得漂亮，篮球打得较好，会弹钢琴，会维修电脑等。

④我的特长是：特别能吃苦耐劳，别人怕做的事我敢做，特别肯钻，有较强的活动能力、组织能力等。

3. 你为什么选择我们单位

（1）面试官的动机与目的：

①面试官想知道你是否对该单位有所了解。

②面试官试图从中了解你求职的动机、愿望以及对此项工作的态度等。

（2）回答重点与策略：

①强调行业的发展前景，所应聘单位的发展前景对自己的吸引力。

②单位良好的环境、对人才的管理、知人善任等方面对本人的吸引力。

③强调应聘岗位对本人的吸引力，如适合本人的兴趣、特长、能力等。

④"到什么山上唱什么歌"，有的放矢：老牌单位，可重点谈其悠久的历史、知名的品牌、雄厚的实力等对自己的吸引力；新单位，可重点谈其有强大的生命力和远大的发展前景，一张白纸可以画最新最美的图画。

（3）注意事项：

①忌：盲目性、从众心理，如看到很多同学都来应聘，所以我也跟着来了。

②忌：因为贵单位效益好，收入高。

（原来你是冲着咱的钱而来啊！）

③忌：该工作很轻松，我还可以在上班时看看书，到外面兼职或做点其他想做的事情等。

④忌：自私自利，只为自己着想，以自我为中心。

⑤忌：由于对应聘单位不了解，而不知所云，无从说起。

⑥忌：牛头不对马嘴，一顿乱吹。

（4）糟糕表现：

①因为贵单位名气大、条件好、待遇高。

（原来你是冲着咱的名气和条件而来啊！一旦咱单位条件变差、待遇降低，岂不逃之夭夭？）

②咱实在找不到什么好单位，所以只好来贵单位。

（原来是无路可走，不得已而为之啊！别人不要，咱要？廉者不食嗟来之食啊！你把咱单位看成"垃圾收购站"不成？）

③同学们都说贵单位不错，看很多同学都来贵单位应聘，所以我也跟着来了。

（原来对本单位根本不了解，只是道听途说，随大流！一个毫无主见、随波逐流的人。实在令人失望！）

（5）回答参考：

①我认为贵单位不仅盛名远播，誉满全国，而且有一个开明的领导班子、良好的工作环境、优秀的企业文化、广阔的发展前景……而所有这些正是我梦寐以求的。

②我认为贵单位所在的行业是朝阳产业，有远大的发展前途。同时，贵单位所提供的岗位，正好与我所学专业及我的兴趣、爱好等相吻合，正是我所喜爱的、向往的。我相信，贵单位一定能给我一个施展才华的舞台。

4.本单位为何要聘用你

（1）面试官的动机与目的：

①了解你的能力、素质与优势。

②观察你对应聘单位及本人有怎样的认识，是否客观、准确。

③观察你是否为本单位所需要的人才，能否为本单位带来一定的效益（经济效益或社会效益），是否有利于单位的生存与发展等。

④观察你是否善于换位思考，是否善于替他人着想。

（2）回答重点与策略：

①针对单位相关岗位的要求，有的放矢，针对性地介绍自己的品质、能力、

特长、优势等。

②表明自己能胜任相关工作，能为该单位的发展创造佳绩，能为应聘单位创造一定的经济效益或社会效益等。

③努力证明自己正是该单位所需的人才，甚至是梦寐以求的人才。

④想方设法制造一些悬念，使面试官产生一种"相见恨晚之感"，迫切期望能尽早录用你。

（3）注意事项：

①切忌漫无边际，夸夸其谈。

②切忌过分吹嘘自己，仿佛"非我莫属"。

③切忌过分谦虚、自卑，要有自信心，实事求是。

（4）糟糕表现：

①因为我各方面条件都不错，十分优秀，出类拔萃。

（啊，王婆卖瓜，自卖自夸！）

②因为我才是贵单位最合适的人选。贵单位如果不聘用我，肯定会后悔的！

（真是大言不惭啊！）

③不知道。可能像我这样的人才不多吧？

（自我感觉还蛮好啊！）

（5）回答参考：

①我十分热爱这份工作，定将倍加珍惜。同时，贵单位所需要的专业和能力，正是我所具备的。也许，我距此还有一些差距，但我一定会虚心向贵单位领导和同事们学习，勤奋钻研，尽心尽力做好本职工作。我相信如果能有幸到贵单位工作，我绝不会使贵单位失望，绝不会辜负贵单位给我的良好机会和美好期盼！

②我认为自己完全符合贵单位的招聘条件。凭我目前所掌握的知识、技能，高度的责任感和良好的适应能力及学习能力，我自信应该能胜任这份工作。我十分希望能为贵单位服务。如果贵单位能给我提供这个宝贵的机会，我一定倍加珍惜，忘我工作，为贵单位的发展添砖加瓦，努力成为骨干力量和栋梁之材！

5. 关于薪水问题

（1）面试官的动机和目的：

①了解你对薪水的期望值，从而推测你对自己的认识与定位：是否好高骛远？是否过于自卑？

②了解你对薪水的期望值是否与用人单位相符，或其差距是否在可接受范围之内？

（2）回答重点与策略：

①要尽量淡化薪水对你的影响力和吸引力，表明你最看重的不是薪水，不是金钱，而是工作环境、发展前景等。

②根据单位情况、岗位情况等因素，由应聘单位给出合理的报酬。

③如要谈具体数字与范围，可根据行业情况、单位情况、岗位情况、地域情况等综合考虑。

④可把球抛给对方，反问对方。

（3）注意事项：

①不要表现出对薪水不屑一顾的态度，好像自己是一个不食人间烟火的清教徒。

②不要信口开河，如：西部贫困地区用人单位，你提出 3000～4000 元/月，甚至更高，则会吓跑面试官；而沿海大城市、知名大企业，你说 300～400 元/月，别人会以为你找不到工作，或有毛病。

③尽量避免谈具体数字。要把主动权掌握在自己手中，留有活动余地，不要把话讲得太死，以免断了自己的后路，进退两难。

（4）糟糕表现：

①我一点也不在乎薪水，我觉得这无足轻重。

（真的是这样吗？你是不是不食人间烟火的神仙啊！好一个伪君子啊！说不定他比谁都看得重！）

②我的要求不高，3000～4000 元/月就行（特别是面对那些来自西部地区或其他贫困地区、条件较为艰苦的用人单位）。

（刚毕业的学生娃还想要这么高的待遇，真是大言不惭呢！咱塘小了，养不起你这条大鱼啊！我这个校长还没有这么高啊！干脆我这个校长给你当好了。）

③我的要求不高，大概 500 元/月左右（特别是面对来自于沿海地区的知名企业）。

（哦，要求如此之低！是不是"嫁"不出去，没人要啊！）

（5）回答参考：

①诚然，金钱是生活中不可缺少的一部分，但我认为，它并不是最重要的，更不是唯一的。还有比薪水更重要的东西，那就是贵单位良好的工作环境，能给我提供的施展才华的舞台和广阔的发展前景。

②我认为应根据贵单位的经济条件，我所在的工作岗位以及我个人的基本情况、工作表现、工作能力和本人所作贡献的大小，由贵单位给予适当的、合理的报酬。

③结合相关情况进行具体分析、推断。如单位所在地区，是沿海大城市还是

西部或内地贫困地区？单位性质是企业还是学校？是民营企业、国有企业，还是外资企业？是公立学校还是私立学校？是一般中学还是示范性中学？相对知名外企、合资企业而言，一般来说民营企业、国有企业待遇偏低，一些地方对于一个刚毕业不久的大学生而言，如去民营企业或民办学校就业，月收入不过 1000 多元，2000 元以上的较少，而经济发达地区的一般中学其月收入可达 3000 元以上，示范性重点中学更高。单位所属行业，如制造业、医药行业、教育行业、金融行业等，待遇也大不一样。同一单位内部，岗位不同，其待遇也大相径庭。如一家较有名气的医药公司，其内部管理人员，如办公文员、一般财务人员，其月收入不过 2000～3000 元，但该公司一名优秀的业务员，月收入可达万元以上。

④将球抛给对方：您认为像我这样的应届大学毕业生，在贵单位这样的岗位上工作，薪水一般是多少？

6. 关于考研问题

（1）面试官的动机与目的：

①了解今后的打算，并据此推测你的打算是否与单位利益相冲突、相矛盾。用人单位好不容易弄个指标，而你占了指标后却要远走高飞，别人会怎么想。

②你的打算是否有利于工作，是否有利于单位。

③了解你的真实想法，并据此推测你是否想把单位作为一个跳板。

④了解你如何处理考研与工作的矛盾。

（2）回答重点与策略：

①强调个人利益要服从单位利益，要以单位利益为重。

②在不影响单位利益的情况下，或者能使自己将来更好地为单位工作，可以考虑。

③在征得单位同意与支持的情况下，可以考虑。

④把球抛给对方：反问对方单位有何规定。

⑤如果你认为相对到该单位工作而言，考研更重要，你也可坦诚地告诉对方考研的想法，在征得对方理解后，最好与用人单位签订一份协议，注明考上硕士研究生，则去读研，不去单位工作，如未考上研，则一心一意去单位就业。

（3）注意事项：

①如果你把此份工作看得很重，则最好不要轻易暴露你考研的想法，否则，用人单位可能因此不聘你了或不敢聘你了，将使你错失这一工作机会，造成终生大憾。

【案例参考】

某大学毕业生去长沙某高校应聘实验室技术员工作。面试官对该生的综合素质十分满意，准备录用他。但最后问他有什么想法和打算，是否有考研的想法时，该生毫不犹豫地回答：本人很想考研、读博。可谓雄心勃勃、壮志凌云！此言一出，面试官只好十分遗憾地说："本单位只想招一名实实在在做事的实验室技术员。我们好不容易争了一个指标，而你却考研、读博去了，那岂不是白白浪费了一个指标？"结果，该校不敢要他，招了一个十分普通，但给人的印象是踏实、老实可靠的女生。后来，那名男生后悔不已。

②不要完全否定，以免断了自己的后路，要注意方法，留有余地。

（4）糟糕表现：

①考研是我梦寐以求的，为了读研我可以放弃一切。

（那岂不是白要你了？咱干吗要你啊！那不是有毛病吗？）

②我只想早点参加工作，咱一辈子都不想再读书了！读书又苦又累，枯燥无味，我对考研毫无兴趣。让考研啊、读博啊统统见鬼去吧！

（真是这样吗？你把话说得这么死，今后可别闹着考研！原来你是怕苦怕累啊！原来你是一个毫无上进心的人！真不敢相信，你大学是怎么混出来的啊！现在是知识经济时代，知识要不断更新，不学习行吗？）

（5）回答参考：

既然我到贵单位应聘，我认为能到贵单位工作是最重要的，是我非常渴望的。如能如愿以偿，我将为此感到十分荣幸，并倍加珍惜。我一定踏踏实实、兢兢业业做好本职工作，为本单位发展添砖加瓦，奉献微薄之力，以回报贵单位的信任与知遇之恩。当然，在不影响本职工作的前提下，或者因为贵单位工作需要，如有合适的机会，我愿继续深造学习，以便不断提高自己的知识水平，更好地为贵单位服务，为贵单位发展做出更大贡献。

7. 你有何业余爱好

（1）面试官的动机与目的：

①业余爱好能在一定程度上反映应聘者的性格、兴趣、人生观、心态以及团队合作意识等。

②你的业余爱好是否积极向上，是否对应聘的工作有积极影响。

（2）介绍重点与策略：

①尽量介绍一些高尚的、积极向上的业余爱好。如健身、登山、健康的文体活动、旅游、书法、创造发明以及对一些集体活动的热爱与积极参与等。

②尽量使你的业余爱好向应聘的职业、岗位靠近，与其相关联，并对其有正面的、积极的影响。

如应聘文员，可强调对写作的爱好。应聘导游，可突出对旅游的爱好、对美好大自然的钟爱；应聘市场营销，可突出喜好社交、交朋友，爱好与人打交道；应聘幼师，可强调喜欢小朋友，经常利用业余时间代亲朋好友、左邻右舍照看小孩，与小朋友一起玩耍、交流、交朋友，深受小朋友们喜爱，自己也感到其乐无穷等。

（3）注意事项：

①最好不要说自己没有什么业余爱好。

②最好不要说自己有庸俗的、低级趣味的爱好等，如抽烟、酗酒、打牌赌博、玩电游等。

（4）糟糕表现：

①我好像没什么爱好。

（一个十足的机器人！居然什么爱好也没有！）

②我的业余爱好就是逛街买衣服。一有时间我就去长沙的步行街逛街。有时甚至逃课去逛街。一逛就是一整天，一点都不觉得累，其乐无穷。那琳琅满目的时装总是看得眼花缭乱，两眼发呆，心里痒痒的，流连忘返。即使我买不起，但多看几眼，望梅止渴，心里也觉得舒服啊！

（真是个逛街迷、购物狂！咱可惹不起啊！还说不定哪天要你出去办事，而结果你却逛街去了。）

③我的业余爱好就是"砌长城"（搓麻将），一砌砌到大天亮！甚至三天三夜都可以不睡觉呢。

（一个十足的赌棍！他还不以为耻、反以为荣！）

④我的业余爱好就是上网玩游戏、与网友聊天。有时甚至废寝忘食，一上就是一通宵。

（居然一玩就是通宵达旦，有时兴致高，三天三夜都舍不得离开。十足的瘾君子！哪还有什么精力来上班啊！）

（5）回答参考：

①我很喜欢参加一些集体活动，如与班上同学一起去郊游、野炊等，并且，经常是我倡议、我组织。我经常跑上跑下联系场地，准备食品、工具等。每次参加活动，看到大家高兴的模样，我心里就有说不出的快乐。

（有集体观念、团队意识，且有一定的组织能力、奉献精神。好样的！）

b. 我的业余爱好就是读书。一有时间我就去图书馆看书，经常废寝忘食。我常常用这样的话鼓励自己："书中自有黄金屋，书中自有颜如玉。""读万卷书，行万里路。"

（该生可能学识渊博，说不定是块做学问的好料子呢！我们正处于知识经济时代，读书是件好事，多读书好啊！）

c. 我的业余爱好就是唱歌跳舞，喜欢交友、应酬。

（一个活跃分子，说不定是名公关好手！）

d. 我的业余爱好，就是练毛笔字。

（好啊！咱单位正需要一个会写毛笔字的人呢！同时，练毛笔字能够修身养性，说明他涵养还不错啊！）

8. 关于家庭情况。

（1）面试官的动机与目的：

①面试官主要是据此了解你的家庭环境、家庭背景、家庭负担等。

（有的工作，如商品推销、房地产开发、房屋建筑、公路桥梁建设等，面试官往往会认为其家庭背景、社会关系等具有举足轻重的作用。）

②通过对家庭情况的了解，进一步推测判断家庭环境对应聘者的性格、观念、心态及其成长的影响等。

（说明：少数用人单位不愿招来自单亲家庭的学生。一些房地产公司和医药公司、民办学校等对应聘者的社会背景很感兴趣。如上海南汇区某民办学校十分重视社会关系、办学环境，该校校长把相当一部分精力用于沟通各种社会关系，优化办学环境，为学校发展争取社会各界的大力支持。）

（2）介绍重点与策略：

①要强调温馨和睦的家庭氛围。

②要强调父母对自己教育的重视。

③要强调父母勤劳、善良等优秀品质及其对本人的良好影响。

④要强调家庭成员对本人工作的理解、支持与帮助。

⑤要强调本人对家庭的责任感。

（3）注意事项：

①不要简单地罗列家庭人口。

②不要过分夸耀家人。

③不要渲染家人对自己的负面影响。如父母性格不合，经常吵架、经常打牌赌博等。

（4）糟糕表现：

①我的家庭就父母亲、三姊妹（或我一个独生子）。

（谁不知道你会有父母？难道你是从天上掉下来的？从树杈里长出来的？）

②我是家里面唯一的独生子。父母从小就很疼爱我，什么事都不让我做，我吃完饭后想帮父母收拾一下饭碗都不让，生怕把我的手弄脏了，我真的感到好幸

福啊!

（从小娇生惯养，寸长的事都不做，到咱单位来，能做得了多少事啊?岂不是又多了一个吃闲饭的人吗?俗话说:自古英雄多磨难，从来纨绔少伟男啊!）

③我出身于一个不幸的家庭，父亲经常深夜不归，在外面包二奶，嫖赌逍遥，母亲经常搓麻将，很少有人管我。父母经常为此吵架、闹离婚。我常常暗自落泪。

（也许面试官会为你撒下一把同情泪。但这样的家庭培养出的子弟会不会有心理障碍甚至心理变态? 要知道家庭环境对学生的成长是有一定影响的啊!）

（5）回答参考:

①我出身于一个农民家庭，父母勤劳、朴实、憨厚、善良。为了养家糊口，为了供我上大学，父母经常早出晚归，披星戴月，风里来雨里去，面朝黄泥背朝天，在田地里辛勤劳作。父母生活上十分节俭，一年到头都舍不得花钱买件新衣服，却省下钱来给我交学费。我家里虽然很穷，但父母患难与共、相濡以沫、恩恩爱爱，家庭十分和睦幸福。由于父母的影响、家庭的熏陶，我从小就养成了一种吃苦耐劳、爱岗敬业、自强不息、与人为善的品性。

②我出身于一个知识分子家庭。父亲是一名高级工程师，母亲是一名大学教师。父母渊博的知识，对学问、对事业精益求精、孜孜不倦的追求和对我的谆谆教诲，从小就开始深深地影响着我，使我逐渐形成了积极向上的人生观和远大的人生理想。父母的教育与熏陶使我知书达理，同时也不断激励我勤奋学习，发愤图强。

9. 你喜欢什么样子的工作?（或你理想中的工作是什么样子）你认为你适合干什么工作

（1）面试官的动机与目的:

①了解你的职业兴趣与爱好，性格与特长等。

②了解你的职业兴趣是否与本单位所招聘岗位相符。

③了解你的性格、价值观、工作志向等。

④了解你是否对自己有个正确的认识和定位。

（2）回答重点与策略:

①表明你的上进心、事业心，以及对事业的执著与孜孜不倦的追求。

②强调你所应聘的工作就是你所喜爱的工作。

③将对应聘工作的喜爱之情溢于言表，并表明为之奋斗一生的坚定信念与执着追求。

④表明你所应聘的工作就是你认为自己最适合干的工作。

⑤表明你有决心、有信心、有能力把这份工作干好。

（3）注意事项：

①忌：毫无主见，无爱好，不知自己喜欢什么工作、不知自己到底能干什么？

②忌：什么都喜欢，干什么工作都可以，如文秘、销售、人力资源等，没有明确的目标。（如梦洁家纺集团董事长所说：最忌讳应聘者没有明确目标，似乎什么都能干，实际上什么都不能干。）

③忌：与应聘工作无关，甚至相去甚远。（如搞销售与搞技术、搞学术研究等，完全不同。）

④忌：自私自利，过分为自己考虑，过分注重金钱待遇等个人实惠。

（4）糟糕表现：

①我不知道自己喜欢干什么，更不知道自己适合干什么！

（连自己都不了解，还找什么工作啊！看来这是个稀里糊涂混日子的人！）

②我喜欢的工作是："钱多、事少、待遇好，舒服、安定、离家近！"

（想法可真不少啊！不愿做事，还想多拿钱！天下哪有这种好事啊！咱岂不是请了一个祖宗?!）

③如应聘教师，却大讲自己喜欢推销，还想做销售工作。

（这不是风马牛不相及吗？既然想做销售，那你来应聘教师干吗？岂不是浪费咱的时间?）

（5）回答参考：

①我喜欢适合于我、且有一定挑战性和发展前景的工作。譬如，我喜欢交际，能吃苦耐劳，喜欢闯荡。因此，我认为自己适合于"市场营销"这份工作，我坚信自己在这一领域定会有所作为。

②具体回答，开门见山，直截了当。如用人单位招聘教师，你可以说，我喜欢教师这种职业——燃烧了自己却照亮了别人。人们常说：教师是太阳底下最光辉的职业。我父母都是人民教师，我从小就对老师十分敬仰并有着特殊的、真挚的感情，在我幼小的心灵中，我就十分向往教师这一崇高而神圣的职业，并一直憧憬着自己迈向讲台的那美好时刻。因此，我上大学选择了读师范大学。我有良好的语言表达能力、较强的组织能力、良好的职业素养和献身教育事业的坚定决心。根据我的性格、特长和能力等，我认为自己已具备当好一名教师的必要条件。如果我能有幸成为一名人民教师，我将感到无上荣光，一定倍加珍惜，并为此任劳任怨，鞠躬尽瘁，终生无悔！

③我希望追求一份能将我的优点和长处发挥得淋漓尽致的工作。或：我一直盼望能在贵公司这样能提供最为人性化的文化理念的单位里，从事具有挑战性的工作，真正体现自己的价值。

10. 如果本单位录用你，你未来 3～5 年的打算

（1）面试官的动机与目的：

①了解你是否是一个有计划的人。了解你有何目标与理想。了解你是否是一个有上进心的人。

②了解你是否是一个好高骛远之人。了解你是否是一个见异思迁之人。

③了解你是否是一个脚踏实地、爱岗敬业、与本单位同甘共苦之人。了解你对职业、对单位的忠诚度。

④了解你对未来职业的设计能力。

（2）回答重点与策略：

①尽量袒露你对应聘单位的向往与忠诚，你对所从事职业的向往、珍惜与忠诚。

②尽量表露你愿为应聘单位及所从事的职业奉献力量、奉献青春，甚至奉献一生的坚强决心。

③重点谈谈你的切实可行的具体计划与目标，并巧妙结合应聘单位的情况，尽量将自己与应聘单位融为一体，尽量将自己的目标与理想融入到应聘单位的生存与发展之中。

④回答要得体，要把握好分寸。

（3）注意事项：

①避免夸夸其谈、好高骛远、不切实际。

②避免优柔寡断、三心二意、见异思迁。

③避免毫无主见、毫无目标、毫无计划与打算。

④切忌只为个人着想，只顾个人利益；切忌金钱至上。要巧妙地将个人利益与单位利益有机地结合起来。

（4）糟糕表现：

①我未来 3～5 年内的打算就是当个部门经理或公司总裁。

（那现任部门经理、总裁岂不都要下岗？你想搞"政变"吗？那岂不是作茧自缚，给自己招了一个竞争对手或拆台的，搬起石头砸自己的脚吗？）

②未来 3～5 年内，我只是想多赚点钱，买套房子，找个好老婆（老公）成个家。如果能买部小车更好。

（你未免过于自私吧？可一点都没有把单位放在心上啊！真令人失望！）

③我想考研、读博或出国，或者跳槽。

（原来你早就想飞啊！咱干吗要你？岂不是为别人做嫁衣裳！那岂不是愚蠢之极、得不偿失吗？）

④咱尚未想好，还是走一步看一步吧！

（看来你是一个没有计划的人，也许还是个做一天和尚撞一天钟、得过且过的人，至于是否聘用你，看来咱还得考虑考虑、斟酌斟酌啊！）

（5）回答参考：

①首先，我完全相信，我的选择是非常正确的！我衷心希望我能永远留在贵公司工作。因此，我也希望我能尽快进入角色，融入到贵公司大家庭之中。我定将爱岗敬业，尽心尽力，扎扎实实做好本职工作。至于今后 3 ~ 5 年如何打算，我想，应在踏踏实实做好本职工作的前提下，根据本人的能力和表现，根据贵单位的发展情况和工作需要，安排到合适的岗位，既能为贵单位做出更多有益的工作，创造更多的效益，又能为本人提供更大的发展空间。

②单位为员工铺设的成功之路在不断变化，人们也应该做出与事物相适应的变化。关键是要寻找能发挥自己才能的工作，一旦找到，我会全心全意地为单位工作。我相信，只要努力付出，事业定会有所成就。

③我非常珍惜一个能提供长期发展机会的单位。因此，我十分珍惜相对稳定的工作。我的各种经验是一种财富。我可以把它们用于未来 3 ~ 5 年的工作中去。

五、如何向面试官提问

众多用人单位面试官在向你提完问题后，往往会征询你的意见：你有何问题要提吗？还有什么不明白吗？这时，你就要把握这一机会，巧妙地向面试官提问。这也是你变被动为主动、反戈一击、进一步了解应聘单位相关情况的大好机会，一定要好好珍惜，千万不要错过。那么，应聘者应如何向面试官提问？在提问时要注意些什么？

1. 向面试官提问的原则及应注意之处

（1）讲究礼貌，注意方法，摆正位置。不要把自己当成一名考官去审问面试官，要用虚心的、求教的语气去向面试官提问。

（2）不要刨根究底。连珠炮似的频频向面试官发起攻击，令其猝不及防，招架不住，表面上你取得了胜利，自鸣得意，而实际上，面试官可能就此宣判了你的"死刑"。

（3）不要对个人利益关注太多、提问太多，否则，会引起面试官反感。如个人薪水、福利、职位等敏感问题，要谨慎、巧妙，不要让人反感。

（4）提问一般以 2 ~ 3 个问题为宜。要适可而止，不要问太多问题，要恰到好处。

（5）要多表现出对应聘单位的关注之心。

2. 提问参考

（1）请问贵单位的性质是什么？（民营、国有、合资、外资、集体等）主要业务是什么？经营范围有哪些？

（2）请问贵单位3~5年的规划是什么？长远目标又是什么？

（3）请问贵单位在本行业中处于什么样的位置？

（4）请问贵单位与同行业其他单位相比有何不同之处（有何特色）？有何优势？

（5）请问贵单位有无具体的员工培训计划？刚毕业的大学生有接受培训的计划吗？培训的方式、内容与时间有哪些？

（6）请问贵单位对员工有哪些激励机制？升迁与奖励制度怎样？

（7）如果本人有幸到贵单位去工作，请问工作怎样安排？什么岗位？具体分工是什么？

（8）请问贵单位员工待遇怎样？如工资、补贴、奖金、住房等情况怎样？有养老保险、医疗保险、失业保险吗？如果有，何时能办好？

（9）请问如到贵单位工作，带编制吗？（或有国家计划的用人指标吗？）能解决户口问题吗？如果能，一般怎么解决？是依靠人才市场吗？如果挂靠人才市场，费用怎么解决（是单位出还是由本人出）？

（10）请问可以打电话、发 E – mail 或发短信给您吗？可以去拜访您吗？您的联系方式是什么？办公地点、住址在哪里？可以告诉我吗？

第七节　成功的工作面试

要成功地获得一份工作，需要一次或几次的雇用面试。筛选型面试通过电话进行，尤其对于那些需要电话技巧的客户服务职位。大部分面试都是单独进行的，每次被一位人士面试仍然是标准的做法。当然，许多机构也会采用团体面试的形式，应聘者同时与几位将来工作的同事一起会谈。团体面试经常会在一个轻松的环境下进行，如餐厅或者公司自助餐厅。应聘者可能意识不到与这群人的会面实际上是一次面试，他/她正在接受审查。

除了团体面试之外，面试者经常需要经历一系列的面试程序，以便聘方可以对他/她的资格进行深入了解。几个面试官可能会针对关键领域提出同样的问题，如你在压力下能不能把工作做好，这样就可以从多方面获得观察。在系列大面试中，如果能注意在每位面试官面前都保持一致的言论会有好处。留意细节也很关键，每次面试结束后，最好都表示一下个人的感谢。

招聘面试的另一个重要发展是行为面试，应聘者会被问到以往他/她是如何处理某个特定问题的。行为面试的问题包括："请讲一个你无法按时完成工作的经历。""请告诉我如果遇到顾客发脾气，你都是怎么处理的？问题出在哪里？结果如何？"

要成为一名有技巧的面试者需要练习。求职过程就是练习的过程。此外，你还可以与朋友或其他同学一起模拟面试。

把面试演练的情况摄录下来也是很有帮助的一个方法，因为这样可以给你提供反馈，告诉你自己表现得如何。在观看录像回放时，尤其要注意你的口头表达和非言语沟通的技巧，然后做出必要的调整。

在工作面试中，获得出色表现的一条一般性建议是，展示自己积极的但真实的一面。如果你确实适合这个工作，那么，在工作中你也会有很多表现的机会。但是，如果你本身缺乏足够的资历，而靠耍花招让雇主雇用了你，无论你从事什么职业，都会产生挫败感。下面是工作面试中涉及的一些关键问题，请你牢记在心：

首先，熟悉关于自己背景的所有细节，包括你的工作履历。面试时带上你的身份证、驾驶证、简历和证明人的联系方式。在心中准备好如何阐述你的特点——你与其他应聘者的不同之处。有时这种特点不一定要与工作有关，如获得过花样滑冰的冠军。

其次，正如前文中所讲到的，对你将来的雇主有所了解很重要。年报，公司宣传册、报纸和杂志上的相关文章可以提供一些有用的信息，还可以在网络上搜索，包括 www. hoover. com （对于商业机构的信息而言）等，都可以迅速获得雇主的相关信息：与一两名在职员工的简单谈话，也可能对公司有一些基本了解。

1. 应聘者经常被问到的几个问题

大部分招聘面试中遇到的问题，其基本内容和类型与下面几个问题相类似。你可以在朋友、摄像机或镜子面前，练习如何回答这些问题。

（1）你为什么要申请这份工作？

（2）介绍介绍你自己。

（3）你的短期和长期目标分别是什么？

（4）你获得过哪些成就？

（5）你的优势是什么？哪些方面方面还需要改进？

（6）你如何解决问题？

（7）其他人如何描述你？

（8）你为什么要从事现在这个职业？

（9）是什么让你觉得你可以在事业上获得成功？

（10）我们为什么要雇用你？

（11）讲一下你在压力下如何很好地完成工作。

（12）你工作中最大的成就是什么？

（13）你对我们公司有什么了解？

（14）工作中有这样一个难题……你会如何处理？

2. 衣着恰当

许多人会强调，面试时一定要穿得很漂亮，这导致很多人打扮得过了火。很多人看上去不像是个办事员，倒像是来参加婚礼或葬礼的。对于大部分职位来说，最保险的策略是穿一身稍显传统的职业装。另一条重要原则是，看你将来的雇主穿什么样的衣服，你就怎样装扮。如果给你面试的那位雇主，平日就在办公室里穿着运动衫，那你也可以穿得随便一些。面试穿着的标准正慢慢转向前些年的更为正式的服装，然而，你随意的服装也不会完全遭到拒绝。不过需要谨慎一些的是不要穿着球鞋去参加面试。

3. 关注重要的工作因素

没有经验的应聘者经常会问一些不存在争议的问题，如带薪假期、福利和公司组织社团活动等。所有这些问题可能对你很重要，但也要在处理了基本问题——工作任务——之后再考虑它们。这样你会给人一个很专业的印象。

4. 准备好坦率地讨论你的优势和不足

几乎所有的人力资源面试官和招聘经理都会让你说说自己的优势和发展需要（或者不足）。每个人都有在某些方面需要改进的空间。否认这一点只会让你显得缺乏悟性或者防御心太重。不过你可能不愿意暴露那些与工作无关的问题，如反复发作的梦魇，或者害怕蜘蛛等。一种不明显的逃避方法是强调那些也可以理解为优势的地方，作为你要改进的方向。例如，"我太缺乏耐心了，受不了那些做事拖拉的人。"

5. 不要批评以前的雇主

为了证明需要获得一个新的职位，或者说明为什么离开过去的工作，应聘者经常会对以前的雇主出口不逊。攻击雇主只会让你显得不够专业。而且，这表明你也很容易挑其他雇主的毛病。采取积极的方式，简要解释一下问题的所在，如你工作上的变动，令你失去了发挥技术的机会等。

6. 提一些好问题

一名聪明的面试者会在面试中提出一些好问题。一位招聘专家曾经说过："面试中最能打动人的方法就是提出一些聪明的问题。"这里有两个问题值得考虑：

（1）如果我被雇用，我实际要做的工作有哪些？

（2）对于这份工作，我需要完成什么才算是表现出色？

7. 让面试官介绍薪酬方面的事宜

面试官经常会明确地谈到你的起薪和福利，然后，留有空间允许你提问。如果被问到你可以接受的起薪是多少时，你最好提一个现实的薪酬范围——一个令你不太失望也不会欣喜若狂的范围。仔细研究一下，如在网络上查查薪酬数额（例如，www. salary. com）或者询问招聘办公室，都会帮你明确一个实际的薪酬范围。如果面试官没有提到薪酬，到了面试最后，你可以提出这个问题。例如，"顺便问一句，这个职位的起薪是多少呢？"

8. 保持微笑并且展现积极态度

面试中能保持微笑的人更容易获得工作。用其他方式表达积极的态度也很重要，如对面试官的言语表示赞同、对公司的现状表示关注。如果你想得到这份工作，在面试总结时，解释为什么你认为你的资历符合工作要求。例如，"我认为，这份工作需要那些真正热爱客户服务的人士，而我就是这样的。我喜欢关照客户。"而且，微笑还可以帮助你放松。

9. 强调你的技能如何能令雇主获益

获得工作的一种有效策略，是向你未来的雇主解释你为什么会认为自己可以帮助公司。找机会做技能—效益陈述，也就是简要地解释你的技能如何能令公司获益。准备这些技能—效益陈述需要认真地自我审视。有必要通过练习使陈述更加流畅、自信而不显得虚华、夸张。如果你在某家公司申请促销专员的岗位，并且知道这家公司在正确的客户促销方面存在问题，那么，你可以这样给出技能—效益陈述："这里我可以使用我在建立促销系统方面的技能和经验，帮助公司开发尽可能少出错的促销系统。"

另一个展示你技能的方法是把雇主目前的困难与你过去成功解决过的问题联系起来。还是促销系统的例子，你可以陈述，你过去的雇主就曾遇到过促销问题，然后解释你是如何帮他解决这个问题的。

10. 避免表现出绝望

长期求职的过程——特别是超过六个月之后——会令许多求职者心急如焚。一旦绝望的情绪表现出来就会给人一个不好的屯象，这个印象很容易导致再次被拒绝。一位猎头公司的总裁，提到了求职者绝望表现的五种信号：

（1）你开始考虑接受一个比你过去工作薪酬低很多（如50%）的职位（或者你愿意接受行业平均水平以下的起薪）。

（2）你开始申请那些你知道会令你痛苦的工作，因为报酬还可以，你觉得你可能可以应付。

（3）当被问及你喜欢从事哪类工作时，你回答"什么都行"。

（4）你每天都给招聘代理或安置办公室打电话，尽管他们已经告诉你要两个星期之后才会有结果。

（5）当招聘广告上说，你可以通过邮寄、传真或电子邮件的方式投放简历时，你三种方式统统都做了。

如果你在自己身上发现了这些信号，那么，你就要努力表现得乐观起来。与朋友一起进行角色扮演会有所帮助，直到他/她认为你说话有底气了。

11. 坚持到底

如果你觉得申请这份工作有问题，一定要坚持。可以这样陈述，"我真的对此很感兴趣。请问下一个阶段我要做什么？""我还可以给你提供其他额外的信息，以便于你们全面地评价我。"询问工作一部分就是为了坚持到底。面试之后三个工作日之内，写一封追踪信或者电子邮件。注意，在第一封追踪信寄出 10 天之后，再寄出第二封。即使你决定不接受这份工作，建议你也要写一封简短的感谢信。在将来你还有可能与这家公司联系。追踪信的样例：

追踪信示范样例

尊敬的 Bertrand 经理：

感谢您最近给我机会，能与您和 Ralph Alexander 先生商讨应聘客户服务经理助理的职位，并感受到你们的工作多么辛苦而富有成效。

成为你们分销公司的一位服务经理助理，需要承担大量的职责，对此我深有感触。这份工作听上去令人激动，我愿意成为您们的一分子，与公司共同成长。我知道这个工作很辛苦，工作时间很长，但这种挑战正是我盼望已久并有能力应对的。

我认为，我的背景对于这个职位相当合适，不过您或许更喜欢一名对管理服务部门有直接经验的人选。因为汽车修理和服务业是我的钟爱，我想我会成为一名快速的学习者。你提到大概还需要两周左右的时间去面试其他应聘者。

请您考虑给我一个工作机会，我还可以在 7 月 1 日开始正式工作。

敬礼！

Rita Mae Jenkins

第五章 求职择业公关礼仪

第一节 公关礼仪概述

礼仪是人类文明和社会进步的重要标志，也是现代人必备的基本素质，是人们在社会交往活动中约定俗成的一种敬重他人、美化自身的行为规范、准则及程序。

公关礼仪是社会组织的公关关系工作人员或其他人员在公关活动中，为了塑造个人和组织的良好形象而应当遵循的尊重他人，讲究礼节，注重仪表、仪式等的规范和程序。

一、公关礼仪的起源

1. 公关礼仪源于传统礼仪的母体

传统礼仪是传统人际交往智慧的产物和实践经验的总结。一方面，中国传统礼仪的许多礼仪思想和观念，如"礼之用，和为贵"，"礼尚往来"，"来而不往，非礼也"，"尊人尊己"，只要经过现代诠释和批判性继承，完全可以化为公关礼仪的思想和观念；另一方面，中国传统礼仪中许多生动感人的礼仪范例和故事，如"将相和"、"三顾茅庐"等，也是现代公关礼仪可以借鉴的样本和可用资源。

2. 公关礼仪同社会经济的发展密切相关

在社会经济高度发展的今天，人际交往更加复杂，呈现多元发展、多维辐射、多极化的态势，公关活动和公关工作正式开展，为公关礼仪的形成准备了条件。公关礼仪是开展公关工作的润滑剂，是社会公关活动的一部分。

3. 公关礼仪是公民身份意识、开放意识的产物

礼仪是人的礼仪，同人的素质、行为和思想意识密切相关。只有当人树立起了权利与义务相统一的公民身份意识和积极参与社会生活的开放意识时，才可能

产生民主、平等、自由、和谐的公关礼仪。公关礼仪是公民人格和尊严高扬的产物。

二、公关礼仪的本质

公关礼仪本质上是公关实务活动的一部分，是组织或个人形象的一种宣传形式，是建立在民主、平等、互助、协作基础上的现代礼仪。公关礼仪人员，既有接受公关礼仪反馈和引导、培育公关礼仪向善美发展的义务，又不能斤斤计较别人对自己的礼仪，更不能以之决定自己的礼仪态度和礼仪倾向性；要以自强不息之道律己，以厚德载物之道待人，只有这样，才能使公关活动产生"化干戈为玉帛，变腐朽为神奇"的妙用。公关礼仪应致力于组织或个人美好形象的构建，自觉调整个人的审美爱好。

三、公关礼仪的基本原则

礼仪的基本原则就是让其他人在当你在场时感到舒服、受到照顾，并且确保没有人感到不安。另外，对所有人保持热情，牢记所有人都值得我们尊重。

1. 尊重原则

尊重与敬意是礼仪的情感基础。人是有理性的本体存在，其本身就具有绝对的价值。所以公关礼仪把尊重原则作为自己的第一原则和最根本的原则，并认为是其他一切原则的前提和基础。

贯彻尊重原则，必须把尊重公众、尊重组织和尊重自己相统一，而居于首位的是尊重人的人格。人格是一个人所应具有的多项重要的和相当稳定的心理特征的总和，通常指人的尊严、价值和品格。因此，不仅个人应当自尊自信、锻铸和捍卫自己的人格尊严，而且不得蔑视或污辱他人的人格。蔑视或污辱他人人格是极不礼貌和不道德的。人的天性的至深本质或本原本质就是渴望人的人格能得到应有的尊重。

尊重公众和他人，包含尊重他们的个性爱好和性格特质，做到不强人所难，不把自己的意志和愿望强加于人。

尊重人也包含尊重人的人身自由及其他各项权利，包括尊重人的隐私权。尊重人还应学会肯定人、欣赏人和赞美人。公众活动中，专挑别人的毛病，是一种自大狂妄的表现；注意发现并时刻赞美别人的优点，是谦虚、谨慎美德的自然流露。

2. 诚信原则

诚即诚实、诚笃、真诚、诚恳，指待人的真实不欺和说话客观公正；信即信用、信任、信实，指人说话算数，言行一致。诚与信结合，要求人们在待人接物过程中真实诚笃、信守诺言、讲究信誉、实事求是。

一般礼仪和公关礼仪都需要遵循诚信的原则。缺乏诚信的礼仪只是矫揉造作的客套或周旋逢迎的虚情假意。

诚信原则要求公关人员在交往伊始就要真心诚意，对交往对方以诚相待。交往的实质是人与人之间的沟通，只有诚而有信，才能得到对方的理解和信任，获得交往的成功。所以，真诚待人是成功交往的核心，是与人建立友谊和深厚情感的基础。

总之，诚乃立身之本，信乃待人之道。公关礼仪应当始终遵循诚信的原则，牢固树立诚信的观念，并以此统率外在的举手投足、接物应对。

3. 宽容原则

宽即宽待，容即相容。宽容是待人的一般原则，也是公关礼仪所必须遵循的基本原则。宽容原则，就是既要严于律己，更要宽以待人；在人际纷争的问题上保持豁达大度的品格或态度，善解人意，容忍和体谅他人，而不求全责备，过分苛求；对那些与自己意见相左并反对过自己的人也能以礼相待，求大同存小异。

公关的重心是转化公众态度，使其向着有利于组织或个人的方向发展变化，要求通过具体的公关活动和礼仪缩小组织或个人与对方之间的距离，化解对方对组织或个人的敌意、偏见与冷漠，以赢得更多的朋友，而要做到这一点，就需要宽容。真正的公关礼仪总是同宽厚、宽宏、宽待等精神联系在一起的。须知，公关交往中的障碍只有靠宽容精神才能跨越。所以，公关礼仪人员应对宽容的原则一以贯之，以宽大之心善待交往对方。

4. 平等原则

把礼仪建立在平等基础之上，并将平等作为自己的基本原则，是公关礼仪不同于传统礼仪的根本之点。公关礼仪的平等原则，常常表现为道德和人格的平等。它要求对一切人一视同仁，尊重人的价值和尊严，而不管他在现实社会中所处的地位如何。也就是不厚此薄彼，对新朋、老友，都给予同等的礼遇，既不因对方地位显赫而曲意谄媚，也不因对方地位低下而冷漠忽视，始终做到不卑不亢，礼貌待人。

除以上原则外，互惠、适度等也应是公关礼仪的重要原则。但互惠、适度又与平等、尊重等不可分割地联系在一起，故可将它们视为上述四个原则的应有之意。

四、大学生讲究公关礼仪的重要意义

公关礼仪不同于一般的礼节、礼貌。它是一种有直接的、明确的目的，经过周密计划和科学组织的公共关系活动的有机组成部分，是组织或个人形象的一种宣传形式，大学毕业生为了更好地向用人单位推荐自己，讲究公关礼仪具有十分重要的意义。

1. 有助于大学生培养和提高个人素质与修养

公关礼仪是大学生的文化素质和文明修养的外在表现。在公共场合中，遵守和应用公关礼仪，是对大学生的基本要求，是求职取得成功的重要因素之一。一方面公关礼仪作为一种社会行为的标准和规范而出现，渗透于人们的社会生活，指导着人们的行为活动，客观上它要求大学生将自己的行为纳入该规范，并用来约束自己。另一方面，在求职活动中，大学生是否注重礼仪也是衡量其素质与修养的尺度之一。大学生要想塑造自己的最佳形象，赢得他人的尊重与好感，就必须讲究礼仪、注重礼仪。

2. 有助于大学生树立良好形象，建立融洽的人际关系

公关礼仪的目的非常直接、明确，其核心是塑造良好的个人形象。所谓形象，就是双方在对方心目中所形成的一种综合化、系统化的印象。它的形成大多是通过礼仪传递的，并直接影响到交往双方关系的和谐与否和交际的成败。公关礼仪在规范人际交往，协调人际关系，增进相互沟通、相互理解等方面起着非同寻常的作用。

3. 有助于找到自己理想的工作单位

大学生在求职时讲究公关礼仪往往能取得意想不到的效果。用人单位考察一个毕业生往往要进行面试，大学生是否掌握得体的公关礼仪往往是面试的重要内容之一。有些大学生尽管学习成绩优秀，动手实践能力和工作能力也都很强，但往往不能给用人单位留下好的印象，而那些懂得公关礼仪的同学虽然成绩不太理想，却经常能给用人单位留下好的印象。大学生在掌握扎实的专业知识和技能的同时，再具备良好的综合素质和公关礼仪知识，是很容易找到自己理想的就业岗位的。

五、大学生求职过程中应着重掌握的几种公关礼仪

公关礼仪涉及的面非常广泛，公关礼仪包括个人礼仪、社交礼仪、服务礼仪、商务礼仪、公务礼仪、涉外礼仪、习俗礼仪等很多方面。大学生求职实际上是个人的一项公关活动，其主要目的是求职取得成功，大学生求职的时间和精力相对有限，求职的成本也是有限的，要求大学生在求职时全部掌握这些礼仪是不可能的，也是不现实的。那么，大学生求职过程中，应侧重掌握的公关礼仪是哪些呢？明确地说，必要的个人礼仪和一些基本的社交礼仪是大学生掌握的重点。

个人礼仪是指个人在公关活动中的各项行为规范和具体标准，主要包括个人形象礼仪、个人言谈礼仪、个人服饰礼仪等。端庄的仪表、得体的语言、优雅的举止、良好的心理素质是公关礼仪人员塑造自身形象、建立成功公共关系的必要

条件。

社交礼仪是人们在社会交往活动中所表现的敬重、敬意、亲善和友好的行为准则和交往规范。大学生求职择业也是社交活动之一，要想获得社交成功，必须要讲究社交礼仪。社交礼仪包括介绍礼仪、握手礼仪、交谈礼仪等等。

以下主要介绍大学毕业生求职经常用到的一些基本的公关礼仪。

第二节　形象礼仪

一、仪容

一个人的仪容，大体上受到两个因素的影响。其一，是本人的先天条件，二是本人的修饰维护。所以，我们在平时必须时刻不忘对自己的仪容进行修饰和整理，做到"内正其心，外正其容"。

仪容通常是指人的外观、外貌，是个人形象礼仪的重要组成部分之一，由发式、面容和人体所有未被遮盖的肌肤等内容构成。

大学生在求职的过程中，自己美的仪容会引起交往对象的特别关注，给用人单位留下良好的印象，还将影响到对方对自己的整体评价。仪容整洁美观，体现了一个人的自重自爱，也包含了对社会对他人的尊重。大学生个人仪容的基本要求是：做到个人仪容的自然美、修饰美和内在美的有机统一。具体从以下几个方面做起：

1. 发式

美观、整洁、大方、方便生活与工作是个人礼仪对发式的基本要求。发式要与自己的脸型、肤色、体型、年龄、服饰相匹配，与自己的气质、职业、身份、环境相吻合。通过对不同发式的选择，可以充分展现自己美的部分，给人留下整体美的印象。

选择大方、端庄、高雅的发式，以展示大学生庄重、典雅、利落、干练的风貌。一般圆脸型、身材矮小的人，发型应以秀气、精致的短发为好；长脸型、高大身材的人，发型应以简洁流畅的直发为好。修饰头发，应注意勤于梳洗，做好日常护理。

2. 面容

人的面容又称脸面，是人体暴露在外时间最长的部位，包括上至额头，下至下巴的部分，是仪容中最为注目，也是最为动人之处。因此，必须对面容进行修饰，勤于洗脸，干净清爽。男士应养成每天修面剃须的良好习惯，女士面容的美

化主要采取美容与化妆两种方法。

（1）整体要求容貌端庄，修饰洁净、得体、自然。大学生容貌端庄能给用人单位留下良好的印象。注意面部清洁，做到面部无灰尘、无污垢、无汗迹、无分泌物、无杂质。在面部修饰和化妆时，既要讲究美观、大方，也要符合角色要求。

（2）应注意局部修饰：眼睛保持清洁，及时清除眼部分泌物。一般不宜戴太阳镜。女性眉毛应形态优美。注意保持鼻腔清洁，不要让异物堵塞鼻孔，或是让鼻涕到处流淌；不要随意翕鼻子、擦鼻涕、挖鼻孔，及时修剪鼻毛，不能当众用手去拔。在洗澡、洗头、洗脸时，清洗耳朵，必要之时还要清洗耳孔之中不洁的分泌物。保持牙齿洁白、口腔无异味，忌食烟、酒、葱、蒜、韭菜、腐乳之类气味刺鼻的物品。

3. 化妆

化妆是修饰仪容的一种方法，它是指采用化妆品按一定技巧对自己进行修饰、装扮，以使自己的容貌变得更加靓丽。适度得体的美容化妆可以使一张平凡的面孔容光焕发、光彩照人。化妆既显示出一个人对生活的热爱和对美的追求，也是交际礼仪的要求。进入正式场合，尤其是涉外活动，女士应适度化妆，否则将被视为无礼。

化妆要遵循扬长避短、自然真实和整体结合的原则。扬长避短即要注意突出自己的优点而掩盖弥补自己的不足，达到隐丑显美的目的；自然真实就是说化妆以后以看起来容光焕发而又不露修饰痕迹为最理想；整体结合是说化妆不仅要使面容美，同时要考虑与衣着、发型、年龄、身份及所处场合相和谐。

化妆要浓淡相宜，不要在众目睽睽之下化妆，不要借用他人的化妆品，否则都是非常失礼的。

二、仪表

仪表是指人的外表。包括人的容貌、服饰、姿态、风度等方面。仪表是一个人的精神面貌和内在素质的外在表现。仪表在求职的最初阶段，最能引起对方的注意。随着社会文明程度的提高，追求仪表美成为人们的一种共识。人们通常用仪表端庄、容貌俊秀等来赞扬一个人的仪表美。

仪表是一个人的精神面貌、内在气质的外在表现，对仪表美的要求就应当是容貌端正、举止大方、行为端庄、遇事稳重、态度诚恳、待人亲切、服饰整洁、打扮得体、不卑不亢、彬彬有礼。具体要求可以概括为以下几点：

1. 仪表美必须是内在美与外在美的和谐统一

要有美的仪表，必须从提高个人的内在素质入手。如果没有文明礼貌、文化修养、知识才能这些内在素质作基础，那么所有外在的容貌、服饰、打扮、举止，都会让人感到矫揉造作，而不会产生美感。

2. 强调整体效果

仪表美应当是整体的美，强调的是整体形象效果。虽然光润的皮肤、端正的五官令人赞叹，修长的身材、优美的线条让人羡慕，时髦的服装、精美的饰品更使人增加几分姿色，但仪表美绝不仅仅限于此。某一局部的美不等于是仪表美，而且过分突出某一局部的美，会使美变得支离破碎，破坏了整体的和谐。若是追求面面俱到的美，也会使美失去平衡。若是不顾自己的特点去模仿别人难免会俗不可耐，有"东施效颦"之嫌。美是风格，美是和谐，美是设计，仪表美应当是一种独具匠心的和谐的整体美。

3. 讲究个人卫生

仪表美还必须讲究个人卫生，在与人交往时必须注意外表的修整与清洁。具体应做到勤洗澡、勤换衣服，男士要经常修面，女士要巧妙地使用化妆品；保持皮肤的清洁、光滑；保持口腔卫生，养成刷牙的好习惯，防止口臭；工作前一般不要食用葱、蒜等有刺激性气味的食物；在工作时间不要浓妆艳抹和佩戴华贵的饰物，不应在众人面前炫耀自己；头发要勤梳洗，发型要大方得体，指甲要经常修剪，保持手的清洁。

三、仪态

仪态也称体态，指人在行为中的姿势和风度，包括站姿、坐姿、手势、表情等所有的行为举止仪态，这些在社交活动中有着特殊的作用。通过一个人的仪态可以判断其品格、学识、能力以及其他方面的修养程度。仪态是一种"无声的语言"，往往比有声语言更有魅力；仪态是一种无形的"名片"。优美的仪态要求站有站相，坐有坐相，言谈举止稳重、落落大方、彬彬有礼。

第三节　服饰礼仪

"服饰是最生动的自我介绍"，因为服饰是一个人的教育、修养和情趣的外在表现。穿着是一门艺术，懂得这门艺术的人，会根据不同的场合选择适时、合体的服装，充分展现自己的个性特征、风度、气质，显示出高雅的审美情趣。俗话说"动人春色不需多"，大文学家莎士比亚曾说："如果我们沉默不语，我们的衣裳与体态，也会泄露我们过去的经历。"有时，一条头巾、一朵胸花、一根腰带，便能起到画龙点睛的效果。服饰得体是一种礼貌，相反，穿着不得体，尽管服装质地优良、款式时新，也会显得不伦不类，既损害自己的社交形象，也是对别人

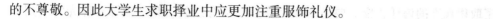

的不尊敬。因此大学生求职择业中应更加注重服饰礼仪。

一、服饰得体的基本要求

服饰是文化的产物。俗话说："穿衣戴帽，各有所好。"此话固然不错，但正是这各有所好中，体现出一个人的文化修养和审美情趣。在各种场合穿戴得体的人，不仅能受到别人欢迎，也能不断提高自己的生活信心，充分享受生活的乐趣。一般说来，在穿着方面，我们应注意以下几点：

1. 穿着要符合自己的年龄特征

"爱美之心，人皆有之。"不管是年轻人，还是老年人，都有打扮自己的权利，但不同年龄的人有不同的穿着要求。中国古代习俗中男子20岁时行冠礼，要改服装，戴冠帽，与少年时代告别。随着年龄的增长，在服装样式、色彩、质料等方面都会产生不同的要求，现代的童装、学生装、青年装、老年装正是保持了这种服饰习俗。比方说，一套深色中山装，穿在中老年人身上，会显得成熟稳重，穿在年轻的小伙子身上便有点老气横秋。女性修饰自己时，尤其要考虑到自己的年龄，是否已婚，是否有子女。少女如果装扮成少妇，是不妥的，少妇如果装扮成少女，常常会使人感到轻浮。在运用脂粉、唇膏、发型和衣着时尤其要注意，着装的场合、时间，以及着装对象的职业，尽量做到协调、统一。

2. 穿着要和形体条件相协调

得体的修饰可以充分展现自己的长处，也能掩饰自己的弱点，不得体的修饰会夸张自己的缺陷。不同的人，身材有高矮，体型有胖瘦，肤色有深浅，穿着理当因人而异，扬长避短。

比如说，胖子穿粗横条衣服更显臃肿，穿细横条衣服则可稍显清秀；脖子短的人穿高领衣会使脖子显得更短，而穿低领或无领衣则可使脖子显得稍长；肤色较深的人穿冷色服装，会获得健美的色彩效果，肤色较白的人穿暖色服装，更能显出皮肤的细洁柔嫩。

3. 穿着要和性别特点相协调

男性的服饰主要表现出一种阳刚之气，女性的服饰则体现出一种阴柔之美。至于服装潮流中的男装女性化和女装男性化，这种服装只适合于休闲，在正式场合穿是不合适的。所以，我们平常着装时要注意，女性穿出漂亮的风采，男性穿出潇洒的气度，尽量不要男穿女装或女穿男装。

4. 穿着要和职业协调

穿衣戴帽，要和职业相协调。比如教师，他们在学校中的一言一行，都具有为人师表的作用，为了给学生留下良好的印象，一般不宜打扮得过于妖艳。尤其是在进课堂时，更不宜穿着怪异的款式，以免分散学生的注意力。又如医生，为了取得病人的信任，穿着要力求显得稳重和富有经验。穿红戴绿、珠光宝气则容易给人留下轻浮和肤浅的印象，这于治疗是不利的。至于还在求学的青少年学生，穿着应注意整洁大方，而不宜过分地成人化。

5. 穿着要与环境气氛相协调

俗话说"到什么山上唱什么歌"，穿着打扮也是如此。在乡村要打扮得朴素一点，穿着太讲究会让人望而却步，产生一种隔阂感、排斥感；在城市则可穿得时髦一点，太朴素则会让人觉得保守、落后甚至土气；如果出入大宾馆，则不妨尽可能地打扮得高雅一些，穿着太随便会与周围环境产生强烈的反差与不协调。另外，在喜庆场合不宜穿得太呆板，在正式场合不能穿得太随便，在悲伤场合不能穿得太刺目。平日居家，当然可以放松一点。但若有客人来访，应请客稍坐，自己立即换上服装或鞋袜。如果只穿内衣、短裤或睡衣、拖鞋就接待客人，那是失礼的。

6. 穿着要配套

一套完整的服饰，包括身上的衣服、裤子（上、下衣），脚下的鞋袜，头上的帽子以及一些装饰品。如果打扮不配套，就会显得不伦不类。大学生求职时大多数男士喜欢着西装，我们就以男士西装为例，来谈谈穿着的配套问题。

西装是一种国际性服装。一套得体的西装可以使穿着者显得潇洒、精神、风度翩翩。怎样穿西装才能配套呢？

（1）要配好衬衫。衬衫的领子要挺括，衬衫的下摆要塞在裤子里，衬衫衣袖要长于西装上装的衣袖，以显出穿着层次。

（2）内衣要单薄。衬衫里面一般不要穿棉毛衫，如果穿的话，不宜把领圈和袖口露在外面。如果天气较冷，衬衫外面可以穿羊毛衫，但以一件为宜，不要一件又一件，过于臃肿，以致破坏西装的线条美。

（3）凡是正规场合穿西装都应系领带。领带的色彩、图纹，可以根据西装的色彩配置，以达到相映生辉的效果。领带的长度，以盖住皮带扣为宜。穿羊毛衫时，领带应放在羊毛衫内，系领带时，衬衫的第一纽扣要扣好。领带夹一般夹在第四至第五个纽扣之间。

（4）穿西装一定要穿皮鞋，而不能穿旅游鞋、轻便鞋或布鞋，否则会令人发笑的。皮鞋要上油擦亮，不能落满灰尘。

（5）西装在穿着时可以敞开，也可以扣第一粒纽扣（即"风度扣"）。两粒纽扣都扣上是不合穿着规范的。西装的袖口和裤边都不能卷起。

（6）西装的衣袋和裤袋里，不宜放太多的东西，以免显得鼓鼓囊囊的。把两手随意插在衣袋和裤袋里，也是有失风度的。

总之，着装打扮的基本要求是：得体、合适、合度、有新意、有个性、整洁卫生。所谓得体，是指要根据个人的条件，去选择最合适的服装。所谓合适，是指要分场合、分地点、分情境、分季节穿衣。所谓合度，是指穿衣也要掌握分寸，恰到好处，显出你的审美观和涵养。

目前，国际上公认的 TPO 着装原则，也值得我们借鉴和遵循。

T：Time，指时间，通常也用来表示日期、季节、时代。在不同的时代、不同的季节、不同的日期（如节假日）穿不同的服装。

P：Place，代表地方、场所、位置、职位。位置不同，身份不同，所处的场所或地方不同，着装应有所不同。

O：Object，代表目标、对象。服饰是一种有特殊意义的交际语言，能传达特定的信息。服饰语言不仅表现自我形象，而且也是一种文化价值的显现。在涉外交往中，成为一个民族的生活方式和精神面貌的折射，因此，要根据不同的交际目标，以及具体交际对象的需要，选用不同的服装。

例如：英国女王伊丽莎白二世访问中国期间，走出舱门第一个亮相，穿的是正黄色西服套裙，戴正黄色帽子。这位女王本人喜欢红色和天蓝色，很少穿黄色衣服，但在中国几千年的历史上黄色是皇帝的专用色。女王来中国访问穿正黄色，既表示尊重中国的传统习俗，又显示了她作为一国君主的高贵身份。

二、大学生求职中的服饰礼仪要求

服饰是一种无声的语言，好的印象，能增强择业的效果。因此，大学生在求职面试时，要包装好自己的形象，让自己显得更有魄力，更具备职业素质。那么，大学生求职时有哪些服饰礼仪要求呢？

1. 要明确形象包装的目的是为了寻求理想的职业，为了实现早日就业。

2. 着装要庄重、朴实、得体。

着装应庄重、朴实、得体，对于在校学生来说，不一定要穿什么时装、名牌，但一定要干净整洁。一般来说，男生的穿着不求华丽、鲜艳，衣着不宜有过多的色彩变化，大致以不超过三色为首要原则，求职面试时须穿西装打领带，衣服上下烫得平直，头发梳理整齐，鞋子以穿黑色或深棕色皮革为宜。

女生着装比男士有更大的随意性和更多的变化，一般来说须穿得端庄大方，衣着合体以图留下精明干练、态度认真、工作勤奋的形象。女生面试时应以典雅大方的套装为宜，中性色彩、大方的样式非常讨巧，选择套裙要注意鞋袜与衣裙的协调。同时着装应考虑不同职位的要求。

不同职业，对本职业的劳动者的气质、着装有特定要求，在得体的前提下适当注意时尚，而应聘文秘、财会职位就应与时尚拉开适当的距离。某高校女大学生欲去航空公司面试，因其习惯穿牛仔、T恤等休闲服装，面试时她依然穿着她喜欢的牛仔服、旅游鞋去应聘，结果当她一走进面试现场，立刻感到自己与周围的环境格格不入，原来所有的应聘者和考官们都身着得体的职业服装，发型干净整洁，身材挺拔，顿时所有的自信都烟消云散，脑内一片空白，更无法从容地应对面试提问了，结果只好失望而归。反之，某高校一工科大学生欲去某大型企业（钢厂）去面试专业技术人员。面试时他精心地打扮自己，西装革履，风度翩翩，一走进面试考场，面试官问："同学，请问你是来应聘什么岗位？"学生答："车间技术人员。"面试官答："好的，你可以回去了"。学生疑惑不解，面试官说，我认为你更适合做高级管理人员，我们今天要选拔的是车间技术人员，是要下工厂的，你一身西装革履白领打扮，你应该对该岗位劳动者的气质与着装要求有所了解，该求职者方才恍然大悟。如果不注意这一点，不去考虑职业特点，只是怎样显得美就怎样去打扮自己，是一定不会给求职单位留下好印象的，求职也绝不会成功。

3. 化妆要自然、适当。

化妆可以起到强化优点、掩饰缺点、显现个性的作用。接受面试时进行适当化妆是必要的，关键是要使自己看上去身体健康、精神焕发、光彩照人。女性在面试时，不要浓妆艳抹，应以面部清洁、自然为宜，化妆如果不适当，反而会起到相反的作用，或者使人感到滑稽可笑，或者使人望而生畏。

4. 佩戴饰物要慎重、协调。

面试时佩戴饰物需要慎重，因为饰物可能会引起面试考官对应聘者本身的猜想，认为求职者有钱、好消费、爱玩，而在工作中不专心，认为求职者好打扮，而在工作上不一定太热心，认为求职者好引人注目，虚荣心强。戴不戴饰物，不能简单地说好与不好。不过应试者需要慎重对待，因为应试者只要戴上饰物，面试考官就有理由在心里说三道四。

三、服饰的点缀技巧

饰物的佩戴有一套约定俗成的规则，向他人暗示了某些不易言传的含义，也体现了佩戴者的爱好与涵养。戒指通常应戴于左手。左手食指上的戒指代表无偶求爱；戴在中指上，表示正在恋爱中；戴在无名指上，表示名花有主，佩戴者业已订婚或结婚；而把戒指戴在小指上，则暗示自己是独身主义者，将终身不嫁（娶）。在不少西方国家里，未婚妇女的戒指是戴在右手的中指上的，修女把戒指在右手无名指上，这意味着将爱献给上帝。一般情况下，一只手上只戴一枚戒指，戴两枚或两枚以上均不适宜。

手镯与手链的佩戴讲究相仿。已婚者应将之佩戴在自己的左腕或左右腕同时佩戴；仅戴于右腕者则表示自己是自由不羁的人。一只手上不能同时戴两只或两只以上的手镯或手链。

项链、耳环、胸花的佩戴因人而异。总的来说，除扬长避短，只要不过分耀眼刺目就行了。

四、穿着的禁忌

1. 忌穿过露的服装

在正式场合，袒胸露背，暴露大腿、脚部和腋窝的服装，应忌穿；更不能在大庭广众前打赤膊。

2. 忌穿过透的服装

不能穿能透视内衣、内裤的服装。

3. 忌穿过短的服装

不能为了标新立异，而穿小一号的服装，更不能在正式场合穿短裤、小背心、超短裙之类过短的服装。

4. 忌穿过紧的服装

不能为了展示自己的线条，有意选择过于紧身的服装，把自己打扮得太性感，更不能不修边幅，使自己内衣、内裤的轮廓凸现出来。

第四节　社交礼仪

一、介绍礼仪

介绍就是向对方说明有关情况，或使双方相互认识。通过符合礼仪的介绍可以使互不认识的人之间缩短距离，消除误会，实现沟通，建立了解和信任的人际关系。介绍与被介绍是社交活动中相互了解的基本方式。

（一）介绍的形式

（1）按社交场合分类，可分为正式介绍和非正式介绍。

（2）按介绍者分类，可分为为他人作介绍和自我介绍。

（3）按被介绍者的人数分类，可分为集体介绍和个人介绍。

（二）大学生求职自我介绍礼仪

1. 正确使用称呼语

大学生在求职择业过程中作自我介绍时，一定要正确使用称呼语。如以招聘官职务、职称相称：××经理，××处长，××工程师；也可以以老师相称。相对于在校大学生而言，社会也是一所大学，作为有丰富社会经验的招聘官也可以被称为"老师"。

2. 尽量使用尊称、敬称、谦称等礼貌语言

如尊敬的××处长，尊敬的××老师。当用谦和的语言介绍自己，不要狂妄自大，不要用夸张的语言自吹自擂。否则，将引起招聘官反感。

吹嘘自己并不是展示自己的优点，而是在附加自己的缺点，这种吹嘘与个人实际努力南辕北辙。江苏电视台曾有三位研究生参加面试，其中一位吹嘘说他对吴地文化研究非常深，甚至举出几个文化名人。哪知面试他的电视台台长正好是苏州人，反问了几个问题，结果一个也答不上来，最后被淘汰。

3. 语言清晰，准确而有礼貌

自我介绍时口齿要清楚，切忌含糊不清，容易弄错的字、不好写的字或生僻的字，要更加准确说明，比如"张"和"章"同音，介绍时就应该说是"弓弓张"而不是"立早章"，在自我介绍时还要注意用语文雅有礼，不要粗俗，要能让人理解，不要给人留下疑团。用语要多一点阳春白雪，少一点下里巴人。

4. 要有谦虚求实的精神

例如当代著名的剧作家沙叶新在一次会上的自我介绍："我乃平庸之辈，只写过一些不成熟的剧本、小说及文章。……我本人尚不能以'作家'或'剧作家'自居，我的写作习惯也无任何惊人之处。我只是像一般人那样写作。"这是多么谦逊而又不显得矫情的话语。又如著名的喜剧表演艺术家王景愚曾作过这样的自我介绍："我就是王景愚，表演《吃鸡》的那个王景愚。人称我是多愁善感的喜剧家，实在愧不敢当，只不过是个'走火入魔'的哑剧迷罢了。你看我这四十多公斤的瘦小身躯，却经常负荷许多忧虑与烦恼，而这些忧虑与烦恼，又多半是我自找的。我不善于向自己所敬爱的人表达敬与爱，却善于向憎恶的人表达憎与恶，然而胆子并不大。我虽然很执拗，却又常常否定自己。否定自己既痛苦又快乐，我就是生活在痛苦与欢乐所交织的网里，总也冲不出去；在事业上人家说我是勇于拼搏的强者，而在复杂的人际关系面前，我又是一个心无灵犀、半点不通的角色。"这个自我介绍不但自谦，而且勇于解剖自己，充分体现了实事求是的精神。自谦与求实会赢得大家的尊敬与信任。如果自吹自擂，一味炫耀自己，效果会适得其反。

二、握手礼仪

握手是人们在社交中最常用的一种见面和告别礼。握手的力度、姿势与时间的长短往往能够表达出握手者对对方的不同礼遇与态度，显露自己的个性，给人留下不同印象。也可通过握手了解对方的个性，从而赢得交际的主动。握手是一种无声的动作语言。今天，握手已成为全世界通用的一种礼节。面试时有时也可

通过握手礼仪缩短与考官的距离，调节面试气氛。

三、交谈礼仪

交谈是指两个或两个以上的人进行对话，是社会交往、交流思想、沟通信息、加深友谊的重要手段。

人们的各种社会活动都离不开交谈，成功的交际活动往往依赖于成功的交谈。进行交谈，应讲究交谈的风度、艺术，遵循交谈的礼节、分寸。古希腊哲学家亚里士多德的名著《雄辩术》说："口头交谈有三个要素：谈话者、主题和听话者。"我国古语有："一言之辩，重于九鼎之宝；三寸之舌，强于百万之师。"说话、交谈技巧在古今中外都具有重要的作用。交谈也是人的知识、阅历、才智、修养和应变能力的体现，公关礼仪人员必须把握住交谈的艺术与礼仪。

1. 交谈的态度

交谈的态度是交谈获得成功的前提。

（1）应有充分的自信心。交谈涉及一个人的知识、涵养、口才、信息、举止、风度等许多方面。善于交谈者充满自信心，这在交谈中起着至关重要的作用。那种缺乏自信，说话时语言模棱两可、结结巴巴、手足无措的人往往不能取得谈话的成功。

（2）谈话时应真诚热情、不卑不亢、平等待人。坦诚的态度往往能唤起相互之间的信任感和亲切感，加深感情双方的了解与友谊，这是交谈成功与否的关键所在。

2. 交谈的话题

交谈的话题就是交谈的中心内容。根据谈话者的品位、兴趣与爱好，选择一个好的话题，能使交谈双方找到共同语言，这是谈话成功的先决条件。

（1）选好话题。得体的话题往往是双方感兴趣的、与双方有关的或有讨论余地、易发挥的内容。合适的话题能使交谈气氛活跃起来、交谈内容丰富起来，彼此间的谈话距离感拉近。

（2）交淡内容。涉及日常生活的健康活动、国内外大事、重大文体活动及社会热点问题等。交谈时要能分清轻重缓急、注意条理。同时，交谈时要考虑民族习惯、文化背景、倾听者的素质等因素。

3. 交谈气氛与技巧

交谈气氛与技巧直接影响到谈话的效果与质量。

（1）彼此寒暄。交谈双方见面时可彼此寒暄几句，有助于缩短双方的感情距离，调节和融洽气氛，增进情感交流，为随后的交谈创造良好的开端。交谈时气氛要和谐活泼，使交谈双方形成愉快、平和、轻松、欣慰的独特气氛，增强交谈双方的相互吸引力。

（2）察言观色。交谈时，要善于察言观色，留意对方的表情变化，寻找最佳谈话时机。一般人情绪处于激动状态时，表现在交淡上就是兴致勃勃的。交谈的目的是要取得成效，使对方或双方的意见能接受，趋于一致，就要考虑用词委婉、恰当。交谈要在相互认识、熟知、有一定的了解后才会取得比较深刻的认同。

（3）随机应变。交谈要随机应变、处理得当。想和别人交谈，应先打招呼；别人在与他人谈话时，不要趋前旁听，应等待别人把话谈完再插话；别人主动与自己交谈，应表示乐意交谈。交谈中如有急事需离开，应在对方谈话告一段落时表示歉意后方可离开。交谈时应适时发问，通过发问可引导到交谈的话题中来。提问题要看清对象，对对方的年龄、身份、职业、性格、知识程度等有较明确的了解；发问要掌握好时机，才能恰到好处，使要解决的问题迎刃而解；发问时要抓住关键问题，并讲究方式方法，做到不莽撞、不生硬、不唐突、不啰唆。

（4）恰当赞美。交谈中应学会恰当得体地赞美别人。赞美是一种能引起对方好感的社交方式，能协调彼此之间的关系，创造出一种热爱友好、积极肯定的交谈气氛，诚恳的赞美之声总会赢得对方的欢心。要在赞美别人时获得好感，赞美必须要出自内心、真心诚意、诚恳坦白，赞美要明确具体、符合实际、恰到好处，赞美要因人而异、注意场合、讲究效果，赞美要选择角度、变换说法、出乎意料等。

（5）讲究说话技巧。社交场合公关礼仪人员要针对不同的角色说不同的话，注意时间、氛围、场合，即角色语言。角色语言有三个方面：角色必须说的话、允许说的话、禁止说的话。在交谈时赢得对方的信赖与真情，必须抓住说话的技巧。

社交场合中因人的心理、脾气、语言风格、性情各不相同，应会见什么人说什么话。如性格豪放、粗犷的人喜欢听耿直、爽快的话；办事严谨、稳重的人喜欢听言简意赅、沉稳有力的话，与其交淡就要庄重得体、大方朴实。要注意咬字清晰、准确、易懂；交谈语言多用敬语、谦词，音量、语速、语调要适度控制；交谈话语要机智灵活、沉着多变、诙谐幽默、言简意赅、委婉含蓄。

4. 学会使用微笑语

在日常交往中，善意、诚挚的微笑能给人愉快和信赖感。当你与客人初次见面，以微笑注视对方，对方会感到你是从心底说"欢迎您的到来"；当你感谢对方时，露出发自内心的微笑，对方会感到你的感谢是双倍的。

5. 交谈时的体态语

（1）表情　表情是人内心情绪的流露，是最为丰富的体态语，喜、怒、哀、乐都可通过表情来体现和反映。表情主要由目光和脸部表情来体现。交谈时，目光应同对方对视，处于同一水平线上，可使双方有一种平等感。交谈时表情要自然且把握好分寸，温文尔雅，人体语言或热烈，或感激，或同情，或高兴，不能一脸茫然，也不可过分做作与夸张。交谈时脸部表情要随交谈内容的变化而变化。

（2）手势 手势是社会交往中不可或缺的动作。富有表现力的手势往往可加强表情达到效果，加深交谈印象，活跃交谈气氛。正确地使用手势会收到意想不到的效果。交谈时，手势能衬托、强调关键性话语，显示出个人的风格。运用手势要与面部表情和身体其他部位相配合，交谈时切忌紧握拳头或用手指指点点，切不可在别人背后评头品足，也不能用拇指指胸口或指自己的鼻子等，否则会给人以粗鲁、庸俗、缺乏修养的印象。

（3）姿态 人的动作与姿态是人的思想情感、文化修养的外在表现，它往往比人体外表美更重要。稳健、优雅、端庄大方的姿态，加上敏捷、准确、得体的动作，会给人以美感，增加交谈的成功率，所以讲究姿态是极为重要的。交谈时，不论是站还是坐，都要将自己的身体正面朝向对方。站立时要抬头，背挺直，双目平视对方，双肩放松，挺胸、收腹、立腰、平肩，双臂自然下垂于体侧，两腿微开，要给对方以挺、直、高的美感。入座时，坐姿端正、自然、大方，不论坐椅子还是沙发，最好不要坐满，只坐一半，上身端正挺直，手放腿上或沙发扶手上，两腿并拢平行，以示恭敬与尊重对方。交谈时不要不时地看手表，不可将双手搂住脑后、交叉双臂紧抱胸前、双腿叉开，也不得有揉眼、搔头发、挖耳鼻、摆弄手指、跺脚、伸懒腰、打呵欠或对着别人吐烟雾、烟圈等不礼貌的动作。

【案例参考】

非言语行为 考察团队候选人

HRmanager．com 是一家人力资源管理公司，它为其他公司提供诸如薪酬、福利管理、肯定性行动计划（指由美国联邦政府推行的旨在消除对少数民族和妇女等不利群体在就业、教育等领域被歧视的各种政策和措施——译者注）以及技术培训等人力资源服务。通过签约 HRmanager，其他公司可以将人力资源职能的部分或全部外包出去。在 HRmanager 运作的 7 年时间里，它的员工人数已经由 3 人增加到 50 人，去年的总收入达到了 2100 万美元。

这里大部分工作都由团队完成，团队由一名轮换的团队领导者所带领。每个团队成员轮流做 18 个月的团队领导者。CEO 和公司创办人 Jerry Clune 认为，4 人组成的新创新团队对于公司的未来非常重要。除了要为新业务贡献自己的智慧之外，团队成员还要负责为所有新业务获取新的客户，这些新业务都是他们提出并经过 Clune 批准的。新的创业团队因此也开发并销售新的业务。在业务启动并且运行良好之后，销售团队就开始负责招徕更多的客户。

与 HRmanager 的其他团队一样，该团队的成员在决定雇用新人时拥有一定的决策权。与 Clune 的想法相一致，新创业团队决定将自己的规模扩大为 5 个人。这个团队通过互联网招聘服务栏、地方报纸的分类广告、请求现有员工举荐等方式，公布职位开放的信息。其中一名进入最后考核的候选者叫做 Gina Cleveland，是一名 27 岁的商学院毕业生。在接受 Clune 和两位公司副主席的面试之后，Cleveland 还需要花费一天半的时间与新创业团队在一起，其中包括共进早餐和午餐。另外，在会议室中，Gina 要与 4 名团队成员坐在一起，接受约两个半小时的团队面试。

团队成员都认为，根据书面材料来看，Cleveland 是一名强有力的候选者。她的教育背景和经历合适，她的简历令人印象深刻，而且她在电话面试中表现得很好。在与 Cleveland 度过一段时间之后，团队领导者 Lauren Nielsen 建议 4 个人举行一个小型报告会。报告会的目的就是分享每个人对于 Cleveland 是否适宜加入团队的意见。

Nielsen 点评道："基于她的材料和所说的话，我们都认为 Gina 是一名强有力的候选者。但我是一名非言语沟通的推崇者。考察 Gina 的身体语言能够给我们提供很多有价值的信息。我们分享一下各自对 Gina 的身体语言的观察，这些身体语言会告诉我们她究竟是个什么样子。我先来。"

Lauren：我喜欢 Gina 在与我们共进早餐时的镇定和优雅。她所有的外在举动都反映出了她的自信。但是，有没有人注意到当她必须从菜单中做出选择时，她显得有些焦虑？最后，她选择了火腿乳酪煎蛋卷。但是，当她点这个菜时，在句子末尾，她提高了嗓音。从中我得到的暗示是，Gina 并不是非常自信。

我还注意到，当我们问及她认为自己的创造性有多强的时候，Gina 轻咬着自己的嘴唇。我知道，Gina 说她很有创造力，并给我们列举了一个她所完成的创造性项目。然而，那样轻咬嘴唇表明她并非底气十足。

Michael：我并没有直接观察到 Gina 是否自信，但是，我注意到一些可能与此有关的东西。我想 Gina 已经具有获得权力的愿望，这可能反映了或高或低的自信。有人注意到 Gina 站着的时候是怎样将手放在嘴边上的吗？那是一个纯粹而清晰的信号，表明这个人想要控制局面。她的发型与财富 500 强公司中大多数女性头发的长度和式样几乎相同。我认为，她的发型仿效了惠普老板 Carly Fiorina。

另外一个让我认为 Gina 希望获得权力的线索就是，在餐馆吃午饭时她盯着账单的目光。我能够在她的眼中看出她真的想为整个团队买单。那可能意味着控制

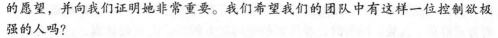

的愿望，并向我们证明她非常重要。我们希望我们的团队中有这样一位控制欲极强的人吗？

Brenda：根据我对 Gina 非言语沟通的观察，我得到的结论有所不同。她的衣着非常得体——既不过于保守，也不过于随便。这告诉我们她能够适应我们的环境。你们注意到她的鞋子多么整洁了吗？这表明她很有条理并且注意细节。她的翻包是质地柔软、用的是富有魅力的皮革。如果她真的渴望权力和控制，她会携带一个硬树脂或铝制的公文包。我觉得，Gina 是一个自信和果断的人，她能够很好地融入我们团队。

Larry：因为我是最后一个发言，我希望到目前为止你们 3 个人所观察到的内容并没有对我产生过多的影响。我的观点是，Gina 在书面材料上看非常棒，但是，她在成为一名好的团队合作者上可能存在问题。她的身体总是过于向后，并且与别人保持距离。你们注意到她握手时的样子吗？她给我的印象是希望尽可能少地与我进行身体接触。她的握手是不真诚的。当她和我握手的时候，我能感到她的手和胳膊想从我这里抽回去。

而且我不能不注意到，Gina 在和我们进行圆桌讨论的时候，身体并不是总倾向我们。你们记得当我们讨论激烈的时候，她怎么向后轻拉她的椅子吗？我认为这个迹象表明，Gina 并不想成为一个亲密团队的一员。

Lauren：正如你们可能已经注意到的，我刚才在我的电脑上尽可能快地打字，将你们所说的都记录了下来。这里，我们有一些不同的观察，我想在做出决定之前，将它们加以概括和整理。明天早上上班之前，我会将我的观察概要以电子邮件附件形式发给你们。你们可以进行合适的修改并反馈给我。在我们对 Gina 做出认真评价之后，我们就可以把我们的建议发给 Jerry 了。

问题

1. 新创业团队的成员在多大程度上合理地使用非言语沟通来衡量 Gina Cleveland？

2. 你认为哪位团队成员对非言语行为做出了最真实的解释？为什么？

3. 团队的领导者 Lauren 是否应该提前告诉 Gina，他们将会仔细观察她的非言语行为？提出理由证明你的回答。

6. 聆听的艺术

外国谚语道："用 10 秒钟的时间讲，用 10 分钟的时间听。"人们在交谈时，聆听具有十分重要的地位。聆听，是尊重别人的表现。要求在倾听时，目视对方，全神贯注，不要东张西望或做一些无关的下意识的小动作；听者可通过直视的双眼、赞许地点头或手势，使对方感到你是实实在在地在听，表示出你的诚意和对对方的尊重、礼貌。倾听时，身体要稍微向对方倾斜，态度要认真，这既有助于观察对方的表情和姿态，也易于洞察双方的心情。一般不要随意打断对方的谈话，要细心体味对方的感觉，也可采取提问、赞同、简短评述、插话、表示同意（如用"原来如此"、"你说得对"、"是这样"、"请继续说下去"）等话语，主动鼓励对方说下去。

7. 大学生求职交谈时应注意的几点

（1）要注意谈吐。在面试过程中，口才的作用极为重要。首先，说话要清晰连贯，声音既不太高也不太低，并且最好要讲标准普通话。因为讲普通话，是一种文明程度和受过高等教育的表现。其次，要注意使用礼貌用语。再次，说话要简洁明了，直指核心。有修养的人把复杂问题简单化，没有修养的人则把简单问题复杂化。面试时的绝大多数问题，都没有标准答案，只要言之有据，思路清晰即可。如果你能表达清晰、用词简洁，再加上抑扬顿挫、娓娓道来的语调，你就多了一个强大的武器，这个武器可以用在同等条件下助你取得成功。可大多数学生不重视语言的力量和表达的艺术，有的人认为话说得多并不好，会给人一种油嘴滑舌、夸夸其谈的感觉。可是在面试过程中你需要的就是让人了解自己、认识自己的才能，接受自己。用你雄辩的口才、准确的措辞和优雅的谈吐来介绍你自己，讲述你的经历，相信考官会对你刮目相看的。

语言表达是一个人综合能力的反映，从中可以看出其知识、才能、阅历和修养，不论思维敏锐、条理清晰还是思想懒散、不求上进，其实都可以从话语之中看出来。渴望成功的青年在面试过程中一定不要有什么压力，要用你独特的语言魅力，充分展示自己的才华，向主考官证明你的才能。

（2）要沉着应对细琢磨。面试过程中最为重要的一个环节当然是和主考官的谈话，怎样才能顺利通过这一关呢？其实说起来很简单：只要沉着应对，仔细琢磨就行了。比如在向主考官描述自己的特长时，要在极短的时间里揣摩主考官的心理，然后进行陈述。又如在回答问题时，也要仔细琢磨，沉着应对，主考官一个无奈的眼神、一个会意的微笑、一种下意识的看表动作我们都要积极做出反应。看到主考官无奈的眼神，就不要再滔滔不绝地继续你的话题，稍微停下来想一想自己的回答是否出了什么问题；看到主考官会意的微笑你尽可以大胆地说下去；如果主考官下意识地看表，最好能适可而止。

（3）细心观察巧行事。细心观察巧行事，不仅表现在穿着打扮上，而且表现在面试的过程中。有人认为面试就是从见到主考官开始，与主考官面对面才叫面试，这是一种片面的想法。其实是从接到面试通知开始，就已经开始了面试。从那一刻起你就必须考虑一切与面试有关的事情。首先是招聘单位的性质，根据单位的性质来进行自我设计。其次是到达面试地点后到正式面试前这一阶段，有的单位的面试并不一定都是面对面地提问和回答，而是通过其他方法。有这样一个故事，一家大公司招聘工作人员，在通往面试房间的过道上躺着一把扫帚，应试人员谁也没有在意，都从扫帚上跨了过去，只有一个人把扫帚捡了起来，最后只有这个人被录取了。当然这种情况很少，甚至有些戏剧性，但是我们确实应该注意过程中的一些细节，尽量给人留下好的印象。再则就是在面试的过程中，要特别注意细心观察，灵活地决定你要做的和要回答的问题。

（4）大功告成礼为先。在面试结束时，如果主考官露出微笑或有其他的行为表示你可能被录取了，这时切不可忘乎所以，一定还要注意礼貌。如果对方表示对你是否聘用要作考虑并做出回复时，你也应表示乐于等待，并致谢。当对方定出的答复期限已到而你又未接到通知时，不要置之不理，应主动向该机构提出查询，表示你对该职位仍感兴趣。

第六章 求职择业心理

　　求职择业是大学生人生道路上的一次重大选择，这将是他们成功就业、顺利走向社会的一个关口。目前的大学生就业制度改革既为广大毕业生提供了公平竞争和施展才华的机会，同时也对大学生的心理素质提出了新的挑战。面对新的就业体制和严峻的就业压力，有相当一部分毕业生因种种原因，在就业过程中出现了种种心理误区，有的甚至产生了严重的就业心理障碍。调查表明，大学生因专业选择、职业选择而引发的心理问题和心理障碍已经跃居大学生心理障碍的第四位，因求职挫折而轻生或者伤人的案例也屡有报道。可见，大学生求职择业，不仅要具有良好的思想道德品质、健康的体魄、扎实的知识与能力储备，也应具有良好的心理素质。优秀的心理素质是一个人成才立业的基础，从某种意义上讲，它比学识和智慧更为重要。因此，大学毕业生求职择业过程中，应树立良好的就业心态，正确地认识自我，认识社会，排除心理干扰，做好求职择业前的心理准备，以积极健康的心态主动迎接社会的挑战与竞争，沉着冷静。

第一节　求职择业前的心理准备

　　大学生要择业竞争，就必须做好求职择业前的心理准备。没有准备的大学生是难以在求职择业竞争中取胜的。大学生在求职择业前要积极做好以下三个方面的心理准备：

一、敢于面对现实，主动参与竞争

　　现代社会，竞争无处不在。毕业生就业制度的改革本身就体现了一种竞争机制，目的在于培养和强化竞争意识。如今就业形势日益严峻，大学生要敢于面对现实，要有竞争的勇气，要有受挫的心理准备。竞争的目的在于成功，但并非每个人每次竞争都能成功。因此，毕业生在参与竞争前，一定要有充分的思想准备，争取赢，也要准备输，即使多次失败，也要重整旗鼓，做好再度出击的心理准备。既然竞争是现实的，是客观存在的，那么我们就应该平心静气地接受并积极主动地迎接和参与。

二、客观地评价和把握自己

常言道：知人者聪，知己者明；知人不易，知己更难。在竞争择业过程中，要做到既有崇高理想，又有博大胸怀，从自身的现实条件出发，正确地认识自我，即认真客观地分析自己的兴趣特长、性格气质、能力水平等，自己想干什么（职业理想和目标），能干什么，竞争力如何（现有条件），客观地评价自己，正视自己的长处和短处、优点和缺点，确立切实可行的就业目标，将自己的主观愿望与客观实际结合起来，不断完善自己、把握自己。

三、适应环境、放眼未来

现行的就业制度使不少毕业生通过"双向选择"而获得了满意或比较满意的工作。但由于种种原因，仍有一部分毕业生未能如愿，有的是专业不对口，有的工作地域偏僻且条件差等，凡此种种，都需要毕业生有清醒的头脑、客观的态度，能正视现实，适应环境，放眼未来。

随着社会的快速发展，职业种类及要求的变化越来越快。有的人在刚进大学时所学专业还是紧俏的，但毕业时却已经饱和了，以致就业困难。因此，大学生免除就业烦恼的良方之一就是要大大增强应变性，如辅修第二专业或尽可能多地学习理想职业所需的知识和技能。如生物学专业的同学将来想去做导游，那么他就应该注意将现在所学专业与将来想从事的职业结合起来，不断培养职业所需的能力、知识，不断积累相关的实践经验，利用寒暑假进行导游的实践和生物、地理、人文等方面的考察。丰富的专业知识和良好的技能训练一定能为他将来的职业发展开辟一片广阔的天空。对于另一部分毕业生而言，可能首次择业不顺意，这类毕业生没有必要后悔和抱怨，应该用发展、变化的眼光看问题，事物总是在变的，我国人事制度的改革已经为人才的第二次、第三次择业提供了方便，只要毕业生能够客观地看待社会，正确地评价自身，就能最终找到合适的工作。

现代科学技术快速发展，社会生活不断变化。这种变化和发展必然淘汰掉许多旧有的职业，同时催生出许多新的职业。原来紧俏的、吃香的职业，也许过几年就平淡甚至无声无息了。而很多人们不曾预想的新的职业，则随着社会的发展和实际的需要，日益升温、成熟，成为新型的走俏的职业。了解这种变化，关注新职业的发展方向，对于我们跟上时代的步伐，开辟新的职业通道，拓展广阔的就业空间，是十分重要的。

求职择业是大学生人生道路上的一次重大选择，面对严峻的形势，因为心理准备不足，或者应对不当，求职择业过程中难免会产生一些心理误区和心理障碍。因此，认真分析求职心态，对诊断心理误区、排除心理障碍有着重要的现实意义。

第二节　求职择业常见的心理误区与障碍

一、常见的心理误区

（一）盲目乐观、期望过高的自负心理

【案例参考】

彭军，某高校教育技术专业本科毕业生，中共党员，曾担任过班学习委员、院团委组织部长。曾被评为优秀学生干部，多次获专业奖学金。身高 1.75 米，相貌英俊。在 2004 年的毕业生供需见面会上，相继被几家单位看中，但他嫌公司规模不够大，条件也不是太好，不是很中意。况且自己条件好，不怕找不到好单位。他给自己的定位是，沿海与中心城市的大公司或高校，至少也要留在省城。后来他又陆续参加用人单位的面试与考察，因为与自己心中的目标还有一定距离，因而在面试中要么是冷眼旁观，很随便地回答面试官的提问，要么中途退出。在等待与寻找中，转眼就到了 5 月底。看到很多同学都拿到了与用人单位签好了的协议书，心中不免也有些着急。刚好省城有个刚升格为大专院校的学校需要一名教育技术专业的学生，看到彭军工作尚无着落，辅导员王老师向用人单位推荐了他，并请一位与该学校有一定渊源的老教授出面向校方力举。该学校看了彭军的材料，听了老教授的介绍，对彭军同学比较满意，并通知他去学校面试。

但彭军犹豫再三，还是没去，而是推荐自己的另一位同学去参加面试。他这样做不完全是为了帮同学，主要是他心中牵挂着上海有两家公司对自己有选用意向，虽然还没见面具体洽谈，但他觉得自己条件还可以，对单位也比较满意，想努力争取去上海。后来几经周折，他进军上海的愿望没有成功。毕业后又相继找了很多单位，有学校，有公司、企业，但不是自己不满意，就是没被对方看中。后来，他去了肯德基公司工作过半年，从普通服务生做到经理助理，但总觉得离自己的梦想太远。于是，他又应聘去了省城的一家电视台，做了半年的实习生，因为竞争太激烈，最终未被录用。毕业一年多以后的一天再见到他，彭军已经是一所高校的学生辅导员。而这所学校就是他曾拒绝的那所大专院校。他在应聘前自己做了很充分的准备，通过层层考核，终于从众多的竞争者中获胜，赢得了这个职位。历经种种磨砺，兜了一圈，最终回到了起点。谈起这些，彭军真是感慨万千。

有不少大学生在求职择业过程中，自我期望值很高，盲目乐观。一方面认为自己所学专业需求旺，就业市场好，因而自己求职不主动，或者求职时过分挑剔。另一方面对个人能力过分自信，求职时定位很高。有些同学认为个人条件比较好，学习成绩优秀，是党员，当过学生干部等，在求职择业中具备种种优势，因而在求职时盲目自信，总认为高人一等，傲气十足。他们在求职择业时往往都好高骛远，期望值过高，在招聘人员面前，夸夸其谈，对竞争者不屑一顾，对用人单位挑挑拣拣，看不上这个单位，瞧不起那种职业，心比天高，给用人单位留下骄傲、浮躁、靠不住的印象。这也是有些用人单位在选用大学毕业生时声明不要最优秀的学生的原因。孤傲心理是缺乏客观地自我分析和自我评价的表现。倘若有了这种心理，很容易脱离实际，以幻想代替现实，使自己的择业目标和现实产生极大的反差。一旦未能如愿，就会情绪一落千丈，从而产生孤独、失落、烦躁、抑郁等心理现象。

再者，现代大学生没有经过艰苦生活的磨炼，普遍缺乏艰苦奋斗的创业精神。目前在大学生中存在着学工不爱工，学农不爱农，在毕业分配中"死守天（天津）、南（南京）、海（上海）、北（北京），不去新（新疆）、西（西藏）、兰（兰州）"的现象是明显的例证。在大学生求职过程中，普遍存在着攀高心理，理想职业的选择标准是"三高"、"六点"，即起点高、薪水高、职位高，工作要名声好一点、牌子响一点、效益高一点、工作轻松点、离家近一点、管理松一点。这是典型的贪图享受怕吃苦的表现。这种局面的直接后果是增加了大学生求职的失败率和困难，有些同学长时间找不到工作就是死守"三高"、"六点"的结果。

（二）缺乏自信、依赖他人的自卑畏怯心理

【案例参考】

毕业以后能进高校工作，是很多大学生梦寐以求的事情。心理学专业的姜艳就面临着这样的一个良机。某农业大学需要选用一名心理学专业的毕业生从事心理健康教育与咨询工作。因为有良好的专业基础和比较充分的面试准备，成绩优秀的姜艳同学从十几个竞争对手中脱颖而出，成为面试场上主试官关注的焦点。如果不出意外，此人选非姜艳莫属了。考核的最后一关是课堂试教。一周以后的一天下午，姜艳同学来到辅导员李老师的办公室，倚在门边，尚未开口说话，眼泪就刷刷地直往下掉。李老师吓坏了，忙走过去扶着姜艳在沙发上坐下，一边递纸巾一边询问到底出了什么事。稍稍安定情绪，李老师终于从姜艳断断续续的叙说中知道，姜艳试教失利了。原因是半路杀出个程咬金，去南京参加考研面试回来的同班同学陆慧，虽因外语一分之差考研争取未能成功，但听说农业大学的用人信息，觉得机会难得，带着推荐材料去了农业大学人事处，对方对其也比较满意，综合两位同学的条件，最后决定以试教情况定取舍。来了个强劲的竞争对手，本来是觉得稳操胜券的姜艳这下慌了，她觉得陆慧成绩很好，平时又特别能说会道，这回碰上她，说不定自己就完了。越是这样想越是紧张，以至于临去试教的头天晚上因为焦虑几乎失眠了。第二天站在讲台前，虽然做了充分的准备，但因为自卑，因为紧张，自己是晕晕乎乎，根本就发挥不出来。而陆慧则是镇定从容，挥洒自如。结果是不言自明。

有的同学大学期间尽管具备了一定的实力和优势，但面对激烈的竞争，却觉得自己这不行，那也不如别人。明明是自己理想中的工作，可一看到求职者众多，就打起退堂鼓来，连试一下的勇气也没有。还有的毕业生一到招聘者面前，就面红耳赤，手足无措，回答招聘者的询问也惊慌失措、语无伦次。结果在竞争中不是因为能力而是因为心理败下阵来。像上述案例中的姜艳，本来在面试中已占先机，如果在试教前能保持平常心态，充满自信，在试教时正常发挥，那么结局可能就是另一个样子了。自信是打开就业成功之门的金钥匙，如果在严峻的就业形势下保持自信，不怕与强手竞争，那么就已经先赢三分。当然，自信是要以实力为基础的，盲目的自信与陷入自卑往往只有一步之遥。在求职竞争中，毕业生要自信，更要自强。求职择业很少一帆风顺，困难挫折在所难免，这就要求毕业生们正确对待自己的失败和挫折，理性分析，并加以补充和完善，重整旗鼓，再度出击。

【案例参考】

大学毕业生供需见面会上人如潮涌，许多招聘站点前都排起了长龙。新闻专业的何晶晶却悠闲地坐在会场边的长凳上无所事事。她的同学觉得奇怪，同学们都在各个招聘点前钻进钻出，忙着投简历、问情况，她却坐在一旁悠然自得。问她想去哪家单位面试，她用嘴朝某某报社的招聘台努努。同学诧异地问："既然想去，干吗不去排队呀？"何晶晶说："我爸在排着呢！"原来，听说学校举办全省大学毕业生供需见面会，何晶晶的父母几天前就从县城赶来，做教师的爸爸为了女儿还特意请了三天假。爸妈赶过来后帮女儿制作了简历，从学校就业网查询和选择用人单位信息。见面会的一大早，爸妈就分头去一些看中的招聘点排队去了。面试快轮到何晶晶的爸爸时，何晶晶才赶快替下爸爸。在与用人单位面谈的过程中，何晶晶表现得消极被动，由于自己缺乏心理准备，她不是积极主动地介绍、推荐自己，而是用人单位问一句她答一句，碰到自己不好回答的问题就对用人单位说"这个问题你还是问我爸妈吧"，整个见面会，她说的话还没有她爸妈说的多。一天下来，尽管面试了十来家单位，但用人单位一看她家这阵势，没有不摇头的。

现在的毕业生中独生子女所占的比重越来越大，特别是生活在城市的孩子，他们的生活一帆风顺，没经历过什么波折，在家有父母，在校有老师，客观上形成了培育他们的依赖心理的土壤，很多大学生在高考填报志愿时就是由家长或中学老师做主。临近毕业时，这些人又把就业的希望寄托在父母、亲友和老师身上，怀着"车到山前必有路"的依赖心理。这些毕业生大多缺乏主见，自我意识模糊，在择业中常会茫然不知所措，自己独立进行择业决策的能力差，以致在人才市场上，像上述案例中的何晶晶这样由父母、亲友代替本人与用人单位洽谈的场面屡见不鲜。难怪有用人单位对这样的毕业生说："你本人都要靠别人来推销，单位还能靠你这样的人来发展吗？"

独立思考、自主选择、承担责任、开拓进取是时代的要求，也是用人单位求得发展的对人才的要求。唯命是从、缺乏主见的依赖者、等待者是难有前途的。

（三）盲目攀比、夜郎自大的傲慢心理

【案例参考】

杨海臣所学专业比较热门，又是一个在各个方面都比较突出的优秀大学毕业生，曾三次获学校专业奖学金、优秀学生干部。但是出人意料的是到他毕业离校时都没有找好工作，同学们也不太理会他。这是为什么呢？

原来，是杨海臣在开始找工作时没有立足于正确的择业心态。他来自于偏僻的农村，家庭十分清贫，祖祖辈辈都是农耕为生。他从小就立志要刻苦学习，将来要出人头地。读中学时他吃苦耐劳，学习特别努力，终于如愿考上了比较理想的大学。大学四年他学习认真，工作勤恳，成绩优秀，能力突出，为自己赢得了很多荣誉，同时也为他的求职择业带来了很多的机会，增强了竞争的实力。他认为自己是班上最优秀的，找工作也理所当然是最好的，所以一开始他就给自己定好了位，自己将来的工作一定要是同学中最好的（其标准即前面提到的"三高"与"六点"）。所以在开始几次的面试中，本来有比较理想的单位，但他却不急于签约，特别是后来看到有同学签了更好的单位，更是不服气，一定要胜过他们。于是以后只要有用人单位来招聘，他都要去看一看。他的做法渐渐引起了许多同学和用人单位的不满。因为他的出现，使得其他同学相形见绌，失去了被录用的可能；而当用人单位选定他而拒绝别人后，他又犹豫不决，再三拖延。同学们对他的行为十分反感，有的甚至十分愤怒。一些用人单位也因为他而耽误了人才的选用，因此十分生气，从而影响到学校的声誉。老师对他进行了批评教育，并表示不再推荐他参加任何面试。此时的他并没有认识到自己的错误，校内不行就往校外跑，穿梭于社会上形形色色的招聘会。由于总想最好，总想要超过同学，以至于到毕业离校前，工作还没有着落。

每个人生活的环境、家庭背景以及能力和性格不同，遇到的机遇是不相同的，因而在择业目标、职业选择上不具有可比性，但青年大学生争强好胜，容易引发攀比心理，在求职过程中，忽视自身特长和发展空间，盲目攀比。特别是看到不如自己的同学（其实纯粹是个人感觉），但找到了好的工作，就认为自己的工作一定不能比他们的差，因而挑来选去，造成许多同学迟迟不愿签约，或者一次次延误签约时机，以至于到毕业离校时工作单位还没能落实。这种脱离自身实际，不顾个人兴趣特长，一味盲目攀比的做法，最终只会害了自己。

另一方面，不少同学受社会思潮和社会环境影响，过分追求实惠，一味追捧热门，人云亦云，急功近利，缺乏个人主见。表现在求职过程中，过分关注用人单位的效益、住房、福利等实惠条件，盲目向经济发达地区和中心城市涌进，很少顾及是否能让自己发挥所学和所长。这样，往往使他们得到一些眼前的利益，而忽视长远的发展。什么是最好的工作？请记住：适合你的才是最好的。

（四）犹豫观望、徘徊不前的患得患失心理

【案例参考】

钟鸣是一所师范院校的毕业生，虽然学习成绩不是很突出，能力发展也不是很优秀，但他面对激烈的就业竞争并不是很着急。因为按照以往的经验，有不少用人单位都有严格的性别要求，而他们这届毕业生男生比较少，因此他认为在同等条件下作为男生的他凭着性别优势，也一定可以为自己争得一席之地。某省武警总队来考察毕业生，由于工作性质需要，声明要男生。钟鸣和几位同学一起参加了面试并被初步确定为选用人选，只要通过对方单位组织的考试便可以签订协议。离考试的日期一天天迫近，别的同学都在认真准备考试，而钟鸣则天天打球、看小说、上网，好像这事与己无关。原来，钟鸣根本就没打算要去参加考试，原想能不费什么力气有个条件还过得去的单位接受自己就行了，没想到还要参加考试。他最恨的就是这个，觉得这些年被大考小考都考烦了，再说跑到省外，离家太远，部队严明的纪律也和自己崇尚自由的个性相冲突，所以面试过后的第二天他就打算放弃了。虽然后来听那些签订了就业协议的同学说起对方的种种政策和待遇，心中又不免有些失落，但他想，后面还有机会呢，也许还有更好的。就这样，他后来又陆续面试过几个单位，但不是没被对方相中，就是自己不太满意，直到毕业离校时工作单位还没有落实，只得加入到社会的第二次、第三次就业的大潮中。

职业的选择往往也是对机遇的一种把握，错过机遇，将会与成功失之交臂。面对用人单位的招聘，有一些毕业生其实已经有几份用人单位的接收函在手，但就是不想早做决定，总担心错过后面更好的单位，认为前面的是虾米，后面才有大鱼。有些毕业生在几家单位之间摇摆不定，难以取舍：收入高的不在大城市，地理位置好的经济效益又难如人意，专业对口的体制又不够好，总之没有一家单位让人样样称心。因此，在求职择业过程中这山望着那山高，该拍板的不敢拍板，患得患失，结果是等走出校门时，工作还杳无音信。这类毕业生一直没有弄清楚对自己来说最重要的是什么，对利益得失过分注重，往往会失去许多良机。

（五）悲观失望、听天由命的低就保守心理

【案例参考】

　　辅导员李老师通过走访毕业生寝室得知，临近毕业，6栋318寝室的6位女生最近情绪不太好，成天唉声叹气，打不起精神，听说有两位从来不喝酒的女生有天晚上还喝了两瓶啤酒。究其原因，原来这个专业的就业市场不景气，在几次大型招聘会上，需要这个专业的单位比较少，待遇又不太好。看到同届其他专业的同学都陆续拿到了与用人单位签订就业的协议书，本专业的同学签约的寥寥无几。同寝室只有两人与用人单位签约，且单位离家很远，又是职业中专，单位情况到底怎么样也不清楚，只要有单位肯接受，先签了再说。毕业后究竟何去何从，签约与未签约的，大家都觉得前途渺茫。郁闷、焦虑、浮躁、不安，弥漫着这个寝室。在堂堂的名牌大学学习了4年，因为专业的缘故，毕业就要面临失业，毕业生王倩说起就业，就禁不住声音哽咽、眼圈潮红。她们决定，工作不找了，听天由命，有单位要就去呆两年再另谋发展，没单位要就去跨专业考研。

　　有些同学缺乏竞争意识，不敢积极主动地迎接挑战。有的坐在家里，守株待兔，等待机会找上门来。有的同学觉得自己平平凡凡，大学四年既没当过学生干部，也没拿过奖学金，没什么竞争实力，求职择业中不敢对自己"明码标价"，不战而退，甘拜下风，到了快毕业离校时草草找个"婆家"把自己"嫁"出去了事。特别是有些冷门专业的学生，因为就业市场的狭小，焦躁不安，悲观失望。有的同学只要有单位看中，先签了再说，甚至于对于一些单位不做实地考察，对有的用人单位开出的不平等协议也闭着眼睛签订，没有积极维护自己的权益，从而给日后工作带来很多麻烦。

（六）思想激进、新潮叛逆的厌世心理

【案例参考】

　　2004年12月27日上午，广西某高校校务督查办公室接到了一个陌生男子打来的电话，对方声称手上有7个学生，向校方索要10万元钱，否则一天杀一个学生。说完，对方挂机了。下午4时45分，对方再次打电话来，声称已"放倒"一名学生，并把索要的钱提到15万元。但该校经查实，并没有发现学生或教职工被伤害的事件，很显然对方在说谎。该校马上安装了一部来电显示电话机。次日下午3时10分，该男子再次打电话来问钱准备好没有，并留了一个银行的账号，声称见不到钱后果自负。该校出于安全考虑，于12月29日上午和中午分别存了100元到对方提供的账户。案发后，南宁警方立即展开了侦查。2004年12月29日晚8时许，该男子在某商场对面的马路再次打电话对广西某高校进行敲诈勒索时，被警方当场抓获。

经审讯，犯罪嫌疑人李某，1977年4月出生，钟山县人。大学本科毕业后一直没有找到合适的工作。因为手头很紧，李某通过114台查到了广西某高校校务督查办的办公室电话后，便打电话进行敲诈勒索。

大学生中还有一部分同学思想比较激进，不愿出去找工作，老想着自主创业，自己要当老板。想法当然是好，但现实与梦想总有一段差距，没有精心的策划、周密的市场调研与论证以及所必须拥有的创业资金，往往最终只有失败。还有极少部分同学，因没有主动寻求就业，或者求职不成而灰心丧气、破罐破摔，成天四处游荡，有的成为骗子、传销团伙的猎取之物，甚至有的毕业生迫于生计，敲诈勒索，有的受犯罪团伙诱骗，最后沦落到参与诈骗、抢劫等犯罪，而断送了自己的美好前程，危害社会并给家庭带来损失和伤害。

二、常见的心理障碍

大学生在求职择业的过程中，面临着种种剧烈的心理冲突，因而产生种种矛盾的心态：他们希望自主择业，但又不愿承担风险；渴望竞争，又缺乏竞争的勇气；胸怀远大理想，但又不愿正视眼前现实；注重专业能力的发展，但又互相攀比、爱慕虚荣；对自我抱有充足的信心，但在遇到挫折之后，又容易产生自卑；既崇尚个人价值的自我实现，又有较强的依赖感。所有这些职业目标上理想和现实的反差，自我认知上自傲与自卑的并存，职业理想上独立性和依赖感的错位，使得这部分大学生在求职择业中感到十分迷惘和困惑，有的甚至产生了比较严重的心理问题。有些比较严重的心理问题如果没有及时发现，并加以纠正、克服，久而久之使其演变成一种心理障碍。

（一）焦虑症

焦虑是由心理冲突或挫折引起的复杂情绪反映，表现为不安、忧虑甚至恐惧及某些反常反应。适度的紧张可以使人产生压力感，但过度的焦虑紧张则会干扰人的正常学习与生活，导致心理障碍如焦虑症或身体疾病。毕业生的心理问题大多表现为过度焦虑，如紧张、忧虑、烦恼、恐惧、焦急。在择业过程中，绝大多数大学生都会产生各种各样的焦虑心理：自己的理想能否实现，能否找到一个理想的工作单位，到单位后能不能胜任自己的工作等等。这些焦虑心理在一些性格内向、成绩不佳的男生和女大学生身上表现得尤为突出。这种焦虑心理容易使大学生背负起沉重的精神负担，导致紧张烦躁、萎靡不振、意志消沉。有些大学生在屡遭挫折之后，甚至产生了恐惧感，一提择业就感到紧张。有的同学面对用人单位严格的录用程序如笔试、口试、面试、心理测试，感到胆战心惊。因为就业的压力，甚至导致一些同学长时间失眠。

（二）抑郁症

因为就业的巨大压力、求职道路的崎岖与艰辛，有不少的同学有抑郁情绪，如果抑郁的情绪十分严重并且延续时间很长而没有得到及时有效的疏导，有的会导致抑郁症。有的同学具有抑郁易感性，也许从以往的学习生活中如高考的压力、学习的紧张、专业选择的不如意等等积累了抑郁的情绪。而求职与择业作为一种社会应急事件刺激，成为引发抑郁症的诱因。现在的大学生一般都没有经受过挫折的考验，所以心理承受能力和自我调节能力相对较差，情感较为脆弱，缺乏对待挫折的准备。在求职过程中，往往希望一蹴而就。一旦受到挫折，就悲观失望、自惭形秽，甚至陷入痛苦与自卑之中不能自拔。这部分同学大多性格内向、孤僻，很少参加社会活动，人际关系网较小。在求职过程中，因为自身能力、外貌条件、专业限制等方面而感到自卑自怜。一旦求职受挫，更是信心大跌，自怨自艾，感觉前途无望，觉得自己特别没用，气短胸闷，茶饭不思，心情压抑悲观，失去了生活的乐趣，有的甚至产生轻生的念头。曾有报道说某高校一毕业生就因几次求职面试不成功而跳楼自杀。

（三）强迫症

强迫症是以主观上明知不必要，但又无法摆脱的、反复呈现的观念、情绪或行为特征的一种心理障碍。患有强迫症的人，明知某种行为或观念不合理，但却无法摆脱，因而非常痛苦。如在一次大型现场心理咨询中，有位打扮端庄入时的女生吴同学，诉说自己最近十分烦恼。原来从三月份起，作为毕业生，自己在积极做着应聘求职的准备，其中有一项就是自荐材料的制作。她的学习成绩比较好，担任过学生干部，得过不少奖励。为了使自己的优势和特点在自荐材料中体现得更充分，她做了精心的设计，包括文字、图片、格式等。但自己总担心材料中有错漏，影响用人单位对自己的选用，每天要反复查看几次。开始一段时间还没有很严重，自己也只是觉得比较重视和认真。但最近却很频繁，甚至晚上睡觉前还要看一遍材料才敢放心地去睡。两个多月以来，材料上的内容自己都快倒背如流了，该写的也都写上去了，自己觉得其实也没什么必要，但就是控制不了，为此特别苦恼。她的这种强迫思维和行为症状主要是由就业压力导致强烈持久的情绪体验诱发出来的。当然这还与其以往的生活经历及性格习惯有关。从交谈中我们得知，吴同学是一个完美主义者，她对自己要求严格，任何事都追求完美。遇事过分谨慎，生活习惯比较呆板，循规蹈矩，对自己比较缺乏自信。

三、心理误区与障碍产生的原因

求职择业过程中这些心理误区以及心理障碍的形成，主要有以下几方面的原因：

1. 市场经济和社会思潮的负面影响

在社会主义计划经济向市场经济转变的社会转型期中，人们的思维方式、价值取向和行为准则也在进行不断地调整，新的价值取向在构建，体现在毕业生择业上，出现了就业观念多元化的趋势。受经济利益驱动和拜金主义、享乐主义、功利主义、实用主义等不良社会思潮影响，大学生在就业过程中更加注重经济效益、地域范围、工作效果，强调自我发展而忽视才智发挥、事业成就、社会需求等。世界观、人生观、价值观嬗变决定了大学生在求职择业中各种矛盾心理、攀比心理等不良的就业心态。

2. 就业机制不完善的影响

高校毕业生就业制度改革，把就业责任主体从国家变成大学生本人，明确了大学生就业过程中的主体地位，提高了大学生在就业过程中的主导作用，受到了他们的普遍欢迎。但由于就业制度改革本身尚处在继续深化之中，就业市场机制尚不健全，与之配套的政策法规和措施不完善，加上社会上还存在用人的不正之风，使毕业生对就业工作产生了担忧和疑惑，从而造成了一些大学生心态失衡。

3. 高校教育体制的弊端和思想政治工作的弱化

随着高校毕业生就业制度改革的深入，传统的高等教育体制弊端也日益凸现出来。长期封闭的办学模式，高校原有的专业划分过于狭窄，课程设置不尽合理，教学内容和教学手段陈旧过时，在一定程度上影响了毕业生的知识与能力结构，因而在就业市场上竞争力不强，给毕业生就业带来了一定的困难。毕业生就业工作中，思想政治工作有淡化和弱化的倾向，没有对大学生的人生观、世界观、价值观加以正确引导，导致毕业生在职业选择上的功利主义、实用主义、享乐主义倾向。在就业工作中，高校没能主动分析当前就业的新形势，帮助大学生调整就业期望值，转变就业观念，导致部分大学生急功近利、盲目攀比的择业心态。

4. 大学生自身因素的结构缺陷

首先，随着知识经济时代的来临，社会对人才的素质和能力提出了更高的要求。高校毕业生就业制度改革给当代大学生带来了机遇和挑战，也使得大学生的竞争意识、成才意识和创业意识有了明显的增强，但是由于教育体制和大学生自身的原因，导致其能力和素质不能适应市场的需要。其次，由于大学生涉世不深，缺乏社会知识，不能正确认识自我、全面了解社会，理想往往脱离现实，有时甚至不顾实际条件，择业时往往带有很大的盲目性。第三，由于大学生都属初次就业，对待就业没有足够的思想准备和心理准备，心理承受能力较差，不能在就业压力面前及时调整自己的就业心态，不能正确对待就业过程中出现的问题，一旦遇到困难和挫折，就产生各种不健康的心理。

第三节 求职择业心理的调适

解决大学生心理问题的根本对策，是帮助大学生学会心理的自我调适。

1. 学会客观、全面地进行自我认识和自我评价

自我认识既包括对自己身体条件、心理特征、行为能力、个性兴趣等的认识，也包括他人对自己的评价，它是自尊、自信等自我评价的基础。"骏马能历险，犁田不如牛；坚车能载重，渡河不如舟。"毕业生要学会正确地了解、认识自己，恰当地评价自己，不要盲目地跟别人攀比和从众，确立确实符合自己实际情况的就业目标，既不妄自尊大，做力不能及的事，也不妄自菲薄而放弃可能发展的机会。为了准确地确定自己在群体中的位置，要学会以总体的眼光与别人进行客观、全面的比较，这样才能做出正确的自我评价。

2. 树立正确的职业理想，合理确定职业目标

正确的职业理想必须建立在符合现实、符合社会需要和社会发展、符合个人发展的基础上。社会的发展为大学生择业带来了很多新的机遇，但同时也带来了新的挑战。把握正确的方向，树立崇高的职业理想，对大学生顺利就业有着重要的意义。大学生在择业过程中，虽然有平等就业、自主择业的权利，但是由于许多客观条件的限制，不可能一下子想干什么就干什么。要树立长期艰苦奋斗、逐渐实现自己理想的择业观。自下而上，从低到高，是人才成长的普遍规律。同时，职业的选择应立足于社会的需要，不能把个人的经济收入、名利地位放在首要的位置，而应当充分考虑职业的社会价值及其对社会的贡献。只有这样，大学生才能在择业的重要关头，始终保持着积极向上的精神状态和健康的心理，以平常心定位、进取心面对。

3. 开展团体咨询和个性化咨询，提供就业心理辅导

一是积极开展团体咨询。针对大学生普遍存在的关于专业学习、职业选择中的心理问题，开展团体咨询和辅导。例如，在毕业生就业前集中讲授就业形势、就业政策、就业信息、笔试或面试技巧等，端正个人价值观，开展小组训练，模拟"双选"市场，模拟面试考场等活动，都是行之有效的方法。二是因人制宜开

展个性化咨询。例如，针对大学生中就业期望值过高的问题，可以进行心理测试，引导他们正确认识自己、正确认识社会，树立正确的择业观念；针对少数大学生面试焦虑、怕困难等问题，引导他们消除紧张，积极应对各种考试情景、职场环境；针对个别大学生不能正确面对挑战、面对挫折等情况，进行自信心的训练，帮助他们树立"天生我材必有用"的信心，自信面对就业，积极参与竞争。

4. 掌握心理调适的方法，提高自我心理调适的主动性和自觉性

毕业生在就业过程中，应当充分认识自我心理调适的作用，提高自我调适的自觉性。自我调适方法有：

（1）静思法。也称自我反省法。就业遇到困难和挫折时，要冷静对待，控制心境，切莫冲动和急躁；要摆脱干扰，仔细找出原因，分析原因，有针对性地解决问题。

（2）情绪转化与活动转移。有时不良心境、情绪是不易控制的，这时可以采取迂回的办法，把自己的感情和精力转移到其他活动中去，使自己没有时间和可能沉浸在不良情绪中，以求得心理平衡，保护自己。

（3）合理宣泄法。因就业挫折造成焦虑和紧张时，消除不良情绪最简单的方法莫过于"宣泄"。切忌把不良情绪埋在心底，可以找朋友、同学、老师等倾诉，也可以通过找个空旷的地方大喊、去游乐场坐山车等刺激的活动，以及打球、爬山等大运动量的活动来宣泄情绪。但是，一定要注意场合，宣泄应是无破坏性的。

（4）自我慰藉法。即自我安慰法、阿Q精神胜利法，实质是自我辩解与自我平衡。就业中遇到困难和挫折，已尽了主观努力仍无法改变时，可以说服自己适当让步，不必苛求，承认并接受现实，以求得解脱。条条大路通罗马，相信天生我材必有用。人们常说，退一步海阔天空，相信一扇门关闭的同时，另一扇门正在开启。

（5）松弛训练法。也叫放松训练，是一种通过练习学会在心理和躯体上放松的方法。松弛训练法可以帮助人们减轻各种不良的身心反应，如焦虑、紧张、恐惧、心理冲突、强迫思维、入睡困难、血压增高、头疼等症状。毕业生在就业中如有此类心理及身体的反应，可在有关人员指导下尝试进行放松学习。

（6）焦虑评估减压法。第一步：评估。思考："我怕什么？为什么焦虑?"用纸逐条写下来。第二步：理解。想想："即使真的坏结果出现了（如毕业时就不了业），真有那么可怕吗？他人是否也经历过类似的焦虑？他们是不是就完蛋了？真的发生了我就无法活了吗？"（事实上，每年都有一部分大学生因为种种原因不能按时就业，从而加入第二次、第三次就业的大潮。）第三步：再次评估现在的情

况，即："真正的问题是什么？问题的起因是什么？解决的办法有哪些？我应该用什么方法、从何时开始实施解决？"第四步：方法的有效评估，也就是在执行之后对方法进行效度评估。

自我调适虽然方法不少，但最主要的还是树立远大理想，树立正确的人生观、价值观，平时注意培养良好的品质和乐观豁达的生活态度，磨炼坚强的意志，广泛接触社会，多方面体验生活。同时，在新的就业形势下，学校应做好学生就业方面的指导工作。这种指导，一是要帮助学生实现心理上的转变与适应，二是应为学生实行就业与择业的双向选择创造良好的条件，三是应根据市场的需要灵活调剂课程，提高学生在市场上的竞争能力。通过这些方面的工作，学生将会以积极主动、乐观向上的精神状态和健康的情绪，去面对市场的竞争。

第七章 就业权益保护

作为涉世未深的高校毕业生，面对竞争激烈、纷繁复杂，乃至鱼龙混杂的就业市场，你是否清楚地了解自己有哪些就业权益？又是否知道该怎样有效地保护自己的就业权益？本章将就这些话题作简要介绍。

第一节 就业权利与义务

当前，高校毕业生就业市场的主体主要是大学毕业生、用人单位和高校。为更好地维护自己的权益，毕业生弄清就业市场中主体各方的权利和义务是十分必要的。

一、大学毕业生就业的权利和义务

（一）大学毕业生就业的权利

在就业过程中，毕业生享有以下权利：

1. 信息知情权

就业信息是影响毕业生就业的重要因素之一，它是毕业生求职择业成功的前提和关键。毕业生只有在充分了解就业信息的基础上，才能有的放矢地选择适合自己的工作单位。毕业生的信息知情权主要体现在三个方面：

一是了解就业政策与管理规定的权利。国家、省（市、自治区）、地、县等各级政府行政部门都会出台一些相关的毕业生就业政策或规定，各高校为规范本校毕业生就业行为，也会出台一些相关的就业管理规定，这些政策与规定对毕业生就业将产生直接的影响作用。如中共中央办公厅、国务院办公厅下发的《关于引导和鼓励高校毕业生面向基层就业的意见》（中办发〔2005〕18 号）中的相关规定对毕业生就业的影响就会十分明显，规定指出："对到西部县以下基层单位和艰苦边远地区就业的高校毕业生，实行来去自由的政策，户口可留在原籍或根据本人意愿迁往西部地区和艰苦边远地区。工作满 5 年以上的，根据本人意愿可以流动到原籍或除直辖市以外的其他地区工作，凡落实了接收单位的，接收单位所在地区应准予落户；需要人事代理服务的，由有关机构提供全面的免费代理服务。对毕业后自愿到艰苦地区、艰苦行业工作，服务达到一定年限的学生，其在校期间的国家助学贷款本息由国家代为偿还。到艰苦边远地区和国家扶贫开发工作重点县就业的，可提前执行转正定级工资，高定 1 至 2 档工资标准。"诸如此类的就业政策很多，毕业生有权向相关部门了解这些信息，各级毕业生就业行政主管部门也要通过多种途径及时向毕业生传达有关毕业生就业政策，高等学校在协助行政主管部门传达有关政策的同时，要及时宣传学校制定的毕业生管理规定。

二是获取用人单位需求信息的权利。需求信息的获取是毕业生就业的基本前提。毕业生有权向相关部门了解用人单位的需求信息，任何单位、个人都无权隐瞒或只在一定范围内公布毕业生需求信息。毕业生就业行政主管部门与高校就业指导中心，都必须通过有效途径，及时向全体毕业生公布用人单位需求信息。

三是了解用人单位真实情况的权利。大学毕业生有权要求了解用人单位的性质、地理位置、生产经营现状、工作环境与条件、工资福利待遇、接收毕业生安排意向等情况。

对相关部门或单位的就业信息，毕业生有权要求信息发布坚持公开、全面、及时的原则，即信息必须面向全体毕业生公开，信息必须是准确而全面的，信息必须是有效的而不是过时的。

2. 接受指导权与咨询权

毕业生有权要求学校提供职业指导。各高校应成立专门的职业指导机构，为毕业生提供全方位的职业指导服务。职业指导的形式可以是系统地开设职业指导课，也可以是有针对性的职业指导讲座，还可以是一对一的个别咨询服务。职业指导的内容应包括职业规划与定位、职业理想、就业形势与政策、求职择业技巧、求职心理、求职礼仪、职业发展等方方面面。

3. 职业选择权

根据国家有关规定，大学生在国家就业方针、政策指导下通过供需见面、双向选择实行自主择业。毕业生就业只要符合国家的有关方针、政策，如定向、委培生回定向、委培单位就业，从事教师工作必须取得教师资格证书等等，就可以自主选择从事的职业类型，自主选择用人单位，任何部门或个人无权干涉毕业生的选择自由。

4. 公平竞争权

用人单位面向社会公开招聘毕业生或在高校校园内举办供需见面活动时，所有毕业生都有参与公平竞争的权利，任何人不得剥夺毕业生的就业竞争权。竞争的公平主要表现在无毕业学校歧视、无性别歧视、无地域歧视、无身高歧视、无待遇歧视等等。需要说明的是，特殊行业或岗位的特殊要求不在歧视的范围之内。

5. 要求赔偿权

毕业生、用人单位、高校三方签订《全国普通高校毕业生就业协议书》后，任何一方提出违约，都必须征得另两方同意，并承担相应的违约责任。若用人单位或高校违约，毕业生有权要求他们承担违约责任，作出相应的赔偿。目前，承担违约责任的主要方式是支付违约金。

6. 寻求保护权

在就业过程中，毕业生处于被动状态的情形比较常见。在权益受到损害且无法得到合理补偿的情况下，毕业生有寻求国家就业行政主管部门及高校保护的权利。如，若出现用人单位单方面违约却拒付违约金，就业协议规定的工资福利待遇无法兑现等现象，在诉诸法律之前，毕业生可申请相关行政主管部门如劳动保障部门或高校帮助协调解决。

（二）大学毕业生的义务

1. 服从国家需要的义务

建设祖国是当代大学生的神圣使命，虽然我们强调大学生自主择业，但我们要充分认识到，大学生就业不仅仅是个人行为，还必须考虑国家建设发展的需要，大学生有义务到国家急需人才的重点行业、重点工程及边远落后地区去工作。

2. 实事求是介绍自己情况的义务

毕业生在求职择业过程中，如实向用人单位介绍自己的情况，是基本的择业道德要求，也是自己应尽的义务。毕业生填写推荐表、撰写自荐信、自我介绍及与用人单位洽谈时，必须实事求是地介绍自己，不得弄虚作假。讲优点不要过于夸张，讲缺点不能刻意回避，有过失不可故意隐瞒，要以诚相见。实践证明，毕业生只有如实介绍自己的情况，才能获得用人单位的信任。

3. 自觉履行就业协议和劳动合同的义务

讲信誉是毕业生应尽的义务，就业协议书或劳动合同一经签订，毕业生不得朝三暮四，随便违约，要自觉履行就业协议，按时到用人单位报到就业。

二、用人单位的权利与义务

（一）用人单位的权利

1. 全面了解毕业生信息的权利

用人单位有权要求学校或毕业生本人提供思想表现、学习成绩、能力特长等方面的材料，有权调阅学生档案资料。当然，用人单位在行使这一权利时，要注意保守毕业生个人或家庭情况秘密，并尽量不要涉及个人隐私问题。

2. 考核毕业生的权利

用人单位有权决定考核毕业生的时间、地点、形式、程序、标准。但考核标准中不能含有歧视性的条款。

3. 自主录用毕业生的权利

在国家有关大学生就业政策规定的范围内，用人单位可以通过双向选择，自主录用毕业生，这是用人单位的一项基本权利。

4. 要求赔偿的权利

若高校、毕业生出现违反就业协议的情况，用人单位有权要求高校及毕业生按协议条款承担相应的赔偿责任。

（二）用人单位的义务

1. 如实介绍情况的义务

用人单位在招聘毕业生时，有实事求是向毕业生介绍单位实际情况的义务，不得虚假宣传，不得夸大宣传，更不能采取欺骗方式诱导毕业生。介绍单位情况时，不能只讲好的方面，不讲差的方面，要具体而全面，以免影响毕业生的择业决策。

2. 做好接收工作的义务

当毕业生根据就业协议，通过国家派遣，持《全国普通高校毕业生就业报到证》到用人单位报到时，用人单位有义务做好各项接收工作，办理好相关手续，并主动关心毕业生生活，安排好毕业生的工作岗位。

3. 严格遵守并履行就业协议和劳动合同的义务

一旦用人单位与毕业生签订就业协议书或劳动合同，就应该严格遵守，认真履行，不得随意违反。

4. 违约赔偿的义务

用人单位违约，将给毕业生带来难以想象的负面影响，不仅对毕业生重新择业造成了困难，对其心理上的伤害也是短期内难以抚平的。因此，用人单位若因特殊原因不得不提出违约时，应主动承担违约责任，给予毕业生适当的经济赔偿，并向毕业生表示歉意。

三、高校的权利与义务

（一）高校的权利

1. 管理毕业生就业工作的权利

目前，尽管毕业生就业工作是一项服务性很强的工作，但由于实际工作的需要，高校对就业工作仍承担了一定的管理责任，高校为加强毕业生就业日常管理，规范毕业生就业行为，有权制定有关管理规定，以确保毕业生就业工作的正常运行与有序开展。

2. 了解用人单位真实情况的权利

对拟招聘本校毕业生的用人单位，高校有权了解其地址、单位性质、工作内容、生产生活条件等基本情况，有权了解用人单位的招聘办法、考核与录用过程、毕业生安排意向等等，也有权审核用人单位的营业执照等资料。只有通过对用人单位真实情况的全面了解，高校方可向毕业生宣传、推荐用人单位，指导毕业生择业。

3. 审核就业协议的权利

高校既是就业协议书签订的主体之一，也是受教育主管部门委托的就业协议书管理者，因此，它有权审核用人单位与毕业生签订的就业协议是否符合国家有关就业政策，是否公平、公正，是否符合就业协议书签订的工作程序等等。

4. 维护学校声誉的权利

一方面，高校有权通过文件或管理规定要求毕业生规范自身就业行为，增强职业道德修养，自觉维护学校形象。另一方面，高校有权要求有关单位或媒体撤销带有歧视学校、损害学校社会形象的规定或宣传，并要求他们公开道歉，消除负面影响，以维护学校的社会声誉。

（二）高校的义务

1. 确保毕业生信息真实性的义务

高校提供的毕业生信息或经高校审核的毕业生就业推荐材料，有义务保证信息和材料的真实性，要设法杜绝毕业生推荐材料弄虚作假的现象。

2. 推荐毕业生的义务

根据用人单位的招聘要求，有针对性地推荐用人单位需要的毕业生是高校的一项基本义务，学校必须在公正、公平、公开的前提下，坚持择优推荐的原则，认真履行好这项义务。

3. 按规定办理有关就业手续的义务

这里所说的就业手续主要有：为毕业生就业出具有关证明材料，与用人单位及毕业生签订就业协议，为毕业生办理就业报到证，整理、发送毕业生档案，办理毕业生户口迁移证等等。在符合国家相关政策规定的前提下，高校有义务及时地为毕业生和用人单位办理上述手续。

4. 承担和追究违约责任的义务

一方面，一旦就业协议书经高校签章生效后，无论何种理由，只要是因为校方原因提出违约的，高校就要主动承担违约责任。另一方面，若用人单位或毕业生违约，高校有义务协助用人单位追究毕业生的违约责任，也有义务协助毕业生追究用人单位的违约责任。

第二节 相关法律法规概述

一般认为，与毕业生就业有关的法律、法规可分四个层次，第一层次是指相关的法律，如《中华人民共和国劳动合同法》（以下简称《劳动合同法》）、《中华人民共和国劳动法》（以下简称《劳动法》）、《中华人民共和国就业促进法》（以下简称《就业促进法》）和《中华人民共和国劳动争议调解仲裁法》（以下简称《劳动争议调解仲裁法》），它们具有绝对的权威性，在就业、劳动市场的运作方面处于统领地位。第二层次是指国家教育部及有关部委关于毕业生就业的规范，如教育部颁布的《普通高等学校毕业生就业工作暂行规定》。该规定对全国高校、毕业生、用人单位具有普遍的约束力，是目前最为系统全面的就业规范。第三层次是指各级地方政府就业主管部门关于毕业生就业的规范性文件。第四层是指各高校关于毕业生就业的管理规定、实施办法、细则等。

下面就《劳动合同法》、《劳动法》及《普通高等学校毕业生就业工作暂行规定》中与毕业生就业密切相关的一些条款作简要介绍。

一、《中华人民共和国劳动合同法》

2008年1月1日施行的《劳动合同法》中的相关条款明确了劳动合同双方当事人的权利和义务，毕业生熟悉这些条款，能很好地保护自己的合法权益。《劳动合同法》中与毕业生就业活动相关的条款主要有：

1. 合同的订立

（1）订立劳动合同，应当遵循合法、公平、平等自愿、协商一致、诚实信用的原则。

（2）用人单位招用劳动者时，应当如实告知劳动者工作内容、工作条件、工作地点、职业危害、安全生产状况、劳动报酬，以及劳动者要求了解的其他情况；用人单位有权了解劳动者与劳动合同直接相关的基本情况，劳动者应当如实说明。

（3）用人单位招用劳动者，不得扣押劳动者的居民身份证和其他证件，不得要求劳动者提供担保或者以其他名义向劳动者收取财物。

（4）建立劳动关系，应当订立书面劳动合同。已建立劳动关系，未同时订立书面劳动合同的，应当自用工之日起一个月内订立书面劳动合同。用人单位与劳动者在用工前订立劳动合同的，劳动关系自用工之日起建立。

（5）劳动合同分为固定期限劳动合同、无固定期限劳动合同和以完成一定工作任务为期限的劳动合同。无固定期限劳动合同，是指用人单位与劳动者约定无确定终止时间的劳动合同。用人单位与劳动者协商一致，可以订立无固定期限劳动合同。有下列情形之一，劳动者提出或者同意续订、订立劳动合同的，除劳动者提出订立固定期限劳动合同外，应当订立无固定期限劳动合同：（一）劳动者在该用人单位连续工作满十年的；（二）用人单位初次实行劳动合同制度或者国有企业改制重新订立劳动合同时，劳动者在该用人单位连续工作满十年且距法定退休年龄不足十年的；（三）连续订立二次固定期限劳动合同，且劳动者没有本法第三十九条和第四十条第一项、第二项规定的情形，续订劳动合同的。用人单位自用工之日起满一年不与劳动者订立书面劳动合同的，视为用人单位与劳动者已订立无固定期限劳动合同。

（6）劳动合同由用人单位与劳动者协商一致，并经用人单位与劳动者在劳动合同文本上签字或者盖章生效。劳动合同文本由用人单位和劳动者各执一份。劳动合同应当具备以下条款：用人单位的名称、住所和法定代表人或者主要负责人；劳动者的姓名、住址和居民身份证或者其他有效身份证件号码；劳动合同期限；工作内容和工作地点；工作时间和休息休假；劳动报酬；社会保险；劳动保护、劳动条件和职业危害防护；法律、法规规定应当纳入劳动合同的其他事项。劳动合同除前款规定的必备条款外，用人单位与劳动者可以约定试用期、培训、保守秘密、补充保险和福利待遇等其他事项。

2. 试用期规定

（1）劳动合同期限三个月以上不满一年的，试用期不得超过一个月；劳动合同期限一年以上不满三年的，试用期不得超过二个月；三年以上固定期限和无固定期限的劳动合同，试用期不得超过六个月。

（2）同一用人单位与同一劳动者只能约定一次试用期。以完成一定工作任务为期限的劳动合同或者劳动合同期限不满三个月的，不得约定试用期。

（3）试用期包含在劳动合同期限内。劳动合同仅约定试用期的，试用期不成立，该期限为劳动合同期限。

（4）劳动者在试用期的工资不得低于本单位相同岗位最低档工资或者劳动合同约定工资的80%，并不得低于用人单位所在地的最低工资标准。

3. 违约规定

劳动者违反服务期约定的，应当按照约定向用人单位支付违约金。违约金的数额不得超过用人单位提供的培训费用。用人单位要求劳动者支付的违约金不得超过服务期尚未履行部分所应分摊的培训费用。

4. 无效合同

（1）下列劳动合同无效或者部分无效：（一）以欺诈、胁迫的手段或者乘人之危，使对方在违背真实意思的情况下订立或者变更劳动合同的；（二）用人单位免除自己的法定责任、排除劳动者权利的；（三）违反法律、行政法规强制性规定的。

（2）对劳动合同的无效或者部分无效有争议的，由劳动争议仲裁机构或者人民法院确认。

5. 劳动合同的解除和终止

（1）用人单位与劳动者协商一致，可以解除劳动合同。

（2）劳动者提前三十日以书面形式通知用人单位，可以解除劳动合同。劳动者在试用期内提前三日通知用人单位，可以解除劳动合同。

（3）用人单位有下列情形之一的，劳动者可以解除劳动合同：（一）未按照劳动合同约定提供劳动保护或者劳动条件的；（二）未及时足额支付劳动报酬的；（三）未依法为劳动者缴纳社会保险费的；（四）用人单位的规章制度违反法律、法规的规定，损害劳动者权益的；（五）因本法第二十六条第一款规定的情形致使劳动合同无效的；（六）法律、行政法规规定劳动者可以解除劳动合同的其他情形。

（4）用人单位以暴力、威胁或者非法限制人身自由的手段强迫劳动者劳动的，或者用人单位违章指挥、强令冒险作业危及劳动者人身安全的，劳动者可以立即解除劳动合同，不需事先告知用人单位。

（5）劳动者有下列情形之一的，用人单位可以解除劳动合同：（一）在试用期间被证明不符合录用条件的；（二）严重违反用人单位的规章制度的；（三）严重失职，营私舞弊，给用人单位造成重大损害的；（四）劳动者同时与其他用人单位建立劳动关系，对完成本单位的工作任务造成严重影响，或者经用人单位提出，拒不改正的；（五）因本法第二十六条第一款第一项规定的情形致使劳动合同无效的；（六）被依法追究刑事责任的。

二、《中华人民共和国劳动法》

1995 年 1 月 1 日起实施的《劳动法》是调整劳动关系以及与劳动关系紧密联系的某些其他关系的法律。毕业生到用人单位报到后，毕业生与用人单位之间就形成了属《劳动法》调整范围的劳动法律关系，毕业生掌握了解《劳动法》，对今后在工作中保护自己的权益十分有益。《劳动法》的主要内容有：

1. 劳动者的权利与义务

劳动者享有平等就业和选择职业的权利、取得劳动报酬的权利、休息休假的权利、获得劳动安全卫生保护的权利、接受职业技能培训的权利、享受社会保险和福利的权利，提请劳动争议处理的权利以及法律规定的其他劳动权利。劳动者应当完成劳动任务，提高职业技能，执行劳动安全卫生规程，遵守劳动纪律和职业道德。

2. 平等就业问题

劳动者就业，不因民族、种族、性别、宗教信仰不同而受歧视；妇女享有与男子平等的就业权利，在录用职工时，除国家规定的不适合妇女的工作或岗位外，不得以性别为由拒绝录用妇女或提高对妇女的录用标准。

除上述条款外，《劳动法》还就劳动者的工作时间和休息休假、工资、劳动安全卫生、女职工和未成年人工作特殊保护、职业培训、社会保障和福利、劳动争议、监督检查、法律责任等方面进行了具体的规定。

三、《普通高等学校毕业生就业工作暂行规定》

原国家教委 1997 年 6 月下发、1999 年 1 月修订的《普通高等学校毕业生就业工作暂行规定》对大学生就业工作提出了具体要求。《普通高等学校毕业生就业工作暂行规定》详细规定了大学生就业的方针、基本原则，各级大学生就业主管部门的工作职责权限，毕业生就业工作程序，毕业生就业活动的开展，毕业生就业指导与毕业生鉴定，毕业生派遣、接收与待遇，违规行为的处理措施等等。

如《普通高等学校毕业生就业工作暂行规定》第四条规定："毕业生就业工作要贯彻统筹安排、合理使用、加强重点、兼顾一般和面向基层，充实生产、科研、教学第一线的方针。在保证国家需要的前提下，贯彻学以致用、人尽其才的原则。国家采取措施，鼓励和引导毕业生到边远地区、艰苦行业和其它国家急需人才的地方去工作。"

第十五条规定："毕业生的就业活动不得影响学校正常的教学秩序和学生的学习。毕业生联系工作时间应安排在 1 月～5 月，春季毕业生研究生可适当提前。"

第二十四条规定："经供需见面和双向选择后，毕业生、用人单位和高等学校应当签订毕业生就业协议书，作为制定就业计划和派遣的依据。未经学校同意，毕业生擅自签订的协议无效。"

第四十八条规定："对违反就业协议或不履行定向、委托培养合同的用人单位、毕业生、高等学校，按协议书或合同书的有关条款办理，并依法承担赔偿责任。"

第三节 就业协议与劳动合同

一、就业协议概述

（一）就业协议的概念

就业协议是确立毕业生、用人单位和高校在毕业生就业过程中签订的推荐与被推荐、录用与被录用关系的三方书面协议。目前，我国高校普遍采用的就业协议书是教育部统一制表的《全国普通高校毕业生就业协议书》。

（二）就业协议的组成与内容

教育部制定的《全国普通高校毕业生就业协议书》主要有三部分内容：

1. 协议的条款部分

条款共有七条，其中以下几条是毕业生尤其要注意的：

①毕业生应按国家规定就业，向用人单位如实介绍自己的情况，了解单位的使用意图，表明自己的就业意见，在规定的时间内报到，若遇特殊性情况不能按时报到，需征得用人单位同意。

②用人单位要如实介绍本单位的情况，明确对毕业生的要求及使用意图，做好各项接收工作。凡取得毕业资格的毕业生，用人单位不得以学习成绩为由提出违约，未取得毕业资格的结业生，本协议无效。

③毕业生、用人单位、学校三方如有其他约定，应在备注中注明，并视为协议书的一部分。

④本协议经各方签字、盖章后生效，三方都应严格履行本协议，若有一方提出变更协议，须征得另两方同意，由违约方承担违约责任，并在备注栏中注明。

2. 签署意见与签字盖章部分

这部分包括三方面内容：

①毕业生情况及意见。这部分内容由毕业生本人填写，特别需要提醒的是"毕业生意见"栏，许多毕业生签订就业协议时往往忽视这一内容，不填或只简单填"同意"二字。实际上，这一栏的意见对毕业生来说是十分重要的，毕业生应对是否愿意到用人单位就业表明自己的意见，同时也应将与用人单位在洽谈中达成的基本条件写明，以免日后发生争议。尤其是先与单位主管部门签订就业协议，报到后才安排具体单位的毕业生，更应注意此处的意见，如，毕业生与某县教育局签订协议，但具体学校需报到后才能落实，双方洽谈时，用人单位表明会安排毕业生在县城内的中学工作，毕业生在填写应聘意见时，就应注明"本人同意到

某县县城内中校任教"等字样,否则,日后被安排到农村小学工作也是很正常的,因为用人单位并未违反协议。

②用人单位情况及意见。这部分由用人单位填写。有几种情况要特别留意:

一是档案邮寄地址一定要详细,包括具体的门牌号甚至楼层与房间号都要写清楚,且不要漏掉邮政编码。

二是用人单位意见栏有两部分:用人单位意见与用人单位上级主管部门意见。由于一些用人单位没有独立的人事权,毕业生录用还必须通过其上级主管部门审核同意,因此,毕业生签协议时,一定要注意用人单位上级主管部门是否签章。

③学校意见。学校意见分学院意见与学校意见。学院意见主要是审核毕业生资格,如,毕业生是否能如期毕业,是否符合用人单位录用条件等等,学校意见是实质性审核,表明学校对毕业生与用人单位所签就业协议书的态度,同意或不同意一定要态度明确。

3. 备注部分

备注是为毕业生、用人单位、高校三方共同约定其他条款所设计的。许多毕业生往往忽视这一部分。毕业生与用人单位洽谈好的一些条件,如违约处理、住房安排,薪资标准等等都可在备注栏注明,同时要求双方签章(字),这样就可避免今后一些不必要的争议。

(三)签订就业协议的程序

签订就业协议一般要经过如下程序:

1. 毕业生到所在高校就业工作部门领取就业协议书。

2. 毕业生和用人单位达成就业意向后,双方在就业协议书上签字盖章。

3. 无独立人事权的用人单位报请上级主管部门在就业协议书上签字盖章。

4. 毕业生所属学院(系)审核就业协议,并签字盖章。

5. 高校就业工作部门审核就业协议,并签字盖章。

(四)签订就业协议应注意的几个方面

1. 认真了解国家及相关省、市、自治区的就业政策

(1)了解国家相关就业政策

为指导和规范毕业生就业,国家出台了不少文件,制定了相关的政策,了解这些政策,有利于毕业生顺利就业。如,教育部颁布的《普通高校毕业生就业工作暂行规定》是目前较为全面系统的就业法规,它详细规定了大学生就业的方针、基本原则,各级大学生就业主管部门的工作职责权限,毕业生就业工作程序,毕业生就业活动的开展,毕业生就业指导与毕业生鉴定,毕业生派遣、接收与待遇,违规行为的处理措施等等。内容具体详尽,操作性强,对毕业生就业行为有一定

的规范和指导作用，毕业生应认真学习领会。

（2）了解各省、市、自治区录用毕业生的相关政策

由于各种各样的原因，各地在引进人才方面出台了许多政策，这些规定对录用毕业生的条件进行了规定，如上海、北京、深圳等中心城市，对录用毕业生的学校、专业、普通话水平、计算机等级等方面作了具体规定。毕业生若事先不了解这些政策，等到要与用人单位签约时，才发现自己不符合录用条件，这样就耽误了许多时间，也浪费了不少精力。

2. 注意了解用人单位是否具备合法的主体资格

只有具备合法主体资格的用人单位，才拥有录用毕业生的自主权，因此，毕业生签订就业协议前，要仔细了解用人单位的主体资格，以免上当受骗。

3. 按规定的程序签订就业协议书

按照正常的就业协议书签订程序，高校应是最后签章，但在实际工作中，有些毕业生为图方便，要求学校先盖章，再交用人单位签章，这样一来，容易造成两种不良后果：一是用人单位拿了协议书后迟迟不肯签章，一拖再拖，一、两个月或更长时间后，突然找个理由说不能录用毕业生了，因用人单位未签章，协议尚未生效，毕业生有口难言，浪费了精力不说，还白白耽误了与其他用人单位签约的机会；二是个别用人单位未经协商便在协议书上增加一些毕业生不愿接受的条款，待毕业生提出异议，协议已经用人单位盖章生效，若要违约，毕业生又不得不承担赔偿责任。因此，毕业生只有按照规定的程序签订就业协议书，才能有效地避免自己的权益受到侵害。

4. 双方协商条款的内容必须在备注栏中注明

在毕业生与用人单位的洽谈中，必然会就一些具体问题进行协商，若双方达成一致意见后，毕业生要注意将协商好的相关条款在备注栏中书面说明，并由双方签字盖章。备注栏中需要注明的条款一般有以下两类：

（1）关于工资福利待遇、住房条件、服务期限等等。这些条款的提出，有利于保护毕业生的自身权益，毕业生报到后与用人单位签订劳动合同时，不需要重复协商此类问题。

（2）明确违约处理办法。毕业生就业协议书一经订立，任何一方都不得随意解除，否则就应承担违约责任，但由于各种各样的原因，违约现象也是客观存在的。为维护自身权益，有必要约定双方违约所要承担的责任，如规定违约金数额等等。这样一来，若用人单位提出违约，毕业生可获得一定的补偿，若毕业生提出违约，也可避免一些用人单位不允许违约或漫天要价，从而使自己处于被动状态。

需要指出的是，若毕业生考研待录或准备出国，与用人单位签订就业协议时，一定要注明"毕业生考研录取或办理出国手续后，协议自行解除"等相关内容，这样就可避免承担违约责任，避免造成经济损失或引起其他争议。

二、劳动合同概述

（一）劳动合同的概念

劳动合同是指劳动者与用人单位确立劳动关系，明确双方权利和义务的协议。又叫"劳动协议"或"劳动契约"。劳动合同必须以书面形式订立，它分个人劳动合同和集体劳动合同两大类，这里介绍的主要是针对毕业生与用人单位所签订的个人劳动合同。

（二）劳动合同的基本内容

劳动合同的内容，是指双方当事人在劳动合同中必经明确的各自的权利、义务及其他有关问题。劳动合同的内容是劳动关系的实质，也是劳动合同成立和发生法律效力的核心问题。

劳动合同的内容，可分为法定条款和协商条款两部分，前者是指劳动合同必须具备的由法规直接规定的内容；后者是指不需由法律直接规定，是由双方当事人自愿协商规定的合同内容。

1. 法定条款

劳动合同的法定条款充分考虑了双方当事人的权利与义务关系，具有强制性，劳动合同一经订立，双方当事人应无条件执行。

劳动合同应当具备以下条款：

（1）用人单位的名称、住所和法定代表人或者主要负责人；

（2）劳动者的姓名、住址和居民身份证或者其他有效身份证件号码；

（3）劳动合同期限；

（4）工作内容和工作地点；

（5）工作时间和休息休假；

（6）劳动报酬；

（7）社会保险；

（8）劳动保护、劳动条件和职业危害防护；

（9）法律、法规规定应当纳入劳动合同的其他事项。

2. 协商条款

协商条款是订立劳动合同双方当事人经过协商约定，自行规定的条件，如生活福利，劳动者从事的工种，担任的职务，住房条件，争议解决的途径等等。

（三）签订劳动合同应注意的问题

1. 坚持平等自愿的原则。在签订劳动合同时，毕业生和用人单位是平等的民事主体,具有平等的法律地位,享有法律规定的平等权利,因此,双方必须坚持自愿的原则协商合同条款内容,任何一方不得将自己的意志强加给另一方,更不能采取欺诈手段订立劳动合同。《劳动法》规定,采取欺诈、威胁等手段订立的劳动合同为无效劳动合同。

2. 合同内容必须合法。合同的内容不得与相关法律法规相冲突,《劳动法》规定,违反法律、行政法规签订的劳动合同为无效劳动合同。

3. 文字表述要规范。合同条款的语言文字表达要清楚而有条理,避免产生歧义。

4. 对用人单位提供的格式合同要认真推敲。有些用人单位为方便订立劳动合同,事先已拟好格式合同,毕业生在签订此类劳动合同时,一定要仔细阅读有关条款,对条款中出现的不愿接受的"霸王条款"要坚决拒绝,以免吃亏上当。

三、就业协议与劳动合同的共性与区别

(一)就业协议与劳动合同的共性

1. 确定劳动关系

毕业生与用人单位签订了就业协议,毕业生就应按协议要求的时间去用人单位报到上班,用人单位要为毕业生安排相应的工作,从实质上说,这就是确定了一种劳动关系。确定这种劳动关系的依据是就业协议。而劳动合同则进一步确定了劳动者与用人单位的劳动关系。

2. 都是在当事人双方自愿情况下签订的

无论是就业协议,还是劳动合同,都是双方在平等协议、充分表达主观意愿的情况下签订的,双方对协议或合同中订立的权利、义务都是完全认可的,无强制、胁迫等因素的影响。

3. 法律依据是一致的

由于就业协议是确立劳动关系的一种协议,具有与劳动合同相似的性质,因此,在订立就业协议时,也应遵循《劳动法》中的有关规定,发生争议纠纷,也应依照《劳动法》有关规定加以解决。

(二)就业协议与劳动合同的区别

尽管就业协议与劳动合同有相近之处,但就业协议毕竟不是劳动合同,二者不能互相替代,它们的区别如下:

1. 主体不同

就业协议的主体有三方,即毕业生、用人单位和高校,而劳动合同的主体只有劳动者(毕业生)与用人单位,与劳动者(毕业生)所在的高校无关。

2. 要求的内容不同

就业协议的内容主要涉及毕业生如实填写自己的情况,表达是否愿意到用人单位就业的意向，用人单位表明是否愿意接收毕业生的态度，高校是否同意毕业生与用人单位的意见等等。至于毕业生到用人单位后享有什么权利，应承担哪些义务，就业协议并未作出明确而具体的要求。而依据《劳动法》的规定，劳动合同的内容必须包括劳动合同期限、工作内容、劳动保护和劳动条件、劳动报酬、劳动纪律、劳动合同终止的条件、违反劳动合同的责任等七方面内容。

由此可见，劳动合同的内容较就业协议的内容更为具体、更为齐全，双方权利义务表达更为明确。

3. 签订的时间不同

一般而言，就业协议签订在前，它是在毕业生就业之前签订的，而劳动合同一般是在毕业生到用人单位报到上班后才签订的，当然，也有用人单位要求在毕业生报到前签订劳动合同的，但程序上一般也是先签就业协议，再签劳动合同。

4. 适用的人员不同

就业协议只适用于普通高校毕业生与用人单位、高校之间，而劳动合同可适用于各类人员与用人单位之间。凡是中华人民共和国的公民，只要符合法律规定的条件，一经录用都可与用人单位签订劳动合同。

第四节　社会保障制度

是否享受一定的社会保障，是大学毕业生在签订就业协议前与用人单位必须商定的问题，尤其是养老保险、失业保险和医疗保险对毕业生今后的工作、生活有较大影响，因此，毕业生认真了解我国现行的社会保障制度是十分必要的。

一、社会保障制度的内涵、原则和功能

（一）社会保障制度的内涵

社会保障制度是国家根据一定的法律和规定，保证社会成员的基本生活需要，保持社会稳定的一项社会安全制度。社会保障基金来源于国民收入，是通过国民收入的分配和再分配而最终形成的特殊消费基金。社会保障制度的创立是社会化大生产的必然产物，是经济发展和社会进步的重要标志。

（二）建立社会保障制度的基本原则

1. 权利与义务、公平与效率相统一

社会保障的受益者，要先尽义务，做贡献，依法交纳各项社会保障费用，然后才能享受各种社会保障。社会保障费用由国家、单位和个人合理分担，其中个人部分，要依个人收入高低按比例交纳，总的原则是多投保多受益，体现权利与

义务相统一，公平与效益相结合。

2. 兼顾国家、单位和个人利益

社会保障体制是社会经济发展和人民生活安定的稳定器、减压阀、调节器，在出台各项社会保障措施时，要充分考虑兼顾国家、单位与个人三者的利益关系，协调好眼前利益与长远利益，局部利益与整体利益的矛盾，维护社会的安定团结。

3. 社会保障水平与经济实力相适应

无论是社会保险，还是社会救济、社会福利、社会优抚都要量力而行，要根据国家经济发展的实际情况，逐步提高社会保障水平。

4. 社会保障管理社会化

社会保障事业涉及全社会，管理必须社会化。有关社会保障的法令、政策应集中管理，不能政出多门，要建立统一的、权威的社会保障管理机构，同时加强社会保障的立法。

（三）社会保障的功能

从总体上看，社会保障的功能可以概括为以下四点：

1. 社会稳定功能

社会保障的稳定功能集中表现为"安全网"和"减震器"的作用。如通过调节社会成员的收入差距，保证公民的基本生活需求；缓解分配不公的矛盾，从而调节社会成员间的物质利益关系，达到社会稳定的目的；养老保险可以使人们老有所养；失业保险能够使失业者得到基本生活保障，从而减轻失业给社会带来的压力等等。

2. 经济调节功能

（1）调节社会总供给和总需求。当经济增长时，劳动者的收入增加，失业率降低，社会保障开支随之下降，则可缓解社会总需求的增加；反之，经济发展缓慢或处于低潮时，劳动者收入低，失业率增加，社会保障的开支随之增加，则会刺激社会有效需求增加，促进经济正常开展。

（2）为经济增长筹集资金。基金式社会保障制度能够保持一定规模的资金盈余，从而构成可供政府支配的储蓄，政府可用这笔储蓄实现经济结构的优化，为经济增长服务。

（3）分配功能。社会保障的分配功能主要体现在国民收入的再分配中。国家财政预算中的消费基金，相当一部分是社会保障基金。国家按一定方式和要求进行分配使用这些基金，便形成了社会保障支出。

（4）保障劳动力再生产的功能。如，通过劳动者收入的保障和健康保险，使劳动者的劳动能力得到恢复和再生产；通过对失业者和生活困难者提供基本生活保障，使他们的劳动力得到保护，为其再就业创造条件；通过对暂时或永久丧失劳动能力的劳动者提供基本生活保障，并与其过去的劳动贡献挂钩，能鼓励在职劳动者积极工作，为社会多做贡献等等。

二、现行社会保障体系及基本内容

我国现行社会保障体系包括社会保险、社会救济、社会福利、优抚安置和社会互助、个人储蓄积累保障等方面的内容，其中，社会保险是核心内容。近年来，我国社会保障制度改革的重点是职工养老、失业、医疗保险制度和社会救济制度，这里予以简要介绍。

（一）社会养老保险

1997年7月，国务院颁布了《关于建立统一的企业职工基本养老保险制度的决定》。该《决定》的核心内容是"三个统一"：

一是统一规范企业和职工个人的缴费比例。规定企业缴费比例一般不超过工资总额的20%，个人缴费比例1997年不低于本人工资的4%，以后再两年提高一个百分点，最终达到8%。

二是统一个人账户规模。要求各地都应按职工本人工资的11%为每个职工建立个人账户，个人缴费全部汇入个人账户；不足部分由企业缴费中划入，随着个人缴费比例的提高，企业划入部分应降到3%。

三是统一养老金计发办法。养老金支付分为两部分：第一部分是基础养老金，月标准为当地职工上年度月平均工资的20%；第二部分是个人账户养老金，月发放标准为个人账户累计储蓄存额除以120。

（二）社会失业保险

1999年1月，国务院颁布了《失业保险条例》。《条例》规定失业保险的覆盖范围为城镇所有企业事业单位及其职工。有关费用问题的主要内容如下：

1. 失业保险基金的缴费率

企业的缴费率为应缴失业保险费基数的2%，事业单位为1%；企业职工个人缴费为本人应缴失业保险费基数的1%，事业单位职工为0.5%。

2. 失业保险金的发放标准

失业保险金的发放标准按照低于当地最低工资标准、高于城市居民最低生活保障标准的水平发放，具体标准由省、自治区、直辖市制定。

（三）社会医疗保险

1998年底，国务院颁布了《关于建立城镇职工基本医疗保险制度的决定》，并要求于1999年1月正式启动这一工作，该《决定》的主要内容如下：

1. 职工医疗保险制度的覆盖范围

城镇所有用人单位，包括企业（国有企业、集体企业、外商投资企业、私营企业等）、机关、事业单位、社会团体、民办非企业单位及其职工，都要参加基本医疗保险。乡镇企业及其职工、城镇个体经济组织业主及其从业人员是否参加基本医疗保险，由省、自治区、直辖市人民政府决定。

2. 筹资标准

基本医疗保险基金由用人单位和职工共同缴纳。用人单位的缴费比例控制在单位工资总额的6%左右；职工缴费比例在起步阶段为本人工资的2%，以后随经济发展逐步提高。职工缴费全部计入个人账户；用人单位缴费分为两部分，一部分用于建立个人账户，一般按30%左右划入个人账户，另一部分用于建立统筹基金。个人医疗账户可以结转和继承，但不得提取现金或挪作他用，社会统筹医疗基金，由社会医疗保险经办机构集中调剂使用。

3. 支出范围

统筹基金和个人账户基金要划定各自的支付范围，分别核算，不能互相挤占。统筹基金的起付标准原则上控制在当地职工年平均工资的10%左右，最高支付总额原则上控制在当地职工年平均工资的4倍左右。

（四）社会救济制度

1997年国务院发布了《关于在全国建立城市居民最低生活保障制度的通知》，1999年9月国务院颁布了《城镇居民最低生活保障条例》，全面推行这项制度。这是目前我国实行的最有成效的社会经济制度。主要内容如下：

（1）保障对象：保障对象的范围具体可分为三类：（1）无生活来源、无劳动能力、无法定赡养人或扶养人的居民；（2）领取失业救济金期间或失业救济期满，仍未能重新就业，家庭人均收入低于最低生活保障标准的居民；（3）在职人员和下岗人员是在领取工资或最低工资基本生活费以后及退休人员领取退休金后，其家庭人均收入仍低于最低生活保障标准的居民。

（2）保障标准。由于我国各地经济发展不平衡，既不可能制定适合全国的最低保障绝对标准，也难以提出一个以人均收入为基数的相对标准。因此，国务院提出，由各地人民政府自行确定城市居民最低生活保障标准，要求各地本着既要保障贫困居民基本生活，又有利于克服其依赖思想的原则，按照当地基本生活必需品费用和财政承受能力，实事求是地确定保障标准。

目前，我国部分省、市、自治区已将因各种原因就业困难的大学毕业生纳入了城市居民最低生活保障的范围，一些家庭贫困而就业暂有困难的大学毕业生可向当地政府申请城市居民最低生活保障金。

第五节　劳动争议

一、劳动争议的界定

劳动争议又称劳动纠纷，是指劳动关系双方当事人之间因实现劳动权利和履行劳动义务产生分歧而引起的争议。

按不同的划分标准，劳动争议有不同的分类。

（一）按劳动者人数多少划分

按劳动者人数划分，劳动争议分个人劳动争议和集体劳动争议。个人劳动争议指劳动者个体与其所在用人单位发生的争议。集体劳动争议是指劳动者 3 人以上（含 3 人），并有共同申诉理由的劳动争议。

（二）按争议内容划分

按争议内容，劳动争议分为：（一）因确认劳动关系发生的争议；（二）因订立、履行、变更、解除和终止劳动合同发生的争议；（三）因除名、辞退和辞职、离职发生的争议；（四）因工作时间、休息休假、社会保险、福利、培训以及劳动保护发生的争议；（五）因劳动报酬、工伤医疗费、经济补偿或者赔偿金等发生的争议；（六）法律、法规规定的其他劳动争议。

二、劳动争议的处理

（一）什么是劳动争议的处理

所谓劳动争议的处理，是指法律、法规授权的专门机构对劳动关系双方当事人之间发生的劳动争议，依法进行调解、仲裁和审判的行为。目前，劳动争议处理的主要依据是 2008 年 5 月 1 日施行的《中华人民共和国劳动争议调解仲裁法》。

（二）劳动争议处理的程序

发生劳动争议，劳动者可以与用人单位协商，也可以请工会或者第三方共同与用人单位协商，达成和解协议。当事人不愿协商、协商不成或者达成和解协议后不履行的，可以向调解组织申请调解；不愿调解、调解不成或者达成调解协议后不履行的，可以向劳动争议仲裁委员会申请仲裁；对仲裁裁决不服的，可以向人民法院提起诉讼。

1. 协商

协商不是处理劳动争议的必经程序。劳动争议发生后，双方当事人可自行协商解决，若协商不成或不愿协商的，可以申请调解或仲裁。

2. 调解

（1）发生劳动争议，当事人可以到下列调解组织申请调解：①企业劳动争议调解委员会；②依法设立的基层人民调解组织；③在乡镇、街道设立的具有劳动争议调解职能的组织。

（2）当事人申请劳动争议调解可以书面申请，也可以口头申请。口头申请的，调解组织应当当场记录申请人基本情况、申请调解的争议事项、理由和时间。

（3）经调解达成协议的，应当制作调解协议书。调解协议书由双方当事人签名或者盖章，经调解员签名并加盖调解组织印章后生效，对双方当事人具有约束力，当事人应当履行。

（4）自劳动争议调解组织收到调解申请之日起十五日内未达成调解协议的，当事人可以依法申请仲裁。

3. 仲裁

调解不成的，可以向劳动争议仲裁委员会申请仲裁。当事人也可以直接向劳动争议仲裁委员会申请仲裁。仲裁是处理劳动争议的必经程序。

（1）劳动争议仲裁委员会由劳动行政部门代表、工会代表和企业方面代表组成。劳动争议仲裁委员会组成人员应当是单数。

（2）当事人可以委托代理人参加仲裁活动。委托他人参加仲裁活动，应当向劳动争议仲裁委员会提交有委托人签名或者盖章的委托书，委托书应当载明委托事项和权限。

（3）劳动争议申请仲裁的时效期间为一年。仲裁时效期间从当事人知道或者应当知道其权利被侵害之日起计算。

（4）申请人申请仲裁应当提交书面仲裁申请，并按照被申请人人数提交副本。仲裁申请书应当载明下列事项：①劳动者的姓名、性别、年龄、职业、工作单位和住所，用人单位的名称、住所和法定代表人或者主要负责人的姓名、职务；②仲裁请求和所根据的事实、理由；③证据和证据来源、证人姓名和住所。书写仲裁申请确有困难的，可以口头申请，由劳动争议仲裁委员会记入笔录，并告知对方当事人。

（5）劳动争议仲裁委员会收到仲裁申请之日起五日内，认为符合受理条件的，应当受理，并通知申请人；认为不符合受理条件的，应当书面通知申请人不予受理，并说明理由。对劳动争议仲裁委员会不予受理或者逾期未作出决定的，申请人可以就该劳动争议事项向人民法院提起诉讼。

（6）劳动争议仲裁委员会受理仲裁申请后，应当在五日内将仲裁申请书副本送达被申请人。被申请人收到仲裁申请书副本后，应当在十日内向劳动争议仲裁委员会提交答辩书。劳动争议仲裁委员会收到答辩书后，应当在五日内将答辩书副本送达申请人。被申请人未提交答辩书的，不影响仲裁程序的进行。

（7）仲裁庭应当在开庭五日前，将开庭日期、地点书面通知双方当事人。当事人有正当理由的，可以在开庭三日前请求延期开庭。是否延期，由劳动争议仲裁委员会决定。申请人收到书面通知，无正当理由拒不到庭或者未经仲裁庭同意中途退庭的，可以视为撤回仲裁申请。被申请人收到书面通知，无正当理由拒不到庭或者未经仲裁庭同意中途退庭的，可以缺席裁决。

（8）裁决书应当载明仲裁请求、争议事实、裁决理由、裁决结果和裁决日期。裁决书由仲裁员签名，加盖劳动争议仲裁委员会印章。对裁决持不同意见的仲裁员，可以签名，也可以不签名。

（9）下列劳动争议，除本法另有规定的外，仲裁裁决为终局裁决，裁决书自作出之日起发生法律效力：①追索劳动报酬、工伤医疗费、经济补偿或者赔偿金，不超过当地月最低工资标准十二个月金额的争议；②因执行国家的劳动标准在工作时间、休息休假、社会保险等方面发生的争议。

（10）劳动者对仲裁裁决不服的，可以自收到仲裁裁决书之日起十五日内向人民法院提起诉讼。

第六节 求职陷阱

每年毕业生求职的高峰期也是出现求职陷阱的高峰期。所谓求职陷阱是指在大学生就业过程中，用人单位或一些不法分子为达到某种目的有意设计的圈套。根据目的性质的不同，求职陷阱有善意陷阱与恶意陷阱之分，善意陷阱不以侵害大学生权益为目的，常见在用人单位面试、考核毕业生的过程中，作为考核内容的一部分，旨在观察毕业生的能力与素质。而恶意陷阱则是以侵害大学生的权益为目的，这类陷阱情况复杂，形式多样，近年来呈上升趋势，毕业生们要高度警惕、认真识别。这里，我们主要介绍在求职过程中常见的恶意陷阱。

一、常见的求职陷阱

根据陷阱设计者的主体不同，我们将求职陷阱分为用人单位设计的陷阱和不法分子设计的陷阱两大类。

（一）用人单位设计的陷阱

用人单位设计的求职陷阱主要是体现在诚信方面，常见的有以下几种：

1. 无偿试用

在人才市场供需双方失信的情况下，"试用"成为一些用工单位获取廉价劳动力的途径。这类"陷阱"通常的做法是：先在招聘广告上列出诱人的人才引进条件，学生报名应聘后，便以考查学生能力为由安排十几个、甚至几十个学生去单位试用，并以考核为由，不与毕业生签订劳动合同。而这些所谓的试用，无非是为企业筹备展销会、为公司推销某种产品、为某一个大型活动跑跑腿等等，待这些需要大批人力的活动一结束，他们便以试用不合格为由，让学生全部回去。有点良心的单位还可能付学生们一点工资（当然是较社会用工低得多的工资），而有些单位则以考核毕业生为借口，根本不愿付一分钱，因为他们最初的目的就是想利用大学生为他们"义务劳动"而已。

2. 打着实习的幌子，骗取廉价劳动力

目前，越来越多的用人单位通过招聘实习生来达到选拔人才的目的。但有少数用人单位却打着招聘实习生的幌子，骗取廉价劳动力。如有的用人单位在安排实习岗位时只安排一些与学生所学专业无关、技术含量低、只需卖苦力的工作，如到车间当一般工人使用、守电梯、守传达、送报纸、打扫卫生、搬运货物等，把实习生当生产工人甚至清洁工、搬运工使用，既学不到什么知识和技术，浪费青春，报酬又很低廉，有的甚至不但没有任何报酬，还要给"实习"单位一定的实习费。真是费力不讨好，哑巴吃黄连有苦难言。

3. 甜蜜的谎言

在供需见面会上，有一家用人单位看起来似乎不错，但由于离学校或家乡太远，一时无法亲自去考察，又无亲戚朋友可以打听，偏偏用人单位规定一、两天之内必须签约，你怕失去好的就业机会，只好向招聘单位工作人员打听单位的情况了。这时，或许就会有一个招聘人员用诗一般的语言向你介绍他们的单位，说那里的山是怎样的青，水是怎样的绿，交通是怎样的便利，至于待遇嘛，先不告诉你，到那一上班你一定满意。甜蜜的话语、满面的笑容加上诱人的悬念，你很可能经不住诱惑，匆匆签订了就业协议书。等你毕业离校欢欢喜喜去单位报到时，才发现青山原来是满坡的荒草，绿水原来是腐臭的小溪，交通便利则是十年以后的规划，至于待遇嘛，只要不拖欠工资就阿弥陀佛了。

4. 文字游戏

文字游戏可以分为口头文字游戏与书面文字游戏两种。所谓口头文字游戏主要是指在谈及学生关心的工作待遇等问题时，用人单位故意不作正面回答，或模棱两可、或顾左右而言他、或随口应承而又不愿将答应的条件写入劳动合同，让你要么摸不着头脑，要么没任何依据。书面文字游戏则主要出现在就业协议书或劳动合同中，比如说，为使你尽快放心地签订就业协议书，在协议书或劳动合同条款中，针对你希望待遇高一点的心理，招聘单位写上"若毕业生工作表现突出，每年奖伍万元"，待报到后，你才了解到，所谓的"工作突出"条件很苛刻，基本上是没人可以达到的；再如，针对毕业生想考研究生的心理，条款中写上"若上级同意，该生可以随时申请报考研究生"，待你真正提出报考时，他便会以上级不同意为由加以拒绝。如此等等，举不胜举。

5. 口头承诺

一些用人单位与求职者就双方责、权、利有关事项达成口头协定，当求职者提出签订正式的书面合同时，用人单位便以双方应相互信任为由，不愿签订书面合同。然而，等求职者到用人单位报到上班后，原来达成的口头协定却无法兑现，由于缺乏文字依据，毕业生投诉无门，只好自认倒霉。

6. 违规抵押

国家明文规定，任何单位在招聘员工时，不得以任何理由、任何形式收取求职者的押金，或以身份证、毕业证作抵押。但目前仍有一些单位，尤其是一些管理不太规范的中小型民营企业、民办学校等，以便于管理为由向求职者收取押金或抵押证书，这些单位在收取押金或证件后，便会为所欲为，而毕业生一旦因不堪忍受伤害提出离开时，他们或不退押金或要求毕业生必须交清所谓赔偿金额方可拿回属于自己的证件。

（二）不法分子设计的陷阱

近年来，针对大学毕业生急于就业的心理及缺乏社会经验的实际情况，一些不法分子为骗取钱财或达到某些不可告人的目的，将黑手伸向了正在求职的毕业生。不法分子设计的陷阱常见有以下几类：

1. 高薪诱饵

初次求职的大学生对薪水常常有高于实际的要求，一些不法分子利用学生的这一心理，以夸张、离谱的高薪为饵，通过报纸、网络等途径，诱使求职者上钩。近年来，一些大学生诱骗至广东、福建等地，被不法分子控制，强迫从事传销活动，很多就是以高薪为诱饵的。

2. 虚假中介

一些非法或违规经营的职业介绍所，采取与一些小公司串通，或自行安排招聘骗局等形式，有意发布一些虚假的就业岗位，对前来求职的毕业生，要求先交中介费，再推荐工作，待大学生交了中介费时，他们便将毕业生推荐至事先串通好的小公司工作。一两天后，这家小公司便会以各种理由将毕业生辞退，或设计各种障碍让毕业生自行离开。更有一些非法中介自行安排所谓的面试，收取毕业生中介费后，则以招聘名额已满或面试不合格为由，将学生退回，其中介费却并不退还。

3. 热心帮忙

人如潮涌的人才交流会上，当你的求职材料被理想中的用人单位退回、正在唉声叹气时，也许就会有一个人犹如老天爷安排好的一样及时出现在你面前。他慈眉善目、和颜悦色，劝你不要灰心，信誓旦旦地说可以帮助你。如果你像抓住救命稻草一样地请他帮忙，他就会把你拉到一边为你出谋划策，说他认识这个单位某某领导，只要他出面完全可以办妥此事等等。你正在暗自庆幸遇到好心人时，他又会说想办好事需要找些关系，在这方面需要花些钱，看你愿不愿意。当然，第一次他一般不会开价太高，估计你会愿意给的，待过了一段时间后，你再找他，他会说，事情有进展，但还需要一些钱干什么什么的，这时的你又不想让第一次给的钱打了"水漂"，就很有可能咬咬牙再给他钱，等你过段时间想问问结果时，那个好心人也许就再也找不着了。

4. 限招美女

这类陷阱常见的特征是，对毕业生所学专业、能力等方面没有什么特别的要求和限制，只要求女生形象好，气质佳。通常广告上安排的所谓岗位也是体面、轻松的，一旦女大学生根据要求去见面时，不法分子就有可能通过试酒量或限制人身自由等办法，对女大学生实行侵害行为或逼良为娼，强迫女大学生去当"三陪"小姐等非法勾当。

5. 网络诈骗

近年来，网上招聘已逐步体现其特有的优势。通过网上招聘的形式，求职者足不出户便可参与应聘，方便而快捷。但与此同时，一些利用网上求职互不见面的特点，处心积虑，设置陷阱，以种种名义骗取求职者的钱财，侵害求职者权益。惯用的方法有：利用毕业生求职心切的心理，不法分子通过网络发布虚假需求信息，并以各种名义要求毕业生汇款到指定的可以全国通存通兑的账号，待钱一到账立刻取走，公安部门很难追查；一些非法机构发布虚假需求信息，毕业生一旦联系，他们便以不能见面为由，要求毕业生提供照片，然后，他们窃取毕业生发布在网页上的照片，尤其是女大学生的生活照，有选择地粘贴在色情交友网站上，以骗取网民的点击率和中介费。

二、规避求职陷阱

面对形形色色的求职陷阱，学会预防掉入陷阱是最好的选择。为有效地规避求职陷阱，广大毕业生要学会认真观察、冷静思考、仔细甄别，具体来说，要从以下两个方面多加注意：

（一）多留几份心眼

1. 谨慎选择中介

如果毕业生希望借助中介介绍就业，为避免钱财被骗，一定要选择知名度较高、有一定社会品牌的正规中介公司。同时，要认真了解中介公司的法定资格。一般而言，从事职业介绍的公司必须是经劳动或人事行政部门批准成立的，应持有劳动行政部门核发的《职业介绍许可证》、人事行政部门核发的《人才交流许可证》及工商行政部门颁发的《营业执照》。如果中介公司没有这些证照，毕业生最好不要选择，而且，在核定这些证照时，不要轻信中介公司提供的复印件。

2. 不要轻信小广告

对待街头散发的或报纸上版面很小的招聘广告，毕业生要十分小心，尤其是那些对业务描述遮遮掩掩，工资待遇却高得离谱的招聘信息，千万不要头脑发热，因为这些广告十有八九是以骗人为目的的。

3. 小心过分热心

如果你发现招聘单位对每一位应聘者都十分满意、十分热情，对应聘者的能力条件却并不看重，你就要十分小心了，因为很有可能骗局就要开场了。不仅要小心招聘单位的过分热心，对待陌生的、过分热心提出要给你帮忙的人，你尽量不要搭话、不要理睬，以免落入圈套。

4. 避免单独应试

这方面女同学尤其要引起注意，千万不要独自一人到私人场所参加面试，因为正规单位的面试都会有规定的程序与一定的参与人员，私人单独面试不合常理。

5. 捂紧自己钱袋

无论是用人单位收取违约押金、上岗押金，还是相关部门收取培训费；无论是别人帮忙索要钱财，还是缴纳中介费用，总之，凡与金钱相联系的人或事，都要三思而后行，自己的钱不要轻易出手。

6. 认真对待劳动合同

口头合同与生死合同都是无法律效果的合同，不要随意认可。而面对格式合同要千万小心，仔细阅读有关条款，尤其是在相关工作人员故意催促你签字的情况下，尤其要保持冷静。

7. 多方求证真伪

无论是对前来招聘的单位还是代表，所签合同的真实有效性，或是否设有陷阱等，都可向其主管部门查证、寻求相关信息验证或向律师等咨询。

（二）克服三种不良心理

1. 无所谓心理

即对什么都不怎么在乎，不愿意去多观察、多思考、多体验。其实，面对就业，我们有很多东西要学习，既要学会如何与复杂纷繁的社会打交道，又要学会怎样保护自己。因此，多了解一下社会、多看一看国家有关大学生就业的政策、多学一学《劳动法》、《经济合同法》等等，这些都是有益而无害的。现在你"无所谓"，等吃了亏，想"有所谓"也不一定好办了。

2. 急于求成心理

尽管我们常说要抓住机会，但这个"机会"绝不能盲目地去抓。要知道，你签约容易，违约可就难了。因此，在对用人单位情况毫不了解的前提下，千万不要因急于落实单位而草率签约。

3. 侥幸心理

"说不定别人是真心想帮助我"、"这个人好像不会骗我"、"万一他说的是真的呢"等等，这些想法都是侥幸心理的体现。轻信别人就是对自己的不负责任，凡事多用脑想一想没什么害处，要知道，上当受骗的感觉可并不那么好受。

最后，需要说明的是，当今社会绝大多数人都是诚恳的、友好的，我们不能因为有这些"陷阱"而总是用怀疑的眼光看待周围的人和事，更不能因噎废食，干脆不敢与社会交往了，那样的话，我们就又走向另一个极端了。

第八章　创业之道

　　创业，顾名思义即创造一番事业。一般来说，创业包括两个方面的含义：一是指个人或团队去创办一个企业（如公司、工厂等）或其他经济实体，二是指个人在工作岗位上有所建树，如创造发明等，即岗位创业。如我国众多院士、专家即是岗位创业的典范。湖南师范大学生命科学学院刘筠院士结合工作岗位在鱼类研究方面取得了重大突破和贡献；中南大学校长黄伯云院士在飞机刹车片等方面取得巨大突破，一举夺得国家科技发明一等奖等，都是岗位创业。

　　本书所指的创业，主要指个人或团队去创办一个企业或其他经济实体的行为。是一种不仅为创业者本人，同时也为他人创造就业岗位的行为。一般不包括自由职业者，如自由撰稿人、"提篮子"的生意人等，这些只是创业的积累过程。

　　创业是一个古老而永恒的话题。历史的长河奔腾不息。综观古今中外，从我们的祖先击石取火到液化气、天然气进入百姓人家；从电灯的发明到日光灯、节能灯的广泛使用；从蒸汽机的问世到宇宙飞船遨游太空；从第一台计算机的诞生到信息产业革命，信息化浪潮席卷全球……每一次人类的进步，每一次社会的变革，无不闪耀着创业者的智慧和灵光，无不凝聚着开拓者的艰辛和汗水。比尔·盖茨、卡耐基、张瑞敏、丁磊、王志军、张剑等创业大军中的一代英豪，为社会创造了巨大的财富，是创业者的典范。创业是人类社会发展的发动机，推动着人类社会滚滚向前，使之丰富多彩、繁荣昌盛。

　　创业在众多西方国家是一种时尚和潮流。如美国哈佛大学的毕业生 70% 以上都是自主创业。众所周知，随着我国高校的大规模扩招和就业结构性矛盾的影响，大学生就业形势日趋严峻，几乎是"三个萝卜一个坑"。在日益严峻的就业形势和巨大的就业压力下，许多大学生和社会青年感到迷茫，感到困惑，一筹莫展。一些人在彷徨、在观望，等待"上帝"的恩赐，梦想好运的降临。

　　为什么我们总是习惯于在别人栽培的大树下乘凉，而不能像一些西方国家的青年那样亲手种植一棵大树让别人来乘凉呢？面对如此严峻的就业形势，面对如此激烈的求职竞争，面对充满诱惑的众多商机，为什么我们总是习惯于乞求别人：

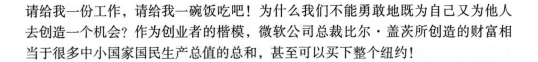

请给我一份工作，请给我一碗饭吃吧！为什么我们不能勇敢地既为自己又为他人去创造一个机会？作为创业者的楷模，微软公司总裁比尔·盖茨所创造的财富相当于很多中小国家国民生产总值的总和，甚至可以买下整个纽约！

第一节　大学生创业的意义

近几年来，大学生创业已不是什么新鲜事了，媒体也做了大量的相关报道：有清华学子创立视美乐公司，并引来了五千万风险投资的成功事例，也有华中科技大学在校学生李玲玲利用十万元风险投资创立武汉天行健科技开发有限公司，一年之后即宣告倒闭的失败教训。更多的大学生在默默无闻中艰苦拼搏，他们通过艰难的创业活动修炼人生的境界，完善自己的人生，更有意义的是他们带给人们许多思考。目前，创业的浪潮正在神州大地汹涌澎湃。

一、严峻的就业形势呼唤大学生创业

近年来，我国劳动力市场供大于求的形势日趋严峻。2009 年全国高校将有611 万应届大学毕业生涌入人才市场求职，加之每年有 30% 左右的大学毕业生未能及时就业以及大量失业人员、复员转业军人、跳槽人员、加入城镇新增劳动力和大量进城打工的农民等，至少有两千万人竞争就业岗位，而随着 GDP 的增幅降低，每年全国新增就业岗位大幅减少。大学生就业形势异常严峻。在这种严峻的就业形势下，创业无疑是缓解就业压力的重要途径。

大学生创业不仅能解决自身的就业问题，还能为社会创造更多的就业岗位。大学生掌握了先进的现代科学技术，具备了较丰富的专业知识和较高的综合素质，实现成功创业的可能性较大。时代呼唤大学生创业，创业是历史赋予当代大学生的神圣使命。

我国政府一贯鼓励和支持大学生创业。在《中共中央、国务院关于深化教育改革全面推进素质教育的决定》中大力提倡大学生探索自主创业，利用专利技术争取风险投资或政府小额贷款，创办民营公司，承包国有中小企业，或进军高科技、农业和第三产业。全国各地的高科技园区都相继出台了许多鼓励大学生创业的优惠政策，各省、市都在积极地为大学生创业创造条件。如湖南省长沙市正在兴起全民创业的热潮。长沙市委市政府推出了一系列鼓励创业的优惠措施，包括提供创业培训指导、提供创业贷款资金、税收优惠、对创业失败者由市政府给予适当救济等一系列有力举措，着力打造"创业之都"，以全民创业推动城市的蓬勃发展。创业，对当代大学生来说，既是重大挑战，更是巨大机遇。

欧阳晓玲，一位林校毕业生，毕业后主动放弃机关工作，落户农村当"农民"。她自筹资金承包荒山秃岭5000多亩，使荒山变成水果、干果基地，为1000多名农民和下岗职工提供了就业机会，带动辐射周围群众5000多人学习技术，开发荒山26000余亩。她被评为1999年全国十大杰出青年农民、四川省劳动模范。

二、知识经济时代呼唤大学生创业

在科学技术日新月异、知识经济蓬勃发展的浪潮中，一些西方国家，如美国的许多大学生利用高科技自主创业，成为美国硅谷的中坚力量。中国北京的中关村也活跃着一大批自主创业的大学生，许多人成了名副其实的"知本家"：丁磊、王江民、王志东、求伯君……知识经济的发展为当代大学生创业提供了千载难逢的机遇，一股大学生创业的浪潮正在席卷全球，在我国乃至全世界风起云涌，汹涌澎湃。你拥有技术，拥有专利，拥有智慧，就可能找到风险投资，而你以技术入股，还可能申请到扶持高技术的银行贷款。在今天，利用知识和智慧创立事业并迅速致富已不再是梦想。

三、大学生创业能为社会创造巨大的财富

大学生创业为社会创造巨大财富和价值的例子不胜枚举。远大中央空调有限公司生产的中央空调已成为国际知名品牌，产品远销欧美各地，每年上缴税金1亿多元，它的创办者张剑、张跃两兄弟，就是毕业不久即自主创业的大学生。比尔·盖茨从哈佛大学退学创立微软公司并成为世界首富的故事更是众人皆知。

四、大学生创业能为社会培养一大批栋梁之才

提倡、鼓励大学生创业，是提高大学生能力素质和心理品质素质的一条有效途径。从广义上讲，创业活动也是一种"学习"，而且是一种为传统教育所忽视的学习。它能够给平时"一心只读圣贤书"的大学生们提供一个直接接触社会的机会，对开阔视野和提高创新能力都是十分有益的。另外，缺乏合作意识的情况在我国独生子女中十分普遍，通过创业过程中的共同合作，能够增进彼此之间的了解，增强团队精神。

在社会经济的大环境为创业提供了良好发展机遇的今天，具备了较强能力和较高素质的大学生进行创业活动，只要有屡败屡战的精神，就终有成功的一天。中国缺乏创新型人才，中国急需一支高素质的企业家队伍！不论大学生们的创业成功与否，我们都相信，其中必定会为社会培育出一大批精英人才，并造就一批未来社会的中坚力量。而且，大学生创业者的精神将感染其他大学生，这对整个大学生群体能力与素质的培养，将起到难以估量的推动作用。

五、大学生创业挑战传统教育，并促使全新成才观形成

新世纪大学生的创业浪潮涌起，对中国传统教育提出了挑战。挑战来自两个

方面：一是大学生在创业中出现的问题，暴露了传统教育存在的弊端；二是社会和学生对创业的需求，要求教育进行及时的改革。

有一些创业的学生发出如下感慨，"我们接受的教育与市场相差太大"，"在学校获得的知识和能力根本无法应付创业中出现的困难和问题"，"在校学习期间，没接收过多少创业素质的培养，市场的知识非常缺乏"……创业需要多学科知识的运用，既需要专业知识，也需要各方面的综合性知识，尤其是商业运作知识，创业还需要有良好的心理素质，这些都是目前的大学教育中所缺乏的。

针对目前的状况，我们要转变教育观念，对学生开展以创新和创业为中心的素质教育，大力培养学生的创新能力和实践能力，拓宽学生的知识面，特别要加强市场经济方面的知识，把学生培养成复合型人才，并要注意加强学生心理素质教育。

【案例参考】

一双绣花鞋，赚了三千万欧元
——中国博士和法国妻子的浪漫创业史

触发灵感，绣花鞋催生发财梦

1994年，李明考取了巴黎大学美术史专业的博士研究生。6月的一个周末，一位法国同学请他和几个同学到家里吃晚餐。于是，他和克丽丝结识了。克丽丝在大学时学的是商业营销，现在一家艺术品商店做导购员，对美术和艺术品有很高的鉴赏力。1998年8月，李明拿到博士学位后，他们举办了简单而浪漫的婚礼。秋天，克丽丝随李明飞来中国度了一周的假，她被很多新鲜的东西迷住了。李明的老家是山东曲阜，孔子的故里，那里很多古代的遗迹让克丽丝赞叹不已，还有很多民间的工艺品也吸引住了她的眼球。尤其是那些花花绿绿的绣花鞋，克丽丝抓在手里高举着喊："太美了，太美了，……"她立即脱了高跟鞋，穿上绣花鞋，张扬着两手说她简直要像天使一样地飞翔了。回法国的时候，她坚持带了一大纸箱各式各样的绣花鞋。看她贪婪的样子，李明说："够了吧，你要穿两辈子吗？"克丽丝敲着他的脑袋说："我的傻丈夫，这么好的艺术品，我舍得穿在脚上？我疯了吗？我要将它推销出去，我要让巴黎所有的家庭客厅和卧室里都挂上这样的艺术品，你懂不懂？"

回到巴黎后，克丽丝将绣花鞋送给她的老板看，老板非常喜欢，同意摆上货架，定的价值很高，可一个星期就卖光了。克丽丝提出让他和中国的生产厂家联系，订一万双绣花鞋的货。

略施小计，绣花鞋风靡巴黎城

克丽丝要进的一万双绣花鞋，经过各种繁杂的手续，直到1999年6月才到货。货到晚了本来是坏事，可没想到因祸得福，正赶上人们为迎接新千年做各种庆祝活动的准备，一些大型表演正在排演。克丽丝带李明去推销，一次就售出了1000多双鞋，而且一周后又来电话再要了3000双。原来，法国人不是把鞋穿在脚上，而是串起来系在腰间，所以用量特别大。

一万双鞋很快销了出去，狠狠地赚了一笔。克丽丝要用这笔钱自己开店，问李明同意不同意。李明说："我当然同意啊，可就怕，你受累。"克丽丝抱住他一通热吻，说："我的中国丈夫真好啊！"

仅仅一周，商店就一切就绪开业了。这使李明很惊讶，说这样的速度是他根本没想到的。克丽丝得意地对他说："你承认吗？还是我们法国效率高。"李明说："你是说我老婆效率高吧。"克丽丝笑得非常灿烂。

商店开业后，绣花鞋每天的销量较大，克丽丝说还没达到她想象中的程度。她分析原因，冥思苦想找突破的办法。一天李明发现了问题，对她说："咱们为什么不订中型和小型的，还能降低成本，你说怎么样？"克丽丝听了一下抱住他，跳跃着说："太聪明……太聪明！这是个值一万个吻的主意。"

于是他们立即向国内打了电话，要订制的鞋的样式大小，订做了一大批，并决定要快。1999年12月中旬货到了，正值人们迎接新千年，克丽丝将绣花鞋说成是"来自古老东方的吉祥物"，这样一说，人们买鞋的越来越多，从中国进货的速度怎么也跟不上。克丽丝马上决定：涨价！先是涨了一倍，后来看没了，又涨了两倍。

他们赚了个盆满钵盈。可新千年过去后，销售额开始下降了。

李明的点子是：将绣花鞋里面装上香草，这样就成香包了。还可做包链和钥匙链的挂饰。他立即画了各种各样的小绣花鞋样子，克丽丝看后提出不同意见，他就再改，最后确定了几种，传回国内厂家按照样子制作。

产品上市后，一下火了，特别畅销。他们卖绣花鞋赚了3000万欧元，成为有名的富翁夫妻。在他们结婚5周年的婚宴上，李明紧紧地抱住克丽丝，动情地说："克丽丝，我永远爱你，你才是我一生中最珍贵的财富。"

第二节　创业基本知识

一、六赢理念与杠杆理论

六赢，即大众（顾客）、社会、代理、供方、公司、员工均受益。对于企业产品或服务来说，顾客就是上帝，如果不能让顾客受益，让大众受益，就会失去市场，失去生命的源泉。一个好的企业、好的产品或项目，要能让社会受益，就要符合社会的需要。如某类产品或项目虽然能给部分消费群体带来某些好处或实惠，但严重污染环境或违反社会公德、伦理等，将受到社会的谴责与抵制。像办养老院、开荒造林等符合社会需要的项目，将受到社会的欢迎与支持。如果某产品不能让供货商、代理商受益，则会严重制约和影响货源、销货渠道等，影响企业的生产和销售。创业的重要目的是让公司和员工受益；否则，就会失去创业的动力，失去企业生存和发展的基础。

杠杆理论：设想在杠杆上依次站了 10 个人。如果要利用杠杆去摘一个果子，最先摘到果子的一般来说是站在杠杆两端的人：站在最前面的第一个人与站在最后面的第十个人，因为他们最容易抢得先机。那么，杠杆理论给我们什么启迪呢？第一位代表勇于开拓创新者，往往能在市场经济中掘得第一桶金，第十位代表思想保守，稳重老练者，在市场经济中先按兵不动，等待时机，该出手时就出手，一旦机会来临，时机成熟，就果断出手，也能取得成功。而那些排在中间，瞻前顾后者则难以取得成功。

二、创业的最佳时期

心理学研究表明，人类创造力最活跃的时期为 25～29 岁。处于创造心理的觉醒期，对创造既充满渴望和憧憬，又受传统的习惯势力束缚较少，因而敢想敢做，不被权威、名人所吓倒，所谓"初生牛犊不怕虎"。并且在这个时候又积累了一定的社会经验、社会关系和创业资金等。因此，一般而言，大学毕业 3～5 年后去创业是较为理想的创业时期。当然，这并不是绝对的，每个人的经历、当时的社会环境、创业时机等具体情况不同，创业的时期有可能提前或推迟。如世界首富比尔·盖茨 19 岁时即离开哈佛大学，休学后创立了举世闻名的微软公司，英特尔公司的几名创业者，创业时均已超过 30 岁。

三、创业必备的基本素质与能力

鲜花迷人的芳香固然令人陶醉，金灿灿的硕果固然令人喜爱，但都离不开优良的种子、肥沃的土壤、适宜的气候和辛勤的浇灌。创业所带来的巨大经济效益（如豪华别墅、汽车）和巨大社会效益（如各种荣誉接踵而至，创业者社会地位的显著提高，以及为社会所创造的精神财富等）的确令人憧憬，然而创业的过程却充满了坎坷，创业之路崎岖不平。那么创业者需要什么样的素质与能力才能披荆斩棘，去创造辉煌的事业？

（一）良好的心理素质

良好的心理素质是创业成功的关键。由于创业的曲折、艰辛和风险性，因此经受各种困难和挫折的心理素质是十分重要的。要做到"胜不骄，败不馁"。跌倒了，再爬起来，要有屡败屡战的精神。

"不要为打翻的牛奶而哭泣。"这是美国著名成人教育家卡耐基的老师乔治对卡耐基的教诲。这句话时常如醍醐灌顶，激励着卡耐基在创业之路上奋力前行。"牛奶被打翻了，漏光了，怎么办？是看着被打翻的牛奶哭泣，还是去做点别的？请记住，牛奶被打翻已成现实，不可能重新装回瓶中，我们唯一能做的，就是找出教训，然后忘掉这些不愉快。"卡耐基时常用这句话来启迪他的部下，同时也用它来不断鞭策自己。

1. 充分的自信心

信心是动力的源泉，是成功的基石。在创业过程中，每一次投资都要冒失败的风险，每一笔生意都可能会遇到麻烦，创业充满了大大小小的困难。这种在市场经济大潮中的沉浮，对创业者是一个严峻的考验。一个没有充分自信心的人是难以取得创业成功的。

世界酒店大王希尔顿，用200美元创业起家，有人问他成功的秘诀，他说："信心"。有志于创业的大学生，一定要注意自信的培养。自信来源于对自己真实的肯定，自信来源于成功的经验。卡耐基认为，发展自信心的方法就是做你所怕做的事从而得到一个成功经验的记录。

2. 胆识与魄力

创业要有远见和勇气。前怕狼后怕虎将一事无成。"无限风光在险峰"，只有敢于与狂风恶浪搏斗，敢于潜入深海的人，才能觅得瑰丽的珍珠。

3. 坚韧不拔的意志，坚定不移的恒心

"古之成大事者，不唯有超世之才，亦必有坚韧不拔之志。"作为一名创业者，不能遇到困难就打退堂鼓，遇到挫折就回头，否则，将功亏一篑，一事无成。北大方正公司总裁、著名企业家王远说："大学生创业要有坚强的意志和坚定的恒心。成功意味着长年累月的艰苦劳动。"要敢于正视困难和挫折，并善于总结经验教训。跌倒了，马上爬起来，继续前进。

【案例参考】

美国汽车界巨子艾柯卡创业传奇

1978年7月13日，艾柯卡被福特公司的董事长亨利·福特革了职。这是他永远难以忘记的耻辱。艾柯卡曾经把全部的心血用在福特公司繁荣发展的事业上，当了8年福特公司的总裁和32年的职员，创造了数亿万美元的财富，但竟然在一夜之间失业了，十分令人难以接受。

在最初一段日子里，艾柯卡几近疯狂，他开始酗酒，借酒消愁。但是冷静下来以后，艾柯卡清楚，他必须认真对待人生道路上的艰难险阻。此后的几个星期里，契机终于降临——克莱斯勒公司濒临倒闭。艾柯卡此时来到了该公司。他清楚地知道，自己必须全力和命运搏斗，这既是一种挑战，同时也是一种冒险。但是，艾柯卡还是决定赌一把。几星期后，艾柯卡当上了克莱斯勒公司的总裁。

不久，艾柯卡终于反败为胜，很快扭亏为盈，使克莱斯勒公司起死回生，并随之挤进美国汽车行业三强（通用、福特、克莱斯勒）。他创造的奇迹使整个美国都为之惊呼：艾柯卡，我们时代的骄子，当代的英雄。

4. 善于调控情绪，保持乐观心态

日本有一位著名的企业家保持快乐心境的秘诀是：每天都要想三件使自己觉得快乐的事。面对挫折和困难，如何保持乐观的心态，泰然自若，举重若轻？学会调控情绪是创业成功的一个重要条件。

【案例参考】

自暴自弃　一脚踢走亿万财富

美国麻省理工学院的学生奥斯卡，把几种旧式的探矿器改装成用来勘探石油的新式仪器。1929 年，他为一个石油公司在气温高达 40 ℃的西部沙漠地区勘探石油。几个月后，公司因无力偿还债务而破产了，他也只好踏上归途。一路上，失业使他的心情坏极了。在俄克拉荷马城的火车站，他为消磨几个小时的等车时间，在站台上架起了随身携带的探测仪器。奇迹发生了：仪器上的读数显示火车站下面蕴藏着石油。但是情绪懊丧的他根本不相信。他认为，人倒霉时，连仪器也会捣乱。"这里怎么会有石油呢？真是见鬼了！"并一气之下，踢翻了那台仪器。孰料想，他踢开的竟是千载难逢的机会和财富！不久，勘探表明整个俄克拉荷马城都是浮在石油上的。由于不良情绪的影响，奥斯卡错过了这个巨大发现，悔恨不已。

强烈的创业欲、责任心和较强的风险意识；敢闯敢干，勇于吃苦耐劳，乐于艰苦奋斗的创业精神；强烈的团队合作意识也是必不可少的。俗话说：三个臭皮匠，当个诸葛亮。团结就是力量，合作就能双赢。"一根筷子容易断，十根筷子断就难。一根竹竿容易弯，三缕麻纱扯不断。"在当今分工日益精细化的社会，那种靠单打独斗，只身闯天下的时代已一去不复返了。

（二）良好的文化素质

一个人的文化素质主要体现在创办企业必备的相关知识和思维方式等方面。

1. 专业知识

专业知识对于创业者来说是十分重要的。大学生利用专业知识创业，有利于形成自己企业的核心竞争力，有利于在竞争中处于主动地位。那么，一般来说，大学生创业需要具备哪些专业知识呢？

不同经营范围的企业，需要具备不同的专业知识。如计算机开发与销售企业，必须具备计算机相关知识。医药企业，必须具备一些医药专业知识等。专业知识的具备能使你少走弯路，工作起来"如鱼得水"。纵观近几年在高科技领域企业取得成功的创业者，无一不具有深厚的专业知识。

【案例参考】

我国知名企业用友公司的创办人王文京，大学毕业后被分配到国务院机关事务管理局财务司。他大学期间学的是会计专业，但迷恋上了计算机软件编程。一个偶然的机会，他参加了与中软公司联合开发财务软件的工作。这一次体验，使他敏锐地觉察到财务软件的巨大商机，于是他于1988年毅然辞职，创办起了"用友财务软件服务社"而一举成功。该公司现已成为国内最大的财务及企业管理软件生产企业，年销售额达4亿元。

创业提示：发挥专业优势，利用技术特长创办企业，是众多企业家成功之道，具有强大的市场生命力。

2. 管理知识

管理出效益。管理是企业生产与发展的重要动力。

历史的教训告诉我们：国内外众多企业特别是我国一些国有企业，由于管理不善而负债累累甚至破产。因此，作为一名创业者，掌握一定的企业管理知识是十分必要的。管理知识主要包括：企业行政管理知识与经营管理知识等。

创业过程中用人非常重要。历史上楚汉相争中完全处于劣势的刘邦能够打败强大的项羽，其中一个重要原因就是刘邦任用了三个能干的人：张良、韩信与萧何。

3. 财务知识

涉及资金筹集，流动资产、固定资产、无形资产、递延资产的管理，对外投资成本的核算，对营业收入、利润的分配以及财务评价等方面的知识。

创办企业要懂得一些基本的财会知识，例如如何准确计算企业盈亏？如何筹集资金，提高资金使用效率？如何降低产品成本，增加企业利润？如何实现财务监督？如何建立健全企业内部财务管理？如何计算和缴纳税款？如何合理分配收入和使用自有资金？

在创业之初，赚钱较难，应尽量减少现金的流出，做到精打细算。如一些成功者在创业之初十分节俭：租用较为便宜的房子，出门坐公交车，出差补助少，使用磁卡电话等。

有些企业在创业之初，为壮大声势，讲究排场与虚荣，聘请大量员工，购置豪华小车，租用豪华办公室，仅员工工资、房租水电等开支就不小，结果背上沉重负担，企业业务尚未打开局面就负债累累，步履蹒跚。

4. 税务知识

创办企业需要了解一些基本的税务知识：

（1）对流转额的征税：即根据商品或劳务买卖的流转额所征收的税，包括增值税、消费税、营业税和关税四种。

（2）对收益额的征税：以纳税人的纯收益为征税对象的税收。包括：企业所得税、个人所得税、对高新投资企业和外国企业的所得税、农（牧）业税 4 种。

（3）对行为的征税：即对某些特定行为的征税。包括固定资产投资方向调节税、印花税、城市维护建设税 3 种。

（4）对财产的征税：即对拥有应纳税财产的人征收的税。包括房产税、契税、车船使用税、土地增值税 4 种。

（5）对资源的征税：即对开发、使用我国资源的单位和个人，就各地的资源结构和开发、销售条件差别所形成的级差收入征收的税。包括：资源税、耕地占用税、城镇土地使用税 3 种。

一般来说，应用较多的有：增值税、营业税、企业所得税、个人所得税、教育附加税、城市建设税等。

5. 法律知识

对于企业法、合同法、经济法、涉外经济合同法、反不正当竞争法等都要有一定程度的了解。特别是我国加入 WTO 后，对外贸易日益增多，对这方面的一些法律法规都要熟悉，否则在对外贸易中就会吃亏。要善于运用国际法、世贸规则为我所用。

6. 商业知识

如何利用资本市场通过股票、债券来融资，对租赁融资、银行贷款、补偿贸易、来料加工等知识都要有一定程度的了解。

（三）良好的身体素质

冰冻三尺非一日之寒。要取得创业的成功，就要经过长年累月的艰苦奋斗，这也就需要有强健的体魄来承受创业过程中所遇到的巨大的压力与精神负荷。俗话说：身体是"革命"的本钱。"出师未捷身先死，常使英雄泪满襟。"这是先辈留下的一大遗憾与教训，也是对后人，特别是对广大创业者的警示。

（四）良好的领导与管理才能

美国钢铁大王卡耐基去世后，人们在这位杰出企业家的墓碑上雕刻了几行字：

"这里安葬着一个人，他最擅长的能力是把那些强过自己的人，组织到他服务的管理机构之中。"卡耐基对钢铁知之甚少，但他有一个强有力的智囊团，有一大批追随、拥护他的人。他爱才惜才，知人善用。在他的公司里，智者为之竭其虑，能者为之尽其才，贤者为之尽其忠，愚不屑者亦为之陈其力。卡耐基十分信赖他一手组织起来的智囊团的"集体智慧"，所以常常能在关键时刻，做出大胆而正确的决策。

日本在战后能迅速崛起为世界经济强国，与其良好的企业管理是密不可分的，特别是其人性化的管理（情感式管理），如对员工无微不至的关怀（一些日本企业老板在每个员工的生日都要赠送一份礼品，表达慰问关怀之意等），使每个员工都有强烈的主人翁意识和责任感，对企业有较高的忠诚度。日本企业一般不随便炒员工的"鱿鱼"。很多员工在企业里一干就是一辈子。这种人性化的管理和激励机制使员工爆发出巨大的工作热情和创造力，成为促使企业蓬勃发展的巨大动力。

反观我国的某些企业领导独断专行，我行我素，不尊重员工，不关心员工，动不动就炒员工"鱿鱼"，使员工缺乏安全感和工作热情，这在一定程度上影响了人才的引进，制约了企业的发展。

一个创业者的领导管理能力主要体现在以下几个方面：①建立严格的人事管理制度和激励机制；②知人善任；③现代化的生产管理能力。要使每个员工都能各尽所能，各尽其才，充分发挥自己的光和热，真正成为企业的主人，而不是企业的奴隶。

如何用人，如何调动员工的积极性、创造性直接影响到企业的向心力、凝聚力、创造力，直接关系到企业的兴衰。

（五）较强的公关活动能力和处理社会关系的能力

一个企业是社会的一个细胞，与社会的方方面面都有千丝万缕的联系，企业的发展离不开社会各界的支持与帮助。如企业需要与工商、税务、银行、公安等部门打交道，其发展必须得到相关部门的支持，这就需要企业管理者有较强的公关活动能力和处理社会关系的能力。

（六）科学的经营头脑和敏锐的捕捉商机的能力

如敏锐的商业意识和良好的经济意识。包括对经济运行趋势的分析判断能力，对商机的捕捉能力，对经济利益的权衡能力，对经济活动中投入与产出的核算能力等。

（七）较强的观察力与敏锐捕捉信息的能力

当今社会，信息就是财富，谁掌握了信息，谁就掌握了市场的主动权。创业者首先要了解国家政策，经常关注政府行为，根据政府有关产业政策、发展战略来确定投资方向。如发展西部战略、农业产业化战略、发展高新技术、发展环保产业、教育产业、中部崛起战略、兴办民办学校、保护与促进非公有制企业发展等政策的实施，必将给创业者带来众多的机遇。

（八）开拓创新能力

创新是企业的灵魂。只有不断创新，企业才拥有强大的生命力。在当今科学技术日新月异、突飞猛进的时代，更是如此。综观中外知名企业，特别是那些高新技术企业，无一不是在创新中求生存，在创新中求发展。如微软公司、英特尔公司、海尔集团等，每隔一个时期都要推出一些新产品。产品的新陈代谢是不可抗拒的市场规律。

（九）其他素质

1. 具有创新思维，勇于打破传统的、习惯性的思维方式。

作为一名创业者，要勇于打破自己的思维定式，思路开阔，勇于创新，大胆探索。

【案例参考】

心中的顽石

有一户人家祖祖辈辈五代人都住在同一个四合院里。在院子里有一块貌似巨大而陷在土里的石头。虽然该石头在院子里十分碍事，经常将这家人绊倒、碰伤，但祖辈们总以为石头太大又深陷在土里，怕搬不动，一直未去动它。直到有一天，该户人家的一位女主人不小心被这块"巨石"绊倒，碰得鼻青脸肿，头破血流。女主人勃然大怒，十分生气，发誓要把这块"巨石"搬走，于是拿来铲子挖去掩埋石头的土。结果却出乎意料之外，这块"巨石"埋得并不深，也没有想象的那样巨大，那样难挖，竟然没费多少力气就把它挖起来了。令这位女主人感叹不已：为什么祖辈们总是被这块"巨石"的表面现象所迷惑？为什么总认为挖动这块"巨石"一定很难？为什么不去尝试一下把它搬走？

在创业途中，正是由于这种习惯性的思维束缚了我们的手脚，而丧失了一个又一个宝贵的机会，有时甚至是千载难逢的机会！

【案例参考】

一美元买辆豪华轿车

有一天，美国的某一报纸刊登了这样一则广告："一美元购买一辆轿车。"哈利看到这则广告半信半疑。"今天不是愚人节啊！"但是，他还是揣着一美元，按照报纸上的地址找了去。

在一栋非常漂亮的别墅前面，哈利敲开了门。一位高贵的少妇为他打开了门，问明来意后，少妇把哈利领到车库里，指着一辆崭新的豪华轿车说："喏，就是它。"哈利脑子里闪过第一个念头就是："是坏车。"他说："太太，我可以试试车吗？"

"当然可以！"于是哈利开着车兜了一圈，一切正常。

"这辆轿车不是赃物吧？"哈利要求验看车照，少妇拿给他看了。

于是哈利付了一美元。当他开车要离开的时候，仍百思不得其解。他问："太太，您能告诉我这是为什么吗？"

少妇叹了一口气："唉，实话跟您说吧，这是我丈夫的遗物。他把所有的财产留给了我，只有这辆车是属于那个情妇的。但是，他在遗嘱里把这辆车的拍卖权交给了我，所卖车款交给他的情妇——于是，我决定卖掉它，一美元即可。"

哈利恍然大悟，他开着轿车高高兴兴地回家了。路上，哈利遇到了他的朋友汤姆。汤姆好奇地问轿车的来历。等哈利说完，汤姆一下子瘫在了地上："啊，上帝，一周前我就看到这则广告了！"

创业提示： 在创业的路上，什么事情都有可能发生。那些连奇迹都不敢相信的人，怎么能够创造奇迹呢！世上没有什么事情是绝对不可能的，我们之所以没有做到可能只是因为某些条件不具备而已。但是更多的情况是我们根本就没有去想或者说没有敢去想。敢想敢干是一个创业者应具有的起码素质！

2. 鲜明的个性

市场经济是一种个性化的经济。谁能设计和生产出适应市场需求的具有个性的产品，谁就能获得高额利润。没有个性，就没有创造性。没有个性的创业者，很难创造出有前景的事业。最重要的个性品质包括：独立性、求异性、进攻性、好胜性和坚韧性等。

（1）独立性。创业者必须培养强大的独立性，摆脱依赖性，有较强的独立思考能力、独立行为能力、独立决策能力等。要有主见，不能人云亦云，不盲目听从别人（包括权威人士）的意见和建议。一个没有主见和独立性的人是不能成就一番大事的。

（2）求异性。人一般都有喜新厌旧的心理。因此，创业者如何使自己的产品和服务具有新颖的特征，往往是创业成功的一个秘诀。

产品和服务要创新，公司管理也要创新。在决策过程中，可运用"头脑风暴法"来激发员工尽量放开思路，想出新点子。

（3）进攻性。商场如战场。在战场上只有那些具有进攻性、勇往直前的人才能取胜。

　　心理学根据人们内心脆弱性的不同反应，将人分为两类：鸵鸟型、豹子型。鸵鸟型的人，在面对危险时，第一反应就是逃避。就像鸵鸟一样，遇到危险时，会把头埋在沙子里或其他地方，以为只要看不见敌人，自身就安全了。豹子型的人，在面对危险时心中也很畏惧，但他们不选择逃避，他们知道一味逃避，永远不能占据主动地位。进攻性的本质是勇敢和进取精神。

　　（4）好胜性。"不想当将军的士兵不是好士兵"。好胜性是创业者追求成功的力量源泉。

　　（5）坚韧性。俗话说："只要功夫下得深，铁杵都能磨成针。"要取得创业的成功，必须要有坚韧不拔的意志。

四、创业应具备的相关条件

　　要想在创业的大风大浪中一显身手，取得成功，必须具备如下条件：

　　（1）创业者应具备的基本素质与能力；（2）掌握一定的创业基本知识；（3）有一定的相关领域实践经验；（4）有一个好的、切实可行的经营项目或产品；（5）有一定的创业资金；（6）有一个团结合作、各有所长、优势互补、精明强干、奋发有为、能同舟共济的创业团队；（7）有良好的环境（如政治环境、社会环境、经济环境、市场环境、科技环境、人文环境等）支持，包括一定的社会关系支持；（8）有合适的经营场所等。

　　其中好的经营项目与创业者的优良素质和经营管理能力是创业成功的关键与核心。

第三节　创业目标

一、确立创业目标的意义

　　目标是前进的动力和指南。确立了创业目标：（1）能激发你巨大的创业热情；（2）能从内心深处激发出你强大的使命感、崇高感，从而获得强大的动力；（3）能引导你发挥潜能；（4）有助于你安排创业的轻重缓急；（5）创业目标使你有能力把握现在，使你现在的许多工作自然围绕创业目标而展开；（6）创业目标能使你未雨绸缪。有了创业目标，你就会比别人多一双"慧眼"，多一分心机，你就会拥有一颗有准备的头脑；（7）创业目标能使你把重点从创业工作本身转移到创业成果上来，你将不是为创业而创业，而是为着一个目标而创业。你的工作将更富有效率。

二、良好的创业目标应具有的特点

良好的创业目标，首先要远大，但切实可行。要"跳起来能摘到苹果"。如果你无论怎样努力，都无法摘到这个苹果，说明你的目标定得太高，就要适当调低，但也不能太低，甚至不费吹灰之力，唾手可得。

其次，具体。创业目标只有定得具体，才容易实现。否则，会成为"镜中花，水中月"，成为一座"空中楼阁"。可将长远目标分解为切实可行的、在一定时限内能够完成的、明确的短期目标。

第三，量体裁衣。创业目标要适合于创业者的能力、经历、专业、个性、兴趣、相关条件等，适合于别人的，不一定适合你自己。

第四，要登高望远，不要鼠目寸光。就像打仗一样，不要太过计较一城一地的得失。在市场开拓领域，有时为了求得更大发展，可暂时放弃一些市场。集中人力、物力、财力去攻有更大价值的市场。不要急功近利。

三、如何确立创业目标

（一）确立创业目标时要关注的因素

1. 政治因素

政府对经济的宏观调控对企业影响很大，因此确定创业目标时要了解政府鼓励干什么，限制干什么，反对干什么，例如博彩业在中国、越南等社会主义国家是限制的。医药行业，经常面临调价问题。2006年以来我国政府出台的一系列关于房地产方面的政策与措施，将在一定程度上影响房地产市场。

2. 经济因素

宏观经济环境的影响。例如随着人民生活水平的提高，人们对健康的关注程度随之提高，保健意识增强，有利于医药行业的发展。又如，居民消费水平的增加，有利于娱乐业等精神产业的发展。

3. 技术因素

如随着电子计算机技术的提高，互联网等一些与之相关的行业随之得到发展；随着计算机进入普通家庭，使用打印机、复印机设备的人数大大增加。

4. 社会因素

如企业经营环境中，人们的信仰、价值观、生活态度和生活方式、生活习惯等。例如上海、江浙一带居民喜吃甜食，而不吃辣椒，因此，甜食会在那些地方受欢迎，而辣椒、辣制品则会受到限制。东北人喜喝酱汁型的"酒鬼酒"。酒鬼酒在东北有时可卖到400~500元/瓶，而湖南人则一般喜喝醇香型的五粮液，因此，五粮液在湖南十分走销。

5. 生态因素

我国工业化和市场经济的发展，对生态破坏十分严重。许多地方出现了水污染、土壤污染、空气污染等，因此，有利于环保的产品、设备、服务需求大幅度增加，蕴含无限商机。例如家庭装修使用的环保产品，如环保漆、环保复合板、环保实木地板等越来越走俏，生态鱼、生态菜、生态农业等日益受到人们的青睐。

（二）确立创业目标的方法

（1）从社会需求出发确立创业目标

社会需要什么，我就提供什么，我就创造什么。如中南大学校长黄伯云院士创制的飞机刹车片，填补了国内乃至世界的一项空白，引起社会轰动，荣获国家科技发明成果一等奖，在市场上也大受欢迎。

目前，中国应用型的大学生人才所谓"灰领"人才十分缺乏，因而各种职业技术学校应运而生，十分走俏。

（2）从技术发展趋势和社会变化趋势出发确立创业目标

新技术的发展会酝酿出许多新的消费需求。如计算机技术的发展引发了互联网的诞生，而互联网的发展带来信息产业的发展。又如，随着汽车进入千家万户，汽车维护、维修、洗涤等将有巨大商机。

（3）从自我优势出发确立创业目标

结合专业特色，发挥个人所长去创业。如美术专业的毕业生可创办广告公司、工作室；音乐专业的毕业生可办琴行、音乐吧、歌厅、培训班；计算机专业的毕业生可办电脑公司；服饰表演专业的毕业生可创办模特公司；医药专业的毕业生可办诊所、医药公司、药店；师范类专业的毕业生可创办民办学校等。

四、实现创业目标的途径与策略

（一）首先进入欲创业的行业，学习技术，积累经验、资本，然后再创业

如想创办模具设计与制造方面的企业，可先到模具厂打工，学习设计、制造模具的技术及经营管理方法等；如想创办医药企业，可先到某医药公司打工，熟悉市场，掌握一定的客户，积累一定资金和社会关系，为今后自立门户打基础。

【案例参考】

从打工仔到老板——一位医学生的创业之路

湖南师范大学医学院1991届毕业生宁剑，毕业后被分配到湖南省结核病医院（南岳）药剂科工作。在该院工作几年后即调入湘珠医药公司（长沙，隶属原湖南省药品监督管理局）任药品销售业务员，每天都要起早贪黑跑市场。由于该公司成立不久，社会知名度不高，客户不熟悉，不信赖，宁剑刚开始业务做得十分

艰难，思想压力也很大。但他没有退却，而是脚踏实地一个客户一个客户地去公关，凭自己的真诚和毅力终于赢得了客户的信赖，业务越做越大，并积累了丰富的一线药品业务工作经验和一定的社会关系，不久荣升为该公司药品部经理。

随着湘珠医药公司并入湖南国华医药公司，宁剑也随之到该公司工作，并出任该公司药品部经理。该公司主要针对基层医药卫生部门（如乡镇卫生院）、药店、诊所和"提篮子"的生意人，从事药品批发工作。由于这种廉价的现金交易经营模式当时在湖南省只有一家，因此，该公司生意十分红火，每天门庭若市，吸引了大批来自本省各地乃至湖北、江西、广东等周边省份基层医药卫生部门的客户。在此期间，宁剑不仅积累了丰富的药品批发经验和一定的资金，而且结识了大量的客户和朋友，为今后自主创业打下了坚实的基础。

在该公司几年的打拼后，宁剑又跳槽到了湖南时代阳光医药集团，出任该公司副总经理，并带来了大量的客户和药品经营管理经验。在该公司管理层经过几年的锻炼和积累，待2004年时机成熟时，终于自立门户，入股买下原长沙三九医药公司，并出任该公司总经理，如今生意红红火火，公司不断发展壮大。

（二）利用专利技术入股，寻找投资人

利用专利技术，获得风险投资家的青睐和支持，将有助于你走向成功。丁磊创办网易，张朝阳创办搜狐，都获得了风险投资的支持。

（三）看准市场，创办实体

如四川省有名中专毕业生，承包经营荒地，将成千上万亩荒山秃岭、不毛之地变成了"生金长银"的示范园林，带领五万多农民致富奔小康，取得了巨大的经济效益和社会效益。

（四）从小事起步，由小利做起

"泰山不让细壤，故能成其高；东海不择细流，方能就其大。"很多大老板都是从开小店、做小生意干起的。如遍布世界各地的麦当劳最初是美国加利福尼亚的一个专卖汉堡包的小餐馆。由于尝到了甜头，于是干脆专营汉堡包，成立了麦当劳公司。台湾工商界巨子、台塑公司董事长王永庆是从开小米店起家的，步步为营，点滴积累，生意越做越大而逐渐发展壮大成为台湾首富。

从小事起步，从求小利做起不失为一条稳妥的途径。投入小、风险小，积小利成大利，聚沙成塔，滚动发展。

（五）借鸡生蛋、无中生有

巧妙利用别人的资金、专利、产品为我所用。

大学生创业，往往面临资金匮乏、经验缺少等问题，特别是资金匮乏往往制约了创业，束缚了创业者的手脚。那么，如何"借他人之势，发天下大财"？俗话

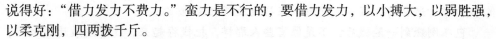

说得好："借力发力不费力。"蛮力是不行的，要借力发力，以小搏大，以弱胜强，以柔克刚，四两拨千斤。

"借"字天地广阔，大有文章可做。没有钱没关系，可以向亲朋好友借，向银行、向大老板借；没技术，没有人才，没有经验，可以借科研机构、大专院校的力量，借别人脑袋里的智慧，和他搞联盟、搞合作，让他以脑袋入股；名不见经传的企业和个人，没有名气，可以借"名人"之光扬你之美名；可以借"名牌商标"推销你的产品；还可以借地盘、借设备、借劳力……"借"字"借"活一个又一个企业，大有可为！然而，怎个借法？

1. 创业没本钱，怎样借钱

商场上有句俗话：只有傻瓜才用自己的钱去赚钱，会花钱的，花别人的钱，不会花钱的花自己的钱。著名实业家马胜利曾说：只要能借钱生钱，只要想办法借得到，阎王老爷的钱我都敢借。

那么，如何借钱？

（1）要有良好的信誉，要让别人相信你的人格；

（2）对双方都有利，要使对方感到有利可图，实现"双赢"；

（3）要想方设法让别人相信你的偿还能力。

没有几个人完全是靠自己的钱去发大财的,发财不是靠自己，而是靠别人。

不怕你借不到，就怕你找不到借的理由、不懂借的方法，就怕你没有信誉，不会经营。

【案例参考】

白手起家　包玉刚巧施借计

包玉刚开始创业的时候，就是向朋友借的钱先买了一条破船，然后，用这条船去银行贷款，贷来了款，再买第二条船。然后，再用船作抵押，去买第三条船。如此，逐渐积累资金，逐渐建立个人信誉。

一次，他两手空空，让著名的汇丰银行为他贷款买一艘崭新的轮船。

包玉刚跑到银行，找到信贷部主任说："主任。我在日本订购了一艘新船，价格是100万元，同时我又在日本的一家货运公司签订了一份租船协议，每年租金是75万元，我想请贵行支持，能不能给我贷款？"信贷部主任说："你这个点子不错，但你要有担保。"他说："可以，我用信用状担保。"

（信用状：即"货运公司"从银行开出的信用证明）很快，包玉刚到日本拿来了信用状。银行于是给他办理了贷款手续。

有人问：银行为什么会给包玉刚贷款？

有人会说，银行肯定担心，怕他有钱不还，或者还不了钱。但这没关系，因为银行有货运公司的"信用状"担保。这家公司很守信用，如他不给钱，银行可以找这家货运公司，钱不成问题，银行就敢贷款给他。

包玉刚赚到一笔钱后，不是像有些人那样，把钱存起来，这样发展速度太慢，而是继续扩大规模。有规模才有效益，这样才能做大做强。他就是用这种"滚动式"抵押贷款经营法，在大洋里越滚越大，成为世界航运之首。

【案例参考】

某创业者在创业初期，由于资金紧张，举步维艰，于是用自己的一套旧房子到银行抵押贷款，贷款 5 万元，一年还清。但他为了获得银行信任，不到一年，提前 3 个月就将本息还清。不久，第二次去该银行贷款 10 万元。由于第一次合作愉快，以后不断增加贷款额，直至满足他的创业投资。

【案例参考】

一无所有　健力宝借鸡生蛋

健力宝创始人李经纬原本是个名不见经传的小酒厂的厂长。一次偶然的机会，他得到一则消息："奥运会"需要运动饮料，李经纬从中敏锐地嗅到了千载难逢的发财机遇。但他对保健饮料一窍不通，技术、资金什么都没有。于是，他首先找到广东省体育科研所的欧阳孝，请他来研究配方，利润大家分成。

欧阳孝经过上百次的试验，终于研究出了配方，即现在的"健力宝"。产品研制出来了，生产场地怎样解决？怎样销售？怎样打进奥运会？

首先，产品要进得去。但刚开始时，就连包装、生产线、原材料、滚动资金等什么都没有，简直是个"丑小鸭"、"灰姑娘"，怎么办？借腹生子！

于是，他跑到"深圳百事可乐公司"，借些空罐子，拿到印刷包装公司（厂）设计包装。再找个记者帮忙。当亚足联主席拿起健力宝时马上拍照。于是，李经纬拿了这张照片到处宣扬，大做文章，使产品有了一定知名度。接着，他又拿卖健力宝赚来的钱去打广告，其名声越来越大。同时，他采用"集约化经营"模式，即"以销定产"，先到市场上拿订单，根据订单投入生产，确定生产规模（先交订金，再发货，很多紧俏产品都是这样。如康师傅要先交订金排队预约，"五粮液"、"汽车"、李宁服装、耐克皮鞋等）。

有位知名企业家曾说："利用别人赚钱的人，才能赚大钱。"

（2）借名人扬名——立竿见影的活广告。

【案例参考】

威光效应——两张唱片的启示

有一位音乐学院的教授拿着两张唱片对 10 名学生说：这里有两张唱片，一张是一位著名小提琴家演奏的，你们一定能听出这演奏是多么迷人，既细腻又华美，谁都会被这美妙的演奏所打动。等大家听完之后，他拿起另一张唱片："同样的乐曲，可这张唱片是一名音乐学校的学生演奏的。"在测试中，两张唱片有何不同？10人中有9人会说出真正的一些差别，但实质上这两张唱片完全是一个人，是一样的。这就是威光暗示惊人的效果。

目前，名人广告铺天盖地。如刘翔获得100米跨栏世界冠军后，其广告费便不断攀升100万→200万→500万，甚至上千万元。

【案例参考】

抓住机会　健力宝巧借"东风"

美国总统克林顿及夫人到某州去发表竞选演说，拉选票，健力宝销售人员通过公关，将健力宝送到了克林顿乘坐的游轮上。当克林顿夫妇举起健力宝开怀畅饮时，在场的众多新闻记者立即按下快门，摄下这宝贵的一瞬。第二天，《纽约时报》、《华盛顿邮报》等美国知名报纸都刊登了克林顿夫妇举起健力宝畅饮的照片，健力宝的名字随之传遍美国。

第四节　创业计划书

一、认识创业计划书

（一）什么是创业计划书

创业计划书是创业者就某一项具有市场前景的新产品或服务，向潜在投资者、风险投资公司、合作伙伴等游说以取得合作支持或风险投资的可行性商业报告，又叫商业计划书。创业计划书的编写一般是按照相对标准的文本格式进行，是全面介绍公司或项目发展前景，阐述产品、市场、竞争、风险及投资收益和融资要求的书面材料。它主要用于解决如下一些问题：

（1）想要干什么（产品、服务）？

（2）怎么干（生产工艺及过程，或者服务如何提供及实现价值）？

（3）面向的目标客户是谁？

（4）市场竞争状况及对手如何（市场分析）？

（5）经营团队怎样？

（6）股本结构如何安排（有形资产、无形资产、股东背景）？

（7）营销安排怎样？

（8）财务分析怎样（利润点、风险、投资回收期）？

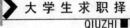

（9）退出机制怎样？

这些问题不仅是投资人或合作伙伴所关心的，也是创业者本人应该非常清楚的，创业计划书的编写实际上就是对这些问题的回答。尽管不同行业的创业计划书内容和形式可能不同，但其本质都是对这些投资人所关心的问题进行分析与论证。

我们都知道，国家对任何一个重大项目的上马都要进行计划与论证，目的就是为了提高项目成功的可能性，尽最大可能将风险避免或减小到最低的程度。同样的道理，创办一个企业对于创业者的重要性来说，不亚于一个重大项目对国家经济建设的影响，这就充分说明创业计划书对创业者的重要性。但是，在日常生活中，却经常有人在几乎没有任何商业管理经验的情况下，不制定详细的创业计划就开始创业。创业时的盲目行动对创业者而言，就如同没有经验的飞行员在冒险飞行一样危险，其结果有可能是彻底的毁灭。

而如果有了一份详尽的企业计划书，就好像有了一份业务发展的指示图一样，它会时刻提醒创业者应该注意什么问题，规避什么风险，并最大限度地帮助创业者获得来自外界的帮助。一份好的创业计划书也会成为衡量创业者未来业务发展的标准。

（二）为什么要编写创业计划书

创业计划书是整个创业过程的灵魂。在这份白纸黑字的计划书中，详细记载了有关创业的一切内容，包括创业的种类、资金规划、阶段目标、财务预估、营销策略、可能的风险及评估、内部管理规划等，在创业的过程中，这些都是不可或缺的元素。

在某些时候，创业计划书除了能让创业者清楚自己的创业的内容，坚定创业目标外，还可以兼具说服他人的功用。例如，创业者可以借创业计划书去说服他人合资、入股，甚至可以募得一笔创业基金。

创业计划书就如一部功能超强的电脑，它可以帮助创业者记录许多有关创业的构想，帮助创业者规划成功的蓝图。而整个营运计划如果详实清楚，对创业者或参与创业的伙伴而言，也就更容易达成共识、集中力量，这无疑是帮助创业者向成功迈进。

（三）创业计划书的作用

"车到山前必有路"这是中国的一句老话。也正是受这句老话的影响，一些踌躇满志的创业者，在憧憬和冲动的驱使下踏上了创业之路。其实，创业一定要预先计划，否则，车到山前未必有路，却有车毁人亡的危险。

1. 帮助创业者理清思路，准确定位

著名投资家克雷那（E ugene Kleiner）说："如果你想踏踏实实地做一份工作

的话，写一份创业计划，它能迫使你进行系统地思考。有些创意可能听起来很棒，但是当你把所有的细节和数据写下来的时候，它自己就崩溃了。"可能许多创业者在刚开始投入一项事业中去的时候凭借的仅仅是一腔热情，然而当真正着手去做一些事情的时候，才会发现需要考虑的地方何止一两处，也许有一些创业者只是在自己的脑海里形成一幅蓝图，但要做到未雨绸缪，就需要制定一份创业计划书，否则，会更容易偏离自己原先预定的方向。

在创业融资之前，创业计划书首先是给创业者自己看的。办企业不是"过家家"，创业者应该以认真的态度对自己所有的资源、已知的市场情况和初步的竞争策略做尽可能详尽的分析，并提出一个初步的行动计划，通过创业计划书做到使自己心中有数。

另外，创业计划书还是创业资金准备和风险分析的必要手段。对初创的风险企业来说，创业计划书的作用尤为重要。一个酝酿中的项目，往往很模糊，通过制定创业计划书，把正反理由都书写下来，然后再逐条推敲，创业者就能对这一项目有更加清晰的认识。可以这样说，创业计划书首先是把计划中要创立的企业推销给创业者自己。

2. 帮助创业者获得创业融资

一位投资家曾说过："企业邀人投资或加盟，就像向离过婚的女士求婚一样，而不像和女孩子初恋。双方各有打算，仅靠空口许诺是无济于事的。"对于正在寻求资金的创业者来说，创业计划书的好坏往往决定了融资的成败。

除了使创业者更加了解自己要做的事情外，创业计划书更多的还是给别人看的，尤其是给那些能给创业者提供一定资金帮助的人。所以，创业计划书的另外一个重要作用就是帮助创业者把计划中的企业推销给风险投资家。因此，创业计划书还要说明创办企业的目的，创办企业所需的资金，为什么投资人值得为此注入资金等一些问题。

此外，对已经建立的创业企业来说，创业计划书还可以为企业的发展定下比较具体的方向和重点，从而使员工了解企业的经营目标，并激励他们为共同的目标而努力。更重要的是，它可以使企业的出资者以及供应商、销售商等了解企业的经营状况和经营目标，说服出资者（原有的或新来的）为企业的进一步发展提供资金。

二、如何编写创业计划书

（一）创业计划书的编写原则

1. 逻辑原则

创业计划书的编写在逻辑上要遵循四个原则：

（1）可支持性原则。即给投资者一个充足的理由，说明投资的可行性。

（2）可操作性原则。即解释以什么来保证创业及投资成功。

（3）可赢利性原则。即告诉投资者带来预期回报的概率有多大，时间有多长。

（4）可持续性原则。即告诉投资者我们这一企业能生存多久。

2. 内容原则

创业计划书的编写在内容上要遵循以下原则：

（1）结构完整。该说的话绝对不能少。经常见到缺乏财务预估、市场状况及竞争对手数据的创业计划书，这样的创业计划书影响到的自然是投资方对方案评估速度的减慢以及投资可能性的减少。

（2）结构清楚。清晰的逻辑结构会给人一种思路清晰的感觉，看了这样的创业计划书，投资人可以最简洁地了解你的构思与想法。不仅节省了别人的时间，而且增加了成功的可能性。

（3）深入浅出。尽量将艰深难懂的想法、服务与程序以浅显的文字表现出来是个绝佳的自我营销方式，尤其是当你的资金是来自银行或一群不具备专业知识的投资者时更需如此。

（4）顾客导向。简单地说，就是使顾客满意。最好连行文的语调、章节的编排、数据的呈现、重点的强调等，都能根据需要募资的对象进行适当调整。

3. 应该注意突出的问题

（1）项目的独特优势。

（2）市场机会与切入点分析。

（3）问题及其对策。

（4）投入、产生与盈利预测。

（5）如何保持可持续发展的竞争战略。

（6）风险应变策略。

（二）创业计划书的主要内容

1. 计划摘要

创业计划书的第一部分一般是对整个企业计划的总体概述，它是创业计划书的精华。计划摘要涵盖了计划的要点，以求一目了然，以便读者能在最短的时间内评审计划并作出判断。

计划摘要一般包括以下内容：公司介绍；主要产品和业务范围；市场概貌；营销策略；销售计划；生产管理计划；管理者及其组织；财务计划；资金需求状况等。

在介绍企业时，首先要说明创办新企业的思路、新思想的形成过程以及企业

的目标和发展战略。其次，要交代企业现状、过去的背景和企业的经营范围。在这一部分中，要对企业以往的情况做客观的评述，不回避失误。中肯的分析往往更能赢得信任，从而使人容易认同企业的创业计划书。最后，还要介绍一下创业者自己的背景、经历、经验和特长等。创业者的素质对企业的成绩往往起着关键性的作用，能给投资者留下一个好印象。

在计划摘要中，企业还必须回答下列问题：

（1）企业所处的行业，企业经营的性质和范围；

（2）企业的主要产品；

（3）企业的市场、企业的顾客及其需求；

（4）企业的合伙人、投资人；

（5）企业的竞争对手及其对企业发展的影响。

摘要要尽量简明、生动，特别要详细说明自己创办企业的与众不同之处以及企业取得成功的关键市场因素。

2. 产品（服务）介绍

在进行投资项目评估时，投资人最关心的问题之一就是创业企业的产品、技术或服务能否以及在多大程度上解决现实生活中的问题，或者创业企业的产品（服务）能否帮助顾客节约开支，增加收入。因此，产品介绍是创业计划书中必不可少的一项内容。

通常，产品介绍应包括以下内容：产品的概念、性能及特性；主要产品介绍；产品的市场竞争力；产品的研究和开发过程；发展新产品的计划和成本分析；产品的市场前景预测；产品的品牌和专利。在产品（服务）介绍部分，创业者要对产品（服务）作出详细的说明，说明要准确，通俗易懂，使不是专业人员的投资者也能明白。一般地，产品介绍都要附上产品原型、照片或其他介绍。产品介绍必须要回答以下问题：

（1）顾客希望企业的产品能解决什么问题？顾客能从企业的产品中获得什么好处？

（2）企业的产品与竞争对手的产品相比有哪些优缺点？顾客为什么会选择本企业的产品？

（3）企业为自己的产品采取了何种保护措施？企业拥有哪些专利、许可证？或与自己申请专利的厂家达成了哪些协议？

（4）为什么企业的产品定价可以使企业产生足够的利润？为什么用户会大批量地购买企业的产品？

（5）企业采用何种方式去改进产品的质量、性能？企业对发展新产品有哪些计划等。

产品（服务）介绍的内容比较具体，因而写起来相对容易。虽然赞美自己的产品是推销所必需的，但应该注意，企业所做的每一项承诺都是"一笔债"，都要努力去兑现。要牢记，企业家和投资家所建立的是一种长期合作的伙伴关系。空口许诺，只能得意于一时。如果企业不能兑现承诺，不能偿还债务，企业的信誉必然要受到极大的损害，因而是真正的企业家所不屑的。

3. 人员及组织结构

有了产品之后，创业者第二步要做的就是结成一支有战斗力的管理队伍。企业管理的好坏，直接决定了企业经营风险的大小。而高素质的管理人员和良好的组织结构则是管理好企业的重要保证。因此，风险投资家会特别注重对管理队伍的评估。

企业的管理人员应该是互补型的，而且要具有团队精神。一个企业必须要具备负责产品设计与开发、市场营销、生产作业管理、企业理财等各方面的专门人才。在创业计划书中，必须要对主要管理人员加以阐明，介绍他们所具有的能力，他们在本企业中的职务和责任，他们过去的详细经历及背景。此外，在这部分创业计划书中，还应对公司结构做一简要介绍，包括公司的组织机构图；各部门的功能与责任；各部门的负责人及主要成员；公司的报酬体系；公司的股东名单，包括认股权、比例和特权；公司的董事会成员；各位董事的背景资料。

4. 市场预测

当企业要开发一种新产品或向新的市场扩展时，首先就要进行市场预测。如果预测的结果并不乐观，或者预测的可信度让人怀疑，那么投资者就要承担更大的风险，这对多数风险投资家来说都是不可接受的。

市场预测首先要对需求进行预测。市场是否存在对这种产品的需求？需求程度是否可以给企业带来所期望的利益？新的市场规模有多大？需求发展的未来趋向及其状态如何？影响需求都有哪些因素？

其次，市场预测还要包括对市场竞争情况的预测。例如企业要对所面对的竞争格局进行分析，如市场中主要的竞争者有哪些？是否存在有利于本企业产品的市场空当？本企业预计的市场占有率是多少？本企业进入市场会引起竞争者怎样的反应？这些反应对企业会有什么影响？

在创业计划书中，市场预测应包括以下内容：市场现状综述；竞争厂商概览；目标顾客和目标市场；本企业产品的市场地位；市场细分和特征等。

严格来说，由于创业企业面临较大的风险，特别是对于高新技术企业来说，企业对市场的预测应建立在严密、科学的市场调查基础上。创业企业所面对的市

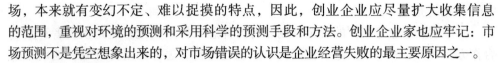

场，本来就有变幻不定、难以捉摸的特点，因此，创业企业应尽量扩大收集信息的范围，重视对环境的预测和采用科学的预测手段和方法。创业企业家也应牢记：市场预测不是凭空想象出来的，对市场错误的认识是企业经营失败的最主要原因之一。

5. 营销策略

企业产品做得好，更重要的是还要能拥有市场，这样才能创造利润，因此，营销是企业经营中最富挑战性的环节。影响营销策略的主要因素有：

（1）消费者的特点。

（2）产品的特性。

（3）企业自身的状况。

（4）市场环境方面的因素。

（5）营销成本和营销效益。

在创业计划书中，营销策略应包括以下内容：

（1）市场结构和营销渠道的选择。

（2）营销队伍和管理。

（3）促销计划和广告策略。

（4）价格决策。

对创业企业来说，由于产品和企业的知名度低，很难进入其他企业已经稳定的销售渠道中去，因此，企业不得不暂时采取高成本低效益的营销战略，如上门推销，大打商品广告，向批发商和零售商让利，或转给任何愿意经销的企业销售。而对发展企业来说，它一方面可以利用原来的销售渠道，另一方面也可以开发新的销售渠道以适应企业的发展。

6. 生产制度计划或服务计划

对于关心企业准备怎样来创造利润的投资者或其他人来说，除了想了解企业产品在技术上的优势和对未来市场的占有情况外，他们也关心创业者究竟打算怎样生产，也就是创业计划书中关于生产制造计划部分需要描述的内容。一般来说，创业计划书中的生产制造计划应包括产品制造和技术设备现状、新产品投产计划、技术提升和设备更新的要求、质量控制和质量改进计划等。

在寻求资金的过程中，为了增大企业在投资前的评估价值，创业者应尽量使生产制造计划更加详细、可靠。一般地，生产制造计划应回答以下问题：企业生产制造所需的厂房、设备情况；怎样保证新产品在进入规模生产时的稳定性和可靠性；设备的引进和安装情况，谁是供应商；生产线的设计与产品组装情况；供货者的前置期和资源的需求量；生产周期标准的制定以及生产作业计划的编制；物料需求计划及其保证措施；质量控制方法等。

7. 财务规划

对于创业企业筹集到的资金，创业者打算怎么样来支配，这是投资者和其他合作方非常关心的一个问题，他们要了解创业者会有怎样的财务计划；他们希望弄清楚这笔钱会用在哪里，什么时候、以什么样的方式来收回投资，这样，投资者才敢把资金交给创业者去经营。

创业企业需要花费较多的精力来做财务规划，其中包括现金流量表、资产负债表以及损益表的制作。为了显示公司的财务健康状况和魅力，你必须把前面几个部分收集的数据整理成一个五年计划。这个计划包括三个部分：资金预算、项目的资产负债表和收入预测。

企业的现金流量是一个非常重要的信息，因为它展现了计划执行中的资本需求数量。对于资本的评价，可以从收入和利润的预测开始，然后建立相应的资产负债表。在这之前，你必须仔细考虑预期的人力资源和资本花费。流动资金是企业的生命线，因此企业在初创或扩张时，对流动资金需要有预先周详的计划和进行过程中的严格控制。现金流量计划是必须做的，它可以让你确信你的公司不会破产和面临资金危机，这个基本的规律是很明显的。在一定的时间阶段，当一个公司的收入远小于它的支出时，它将面临破产。所以你必须规划出所有可能支付的时间和金额，同时还应该准备一定的现金作为备用，以应付一些预料之外的时间发生的支付问题。损益表反映的是企业的盈利状况，它是企业在一段时间运作后的经营结果，风险投资家需要知道他们在每年年底的至少预期收入。按照你所预测的标准收入线作出的五年收入预测，会提供给他们一个重要的信息。计算每一年的总收入和总支出以得到净利润和损失。资产负债表则反映在某一时刻的企业状况，投资者可以用资产负债表中的数据得到的比率来衡量企业的经营状况以及可能的投资回报率。

8. 风险因素及其对策

投资人还会重点关注有投资的风险。因此创业者在创业计划书中应对这一问题进行细致的思考与分析，提出系统的风险应对计划。一般来说，创业计划书中的风险及其对策分析应包括以下内容：市场风险、技术风险、经营风险、财务风险、人力资源风险及其他不可预见的风险等，并针对所提出的各种风险逐项进行风险应对分析。

对创业企业而言，由于尚未进行市场的检验，创业计划书只是创业者依据已有的经验与市场调研所作的创业构想，因而不管创业者对风险分析如何细致也难以保证将来创业或投资的成功。因此进行充分的风险分析更多的是在向合伙人或投资人传达这样一种信息：创业者已经做好了充分的风险准备并具有了一定的风险应对能力。这样做的结果是提高了投资人对创业企业的投资信心,以提高融资成功的可能性。另一方面风险分析也具有提醒创业者本人创业存在失败的可能,对此应有一定的心理准备。

以上介绍的是创业计划书的全部内容,根据公司及项目具体情况的不同,创业者可以在此基础上结合实际情况增添或删改。在编制计划书时,不能够对每个部分都泛泛而谈,明白投资者所关心的重点是计划书能否取得投资者认可的关键。

一般地说,投资者最关心的问题主要有两点:一是创业者的商业创意、产品或服务是否有唯一性;二是该公司的管理阶层能否胜任。因此创业者在编写计划书时一定要在这两方面着力分析。另外,获取利益是投资者的根本目的,及早收回资金是其投资的前提,所以对于未来收益的财务预测及设计以及风险资金的退出之路也是计划书分析的重点。

三、如何制作出高质量的创业计划书

(一)制作创业计划书的关键

那些既不能给投资者以充足的信息,也不能使投资者激动的创业计划书,其最终结果只能是被扔进垃圾箱。为了确保创业计划书能真正发挥作用,创业者应该重点做好以下几方面的内容:

1. 关注产品

产品是创业的关键。无论是对创业者自己还是对于投资者来说,能否收回投资和盈利的关键就是产品能否有市场。因此,在创业计划书中,关于产品的介绍应该是重中之重。在创业计划书中,应提供所有与创业的产品或服务有关的细节,包括企业所实施的调查。这些问题包括产品正处于什么样的发展阶段,它的独特性怎样,企业分销产品的方法是什么,谁会使用企业的产品,为什么,产品的生产成本是多少,售价是多少,企业发展新产品的计划是什么等诸多问题,使出资者会和创业者一样对产品或服务产生兴趣。一般创业者对自己的产品及服务是熟悉的,其他人却不然。因此,创业计划书要用简明的词语描述产品及服务,目的不仅是要让出资者相信企业的产品会有市场竞争力,而且还要让出资者感到:"噢,这种产品是如此之好,市场前景是如此令人鼓舞!"

2. 要敢于竞争

敢想敢干一直是我们宣扬的创业主题,它应该表现在创业的各个阶段,同样也应该在创业计划中体现出来,让你未来的合作者也感受到你这种创业的激情。在创业计划书中,创业者应细致分析竞争对手的情况。竞争对手是谁,他们的产品是怎样的,竞争对手的产品与本企业的产品相比,有哪些相同点和不同点,竞争对手所采用的营销策略是什么,要明确每个竞争者的销售额、毛利润、收入以

及市场份额，然后再讨论本企业相对于每个竞争者所具有的竞争优势，要向投资者展示，顾客偏爱本企业的原因是：本企业的产品质量好，送货迅速，定位适中，价格合适等。创业计划书要使它的读者相信，本企业不仅是行业中的有力竞争者，而且将来还会是确定行业标准的领先者。在创业计划书中，创业者还应阐明竞争者给本企业带来的风险以及本企业所采取的对策。

3. 了解市场

创业激情并不是冲动，应该是建立在对自己、对市场的了解之上，因此，创业计划书要给投资者提供企业对目标市场的深入分析和理解。要细致分析经济、地理、职业以及心理等因素对消费者选择购买本企业产品这一行为的影响，以及各个因素所起的作用。创业计划书中应包括营销计划，即计划中应列出本企业打算开展广告、促销以及公共关系活动的地区，明确每一项活动的预算和收益。创业计划书中还应简述一下企业的销售战略：企业是使用外面的销售代表还是使用内部职员？企业是使用分销商还是特许商？企业将提供何种类型的销售培训？此外，创业计划书还应特别关注一下销售中的细节问题。

4. 表明行动的方针

想和做应该一致，有了好的想法和计划以后，关键是要想办法将它们落到实处，否则，所有的都将是一纸空文。企业的行动计划应该如何适应市场？如何设计生产线？如何组装产品？企业生产需要哪些原料？企业拥有哪些生产资源，还需要什么生产资源？生产和设备的成本是多少？企业是买设备还是租设备？解释与产品组装、储存以及发送有关的固定成本和变动成本的情况。

5. 展示你的管理队伍

把一个思想转化为一个成功的创业企业，其关键的因素就是要有一支强有力的管理队伍。这支队伍的成员必须有较高的专业技术知识、管理才能和多年工作经验，要给投资者这样一种感觉：我们将钱投给这伙人是能让人放心的。管理者的职能就是计划、组织、控制和指导公司实现目标。在创业计划书中，应首先描述一下整个管理队伍及其职责，然后再分别介绍每位管理人员的特殊才能、特点和造诣，详细介绍每个管理者将对公司所做的贡献。创业计划书中还应明确管理目标以及组织机构图。

6. 出色的计划摘要

商业计划书中的计划摘要也十分重要。它必须能让读者有兴趣并渴望得到更多的信息，它将给读者留下长久的印象。计划摘要是创业者所写的最后一部分内容，但却是出资者首先要看的内容，它将从计划中摘录出与筹集资金最相关的细节，包括对公司内部的基本情况、公司的能力以及局限性、公司的竞争对手、公司的营销和财务战略、公司的管理队伍等情况的简明而生动的概括。如果公司是一本书，它就像是这本书的封面，做得好就可以把投资者吸引住。它应该让投资者产生这样的印象："这个公司将会成为行业中的巨人，我已等不及要去读计划的其余部分了。"

（二）编写创业计划书应注意的几个问题

一般来说，创业计划书的格式都是类似的，但是具体到每一份计划需要强调和突出的重点有所不同。总的来说，它们都应该提供一个清晰的容易为人理解的画面，显示着商业投资的机会和风险。要做到这一点必须注意以下几个方面的问题：

1. 明确创业计划书是干什么用的

一是对未来的创业活动作出计划和预期，以规范创业过程当中的各种行为；二是用来吸引投资人，这可能是创业计划书最为实际的功用。所以创业计划书的撰写要尽可能迎合投资者的心理和要求。写一份计划书就像做一次演讲。一个好的演讲者应该讲听众感兴趣的，这样才能吸引听众的注意力，而不是不顾听众的感受和反应一味照自己的思路讲。创业计划撰写的切入点不同，可能不会对创业者的行为产生影响，但却会直接影响创业融资的结果。这样一来，创业计划书中的计划摘要就显得十分重要。它必须能让读者有兴趣并渴望得到更多的信息。

2. 避免一些容易犯的错误

创业计划书由技术人员来写容易犯的错误是：他们把整个篇幅的80%用来讲其技术如何先进，产品的市场如何广阔，只用很少的篇幅敷衍了事地说一下营销方案。走技术创业之路的创业者往往没有营销的经验，更没有如何建立、维持企业竞争优势的经验。即使创业者认识到市场的重要性，但他们却把重点放在描述市场有多么巨大，前景有多么广阔上，而没有注重思考、描述竞争与营销策略的问题。在现实社会中，有许多技术巨人面对广阔的市场而无所作为，这对创业来说是致命的。例如，中国有13亿人口，饮食行业应该有一个巨大的市场，可开饭馆却不一定能赚钱。所以，如何建立、维护企业的竞争优势，采用何种营销策略是投资人最想听的。如果你不写或写得不够吸引人，就很难得到投资人的青睐。

另外，一个创业计划总是沿着基本的商业概念逐步完善的。开始，计划只强调几个关键性因素，随着分析的深入，新的目标不断地被补充；随着新的情况出现，计划还需要重新评估并加入反映这些新情况的条目。项目和结果势必会经过不断的协调以使计划的主旨不会发生错误。在工作中，运用一些技巧是很有帮助的。比如说，一条一条地罗列出自己的观点，突出表现引用的资料，精心排版和使用表格形式等都会起到一定的帮助作用。创业计划书绝不应该是千篇一律的，每一份创业计划书都应该是创业者心血凝聚的精华。

3. 创业计划书应当简洁明了

人们在阅读一份自己特别感兴趣的创业计划时，应能立即找到问题及其解决的办法，这需要一个相当清晰的结构。并不是纯粹的数据分析便可以使读者信服，但以一种简明的方式，按重要程度给出直接的结论却可以做到这一点。任何被认为可能会引起读者的兴趣的主题都应该被全面而简洁地讨论。比如，你要见的投资人已经投资了一个与你的项目有互补性的项目，那你就要在计划书中体现这一点，说明其中的好处。

创业计划应当做到让外行也能看懂。一些创业者希望用大量的技术细节、精细的设计方案、完整的分析报告打动读者，但大多数时候情况并非如此。只有少量的技术专家参与创业计划的评估，许多读者都是全然不懂技术的门外汉，他们更欣赏一种简单的解说，也许用一个草图或图片作进一步的说明效果会更好。如果非要加入一些技术细节，可以把它体现在附录里。

另外，不少创业者认为写创业计划书很容易。实际上，他们把融资的过程看得太简单，不肯揣摩投资人的心理，或者是把投资人的心态看得太简单了。一份完整的创业计划书通常应该包括与项目相关的技术、管理、营销等各个环节以及采取的相应策略、计划等。但仅有文字描述是不足以打动投资人的。鉴于人们在阅读创业计划书时一般不会有作者在当面回答问题或给予解释，所以应尽量采用通俗的语言以避免产生误解。

4. 创业计划书的写作风格应前后一致

在创业计划编写过程中的一些细节问题也同样重要。一份创业计划，通常由几个人共同完成，但最后应由一个人统一定稿，以避免写作风格和分析深度的不一致。而且，好的创业计划必须准确、清晰。所谓准确，即必须注意数字品质，数必有据，如参考别人数据，应注明出处；如为假设，必须说明假设条件。所谓清楚就是容易懂，让拿到创业计划书的人不必再经口头解释，就能了解整个投资构想。要想做到清晰，需注意下列三项：

（1）创业计划书要有目录。目录里要指明各章节及附件、附表之页码，以方便投资者能很快就找到他所要的资料。

（2）段落要有标题。最好每 500 字以内就要有个标题，让投资者仅看标题就能粗略了解下面 500 个字是要说什么，并决定要不要看详细内容。

（3）段落结构要清楚。一般顺序是"一"、"（一）"、"1."、"（1）"、"甲"、"（甲）"。亦即"一"里面要分段落时用（一）（二）（三）……（一）里面要分段落时用 1. 2. 3. ……依此类推。

第五节 创业公司的组建

创业提示：英国哲学家狄更斯在描述英国产业革命初期的状况时讲过这样一段话："我们正处在严寒的冬天，同时也处在充满生机的春天，我们面前一无所有，我们面前什么都有。"

一、公司注册前应该了解的相关法律知识、税务知识和财务知识

在公司注册之前，创业者必须了解一些基本的法律知识，这样才能更好地解决创业过程中涉及的一些法律问题。

首先设立企业从事经营活动，必须到工商行政管理部门办理登记手续，领取营业执照，如果从事特定行业的经营活动，还须事先取得相关主管部门的批准文件。我国企业立法已经不再延续按企业所有制立法的旧模式，而是按企业组织形式分别立法。根据《中华人民共和国民法通则》、《中华人民共和国公司法》、《中华人民共和国合伙企业法》、《中华人民共和国个人独资企业法》等法律的规定，企业的组织形式可以是股份有限公司、有限责任公司、合伙企业、个人独资企业等形式，当然如果你的创业实力还不够，也可以注册个体工商户。在创业者注册的公司形式中以有限责任公司最为常见。

设立企业之前还需要了解《中华人民共和国企业法人登记管理条例》、《中华人民共和国公司登记管理条例》等工商管理法规、规章。设立特定行业的企业，则有必要了解与开发区、高科技园区、软件园区（基地）相关的法规、规章，这样有助于你选择创业地点，以享受税收及其他方面的优惠政策。

我国实行法定注册资本制，如果你不是以货币资金出资，而是以实物、知识产权等无形资产或股权、债权等出资，你还需要了解有关出资、资产评估等方面的法规规定。

企业设立后需要进行税务登记，需要会计人员处理财务，这其中涉及《中华人民共和国税收征收管理法》和财务制度，要了解企业需要缴纳哪些税，如营业税、增值税、企业所得税等，同时还要了解哪些支出可以算作成本，哪些支出只能算作费用，以及开办费、管理费等怎么分摊等。如果需要聘用员工就会涉及《中华人民共和国劳动法》和社会保险问题，要了解劳动合同、试用期、服务期、商业秘密、工伤、养老金、住房公积金、医疗保险、失业保险等诸多规定。此外，还需要处理知识产权问题，既不能侵犯别人的知识产权，又要建立自己的知识产

权保护体系，甚至需要了解著作权、商标、域名、商号、专利、技术秘密等各自的保护方法。在业务领域中还要了解《中华人民共和国经济合同法》、《中华人民共和国担保法》、《中华人民共和国票据法》等基本民商事法律以及行业管理的法律法规等。

以上只是简单列举了创业过程中常用的法律法规，在企业实际运作中还会遇到大量法律问题。当然你只需要对这些问题有一些基本的了解，专业问题可以去咨询律师。

二、公司注册前对组织形式的确定

选择什么样的经营形式，是每个创业者在公司注册之前首先面临的问题。在实际中，能供中小创业者选择的形式一般有以下几种：个体工商户、合伙企业、个人独资企业和有限责任公司。股份有限公司由于注册资金至少要达 1000 万元，因此不适合中小创业者。到底其他几种公司形式哪种比较好呢？这就有必要了解一下公司形式的基本条件与利弊。

（一）个体工商户

个体工商户是指生产资料归劳动者个人所有，以劳动者个人的劳动为基础，劳动成果由劳动者个人占有和支配的市场经营主体。

1. 设立个体工商户的条件

（1）有经营能力的城镇待业人员、农村村民以及国家政策允许的其他人员。

（2）申请人必须具备与经营项目相应的资金、经营场地、经营能力及业务技术。

2. 优势

（1）对注册资金实行申报制，没有最低限额基本要求。

（2）注册手续简单，费用低。

（3）税收负担轻。

3. 劣势

（1）信誉较低，很难获得银行大额贷款。

（2）经营规模小，发展速度慢。

（3）管理不规范，有的个体工商户甚至对经营所得与工资所得都不加以区分。

（二）个人独资企业

个人独资企业是指依照《个人独资企业法》在我国境内设立的，由一个自然人投资，财产为投资人个人所有，投资人以其个人财产对企业的债务承担无限责任的经营实体。

1. 设立个人独资企业应具备的条件

（1）投资人为一个自然人。

（2）有合适的企业名称。

（3）有投资人申报的出资额。

（4）有固定的生产经营场所和必要的生产经营条件。

2. 优势

（1）注册手续简单、费用低。

（2）决策自主。企业所有事务由投资人说了算，不用开会研究，也不用向董事会和股东大会作出说明，所谓"船小好调头"，创业者可以根据市场变化情况随时调整经营方向。

（3）税收负担较轻。由于企业为个人所有、企业所得即个人所得，因此只征收企业所得税而免征个人所得税。

3. 劣势

（1）资产有限。企业的全部家当就是个人资产，很难有大的发展。

（2）缺乏规范的企业管理。

（三）合伙企业

合伙企业是指依照《中华人民共和国合伙企业法》在中国境内设立的由各合伙人订立合伙协议，共同出资、合伙经营、共享收益、共担风险，并对合伙企业债务承担无限连带责任的营利性组织。

1. 设立合伙企业应具备的条件

（1）合伙人应为两个以上具有完全民事行为能力的自然人，并且都是依法承担无限责任者。

（2）有书面合伙协议。

（3）有各合伙人实际缴付的出资。

（4）有合伙企业的名称。

（5）有经营场所和从事合伙经营的必要条件。

2. 优势

（1）注册手续简便，费用低。注册方式与独资企业类似，关键在于合伙人之间的共同协议，合伙企业运行的法律依据就是他们之间的协议。

（2）有限合伙承担有限责任，易吸引资金和人才。合伙企业最大的风险就是无限责任。有限责任有效地解决了这个问题。一方面，合伙企业通过普通合伙人经营管理并承担无限责任，保持合伙组织的结构简单、管理费用较低、内部关系紧张及决策效率高等优点；另一方面，可以吸引那些不愿承担无限责任的人向企业投资，也可以吸引企业所需要的人才。

（3）税收较低。和独资企业一样，只需要缴纳企业所得税，不用缴纳个人所得税。年营业额 3 万元以下的，税率 18%；年营业额 3 ~ 10 万元，税率 27%；年营业额 10 万元以上的，税率 33%。

3. 劣势

（1）无限责任。合伙企业最大的风险就是无限责任，同时还有连带责任。一旦合伙人中某一人经营失误，则所有合伙人都被连累。因此合伙人的选择和合伙协议的拟定就相当重要。有人认为连带责任可以在合伙协议中用相应的条款规定分担比例，减少个人风险，债权人可以根据自己的清偿权益，请求合伙人中的一人或几人承担全部清偿责任。

（2）易内耗。公司是资本说了算，而合伙企业各合伙人平均享有权利，这是它的优点，但也会带来问题。合伙人一旦有隙，企业决策就难达成一致意见，互相推诿，导致业务开展困难。如果合伙人品质有问题，则更是后患无穷。

（3）合伙人财产转让困难。由于合伙人的财产转让影响合伙企业和合伙人的切身利益，而不是采取少数人服从多数人的原则。退伙也存在这个问题，除非在拟定合伙协议时有明确规定，否则很难抽身而退。

（四）有限责任公司

有限责任公司是依照《中华人民共和国公司法》设立的，股东以其出资额为限对公司承担责任，公司以其全部财产对公司债务承担责任的经营实体。

1. 设立有限责任公司应具备的条件

（1）股东为 2 个以上（含 2 个），50 个以下（含 50 个）；

（2）股东出资达到法定资本的最低限额。

注册资本最低限额分别为：

①科技开发、咨询、服务性公司为 10 万元人民币；

②以商业零售为主的公司为 30 万元人民币；

③以生产经营或商品批发为主的公司为 50 万元人民币。

特定行业的注册资本最低限额高于上述限额的，由法律法规另行规定。

公司注册资本超出法律、法规规定的最低限额部分，可以分期缴付。超出部分一次性缴付的，应当在公司设立之日起 1 年内缴足。超出部分分两期缴付的，第一期应当在公司设立之日起 6 个月内缴付未缴部分的 50%，第二期应当在公司设立之日起 3 年内全部缴足。

（3）股东共同制定公司章程

（4）有公司名称，建立符合公司要求的组织机构。公司的名称应符合名称登记管理有关规定，名称中标明"有限责任公司"或"有限公司"字样。公司的组织机构为股东会、董事会（执行董事）、监事会（监事）、经理。

（5）有固定的生产经营场所和必要的生产经营条件。

2. 优势

（1）有限责任。由于拥有法人资格,天大的责任由法人承担,股东个人承担的责任仅仅以所出的股本为限,其他个人资产不受牵连,降低了个人投资风险。

（2）运行稳定。注册有限责任公司时,要求拥有完善的管理和财务制度,同时股东入股后不得抽回资金,这就在法律上保证了充裕的资金和健全的运行机制,不会因为个别股东的变故而使企业产生动荡。

3. 劣势

（1）注册手续复杂、费用高。注册有限责任公司必须经过严格审查,费用比较高,主要是获取相关的注册文件和验资费用。

（2）税收较高。一方面要缴纳企业所得税,另一方面还要缴纳个人所得税。

（3）不能撤回资金,转让困难。股东一旦出资就不能撤回资金,股东只能享受收益,不能随便转让股本。

（4）信贷信誉不高,发展空间有限。

根据统计,我国有2/3的企业采用公司的形式。如果考虑到综合成本与收益,一般营业额3万元以下可以选用个体工商户或独资企业;营业额3~10万元可以采用合伙企业;10~15万元,可以选择合伙企业和有限责任公司的形式。

三、公司注册登记流程

公司注册登记的主要程序如下图所示:

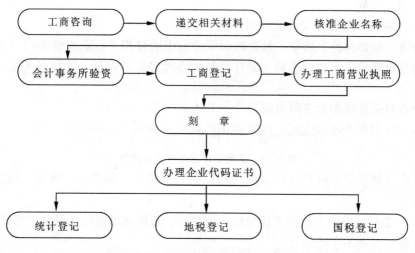

图8－1 公司注册登记主要程序示意图

（一）工商登记

工商管理登记是公司注册登记流程的第一步，详见下图。

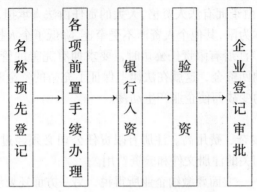

图8－2　企业工商登记流程示意图

1. 名称预先登记

企业名称应当由行政区划、字号、行业、组织形式依次组成，法律法规另有规定的除外。例如，北京安泰新世纪信息技术有限公司，"北京"为行政区划，"安泰新世纪"为字号，"信息技术"为行业，"有限公司"为组织形式。

2. 名称预先登记应提交的文件与证件

（1）《名称（变更）预先核准申请书》（预取新公司名称1～6个）。

（2）股东身份证明复印件（自然人出具身份证复印件，法人股出具营业执照复印件加盖公章）。

3. 企业设立登记提交的文件与证件（略）

特殊行业如药品、烟草、教育培训等必须先通过相关行业主管部门（如食品药品监督管理局、烟草专卖局、教育局等）办理经营许可证，才能办理工商营业执照。

工商局审批流程如下图所示：

受理 ⟶ 审查 ⟶ 核准 ⟶ 发照 ⟶ 公告

图8－3　工商局审批企业登记流程

工商注册登记审批程序包括前后相连的五个阶段，即受理、审查、核准、发照、公告。

（1）受理。申请登记的单位应提交的文件、证件和填报的注册登记书齐备后，方可受理，否则不予受理。

（2）审查。审查提交的文件、证件和填报的注册登记书的真实性、合法性、有效性，并核实有关登记事项和开办条件。

（3）核准。经过审查和核实后，作出核准登记或不予核准登记的决定，并及时通知申请登记的单位。

（4）发照。对核准登记的申请单位，应分别颁发有关证照，及时通知法定代表人（负责人）领取证照，并办理法定代表人签字备案手续。

（5）公告。对核准登记注册的企业法人，由登记主管机关发布公告。

（二）刻章

企业应在取得工商部门核发营业执照后前往公安局指定地点刻制公章。

刻章时，需携带相关的证件、文件。企业单位刻章须有上级主管部门介绍信和工商营业执照。

凡无上级主管部门的股份制（含股份合作制）企业，社会集资、集体所有制企业，联合企业，私营企业，个体工商户，须有营业执照副本，法定代表人身份证复印件备案，并由法人代表亲自办理。

（三）办理代码证书

企业应自领取营业执照或许可证照之日起30日内前往技术监督局办理企业代码证书。

（四）税务登记

根据《中华人民共和国税收征收管理法》的规定，企业应在取得工商部门核发的营业执照后30天内办理税务登记；不需办理营业执照的企业则应自有关部门批准之日起30日内，办理税务登记。税务登记需在国家税务局和地方税务局办理。

国家税务局负责征收的税种有：（1）增值税；（2）消费税；（3）进口产品增值税、消费税、直接对台贸易调节税（海关代征）；（4）铁道、各银行总行、保险总公司集中缴纳的营业税、所得税、城市维护建设税；（5）中央企业所得税；（6）地方银行、外资银行、非银行金融企业所得税；（7）海洋石油企业所得税、资源税；（8）证券交易税；（9）境内外商投资企业和外国企业的增值税、消费税、所得税；（10）出口产品退税管理；（11）集贸市场和个体户的增值税、消费税；（12）中央税的滞补罚收入；（13）按中央税、中央地方共享税附征的教育费附加。

地税系统负责征收管理的税种有：（1）营业税；（2）个人所得税；（3）土地增值税；（4）城市维护建设税；（5）车辆使用税；（6）房产税；（7）屠宰税；（8）资源税；（9）城镇土地使用税；（10）固定资产投资方向调节税；（11）地方企业所得税；（12）印花税；（13）筵席税；（14）地方税的滞补罚收入；（15）地方营业税附征的教育费附加。

如果设立的企业从事生产经营，则办理开业税务登记；如果设立的企业是从事生产经营但非独立核算的分支机构或非从事生产经营，负有纳税义务和代扣代缴义务的纳税人，则办理注册税务登记。

最后，我们将公司注册过程中所得到的各种证照做一汇总，以供创业者参考。

公司注册办理证照清单一览表

① 营业执照 ··· 正本
② 营业执照 ··· 副本
③ 企业信息 IC 卡 ··· 一张
④ 组织机构代码证 ··· 正本
⑤ 组织机构代码证 ··· 副本
⑥ 组织机构代码 IC 卡、组织机构代码证 ·· 一张
⑦ 国税登记证 ··· 正本
⑧ 国税登记证 ··· 副本
⑨ 地税登记证 ··· 正本
⑩ 地税登记证 ··· 副本
⑪ 公章、财务专用章、法人章 ··· 各一枚
⑫ 发票：增值税、商统 ·· 各一本
⑬ 发票购买簿 ··· 一本

第六节　创业赢利模式与名企成功之道

一、创业赢利模式

创业者在经过创业机会的评估与比较之后，最终要做的就是选择一个最适合自己投资能力的机会作为创业起步的切入点，并进一步明确自己的创业目标，之后，还要考虑的就是采取什么样的赢利与发展模式。

什么是赢利模式？有一个故事可以给大家启发：

一只猴子在四处寻找食物。它从一个岩石的间隙中看到在岩石那边有一棵结满果子的果树。于是拼命想从岩石狭小的间隙中钻过去。假如对于猴子来说，岩石那边的果实是它渴求的利润，猴子将选择怎样的赢利模式？它选择了意志坚定地一直使劲钻，身体被岩石磨破了好多处。因为劳累和饥饿，猴子瘦了。就这样，在第三天时，它竟然很轻松地钻了过去，并美美地吃上了果子。等树上的果子全部吃完后，猴子准备继续寻找食物，这时它才发现，因为太饱了，它钻不回来了。

这只可怜的猴子，当它终于饥饿、疲惫地从岩石的间隙中钻出来后，它已经无力再去寻找新的食物了。其实它可以选择更好的赢利模式。在自己辛苦钻过去后，把果子先搬出来，然后再钻出来，边吃边寻找下一棵果树；它也可以叫一个小一点的猴子钻过间隙，把果子运出来一起分享。显然，选择不同的赢利模式，结果就会天壤之别。

企业赢利模式是近年来企业界和学术界经常谈到的一个话题。所谓赢利模式，说白了就是企业赚钱的方法，而且是一种有效的方法。既不是那种东一榔头、西一棒槌地打游击，更不是抖机灵，它是这样一种方式：能够在一段较长时间内稳定维持，并为企业带来源源不断的利润。

有多少企业就有多少赚钱方法，但只有最优秀的（而不一定是最大的）企业才谈得上模式。模式因为它的规律性，所以可以把握、可以学习、可以仿效、可以借鉴。它就像一块陶土、一个半成品，你可以根据自己的情况，加以改造。《科学投资》杂志通过大量研究，提炼出了创业企业最常见的 8 种赢利模式，供创业者学习与借鉴。

（一）创业赢利模式之一：鲫鱼模式

找到与大行业或者大企业的共同利益，主动结盟，将强大竞争对手转化为依存伙伴，借船出海，借梯登高，以达到争取利润的第一目标并使企业快速壮大。这就是鲫鱼模式。

鲫鱼是这样一种鱼，其头顶的前背鳍已转化为由横叶叠成的卵形吸盘，借以牢固地吸附在鲨鱼和其他大型鱼类身上。鲫鱼的生存方式，就是依附于鲨鱼，鲨鱼到哪儿它就跟到哪儿。当鲨鱼猎食时，它就跟着吃一些残羹冷炙，同时，因为它还会为鲨鱼驱除身体上的寄生虫，所以鲨鱼不但不反感它，反而十分感谢它。

"鲫鱼"这种模式的本质在于，大企业有通畅的产品流通渠道，有广大的客户群体，就像一条庞大凶猛的鲨鱼，而创业企业无论在资金、技术，还是在人才等方面，都存在着诸多先天不足。如果创业企业能找到与大企业的利益结合点，与大企业结成联盟，就可以有效弥补自身的短处，自然也就可以分享大企业的利润大餐。

"鲫鱼战术"对创业企业来说，可借鉴程度较高，是一种有效的赢利模式。其方法可以多种多样，例如配套与贴牌生产。全球经济一体化时代，社会分工越来越细，一件商品的生产和营销往往被细分为众多的环节，由此给配套生产者提供了大量机会。大的、复杂的整机——汽车、摩托车、家用电器固然有众多的配套厂家，而小型的商品如桌椅、香烟、白酒、望远镜等，也有许多是分工合作的产物，如山东的白酒很多就是采用四川的原浆，当年的秦池为此还掀起了一场轩然大波。这些配套厂家就像众星捧月地拱卫着上游厂家。不要小瞧配套这一角色，它的起点虽然低，利润虽然薄，但投资也少，因此恰恰适合了创业企业，可以借助这个平台，在不太长的时间内完成创业的过渡期和危险期。

这种模式在加工企业集中的"长三角"、"珠三角"一带十分流行，在广东东莞、江苏昆山，类似的小企业也随处可见。实践证明，这是初创小企业走向成功的一条捷径，风险小而成功概率高。

寄生是鲫鱼赢利模式的重要特点，也是小企业发展的必要阶段。小企业审时度势，可依附核心企业，借势生存。小企业也可以接纳大企业转移出的部分产品生产线，在大企业的技术指导与质量监督下，其成品以大企业的品牌包装进入市场，这对力量薄弱的小企业不失为一种积累实力、谋求生存空间的捷径。而"寄生营销"战略便是中小企业可以"借船出海"式的国际营销战略。由于中小企业自身无论是在资金、技术方面，还是在人力资源和管理经验等方面都无法像大型企业可以在国外建立强大的代理商分销网络，甚至建立分公司系统，完全控制和拥有自己的产品流通渠道那样进行海外营销。所以，中小企业可以搭乘大型企业这艘"巨轮"，通过为大型企业的出口产品生产相关的配套产品的方式达到出口的目的。

不过，仔细分析发现，不管是小企业依附核心企业，还是中小企业"借船出海"的营销模式，对大型企业和核心企业来讲，中小企业的"依附服务"要么具有附加价值，要么具有分工专业化的收益。所以准确地说，这应该不算是纯粹的寄生，而是半寄生半共生行为。因此，我们认为，企业之间的"互助"是处于寄生和共生之间的生存模式。

总之，中小企业从寄生到共生，再到超越是企业发展的必然过程，是企业审时度势的必然的理性选择，也是企业种群自然"进化"的结果。

（二）创业赢利模式之二：专业化模式

专业化的意思就是专精一门，也就是俗话说的"一招鲜，吃遍天"。在这样一个处处充满诱惑的年代，要静下心来，专精一门是不容易的，否则就不会有"多元化"在国内企业界的喧嚣多时了。

专业化为什么可以成为创业的赢利模式？一个最简单的解释是，因为它精，所以它深，深就提高了门槛，别人不容易进来竞争，而专业化的生产，其组织形式比复合式生产要简单得多，管理也相对容易。在市场营销方式上，一旦市场打开，后期几乎不需要有更多的投入。成本降低的另一面，就是利润的大幅度提高。而在通常情况下，专业化生产一般最后都会形成独占性生产，至多是几个行业寡头同台竞争，行业间比较容易协调，从业者较易形成相互保护默契，有利于保持较高的行业平均利润。这是一个封闭或半封闭市场，不像开放市场上的产品，一旦见到有利可图，大家便蜂拥而入，利润迅速摊薄，成本迅速攀升，本来有利可图的产品很快变成鸡肋，人人都觉得食之无味、弃之可惜。

经测算，普通产品的生产者，如果其利润是15%，那么，一个专业化生产的产品，它的边际利润通常可以达到60%～70%。当一个企业进行专业化生产时，其多数成本都用在解决方案的开发和创意阶段，一旦方案成立，就可不断复制，并依照自己的意愿，确定一个较高的市场价格，因为你是唯一的或少数能提供该解决方案（或产品）的人，所以，市场对你的高定价根本无力反对。专业化生产的另一个方式是，以简单化带动大规模，迅速降低行业平均利润，使小规模生产者根本无利可图，从而不敢也不愿与你进行同台竞争。格兰仕用的就是这种方法。

（三）创业赢利模式之三：利润乘数模式

借助已经广为市场认同的形象或概念进行包装生产，可以产生良好的效益，这种方式类似于做乘法，叫作利润乘数模式。利润乘数模式是一种强有力的赢利机器，关键是创业者如何对所选择的形象或概念的商业价值进行正确的判断。创业者需要寻找的是这样一种东西，它的商业价值是个正数，而且大于1；否则，这种东西就不但对创业毫无意义，反而还会有害。

当马化腾利用ICQ的启发开放出QQ时，谁都没有想到它会发展成什么规模。但是几年后，QQ以迅猛的速度得到发展，目前注册用户已超过3亿人，每天独立上线人数达到1200多万，独占中国在线即时通信软件市场95%以上的份额，几乎覆盖所有中国网民。而且QQ的卡通形象———一只憨态可掬的小企鹅也渐渐被数以千万计的网民所熟知和喜爱。

此时，以经营礼品进出口业务起家的广州东利行公司，看准了QQ小企鹅形象在商业领域拓展的前景，在2000年12月与QQ的所有者腾讯公司签署了为期7年的QQ形象有偿使用协议。

一个企鹅的形象能够带来多大的利润空间？这对一直经营礼品进出口的东利行来说再清楚不过。所以从一开始，他们就已经有了一个清晰的赢利设想。这个赢利设想的思路来源于运用卡通形象获得最大利润的迪斯尼公司，他们需要做的只是将模式移植，这样可以更好地保证他们的成功。

美国迪斯尼公司是这一模式的缔造者和忠实实践者。它将同一形象以不同方式包装起来，米老鼠、小美人鱼等卡通形象出现在电影、电视、书刊、服装、背包、手表、午餐盒上，以及主题公园和专卖店里。每一种形式都为迪斯尼带来了丰厚的利润。

同样广州东利行公司也利用QQ成就了一番事业。

（四）创业赢利模式之四：独创产品模式

独创产品是指具有非同一般的生产工艺、配方、原料、核心技术，又有长期市场需求的产品。

鉴于该模式的独占性原则，掌握它的企业将获得相当高的利润。比如祖传秘方、进入难度很大的新产品等。

独创产品模式是很多创业企业在创业之初可以大力借鉴的模式，"独创"的魅力就是其能带来高额的利润。但是独创产品模式并不是进入利润区的"万能钥匙"，它也有很多局限性：

（1）因为独创，即意味着"前无古人"，所以往往需要较多的研发费用和较长的研发时间。

（2）因为独创，既意味着市场认知度不高，也意味着打开市场、获取市场认同需要花更多的钱。

（3）尽管你事前可能作过很细致的调查，但一个独创产品在真正进入市场之前，是很难测度市场是否最终会接纳它。常常发生的一种情况是：你花了很多钱，花费了很大的力气拿出了产品，结果却不能获得市场认同。这样，你所有的投入都打了水漂。所以说，依靠独创产品打市场具有很大的风险性。

（4）由于对产品缺乏细致的了解和认知，国家有关部门很难对某一种独创性产品提供完善的保护，生产者将面临着诸多恶意的市场竞争，这种竞争经常会使创业者陷入困境。

为了保护和延长独创性产品的生命周期，延长利润的产出周期，创业者可以采取的办法：

①提高专利意识，积极寻求国家有关部门的保护。

②增强保密意识，使竞争者无隙可乘。

③进行周期性的产品更新，提高技术门槛，使后来者难以进入。

④使企业和产品更加人性化，增强消费者的忠诚度。

⑤有饭大家吃，在产能或投入不足的情况下，积极进行授权生产或技术转让，让产品迅速铺满市场，不给后来者以机会。这一点，一般不为经营者所注意，但却是一种十分有效的办法。

（五）创业赢利模式之五：策略跟进模式

策略跟进即强者跟随，与"跟风"的盲目性、哪里热闹就往哪里钻不同。策略跟进需要经营者对自己作出正确评估，并分析清楚自己的优势、劣势之后，对未来走向作出判断。

在马拉松比赛中，经常可以看到运动员会形成"第一方阵"和"第二方阵"。

一个有趣的现象是：最后取得冠军的往往是开始位居"第二方阵"的运动员。因为"第二方阵"的运动员在大部分赛程中都处于"跟跑"的位置，所以可以清楚地看见"第一方阵"运动员的一举一动，并根据其变化很好地把握赛程，调整自己的节奏。另一方面，作为"第二方阵"的成员，他们所承受的心理压力也相对较小，又因为一直处于引弓待射、蓄而不发的状态，积蓄的体能有利于在最后冲刺阶段爆发。所以，"第二方阵"中的运动员获得冠军并非偶然。

在创业成长的道路上，瞄准一个目标，紧跟其后，时刻关注对方的一举一动，学习他的长处，寻找其弱点，等待时机成熟一举超越是这一模式的本质。

从利润角度讲，"跟跑"者向来比跑在前面的要省力，因此利润率也相对要高。在商业活动中，每一个商业行为都有成本的代价，摘取胜利果实等于将成本最小化，从而也就等于获得了最大化的利润。

"跟进"哲学是一种应变哲学，绝不是懦夫哲学，甘当"第二方阵"目的在于在次位上充分谋求利益，避免自身劣势，充分发挥优势。

（六）创业赢利模式之六：配电盘模式

配电盘模式说白了就是吸引供应商和消费者两方面的关注目光，通过为供应商和消费者两方面提供沟通渠道或交易平台从中获取不断升值的利润。这个模式对于操作者来说要求很高，而且前期的投入成本很大，风险也很高。

但这种模式对创业企业来说还是值得借鉴的模式，因为它有很大的市场空间和强烈的市场需求。绝大多数初创企业在市场开拓上都会存在困难。一些创业者有好的产品却找不到合适的消费者，而一些消费者有消费需求又找不到合适的产品。通过配电盘模式，可以将供需双方联结在一起，让初创企业直接面对他们的客户，做成生意的可能性大大提高。以北京为例，目前北京设立了很多专题性购物街区，如东直门的餐馆一条街簋街、三里屯酒吧一条街、马连道茶叶一条街、长沙的下河街小商品市场、红星花卉大市场、西湖酒楼一条街等，以及各种专业批发市场，如北京天意小商品批发市场、西直门服装批发市场等。实际上这些专题街区、市场的建立，就等于是为创业者提供了一个配电盘。由于专题购买使得这些街道人气鼎盛，生意火爆，选择这样的市场，自然会大大缩短创业者开拓市场的周期。

据统计，运用配电盘模式在单位时间内，可能做成的生意数量会达到传统运作模式的2倍或3倍。创业者在创业初期可以寻找一个适合自己的配电盘加入进去。对普通创业者来说，这是对配电盘这种赢利模式最为有效的运用，借助配电盘已有的市场与规模效应，可以降低创业的成长风险，加速成长过程。

（七）创业赢利模式之七：产品金字塔模式

为了满足不同客户对产品风格、颜色等方面的不同偏好，以及个人收入上的差异化因素，从而达到客户群和市场拥有量的最大化，一些企业不断推出高、中、低各个档次的产品，从而形成产品金字塔。在塔的底部，是低价位、大批量的产品，靠薄利多销赚取利润；在塔的顶部，是高价位、小批量的产品，靠精益求精获取超额利润。这就是产品金字塔模式。

这个模式的运用有一个前提条件，就是必须在一个成系统的产品或者领域中运用，而且必须要与客户的市场定位紧密联系，并且高中低档商品的客户群之间都必须拥有一定的联系因素。比如，购买中高档泰迪熊的用户一般同时会选择购买一些低档产品，作为朋友之间馈赠礼物；又比如，给女儿购买 10 美元芭比娃娃的母亲，一般也会同时给自己购买一个价值 100～200 美元的芭比娃娃，作为对自己的奖励一样。

构建金字塔的关键是不能仅仅将不同价位的产品简单罗列。一个真正的金字塔是一个系统，其中较低价位的产品的生产和销售，将为你赢得市场和消费者的注意力，而高价的产品是在此基础上对利润的获取。对于拥有完善产品线的企业来说，你的竞争对手根本不必指望可以依靠比你更低的价格抢走你的市场份额。

（八）创业赢利模式之八：战略领先模式

起步领先不代表永远领先，不能确保你永远赢利，因为马上就会有后来者参与激烈的竞争。所以适时改变你的竞争策略，由一个静态到一个动态的飞跃，可以确保你从起步时的领先到战略上的领跑，使你的利润源源不断。

有这样一个故事。一个小伙子有一天坐火车去另一个城市，当火车要绕过一座大山的时候，车速慢慢地减了下来。这时候他看见一栋光亮亮的水泥平房，就把它记在了心里。在办完事回来的路上，他中途下了火车，走了一段山路，找到了那座位于高山上的房子。他向房主提出想买下这栋房子。房子主人很痛快地答应下来并以 2 万元成交。小伙子回到家后，很快写好了一个方案，复印了很多份，递交给许多知名的大公司。3 天后，可口可乐公司迅速与他取得联系，并专程派代表开车驶往房子所在地，经过一天周密的考察和分析，当场和他签订了一年 18 万元的广告合同。为什么 2 万元的投入可以换来 18 万元的收入？原来房子有一整面墙正对着铁路，每天都会有数十趟火车经过这里，而因为是上坡，每当火车经过这里时总要减速，这时就会引起许多好奇或无聊的眼光向窗外张望，而在这个前不着村后不着店的荒凉地方，唯一能长时间吸引他们目光的就是那幅可口可乐的巨型广告。

不过这已经是很多年前的事情了，现在，你再坐火车经过这个地方时，就会发现山坡的农舍已经被各种各样的广告遮满了。这也证明了一点，只要有人做出了第一，就会有蜂拥而至的追随者去争抢剩下的空间。

　　这个故事告诉我们，对于创业者来说，开创第一虽然是件好事，但领先永远只是暂时的。如果你在领先的时候不抓紧时间赚到钱，就像上述故事中的小伙子，在他还是第一的时候就抓紧时间将广告卖出去，他就有可能赚不到钱，或者即使赚到钱，也会比他应该赚到的少得多。

　　中国企业要想保持自己的低成本优势，找到赢利模式，维持生存、发展和创新，就必须跳出传统的框框，站在战略的高度重新审视成本，充分考虑内外部市场的变化，结合自己的竞争定位，优化成本管理。只有这样，中国企业才能实现长久的赢利。

二、大学生创业方向

（一）高新技术领域

　　身处高新科技前沿阵地的大学生，在这一领域创业有着近水楼台先得月的优势。尤其是技术功底深厚、学科成绩出类拔萃的大学生。"网易"、"腾讯"等大学生创业企业的成功，就是得益于创业者的技术优势。有意在这一领域创业的大学生，可积极参加各类创业大赛，获得脱颖而出的机会，以期吸引风险投资。如四川大学几名学子在2008年全国大学生"挑战杯"创业大赛的获奖作品就吸引了三千万元的创业风险投资。

　　＊ 创业优势：技术含量高——相对竞争小；容易出成果
　　＊ 创业劣势：专业性太强；前期投入较大；风险较高
　　＊ 推荐商机：软件开发、网页制作、网络服务、手机游戏开发等

　　利用网络创业：如网上资料查询、电子商务、网上信息咨询、网上中介服务（如交友、劳务推介、房屋出租等）、网上商品拍卖、网络广告代理、电子出版物等。

（二）智力服务领域

　　在智力服务领域创业，大学生游刃有余。例如，家教领域就非常适合大学生创业，特别是师范专业的大学生。一方面，家教是大学生勤工俭学的传统渠道；另一方面，大学生能够充分利用高校教育资源，更容易掘到"第一桶金"。此类智力服务创业项目成本较低，一张桌子、一部电话就可开业。其他，如装潢设计、服装设计、软件设计、法律咨询、信息服务等。

　　＊ 创业优势：成本低；风险小；易于操作与管理
　　＊ 创业劣势：竞争大；效益低；创业成果不明显
　　＊ 推荐商机：家教、家教中介、设计工作室、翻译公司、培训服务（如高考培训班）等。

（三）连锁加盟领域

　　据调查，在相同的经营领域中，个人创业的成功率低于20%，而加盟创业的

则高达80%。对创业资源十分有限的大学生来说，借助连锁加盟的品牌、技术、营销、设备优势，可以以较低的门槛实现自主创业。但连锁加盟并非"零风险"。大学生创业者资金实力较弱，适合选择启动资金不多、人手配备要求不高的加盟项目，从小本经营开始为宜；此外，最好选择运营时间在5年以上、拥有10家以上加盟店的成熟品牌。

　　* 创业优势：可利用资源丰富；成本较小；风险相对稳定

　　* 创业劣势：竞争较大；对经营者的商业眼光要求较高

　　* 推荐商机：快餐业、小型服装专卖店、家政服务、小型超市、数码速印站等。

　　（四）开店

　　大学生开店，一方面可充分利用高校的学生顾客资源；另一方面，由于熟悉同龄人的消费习惯，因此入门较为容易。正由于走"学生路线"，因此要靠价廉物美来吸引顾客。此外，由于大学生资金有限，不可能选择热闹地段的店面，因此推广工作尤为重要。

　　* 创业优势：服务对象熟悉；成本较小；收益快

　　* 创业劣势：竞争较大；事物比较繁琐；有一定的风险

　　* 推荐商机：高校内部或周边地区的餐厅、咖啡屋、美发屋、文具店、书店、鲜花店、精品店、小工艺品店、打印社、时装店等。

　　（五）其他方向：如产品代理等

　　可重点针对大学生这一消费群体，充分利用高校的学生顾客资源，代理大学生常用的化妆品、保健品、文化用品及各种大学生较为喜爱的时尚用品等。产品代理投资少、风险小、是典型的借鸡生蛋模式，比较适合于缺乏资金且风险承受能力较差的大学生创业。此外，还可针对儿童市场、青少年市场、如女性市场等特点创业，创办幼儿辅导班、才艺班、知性商品及各种代办服务等。

三、经典案例——名企（人）成功之道

1. 创新思维，抢占先机

　　抢占先机的突破口其实并不难寻找，可以从"低科技"中把握机会，机会并不只属于"高科技领域"。在运输、金融、饮食、流通这些所谓的"低科技领域"也有机会，关键在于开发。盯住某些顾客的需要就会有机会。机会不能从全部顾客身上去找，因为共同需要容易认识，基本上已很难再找到突破口。在寻找机会时，应习惯把顾客分类，如政府职员、菜农、大学讲师、杂志编辑、小学生、单身女性、退休职工等，认真研究各类人员的需求特点，机会自现。

　　一位日本人从菲律宾进口了一种在热带海中长大的虾——进口价格仅1美元，

在日本把它们装入盒子，取名"偕老同穴"，这种既谈不上生产成本，也没有复杂工艺的商品，一下子就卖到260~270美元，而且供不应求。实质上，它不过是自幼从有隙的石头缝里进去，然后在里面成长为无法出来的雌雄虾，只得在石头里度过它们的一生。这位商人的高明之处在于，他敏锐地捕捉到这种商品可以为人们提供情感上的安慰，并附加其一种天才的创意：以这种爱情专一、从一而终的虾，作为永远美满幸福的结婚礼物送给新婚夫妻，从而想到了一般人们所想不到的地方而抢占了创业先机。

下面的故事很好地说明了抢占先机赢利模式的核心内涵。

故事说的是一个年轻人致富发家的经历。有个年轻人决定凭自己的智慧赚钱，就跟着人家一起来到山上，开山卖石头。

当别人把石块砸成石子，运到路边，卖给附近建筑房屋的人的时候，这个年轻人竟直接把石块运到码头，卖给杭州的花鸟商人了。因为他觉得这儿的石头奇形怪状，卖重量不如卖造型。

就这样，这个年轻人很快就富裕起来了。

三年后，卖怪石的年轻人，成了村子里的第一座漂亮瓦房的主人。

后来，不许开山，只许种树，于是这儿成了果园。

当地的鸭儿梨汁浓肉脆，香甜无比。每到秋天，漫山遍野的鸭儿梨引来了四面八方的客商。乡亲们把堆积如山的鸭儿梨整车整车地运往北京、上海，然后再发往韩国和日本。

鸭儿梨带来了小康日子，村民们欢呼雀跃。这时候，那个卖怪石的年轻人却卖掉果树，开始种柳。因为他发现，来这儿的客商不愁挑不上好梨，只愁买不到盛梨的筐。

五年后，他成了村子里第一个在城里买商品房的人。

再后来，一条铁路从这儿贯穿南北。这儿的人上车后，可以北到北京，南抵九龙。

小小的山庄更加开放搞活了。乡亲们由单一的种梨卖梨起步，开始发展果品加工和市场开发。

就在乡亲们开始集资办厂的时候，那个年轻人却又在他的地头，砌了一道3米高100米长的墙。

这道墙面朝铁路，背依翠柳，两旁是一望无际的万亩梨园。坐火车经过这里的人，在欣赏盛开的梨花时，会醒目地看到四个大字：可口可乐。

据说这是500里山川中唯一的一个广告。那道墙的主人仅凭这座墙，每年又有4万元的额外收入。

20 世纪 90 年代末，日本某著名公司的老板来华考察。当他坐火车经过那个小山庄的时候，听到上面的故事，马上被那个年轻人惊人的商业智慧所震惊，当即决定下车寻找此人。

当日本人寻找到这个年轻人的时候，他却正在自己的店门口与对门的店主吵架。

原来，他店里的西装标价 800 元一套，对门就把同样的西装标价 750 元；他标 750 元，对门就标 700 元。一个月下来，他仅批发出 8 套，而对门的客户却越来越多，一下批发出了 800 套。

日本人一看这情形，顿时失望不已。但当他弄清真相后，又惊喜万分，当即决定以百万年薪聘请他。原来，对面那家店也是他的。

当然，我们无法考察这个故事的真实性，但是无论如何，这个故事告诉我们，创新领先是企业保持高额利润的重要法宝。企业要打造竞争优势，发掘新利润源就必须永远先人一步，开发出人无我有、人有我新的适销对路产品，独树一帜，胜人一筹，以赢得用户，占领市场，从而使企业在市场经济的竞争中永远立于不败之地。

抢占先机战略，也称为市场先导者战略，它是差异化战略、低成本战略和集中战略之外的又一类型的企业总体战略。抢占先机战略是指企业实行抢先占领市场的战略，企业总是将其注意力集中于行业的制高点，努力比竞争对手抢先一步占领市场。成功的抢占战略对于竞争对手来说具有不可模仿性和不可抗拒性。美国 PSI（战略规划研究所）的研究揭示，在 500 个成熟的行业中，第一个进入者企业的平均市场占有率达 29%，早期跟进者企业的平均市场占有率为 21%，而其余平均占有率为 15%。历史事实一再告诉我们，谁能抢占先机，谁就能处处领先。

IBM 是第一个研发大型计算机的公司，今天它也是计算机行业的第一品牌；

可口可乐是第一种可乐类饮料，今天它也是可乐类饮料中的第一品牌和龙头老大，并成了这一类别的代名词；

北大方正推出了中国第一种激光照排系统，今天它仍然是中国激光照排市场上的第一品牌，占有高达 90% 的市场份额；

四通是中国最早以打字机深入人心的企业，它也成了中国打字机市场上的第一品牌，四通打字机一统天下；

联想是中国最早做计算机的企业，今天它也是中国 IT 领域的第一品牌和龙头老大；

海尔是中国最早做电冰箱的企业之一，今天它成了中国家电业的第一品牌和龙头老大；

娃哈哈是中国最早做儿童饮料的企业，今天它也是中国儿童饮料行业的第一品牌和龙头老大；

　　"吉普"是第一种越野汽车的品牌名，今天它成了越野车的代名词，我们讲吉普车时，已经不是把吉普当作一个品牌了，而是当作一种车的类别了；

　　施乐是第一种普通纸复印机的牌子，今天它几乎成为所有复印机的代称；

　　惠普公司推出了第一台激光打印机，今天惠普也是激光打印机市场的第一品牌；

　　吉列是第一种安全剃须刀，今天它也正是剃须刀行业的领先品牌；

　　哈佛大学是美国的第一所大学，今天它也是全美国乃至全世界最负盛名的大学。

　　所以，"要么不做，要做就做最好"这句话，应该改成"要么不做，要做就做第一"。商场竞争，要想赢利而持续经营，就要有抢占先机、抢占"第一"的胆识和气概。

　　加拿大将枫叶旗定为国旗的决议通过的第三天，日本厂商赶制的枫叶小国旗及带有枫叶标志的玩具就出现在加拿大市场，销售火暴。作为"近水楼台"的加拿大厂商则坐失良机。有人曾形容说，美国人第一天宣布某项新发明，第二天投入生产，第三天日本人就把该项发明的产品投入了市场。

　　如今市场竞争异常激烈，市场风云变幻，市场信息流的传播速度大大加快。谁能抢先一步获得信息，抢先一步做出应对，谁就能捷足先登，独占商机。因此，在这"快者为王"的时代，速度已成为企业的基本生存法则。企业必须突出一个"快"字，追求以快制慢，努力迅速应对市场变化。

　　市场竞争的关键不是制造更好的产品，而是率先进入市场，市场竞争不是产品之间的竞争，而是争夺人们头脑中的观念之间的竞争。市场机遇转瞬即逝，抢得先机往往要比追求完美更重要，在机遇面前速度往往要比质量更重要，"快"比"好"更重要。如今"快鱼"吃"慢鱼"，因为"快"往往意味着可以抢占先机，而抢占先机能够占尽天时、地利、人和，顺势而为，可以起到以四两拨千斤的作用，当然也就更容易获得成功。

　　因此，"快鱼吃慢鱼"意即"抢先战略"，是赢得市场竞争最后胜利的首要条件。实践早已证明，在其他因素相同或基本相同的情况下，谁先抢占商机，谁就会取得最后的胜利，抢先的速度已成为竞争取胜的关键。闪电般地行动必然会战胜运作迟缓的对手，使"慢鱼"在没有硝烟的战场上败下阵来。

　　实施"抢先战略"，意在"先"，贵在"抢"，因为"商机"是短暂的、有限的，是转瞬即逝的。正所谓"机不可失，时不再来"。

　　有时候，把握时机，在某一天，一元钱就能创造奇迹；而如果错失时机，在第二天，纵使你有千百万元都不能免于一家企业走下坡路。

"磨刀不误砍柴工"，这句话要正确，必须要有一个前提，那就是假设山上的柴是静止不变的，永远等着你去砍，或多得永远也砍不完；否则，如果砍柴的人很多而柴很少，等你慢腾腾地把刀磨快了，柴早已被别人砍光了，你只好徒有一把快刀望山兴叹永远也用不上了。磨刀又有什么用呢？刀要尽量磨"快"，但更要快速地磨，磨刀不能误了砍柴的时机！

2. 迪斯尼"轮次收入"模式揭秘

在国外，一部电影、一档节目乃至一个动画小角色火了，可以带动一系列产品，萌发一个新的产品。这种杠杆效应的资产发展进程贯穿一系列的传媒与市场，可以称为乘数效应。它已成为现在美国娱乐产业公司经理的口头禅。迪斯尼"轮次收入"模式就是利润乘数模式的经典诠释。

综观迪斯尼的发展历程，就是一部品牌化生产、品牌化传播、品牌化生存的历史。在创始人沃尔特的努力下，到1931年，"米老鼠俱乐部"会员已达100万，凡有人迹的地方都知道米老鼠，米老鼠的狂热给迪斯尼带来了滚滚财源。迪斯尼的发迹史，就是一部将艺术彻头彻尾商业化的过程。在迪斯尼和好莱坞，艺术品被看作是一种产品，而不是一种"作品"。很少有人能像迪斯尼、好莱坞一样，把艺术本身的商业价值发挥到极致。

美国迪斯尼公司是这一模式的缔造者和忠实实践者。迪斯尼在美国《商业周刊》的全球品牌价值排名中名列第七位。它将同一形象以不同方式包装起来，米老鼠、美妮、小美人鱼等卡通形象出现在电影、电视、书刊、服装、背包、手表、午餐盒、主题公园、专卖店上，每一种形式都为迪斯尼带来了丰厚的利润。

早在20世纪80年代，美国迪斯尼的品牌便通过米老鼠和唐老鸭的卡通形象，在中国童叟皆知、家喻户晓。迪斯尼卡通明星的成功，称得上是好莱坞历史上的一个超级童话。迪斯尼这一品牌如今已成为神奇、梦幻和欢乐的象征。创建80多年来，迪斯尼的动画电影把快乐送往全世界的各个角落，使数以亿计的孩子们在笑声中度过了自己的童年。不知有多少孩子依然乐此不疲地沉浸在由迪斯尼创造出的童话乐园中。今天的迪斯尼公司，在全球500强中排名177位，年收入超过250亿美元，雇员12万人，成为全球媒体、娱乐界巨擘。迪斯尼毕生都在追求快乐。它通过米老鼠那双带着白手套的手向全世界播撒快乐。

欢乐等于财富！这是迪斯尼的企业精神所在。迪斯尼的历史就是一个使娱乐走向产业化的典范。迪斯尼不是一般的娱乐公司，它对自己的定位是"三维娱乐的王国"，它把娱乐看成无所不在的"管理梦想的事业"，而它所有的娱乐角色又可以变成授权的各式各样的商品，又是娱乐中的商业，在平面、立体、实体、虚拟等多重意义上同时存在。这样一种文化产业形态的冲击力无疑是巨大的。

迪斯尼生产一部大型动画片的平均周期是 8 年，公司对影片的设计要求是，每部电影的持续影响力不能少于 10 年。非常重要的一点是，从节目的动议阶段，就要全面考虑相关产业链的开发。节目是龙头，但它也仅是动画产业链中的一环，节目制作公司必须与每个衍生产品公司相互配合，让节目与衍生产品作为一个整体，系统地同步操作。此外，为了保证迪斯尼著名品牌节目的持续影响力，迪斯尼动画节目通常是 4 年在全世界电视网中重播一次，因为 4 年是一代新儿童观众成长起来的周期。这就不难理解为什么一些国外动画片在中国电视台播出是免费的，因为他们的节目从某种程度是商品或品牌广告，而赢利点却在衍生产品。

迪斯尼在创作出"米老鼠"卡通形象后，在动画片放映的同时，各种图书、音像制品同步推出，具有可爱的米老鼠标识的产品开发一路延伸到主题公园、家具、日用品、仪器、服装、玩具、纪念品上，一路畅销，其知识产权等无形资产的深度开发和利用也不断地为迪斯尼带来滚滚财源。迪斯尼公司由卡通形象标贴的特许经营发展到依卡通形象制造玩偶的特许经营，并以"迪斯尼专卖店"向市场直接推出与迪斯尼有关的产品。此外，他们还通过网上销售 24 小时服务。现在，迪斯尼品牌的产品种类已达 2400 种，并且每年都有新发展。比如，过去迪斯尼的品牌产品主要是孩子的玩具、卧具、文具、服装和儿童出版物，现在不仅以迪斯尼卡通片故事情节和人物、动物为背景，发展了各种迪斯尼电子玩具、电脑软件，还以迪斯尼的品牌与厂商合作，发展了手机等各种高科技产品。厂商用迪斯尼牌子生产手机，每销售一个都要付一定的费用给迪斯尼。现在迪斯尼已经从经营日用品发展到儿童食品和饮料。迪斯尼还与可口可乐等公司合作，以迪斯尼品牌生产一种专供孩子喝的、纯果汁的健康饮料，开发了迪斯尼牌儿童健康早餐。

商标注册已成为迪斯尼一项重要的商业行为，根据《星球大战》和《外星人》制作的玩具已成为年轻人的心爱之物。迪斯尼看到了这一商机，高价请好莱坞著名导演斯皮尔伯格执导《谁杀死了兔子罗杰》，同时把其中的卡通形象推广到商场。迪斯尼公司董事长恩斯诺在影片没有拍摄前，便与打算使用《谁杀死了兔子罗杰》中的形象的商家签订了 34 个生产 500 多种产品的协议。迪斯尼在特许经营上一发不可收拾，这类特许经营业务每年收入高达 10 亿美元，它在全球发展了 4000 多个拥有迪斯尼特许经营权的商家，产品范围从铅笔、橡皮、书包到价值数千美元的时髦服饰、数万美元的手表、汽车，应有尽有。

目前，迪斯尼专卖店的总数已达 1000 多家，分布在十几个不同的国家和地区。每年光顾迪斯尼专卖店的孩子与家长多达 3 亿人次。迪斯尼品牌的产品种类现在已达 2400 种，2002 年消费品的收入约 24.5 亿美元，占迪斯尼集团总收入的

10%左右，成为迪斯尼价值链中不可忽视的一个组成部分。

概括而言，迪斯尼整体的商业模式就是所谓的"轮次收入"模式，通俗地说，就是"一鱼多吃"。"一鱼多吃"的源头是迪斯尼年度的动画巨作，通过发行拷贝和录像带，迪斯尼赚到第一轮收入，基本上是美国市场、海外市场分别收入数亿美元。这轮收入中，迪斯尼收回了成本。

然后是特许经营，后续产品的开发和主题公园的创收构成第二轮收入。每一轮新卡通片就在主题公园中增加一个新的人物，在电影和公司共同营造的氛围中，吸引大量游客游玩消费，迪斯尼由此赚到第二轮。

接着是品牌产品和连锁经营。迪斯尼在美国本土和全球各地建立了大量的迪斯尼商店，通过销售品牌产品，迪斯尼赚进第三轮。这一轮收入是迪斯尼的主力军，大约40%的利润来自于此。

3. 农夫果园，差异化摇动果汁市场

2005年5月某杂志评出影响中国营销进程的十大企业，以差异化产品及差异化营销竞争战略而著名的养生堂名列其中，从养生堂龟鳖丸到成人维生素，从朵儿胶囊到清嘴含片，从农夫山泉到母亲牛肉棒，从产品概念到事件营销，从产品填补战略到差异化品牌打造竞争战略，的确，养生堂从一个名不见经传的中小企业发展成为影响整个中国的大企业，是大家眼里的好榜样。

2003年是饮料行业的果汁年。在碳酸饮料、瓶装饮用水、茶饮料三大品类几年来相继掀起市场热潮以后，果汁饮料以健康时尚的形象成为饮品市场的新宠。2003年以来，市场空间进一步扩大，各大饮料巨头纷纷挺进果汁市场，行业门槛也进一步提高。新进入者想要有所突破，除了比拼资金、设备、原料等因素外，营销策略的水准也将成为制胜的关键。

饮用水行业擅长营销创意的农夫山泉也推出了果汁产品——农夫果园，并在激烈的市场竞争中打赢了第一战，获得可观的市场份额，其运用的差异化策略值得企业学习和借鉴。

养生堂是品牌定位差异化，特别是品牌类别定位中的高手。当年，农夫山泉巧妙类别定位"天然水"，硬生生从纯净水和矿泉水市场中划出一块更有前途更符合消费者追求健康、天然消费心理的大蛋糕，如今农夫山泉已经成为瓶装水业的第二品牌。

农夫山泉的水来自千岛湖，是从很多大山中汇总的泉水，经过千岛湖的自净、净化，完全可以说是甜美的泉水。但怎样才能让消费者直观形象地认识到农夫山泉的"出身"，怎样形成美好的"甘泉"印象？这就需要一个简单而形象的营销传播概念。

"农夫山泉有点甜"，并不要求水一定得有点甜，甜水是好水的代名词，正如咖啡味道本来很苦，但崔巢咖啡却说味道好极了，说明是好咖啡一样。中文有"甘泉"一词，解释就是甜美的水。"甜"不仅传递了良好的产品品质信息，还直接让人联想到了甘甜爽口的泉水，喝起来自然感觉"有点甜"。

同样，在养生堂的农夫果园上市策略中，同样充满了差异性，正是这些差异性的整合，形成了农夫果园的核心竞争力，令其成为果汁市场上最具锋芒的新星。

4. 跟进策略大师的超越之道——娃哈哈

娃哈哈在市场竞争中的主要策略，也是其总裁宗庆后一直坚持的经营理念：跟进。也有人称之为"后发制人"。

大家知道在马拉松的赛事中，一个最重要的经验是，采取紧跟着第一的战略，在冲刺的时候，争取第一，这被认为是马拉松赛跑中最好的策略，当然不能离领先者太远，如果太远你最后赶不上。你一开始就跑在第一位，实际上最后的第一名常常可能不是你。

娃哈哈从起步至今，就一直将跟随策略演得淋漓尽致：1991年上果奶，1996年进军纯净水，1998年叫板"两乐"推出非常可乐，2001年推出茶饮料，2004年推出功能性饮料"激活"。每一个产品，娃哈哈都不是第一个吃螃蟹的，最早做营养液的时候，全国早已有38家企业在搞。后来做水、做茶，都比不上旭日升、康师傅来得早；非常可乐，更是在"两乐"、"水淹七军"最牛气的时候逆流而上，但是在宗氏兵法的指导下，娃哈哈做一个赚一个。一年卖60个亿的饮料，娃哈哈只用了2000来人的营销队伍；2003年，该企业营业收入更突破100个亿。这些作为中国饮料行业第一品牌体现的数字与纪录，依仗的核心就是跟随策略。

娃哈哈强调跟进的适度性，主要是指策略上应该注意到，要找强大的竞争对手的薄弱环节去创新。要用紧跟着优秀的对手的方式，然后用节省研发费用、最后在市场上快速超越的手段。跟进有时也意味着在一定的时候，在一定的时期，要甘当老二。老二也不错了，大家都知道在市场上，至少有三个品牌是可以活下去的。老二不冒风险，省了很多研发费用，又让老大在前面铺路，做老二很好。但在更多的时候，跟进也意味着必须集中资源去做创新，而不是四面开花去创新，尤其对中国的中小企业，可以采取适度创新策略。

很多人崇尚创新，而不少创新者往往得名得势而不得利。有的人则总结出了"不当火车头，抢挂第一节车厢"的"要诀"。一些专家研究证明：模仿和创新一样有利可图。创新者的先入优势常常能够使其挖到第一桶金，但是，如果创新者不能建立进入壁垒（如：品牌强势、概念专享、知识产权、上规模后低成本、掌控关键资源等），创新者的活力将难以补偿先期承担的研发和市场培育成本。

宗庆后经常用微软案例来说明娃哈哈的跟进策略：微软是市场的赢家。目前，其市值达到 2790 亿美元，仅次于通用电气，排全球第二；在品牌价值方面，无论是《商业周刊》还是《财富》都将微软排在第二，分别估值达 650 亿美元和 1031 亿美元。

微软在谈自己的品牌竞争力的时候，最愿意谈的就是技术创新。技术创新的前提就是在人才和研发方面的巨资投入。微软 2004 年在研发方面的投入为 68 亿美元，居同业之首，这样的投入已经持续了几年。

而微软的技术创新也是争议最大的一个方面。微软说自己是技术创新，而外界很多观点却认为它是一种"技术跟进战略"。很多技术最早并不是微软提出的，比如浏览器，Mosaic 浏览器催生了网景（Netscape）公司，而网景公司催生了互联网热潮。但后来由于微软的跟进，网景一步步丧失领地，最终只能把微软告上法庭。虽然是跟进，微软最终成为了浏览器的技术领导者。这也说明，重要的也许不是由谁提出，而是谁做得更好。

虽然微软的这种做法引起争议，但这种做法无疑是在商业规则以内赢得市场的好方法。其实，一个产品是否能在市场上获胜，技术的先进性只是一方面，更重要的是为客户带来的价值得到客户的认同，这也是微软成功的主要因素。

本在互联网方面远远领先于微软的网景，后来却跟着后来居上的微软的游戏规则走，即缘于此。

娃哈哈早些年进入一些行业时，往往采用跟进策略。然后，迅速将成本降下来，做到行业第一。

开始实力不够时，只好采用跟进策略。但这个跟进也不是"跟着屁股后头"的那种，而是有创新的跟进。比如人家做钙奶，我就做 AD 钙奶，包装上也不断改进。当然这只是低水平的创新。自己有了实务，要进一步创新。以目前中国企业的实力，做国际上的创新都还很难，像人家的新药研发，一投就是几十亿资金，成功了就是暴利产品。但投不起这个钱啊！

严格地说，娃哈哈推出的大部分产品都是跟进模仿的，节省了大量的前期费用，减少了市场风险，提高了新产品推出的成功率。可以说，娃哈哈是一家稳健型的企业，也是运用跟进战略最成功的企业。其成功因素有三：

第一，不简单模仿。用宗庆后的话说就是学日本经验，在模仿中创新。比如娃哈哈开发的第一个产品儿童营养液，针对儿童这一目标消费群，抓住了这一细分市场，没有采用深奥的理性诉求，而是采用"喝了娃哈哈，吃饭就是香"这样的感性诉求，同时引发大人和儿童的互动。AD 钙奶是乐百氏先推出来的，娃哈哈跟进时加上了"吸收"的概念。娃哈哈推出时省略了共性宣传，强调其个性"天堂水，龙井茶"。娃哈哈非常系列中，非常可乐跟进可口可乐和百事可乐，针对男性市场；非常柠檬模仿雪碧，针对女性市场；非常橙汁模仿芬达，针对儿童市场。在口感上，娃哈哈没有像"汾煌"那样去创新，因为市场对可乐的认知已经固化，试图改变人们的认知是很困难的。非常系列在市场推广初期避开了可口可乐公司的核心市场——城市市场，走"农村路线"，这是一种"柔道战略"。

第二，掌握投放时机，在规模化市场形成的时候投放。

第三，讲究速度。可口可乐公司自认"什么都可以和娃哈哈比，但在市场推进速度方面比不过娃哈哈"，这得益于娃哈哈的网络优势和统一、集中的组织构架与决策机制。

"后发优势"的取得是以其综合实力和企业素质为基础的，尤其是研发能力和财力。有了这个基础，才能在快速推出的同时，迅速形成规模优势，进而转化为成本优势和竞争优势。

市场有领导者，自然就有跟随者。有时往往笑到最后的都是原先的跟随者，因为它们始终确定着自己的超越目标，因为它们始终如履薄冰、战战兢兢。当然大多数跟随者往往在跟随中因实力不济而成为淘汰的对象，研究跟随与领导的变迁，我们会发现跟随需要技巧，需要把握住跟随的节奏，同时蓄积超越的力量，这样才能在长期竞争中处于领跑的位置。

跟进策略是宗庆后品牌谋略的精髓之一。一位记者曾经评论道："在中国，宗庆后可以称得上是敢为人后的跟进策略大师。"

5. 四两拨千斤，虚拟经营：空手道

虚拟经营是指在组织上突破有形的界限，虽有生产、营销、设计、财务等功能，但企业体内却没有完整地执行这些功能的组织，仅保留企业中最关键的功能，而将其他的功能虚拟化——通过各种方式借助外力进行整合弥补，其目的是在竞争中最大效率地发挥企业有限的资源。

虚拟经营一般由虚拟人员、虚拟功能和虚拟工厂三个要素组成。所谓虚拟人员，就是借助外部的人力资源，以弥补自身智力资源的不足；虚拟功能，是一种借用外部力量，来改善企业劣势部门的功能，使其与企业其他的优势功能相配合，避免因局部功能弱化而影响和阻碍企业的快速发展；虚拟工厂就是企业集中公司资源，专攻附加值最高的设计和营销，生产则选择或委托人工成本较低的企业代为加工生产。如耐克运动鞋和雀巢公司，就没有自己的工厂，其产品却畅销全球，原因就在于全球各国都有其加工厂。这样的企业，运用外部的优势条件，创造出了高弹性的动作方式，赢得了竞争优势，迅速地扩大了市场份额，达到了快速成长的目的。天津一品科技没有厂房，没有真正属于自己的销售网络，开始的时候

整个公司只有20多人，到现在为止也不过是100多人，却利用虚拟经营方式在短短两年时间内将青少年矫姿产品"背背佳"做到了年销售额近3亿元的业绩，名列矫姿产品市场全国第一。其以样板市场带动经营商的策略、控制核心资源的手法、成功的广告策略等堪称国内企业用虚拟经营方式运作的典范。对于"背背佳"来说，所有虚拟经营的理论只是其运作的理论基础，更重要的是结合实际市场的实战营销。

（1）制造核心优势

"背背佳"总经理杜国楹说："一般来说，一家公司有或多或少的业务外包出去是可能的，但是要想达到虚拟经营的程度，则有一定的困难。很多企业没有核心能力，企业要想虚拟，首先要找出企业价值链当中适合自己做的一个或几个环节，找到自己的核心竞争力所在，然后才能把除此之外的业务虚拟化。但对大多数企业而言，他们经过分析之后发现，自己的企业在所有的环节上都有别人强于自己，自己已有的优势都是很容易被人超越的，在这种情况下，就不适于虚拟经营。"

在青少年矫姿市场，"背背佳"并不是第一个产品，第一个产品是河南新乡的"英姿带"，杜国楹曾是"英姿带"的天津市场代理商，并成为"英姿带"代理的全国第一。在"英姿带"销售最火暴的时候，其产品质量和产品换代却没有做到位。杜国楹看到这个巨大的市场机会，自己投资买下了一个技术更加先进的专利产品，开始做市场。

开始的时候，因为资金较少，杜国楹就以营销为龙头进行运作，自己不建工厂。当时，比较直觉的认识是：只要把产品样板市场做好了，经销商肯定愿意交钱，交押金，愿意带着钱来买货；只要有一个能卖得出去的好产品，才能欠原材料商的钱，而他们也才敢赊款。这是最原始的想法，现在回过头来总结：虚拟经营的实质就是怎么把核心优势制造出来，有了这种核心优势，就有了对资源的整合力量，就能够把制造商和销售商整合在你的周围。

杜国楹起家的时候只有几十万元。他认为，其实钱不是最重要的，最重要的是能够整合各种资源的核心优势。它可能是想法、策略或品牌，它能够把资源聚集起来。当时"背背佳"的困难有两个：一是资金状况极差，二是短时间内不可能靠自己在全国铺开市场，所以，只能选择虚拟经营。虚拟经营的第一步就是先在天津做出一个"样板市场"。

在天津建立"样板市场"以后，接下来就请全国的经销商来天津站柜台，亲自感受一下天津这个"样板市场"的火暴气氛，激发出经销商们的信心。接着，"背背佳"就开始出卖经销权，平均每家收取20万元左右，就这样当时一共收取了200万元。

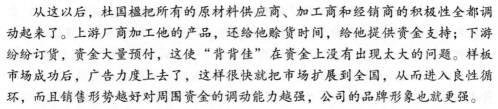

从这以后，杜国楹把所有的原材料供应商、加工商和经销商的积极性全都调动起来了。上游厂商加工他的产品，还给他赊货时间，给他提供资金支持；下游纷纷订货，资金大量预付，这使"背背佳"在资金上没有出现太大的问题。样板市场成功后，广告力度上去了，这样很快就把市场扩展到全国，从而进入良性循环，而且销售形势越好对周围资金的调动能力越强，公司的品牌形象也就更强。

（2）广告固化核心优势

核心优势的东西除了产品质量之外，就是品牌。树立品牌打广告是必不可少的。"背背佳"广告一签就是一年，所以广告费的折扣很高。很多人以为"背背佳"的广告费一定花了2亿以上，但实际上只花了5000万。现在企业销售额的30%都是广告费。

成功的广告策略在"背背佳"的成功过程中具有非常重要的作用。调查表明，在消费者的购买因素中大概有40%是因为喜欢背背佳广告，才选择这个品牌。

经过了半年的市场调研，取名"背背佳"。原因有三：其一，比较准确地表现了在人体作用的位置——背，人体的后背；其二，能体现产品的功能；其三，琅琅上口。该厂为此策划了整套的以电视广告为主的广告营销活动。

刚开始时，通过专题广告，以理性诉求入手开始培养、引导、挖掘这个市场。通过专题广告让消费者了解背背佳产品的结构、功能、材料、使用方法等这些详细的东西。

经过这样一段时间后，品牌有了较高的认知率，为了提高品牌形象，与其他品牌区别开，采用感性诉求广告，赋予产品新的概念。大胆起用青春美少女组合，广告片中不再只是讲产品的功能，而是赋予品牌一种青春、活泼、动感的感觉。

这样，背背佳的广告语从介绍功能到展示个性，背背佳的企业从推销产品转变到推销品牌，消费者从购买功能到购买一种健康、青春的概念。这时，背背佳就渐渐形成了品牌形象，而不再只是产品的形象了。

整合媒体资源实现最佳广告效果。在"背背佳"的广告策略中，从来没有打算去挤占中央电视台的黄金时段，总是想方设法用最少的钱，实现最好的广告效果。广告投放原则是专题在地方台，品牌在中央台。媒体投放量的75%分布各省市电视台，25%集中在中央台的套播广告里，虽然在非黄金时段，但密度很高，观众的接触率高。

杜国楹说："2003年一个媒介调查公司给我们寄来一份材料，表明我们的媒介投放量略次于娃哈哈，居市场前几位。但我估计，我们花费广告费大概只有它们的几分之一。"

（3）制定整合系统

企业有自己的核心竞争优势，并不表明就能够虚拟经营。虚拟经营成功还需要有很强的整合力，由于对上下游厂商的调动不是依靠产权关系，而是依靠无形的品牌和企业文化，靠信息流来整合有形资产。如果没有很强的管理信息系统，没有足够对相关企业的掌控能力，就难保证产品或服务的质量。我国有很多老字号用品牌进行联营，却无力掌控，结果导致虚拟经营陷于崩溃。"背背佳"的销售网络多数是由经销商运作的，可以说是"虚拟的销售网络"，如果没有一定的整合能力，无法对终端营销网络进行控制。

建样板市场，树立经销商信心。控制一些核心城市的重要原因是要立样板市场，为的是给经销商更多的信心，让他看到这个产品是能赚钱的，和"背背佳"合作是能赚到钱的，样板市场能给他以精神和物质的结合，促使其长期合作。

站到比经销商更高的战略高度上。公司绝不能把全部希望寄托在经销商身上，他们一旦形成气候，很容易呼风唤雨。公司想要对销售商具有很强的整合力与足够的控制力，就必须有能力凌驾于经销商之上。除了公司有比较好的、畅销的产品之外，还要在理念上、经营思路上、对企业品牌的发展思路上，能够站在比他更高的高度，否则你就没有资格调动经销商。

培训经销商，才能提高认同感和忠诚度。经销商的素质参差不齐，有些人认同你，有些人可能与你的理念有很大差异。"背背佳"通过开会、学习等各种方式对经销商进行培训，使他们认识到，在你这儿，不但能够赚到钱，还能真正得到提高。如果经销商和公司总部之间只是钱的关系，就会很不稳定。当他们发现一个更赚钱的项目时，就会转移，就像员工对老板，有个认同度的问题一样，经销商也有认同度的问题。

努力保持销售网络的稳定性和畅通性。就像自来水的水塔，上游无水时候，管子里自然放不出水，如果长期没水的话，管子就会锈蚀。要想水龙头能放出水，就必须有保障：一是你的水塔要能站在足够的高度上，二是水塔里有水，三是管道要畅通，那么，什么时候打开水龙头，都会哗哗有水流。

厂商、经销商的关系就像是水塔和水龙头的关系。第一，要求公司的观念、意识、思想站在足够的高度上；第二，我们还必须有足够好的产品，持续不断的产品线充实到水塔里；第三，必须时刻去维护管道的畅通。如果有一天，公司只有产品，而没有高度，就没有了能够把经销商整合起来的能力，所以，仅有产品是远远不够的。

6. "煌上煌"，一只酱鸭打天下

优势不能分享，独享才有利润，利润是企业生存和发展之本。对于小企业来说，如果那些大企业说这个市场背景非常大，将来肯定不得了，那你干脆不要做

了。因为一旦被大企业看中的市场，你又怎么可能血拼得了呢？唯一的生存之道就是找到市场空白点，独辟蹊径，开创自己的独有市场。

1993年，"煌上煌"还不过是绳金塔一家前店后坊的熟食小店，而今天，"煌上煌"已是拥有资产近亿元的集团公司。公司属下的煌上煌烤禽连锁店光在南昌市内就有约70家，在全国共有150多家，这样的业绩不仅在江西省首屈一指，在全国的熟食行业也算得上佼佼者。

从家庭式作坊到现代化企业，徐桂芬完成了一次成功的嬗变，这其中到底有何奥秘？

1993年，徐桂芬遭遇人生中的一次重大考验。由于食品公司经营不景气，徐桂芬下岗了，由此，徐桂芬迈出了创业的第一步，她身揣几千元钱从小生意做起。创业必须吃苦，但多动脑筋才能将生意做大，徐桂芬开始思考有什么商机可以将生意扩大。徐桂芬在食品公司呆了多年，对食品市场非常熟悉，于是她从南昌市的菜市场入手做了一番调查。"我发现，不少菜市场内都有卤菜店，买卤菜的人也较多，但偌大的南昌市竟没有一家本地人开的卤菜店。"徐桂芬说："当时南昌的卤菜生意主要由温州人和潮州人垄断。温州人加工制作的卤菜品种比较丰富，但美中不足的是较清淡；而潮州人的卤菜大多是一些海产品和卤鹅，品种显得单一。我想，如果集这两家之长，去两家之短，制作适合南昌人品味的卤菜食品肯定受欢迎。"

仅仅是这一更适合南昌人口味的改变，就让徐桂芬从创业初期就拥有了一个蟠隙中的庞大市场。1993年2月，徐桂芬在绳金塔附近创办了南昌煌上煌烤禽店，烤禽店面积不过二三十平方米，员工也只有两三人。徐桂芬做的卤菜口味符合南昌人嗜辣的习惯，因此在开张的近半年时间里烤禽店生意一直不错。那时南昌的卤菜店已有很多家，相互之间的竞争也十分激烈，在煌上煌烤禽店附近就开了好几家卤菜店。徐桂芬意识到，自己的店应该推出独家的拳头产品才能吸引更多的顾客，才能在竞争中取胜。1993年夏，徐桂芬远赴浙江、广东等地，登门求教技术精湛的卤菜师傅和技术名家，请他们传授配料秘方和烹调技法。回到南昌后，她作出一个选择——把酱鸭作为煌上煌烤禽店的主打产品。

让徐桂芬始料不及的是，这只小小的酱鸭最终让"煌上煌"坐上了南昌乃至江西熟食品牌的"头把交椅"，成就了煌上煌烤禽店的成功。

谈起酱鸭的历史，徐桂芬劲头十足。"不要以为一只酱鸭很容易制作，当年我为作出这只酱鸭，进行了数百次实验。"徐桂芬说，"一只酱鸭要加入三十多种中药，经过几十道工序、约二十个小时才能制成。在酱鸭做出来后，我把一千多斤酱鸭切成小块，分放在十几个大脸盆中，在南昌的闹市区和一些大街小巷分送给

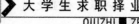

过往行人，让他们免费品尝，并要他们提意见，根据反馈的情况，我再改进酱鸭的口味。"通过不断改进，徐桂芬调制出了具有独特风味的煌上煌酱鸭。

免费品尝这招以前还没有哪家卤菜店试过，徐桂芳的做法不但完善了酱鸭的口味，还让路人吃过后留下了深刻印象，很快提高了酱鸭的知名度，南昌人逐渐知道了煌上煌酱鸭，不少人被酱鸭的味道迷住而成为"煌上煌"的回头客。

从1994年开始，煌上煌酱鸭的魅力日渐大起来，慕名而来购买的人越来越多，在一些节假日的前夕，买酱鸭的顾客甚至排队排到了马路中间。酱鸭的热销也带动了店内其他卤菜的销售，煌上煌烤禽店开始加速发展。

一只酱鸭不过十几块钱，徐桂芬历经九年却能在手中生出一个拥有近亿元资产的现代化企业，这样的成功似乎让人感觉不可思议。徐桂芳说："要善于抓住身边的机会，敢于冒险，敢于实践。"当初徐桂芬敏锐地抓住了市场的商机，用一只鸭子打天下，并最终在竞争激烈的卤菜熟食市场取胜。徐桂芬的创业历程就是这么简单。

社会的转型时期，市场商机数不胜数，"煌上煌"的故事说明，即使在鸭子这种看似不起眼的东西上做出独家的文章，并且找准市场的空白点，将其做大做强，也完全可以成就一番大事业。

7. 吉列用"刮胡刀"赢得女人"芳心"

男子长胡子，因而要刮胡子；女性不长胡子，自然不用刮胡刀。然而，世界上偏偏有那么一家异想天开的公司，要把"刮胡刀"推销给女人，而且大获成功，这便是美国的吉列公司。

提起吉列公司，男人都不会陌生，它的创始人金·吉列先生是世界上第一副安全刮胡刀片和刀架的发明人。1907年，吉列先生创建公司生产自己的产品，使男人刮胡子变得方便、舒适和安全，因此大受欢迎。1920年，世界上已有约两千万人使用吉列刮胡刀，进入70年代，吉列公司的销售额已达20亿美元，成为著名的跨国公司。然而，吉列公司的经营者并不以此为满足，而是想方设法继续拓展市场，争取更多用户。1974年，公司推出了面向妇女专用的"刮毛刀"。这一决策看似荒谬，却是建立在需求基础之上的。

在此前一年，吉列公司进行了周密的市场调查，发现在美国8360万30岁以上的妇女中，有6590万人为了保持美好形象，要定期刮除腿毛和腋毛。在这些人之中，除去使用电动刮胡刀和脱毛剂者之外，有2300多万人主要靠购买各种男用刮胡刀来满足此项需要，一年在这方面的花费高达7500万美元。相比之下，美国妇女一年花在眉笔和眼影上的开支为6300万美元，染发剂开支为5500万美元。毫无疑问，这是一个极有潜力的市场，谁能将男用刮胡刀略作改进，使之成为供妇女使用的"刮毛器",谁就能赢得"芳心",获得市场。

根据这项调查结果,吉列公司精心设计了新产品,它的刀头部分和男用刮胡刀并无两样,并用一次性使用的双层刀片,但是刀架则选用色彩鲜艳的塑料,并将握柄改为利于女性使用的扁状,握柄上还印了朵雏菊,这样一来,新产品更显示了女性的特点。为了使"雏菊刮毛刀"迅速占领市场,吉列公司还拟订7个"卖点"到消费者之中征求意见。这些"卖点"包括:突出刮毛刀的"双刀刮毛",突出其"完全配合妇女的需求",其价格"不到50美分",以及表明产品使用安全的"不伤腿"等。最后,公司根据多数妇女的意见,选择了"不伤玉腿"作为推销时突出的重点,刊登广告进行刻意宣传。结果"雏菊刮毛刀"一炮打响,迅速畅销全美,吉列公司也因此上了一个新的台阶。

这个案例告诉我们,企业应该具有各种逆向思维的能力和突破传统观念的勇气,只有这样才能在常人认为不可能的事情中抓住机会,拓展市场。应当认识到:吉列女性刮毛刀的营销思想同将化妆品推向男性、将泳装推向女性消费群的意识一样。它成功的主要原因不仅仅在于转变观念,更在于进行了产品和市场创新,看到了市场背后的"市场"。

8. 依附式成长,当宝供遇到宝洁

2003年盛夏,刘武经常穿着拖鞋开着奔驰出入广州某知名的五星级酒店。有个新来的保安诧异地问同伴:他是谁?

刚进入不惑之年的刘武是汕头澄海县人,他拥有一家年产值达3亿多元的企业集团——宝供物流。这家民营企业集团在全国及海外共拥有40多家全资子公司和办事机构,年货运量达250万吨。尽管它的实力尚不能望UPS、马士基以及国有的中外运、中远等物流巨头项背,但在国际投资机构眼里,宝供却是中国内地一个高速成长的私营企业——比如,国际著名的企业管理咨询公司麦肯锡评价宝供为"中国最领先的第三方物流企业";全国文明的投资机构摩根斯坦利根据其评估认为,宝供是"中国目前最有价值的第三方物流企业";而物流专业调查公司美智公司在2002年进行的中国物流行业认知度调查中,宝供以40%的认知度高居国内外同行榜首。

2004年,宝供物流集团有限公司名列"中国物流企业百强"的第24位,排在它前面的大都是非民营企业。宝供从一个毫不起眼的民营仓储公司成长为中国民营物流企业领先者之一,这是一个不错的成就,而且只用了10年时间。宝供的幸运是遇到了宝洁。宝供人爱说:"没有宝洁,就没有今天的宝供。"宝洁的供应链业务一直由宝供全面代理,正是有了这棵大树的依靠,宝供确立了在"第三方物流"的先行者地位并引来后续的众多合作伙伴,一时成为业界的明星。从最初的储运到物流，今天又从物流到供应链，是宝洁这样的跨国公司的需求引领了宝供的发展，宝供以变应变，乐此不疲。

那么刘武的"宝供"是如何发迹的呢？

刘武说，上帝也知道中国的物流是块宝地，我不过是得到了上帝的安排。

他所说的"上帝"，指的是那些正在中国淘金的外资跨国企业。

在"宝供"的主要客户群中，有这样一些如雷贯耳的名字：飞利浦、松下、LG电子、惠而浦、宝洁、联合利华、安利、雀巢、麦当劳、拜耳、百威、沃尔玛等。

（1）做宝洁的学生

刘武1979年参加工作，在汕头的一个供销社上班。那个时候，物流的概念还没有被引入中国，供销社就是当时的物流企业。据刘武回忆，当时每个系统都有储运公司，商业有商业储运公司、供销有供销储运公司。参加工作没多久的刘武承包了汕头供销社储运公司天河转运站，做起了储运。

就在刘武承包汕头储运公司转运站不久，在一个很偶然的机会，"宝洁"找到了刘武，"宝洁"与刘武从此结下了不解之缘，刘武的人生也开始了第一次重大转变。1993年，"宝洁"在中国的业务发展较好，当时"宝洁"的总部设在广州，并且准备在北京、成都等城市设立一些网点，也准备在全国一些城市建立工厂，应该怎么去做，才能以有限的资金运作到最好，物流成了困扰"宝洁"发展的一个重要因素。因为，"宝洁"原来都是用汽车运输，但是汽车运输的价钱在当时是比较贵的，所以，"宝洁"打算通过铁路的方式运输，以降低成本。

但20世纪90年代初，中国铁路运输的计划性还是非常强的，要弄一个车皮很不简单，就在这时，业内人士向"宝洁"推荐了刘武。

当时"宝洁"公司提出了很多要求，有的甚至是在当时的条件下很难做到的，虽然也曾犹豫要不要接这个单子，但最后，刘武还是接下来了。刘武回忆起这段往事时，轻松地说，当时接下"宝洁"的单只是基于比较简单的考虑：就是觉得传统的运作方法需要变革。就这样，刘武去了"宝洁"的工厂参观，并与"宝洁"的员工接触，这让刘武看到了另一番天地。当初刘武根本没想到"宝洁"是"宝供"发展壮大的一块巨大基石。1994年，刘武下海了。刘武将自己的新公司名字定为广州"宝供"储运公司。新公司成立后，总部只有刘武、会计、司机3个人，"宝洁"就成了"宝供"的第一位客户，也是当时最大的一位客户。

刘武回忆说，"宝洁"给他的第一单业务是把4个集装箱通过铁路从广州运到上海，这单生意让他赔进了几千元钱，但能顺利进入"宝洁"在中国业务的商业链，便是"宝供"的全面的胜利。

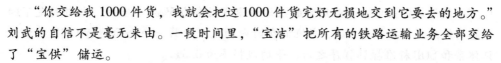

"你交给我1000件货，我就会把这1000件货完好无损地交到它要去的地方。"刘武的自信不是毫无来由。一段时间里，"宝洁"把所有的铁路运输业务全部交给了"宝供"储运。

与"宝洁"合作，做"宝洁"的学生，使"宝供"受益匪浅。

"宝洁"公司采用的GMP质量管理体系是美国食品、药品管理局颁发的条例，它对原材料的检验、产品的生产、成品的检验到产品的物流都有十分明确的标准，"宝洁"公司按照这些标准来要求公司的全部运作环节和过程，"宝供"作为"宝洁"的物流服务商，当然也不例外。

1995年"宝洁"公司首次按照GMP19个关键要素对"宝供"进行评估检查时，竟给"宝供"亮出了黄牌。上海分公司得了负40分，其他分公司都未达到标准，"宝洁"要求"宝供"立即整改，时限3个月。当时公司有人认为"宝供"不是"宝洁"的储运部，没有必要按照"宝洁"的标准来运作。但刘武认为，只有与国际标准接轨，提升管理水平，才能提高竞争实力。"宝洁"的要求虽然严格，却正是提升的好机会，原来也谈要改进、要提高，但目标是什么，没有目标就没有行动，"宝洁"的蓝本是对全员培训的好机会。

围绕"宝洁"的质量要求，"宝供"制定了严格的流程管理制度。以仓库为例，保管员每天何时打扫清洁，打扫几遍，都有严格规定。每天固定的时间由主管负责监督，主管检查时要戴上白色手套，如果有灰尘就要扣罚。而公司领导会不定期抽查执行情况。

严格的管理终于取得成效。3个月后学习整改结束后，"宝洁"公司又对"宝供"的4个分公司进行检验评估，除了检查外观、设施、操作规程等之外，检查评估人员还会出其不意地盘问某个管理人员和普通工作人员，查看培训笔记。假如有一人对其中一项提问答不上来，就会在一系列环节上扣分。比如，货物上有污点，属于仓库管理失误，就会在相关的培训环节、领导环节上扣分，一个小的错误就意味着不能达标。

检查结果："宝供"京沪广3个分公司都在95分以上，成都分公司得了100分，成为"宝洁"公司在亚太地区仅有的两个模范仓库之一。"宝供"的考核成绩超出了"宝洁"公司内部同期考核的成绩。刘武和"宝供"让"宝洁"再次刮目相看。

这一次考核对"宝供"的帮助很大，让公司上下明白了系统的管理方法和质量要求的重要性。这一年，"宝供"以GMP为蓝本，结合国内和公司的实际制定出来"宝供"质量管理体系，制定出了规范化、标准化的各类操作规程——SOP。"宝供"向国际先进物流行业标准靠近了一步。

一般储运行业中，企业制定的铁路运输残损率为5‰，"宝供"初创时定下的铁路运输残损率要低于3‰。当他们在国内物流业中第一个全面推行GMP质量保证体系和SOP标准操作程序之后，平均残损率为0.3‰。

（2）与飞利浦共舞

但仅仅只有"宝洁"公司是不够的。

据介绍，"宝供"储运公司在成立之初，只有"宝洁"这么一个客户，这还远不足以让"宝供"称雄国内。

是5年前与飞利浦的结缘，让"宝供"把业务从珠江三角洲迅速覆盖到了长江三角洲。而横跨中国两大最富裕的地区，使"宝供"有了更多从跨国巨头身上淘金的机会。

1998年11月，飞利浦遇到了犹如"宝洁"公司当初的麻烦。而"宝供"当时正在上海重点推介的公司自主开发的自动报表系统，让飞利浦产生了兴趣。于是，刘武到苏州与飞利浦谈判，只用了三天时间就拿下了一个长期的大单。

与飞利浦的合作让"宝供"这家民营企业捕获到了一个前所未有的商机——在苏州为全球500强公司进行第三方物流服务。

这才有了两年后"宝供"斥资3亿在苏州建立"宝供"物流基地的决定。2001年起，"宝供"集团分别在苏州、广州、合肥、上海等地筹建大型现代化的综合物流基地。

2002年底，投资上亿的苏州"宝供"物流基地一期工程建成，4万平方米的物流中心投入运行，今年，占地面积超过一期一倍的"宝供"苏州物流基地二期工程启动，建成后将成为中国一个大型现代综合物流基地，其服务范围将覆盖江苏省苏州经济区域，辐射长江三角洲，并链接境外物流网络。

"宝供"还投入巨资引进由国际著名的软件供应商EXE公司提供的全球最领先的供应链操作管理系统WMS。

这样，"宝供"的模式引起了联合利华、美赞成、科龙等60多家大型跨国企业或大型国有企业的注意，他们逐渐成为了"宝供"长期的战略伙伴。

据悉，仅在苏州经济区域，"宝供"与飞利浦、卡夫、松下等跨国集团的年物流运输量合计达数十万吨。2002年"宝供"集团运输货物总量超过200多万吨，物流价值超过400多亿元，仓库年进出货物近亿件，主营业务收入3亿元，是目前国内最具影响力的专业化的第三方物流企业之一。

而"宝供"也借此实现了从小作坊向现代化物流公司的提升，其间，仅用时6载。

第九章　适应社会　驰骋职场

　　大学毕业生告别校园，步入社会走上工作岗位，开始自己的职业生涯，这是人生历程中的一个重大转折，被称为"第二次诞生"。面对这样一次重大的转折，大学毕业生要积极调整心态，度过毕业后的心理断乳期，尽快适应新的生活，迈好走向职场成功的第一步。

第一节　初涉职场　适应社会

　　大学毕业生走向社会，岗位千差万别，环境各不相同，但有一点是共同的，即从学生生活环境进入到职业生活环境，由学生变成了职业人。那么大学毕业生该如何尽快实现这一转变呢？

一、认识环境的不同特点

　　1. 学生生活环境是经过加工的、秩序化和相对简单的环境。职业生活环境是自然的、未经设计和复杂的环境。学校教育是根据一定的社会现实和未来的需要，遵循学生身心发展的规律，有目的、有计划、有组织地引导受教育者获得知识技能，陶冶思想品德，发展智力和体力的一种活动。学校教育的目的是培养人，因此从教学计划到教材、授课、作业，从课内到课外，从班集体的组织到环境的布置，都是经过精心设计的，包括按时上课、就寝等。学生生活主要是以接受教育和理论学习为主，所接触的人和事物也比较单纯。学生生活有较强的规律性、秩序性和局限性、理论性、被动性等特征。职业生活则主要靠自己去摸索、打拼、奋斗，具有较强的实践性、主动性、开创性、灵活性等特征，再没有人为你去精心设计了。同时，职业生活所接触的人与事物都较之复杂得多，职业成功可变因素大为增加。因此，不同的对待方式，结果会大不相同。

　　2. 学生生活是宽松的，职业生活是严酷的。学生生活的一个重要特点是思想言行一般不直接转化为社会现实。做作业是为了消化、巩固课程学习，演讲是为了训练口才和思维……错了不要紧，可以重来。职业生活则根本不同。你设计桥梁，建造楼房，宇宙飞船上天，错了一个数字，甚至失之毫厘差之千里，后果不堪设想；你当法官，做记者，不实事求是，会造成极大的社会影响；你当教师，一言一行都会影响学生。因此，职业生活要有高度的责任感和良好的职业道德，不允许你有丝毫的懈怠和马虎。

3．分配性质不同。学生生活属非分配领域，同学之间没有根本的利益冲突；职业生活属分配领域，同事之间利益相关，关系复杂，竞争激烈。学生来校是为了学习，相互间不存在根本利益冲突，同学之间的感情是非常纯洁的，因而保持的时间也最长。在校期间，也会发生一些矛盾，但毕业后回过头来看，大家都会觉得根本算不了什么。职业生活属分配领域，人们通过职业生活既要成就事业，又要养家糊口。选拔干部时，一个或几个名额，大家都想上；工资、奖金的发放，住房的分配等等，都与个人利益相关。职业生活的协调靠政策、机制。刚走上工作岗位时，有些同学对此极不适应。

总之，认识环境是我们适应社会、走向成功的一个重要问题，应当引起我们的高度重视。

二、尽快适应角色转换

（一）培养几种能力

许多毕业生走上工作岗位以后，感受最为深切的是对新环境的诸多不适应，主要表现在心理上、生活上、工作上、人际关系上和工作技能上等方面。任何人对环境都有一个适应过程，职场新人尤应注意几种能力的培养：

1．独立生活能力

学生经济上靠父母资助，学业上有老师指教，生活上有学校管理。工作后，衣、食、住、行等事务全部要靠自己管理，一切靠自理、自立。尤其下班后，独自一个人不知如何去消磨时光，怎么也觉得不习惯。这时，提高独立生活能力，这是毕业生无法回避的一种素质训练。主动调节生活节奏，改变生活习惯，学会安排自己的业余生活，才能适应新环境。

2．心理承受能力

初入职场，很多大学毕业生往往是踌躇满志、热情奔放，都想大显身手，急着干一番事业。但不久他们就会发现，现实并非他们在纯洁的校园里想象的那样美好，理想与现实有较大落差，许多工作无法完全照自己的意愿进行，得不到周围的共鸣，甚至遭排斥，工作不尽如人意，抱负无从实现，因而产生焦虑和迷惘。大学毕业生对社会、对单位、对工作不熟悉、不了解。了解、熟悉需要有一个过程，同样，单位领导、周围同事对毕业生的能力、水平的认识也要有一个过程。初涉职场，期望一开始就脱颖而出，很快就能大刀阔斧地干一番事业，不但不实际，反而会增加适应期的困难度。因此，大学毕业生心态要放平和，目光要放长远，争取厚积薄发。真正成就大事业的，往往是那些最初沉得住气、耐得住寂寞的人。要学会韬光养晦，点滴积累。

3．人际交往能力

走上工作岗位以后，建立良好的人际关系是适应环境的关键。毕业生刚步入社会都有着较强的个性和自尊心，表现在对待人际关系上往往是孤芳自赏，放不下架子和周围的人去交流，甚至离群索居、情绪低落。见别人热热闹闹地生活着，又产生"己不如人"的自卑感，使得个人才能展现受到阻碍。处理好人际关系的关键是要以诚待人，尊重他人，大度宽容，海纳百川，另外要积极主动，掌握必要的交往方式和技巧。只有这样，别人才会接纳你，建立良好的人际关系。否则会使你在职场中"立足不稳"，从而既影响身体健康，又影响职业发展。

4．工作应变能力

刚步入社会的大学生，一般要经历新鲜兴奋——观察思考——协调发展这样一个变化过程。实际工作是复杂多变的，而毕业生不可能在学校学到工作中所需的全部知识和能力，社会需要的是"通才"。因此，要使自己胜任工作，必须不断学习，学习新知识，虚心向他人学习，随时调整自己的知识、能力结构和思想行为方式，在工作中要灵活运用所学的书本知识，善于理论与实际相结合，遇事冷静沉着，克服冲动浮躁，正确评价自己，不要自以为是，也不要妄自菲薄，使自己早日走出迷茫的"过渡期"。要尽快适应新环境，努力培养随机应变的能力，从而踏上成功的人生之旅。

5．应对挫折能力

人生的道路不可能一帆风顺，遭遇挫折是在所难免的。职场新人更难逃此定律。或许是工作不尽如人意，或许是人际关系紧张，或许是工作中碰到困难，或许是福利待遇不如所愿，凡此种种，不一而足。不管是遇到何种情况，首先，以平静的心态笑对挫折；其次，使自己的心态保持镇静、稳定，所受的伤害才能减少到最低限度。以正确的态度分析挫折，所谓"塞翁失马，焉知非福"，"吃一堑，长一智"，从挫败中吸取教训，最后以坚强的意志战胜挫折。每个人遭遇挫折时，都不能消极地等待他人和社会的救助，首先要想到依靠自我，战胜了自我就战胜了挫折，在挫折中奋起，朝着积极的方向发展。

（二）增强几种意识

1．从小事做起，从基层干起的服务意识

大学毕业生在走上工作岗位之初，一般不会被委以重任，而是先从最简单的辅助性工作做起，如：当服务员，守电梯，到车间当生产工人，收发报纸、文件之类。许多初涉职场的大学毕业生常常抱怨自己大材小用，对一些小事不屑一顾，开始闹情绪。其实，每一个初入职场的人都是从基础性的工作，甚至是琐碎的小事做起的。获得发展与否的关键在于个人的努力。万丈高楼平地起。古人云：泰山不让细壤方能成其高，东海不择细流故能就其大。不积小流无以成江河，不积跬步无以至千里。任何大事都是从小事干起的，任何高楼都是一砖一瓦建起来的。一屋不扫，何以扫天下？

　　当前，大学生就业形势日益严峻。大城市、大单位人才济济，竞争异常激烈；而小城镇、小乡村、中小民营企业却大量需要人才，有广阔的发展空间。大学毕业生初涉职场，一定要培养从基层干起的意识，才能适应职场，适应社会。

　　2. 爱岗敬业，高度负责的责任意识

　　俗话说：干一行，爱一行。要做好一项工作，必须具有爱岗敬业的精神和高度的责任心。得过且过，敷衍塞责，做天和尚撞天钟是不可能干好工作的，迟早会要受到单位和社会的唾弃。无论在哪里工作，无论负责什么工作，有责任心是最重要的职业道德。

　　3. 实事求是，敢作敢当的作风意识

　　大学毕业生初涉职场想一展身手，建功立业，其愿望可以理解，但切忌弄虚作假，夸夸其谈，急功近利，对待工作要认真谨慎，实事求是。如果工作中一旦出现了错误，就要认真地分析原因，总结教训；同时要敢于向领导、同事承认错误，并勇于承担责任，以获得领导和同事的谅解。另外，要虚心学习、请教，避免类似的失误再次发生。

　　4. 积极主动，勇为人先的主人意识

　　大学毕业生初涉职场，面临的是新的环境，从事的是全新的工作，如果缺乏积极主动的主人翁意识，就会使自己工作、生活陷于被动。大学毕业生应主动适应新的工作环境和生活环境，积极主动结交同事、他人，建立起良好的人际关系，工作中更要积极主动。成功者与失败者有时做的事完全一样，区别只在于成功者在上司布置前就主动做了，而失败者在上司布置催促之后才去做。

　　5. 不怕吃亏，乐于奉献的"牺牲"意识

　　俗话说：吃亏是福。在职场中，要赢得领导和同事的尊重和好感，就要勇于吃苦，不怕吃亏，要勇挑重担，乐于奉献。那种处处斤斤计较，时时生怕吃亏的人只能受到他人的鄙视。

6. 不耻下问，虚心请教的"学生"意识

大学毕业生从校园跨进社会，进入职场，即跨入了另一个全新而陌生的环境，跨入了另一所崭新的社会大学，很多东西都需要重新学习。古人云：三人行，必有我师。山外有山，天外有天，人外有人。因此，要以学生的姿态虚心向单位同事和领导请教、学习，而不能以"天之骄子"自居，故步自封，目空一切，狂妄自大，否则，将处处碰壁，寸步难行。

7. 同舟共济，团结互助的合作意识

俗话说：众人拾柴火焰高。一根筷子容易断，十根筷子断就难。团结就是力量，合作就能双赢。特别是随着时代的发展，社会分工日益精细化，那种靠个人力量单打独斗的时代一去不复返。因此，初涉职场的大学生一定要树立团队合作意识，培养团队协作能力。

三、大学毕业生初涉职场应注意的几个问题

有位 HR 专家曾在《世界商业评论》上点评职场新人"九宗罪"，这"九宗罪"实际就是职场新人应注意的九个问题：

第一个问题：自由散漫，不拘小节过了头。

第二个问题：推卸责任，错了总有借口。

第三个问题：依赖性强，总是"断不了奶"。

第四个问题：公司当"课堂"，培训只认脱产听课。

第五个问题：老实过头，碰到钉子就打退堂鼓。

第六个问题：丢三落四，做事毛手毛脚。

第七个问题：问这问那，不懂自己观察学习。

第八个问题：自以为是，对别人指手画脚。

第九个问题：算盘珠子，你不拨他就不动。

第二节　驰骋职场　建功立业

每个在职场拼搏的人，都希望能打拼出一片天地，干出一番事业。而在职场中有的人叱咤风云、得心应手、功成名就，更多的却是默默无闻，有的甚至整天苦于为生计而奔波。是什么因素决定职场的成功呢？

一、制定目标，科学管理

没有非常明确的目标并矢志不渝地追求目标的人，绝不可能成功。目标是构筑成功的基石，制定目标很重要。有了目标，就有了努力的方向。职场中人要根据自己的特长、优势、兴趣、爱好，找准自己的职业定位，不选最好的，只选合适的。

手表定理：当一个人只有一只手表时，可以知道现在是什么时候，而当他同时拥有两只走时不一样的表时却无法确定时间。两只手表并不能告诉一个人更准确的时间，反而会让看表的人失去对准确时间的信心。手表定理启示我们：面对选择时，目标越多越混乱，越感到无所适从。因此，我们在确定职业目标时，不能太多，太杂。

制定了整体目标，还要进行目标管理，把整体目标分解成一个个易行的小目标，把你的整体目标比喻成一个金字塔，并制定短期培训目标，你定的目标和为达到目标而做的每一件事都必须指向你的人生目标。

【案例参考】

知名企业家比尔·拉福的职业发展之道

美国知名企业家比尔·拉福的成功经历于我们很有启迪。比尔·拉福在中学时候的目标理想就是成为一个出色的企业家，但他上大学读的是机械制造专业，毕业后又读了三年经济学硕士。初进职场是当国家公务员，仕途发展顺利时辞职经商，有了一定的资金，才注册拉福贸易公司。20年后拉福贸易公司从最初的20万美元资产发展成为拥有2亿美元资产的大企业。比尔·拉福所走的路在许多人看来是走了许多没必要的弯路，但比尔·拉福自己说"我一直没放弃自己的梦想——做一名出色的企业家，但是我更知道自己应该走什么样的路，做什么样的准备才能成为出色的企业家。"

二、集中一点，全力以赴

心凝能入化，精一可通神。集中精力于一点，为自古以来伟大人物的成功要诀。凹凸镜原理：将众多微弱的光线聚集于一点，也能产生巨大的热量，使物体燃烧。生命是极其短暂的，职业生涯更为短暂，而人的精力又是十分有限的，很难面面俱到。因此，在短暂的职业生涯中，我们要学会集中精力去做好某一件事，把这件事做好、做绝，打造成精品或品牌便能取得成功。否则，如果总是朝秦暮楚，三心二意，东一榔头，西一耙头，今天去做管理，明天去当老师，后天去跑销售，只能一事无成。

释迦牟尼一生只做一件事，耶稣一生只做一件事，穆罕默德一生只做一件事。毛泽东、邓小平等政治人物一生也只做一件事：中国人民的解放与和平幸福事业。陈景润一生只做一件事：证明哥德巴赫猜想。居里夫人一生只做一件事：探索并发现镭元素。因而他们能成为千古之圣人、千古之伟人、千古之名人。能集中精力于一点，小事可以变成大事，如达·芬奇画蛋成为千古绝唱。一粒小米亦可以变成一件不朽的艺术佳作。俗话说：你要将满天的麻雀一下捉尽，其结果只能是一只都捉不到。漏可穿石，绠可断白，此无他，力常集于一点而不散也。黄石公说："悲莫悲于精散。"自古以来，人未有能于同一时间内，仰望天而俯察地，左画方而右画圆，盖不专心一致则无能成也。著名数学家陈景润为攻克世界数学史上的难题，费尽毕生心血，集中全部精力，向哥德巴赫猜想发起挑战，经常废寝忘食，走路时还经常被路上的树木碰得鼻青脸肿，终于取得巨大成功，摘取了数学皇冠上的明珠。

三、突出重点，抓住关键

做事要讲究方法，不能盲干，要善于抓住主要矛盾，要抓重点，抓关键。主要矛盾抓住了、解决了，次要矛盾也就迎刃而解了。如果不分青红皂白，胡子眉毛一把抓，则什么事也干不好，甚至越干越糊涂，越干越糟糕。学习要有重点，做事同样要有重点。如：求职简历要有重点，突出符合应聘岗位需要的优势与特长；日常工作要有重点，要优先把最重要的事情办好，再处理其他事情；科学研究要有重点，关键问题解决了，其他问题也就好办了。在职业生涯中离不开重要人物、关键人物的培养、扶持与提携、帮助。

四、坚持不懈，绝不放弃

滴水千日能穿石，有志不怕天再高。"水滴石穿"的道理启示我们：要成就一番事业，就必须有持之以恒、坚忍不拔的毅力。在职业生涯中一旦确立了目标，就要有坚持不懈、绝不放弃、不畏艰难、勇往直前的精神。如果在工作中一遇挫折就回头，一遭失败就放弃，是永远都成不了大事的。只有在职业生涯的汪洋大海中，不畏风险，劈波斩浪，朝着一个既定的目标，坚持不懈，扬帆奋进，才能达到理想的彼岸。有人说：毅力可以树德业而成伟业，毅力可以撑天地而格鬼神。在举世震惊的汶川大地震中，一些受灾同胞能在废墟下生存几百个小时，创造一个又一个生命的奇迹，就是凭着不屈不挠，坚忍不拔的毅力。毅力乃一切成功之最大要素。巴克斯顿说："我活得愈久，愈相信人与人之间、强者与弱者之间、伟大与渺小之间的显著分野是毅力——不可克服的决心，一旦目标确定之后，不成功则成仁。这种素质可以做世间任何可以做的事情。没有它，便没有环境、才能和机会以使两条腿的动物变为人。"纵观人类的进化过程，就是动物经过千万年的风吹雨打，坚韧不拔，持之以恒，不断进化方有当今之伟大人类。人类的进化史、发展史，就是一部持之以恒，坚忍不拔的奋斗史。

在人生的战斗中，毅力能成任何天才所能做的事，而且能成许多天才所不能成的事。你要成大事，立大业，做大人，就必须养成它。莎士比亚说："纵使一把小斧，多挥动几下，亦可砍倒最坚硬的橡树。"他还说："一种事业，一经开始之后，非至成功，绝不放弃。"甚至《古兰经》也道：上帝帮助不屈不挠的人们。

有人作过计算，如果你每天以饱满精力走 3 小时不中途中止，在 7 年之内，你可以走相当于地球 1 周的路程。如果你从大学毕业迈入职场开始，每天坚持看 20 页书，那你 1 个月至少能读完两本书，1 年至少能读完 20 本书，10 年就能读完 200 本书。如果你的职业生涯按 30 年计算，至少也能读完 600 本书，也是一个不小的数字，也可以说饱读诗书了。请记住：坚持每天收获一点点，每月收获一小点，每年收获一大点，你的一生必将硕果累累！

五、脚踏实地，步步为营

要成就一番事业，就要做到：天时、地利、人和。"天"，代表人生理想，代表对美好未来的憧憬与追求；"地"，代表我们正在从事的职业或岗位；"人"代表你的同事、领导。在职业生涯中，要把远大理想与脚踏实地的精神结合起来，要争取得到更多人的支持，才能得心应手，纵横驰骋。在职场中，有的人总是幻想一步登天，一夜成名，对日常事物却不屑一顾，好高骛远。有的人内心浮躁，心如浮萍，无论干什么总喜欢浮在面上，夸夸其谈，不愿静下心来做些实事，总想投机取巧，是不可能取得成功的。

纵观古今，历史的长河演绎了一个又一个成功的故事：毛泽东从一个"看牛娃"到共和国主席，朱镕基从一名科长到共和国总理，比尔·盖茨从艰难创业到世界首富，王忠诚从一名普通的神经外科医生到获得我国科技成果一等奖，成为知名科学家……无一不是脚踏实地，一步一步干出来的、闯出来的。万丈高楼是一砖一瓦砌出来的。只有步步为营，才能发生从量变到质变的飞跃。

六、自信乐观，永不言败

自信自有冲天翼，舍此便为地狱门。在成功的诸因素中，"自信"是一个非常重要的因素。如果说失败是成功之母，那么自信便是成功之父。古人云：自知者明，自信者强。萧伯纳说："有自信心的人可以化渺小为伟大，化平庸为神圣。"大信则大成，小信则小成，无信则无成。世上无一个没有信心而成就一番事业的英雄豪杰！有自信的人相信自己可以做得很好，自信的人不会放弃，不会怀疑自己的能力。"你要相信自己，只要想得到，就能做得到"。任何事业的成功，都可能遇到风险，遭受挫折。一旦遇到挫折，我们绝对不能"把眼前当永远，把暂时当永恒"。不少人的失败都源于此，自以为一次失败了，就永远会失败，一次成功了，就永远一帆风顺。遇到挫折，我们不要埋怨，成功贵在坚持，不要轻言失败，而要想尽一切解决问题的方法，永远保持积极向上、乐观的生活态度。有的人总喜欢埋怨，怨社会、怨领导、怨父母、怨周围的一切，到头来会一事无成。要做到自信但不自傲，乐观但不盲目。

七、用心做事，注重细节

众多职场成败的经验教训告诉我们：无论做什么事情都要用心去做。只有用心去做一件事，才能把事情做好。处处留心皆学问。那种心不在焉，"人在曹营心在汉"的人是不可能办好什么事情的。

俗话说：细节决定成败。在工作中，一定要用心观察，注重细节。勿以恶小而为之，勿以善小而不为。那种大大咧咧，马马虎虎，不拘小节的人是很难取得成功的。

八、谦虚谨慎，少说多做

中华民族是一个勤劳勇敢，谦虚有礼的民族。谦虚是中华民族的一大美德。在漫长而又短暂的职业生涯中，一些人学富五车，才华横溢，能力超群，然而却自视甚高，好大喜功，盛气凌人，不可一世，傲气十足，结果却招到众人的非议，特别是在错综复杂的仕途上到处碰壁，屡遭坎坷。在职场中，要想成功，务必时刻保持谦虚谨慎的作风。

俗话说，言多必失。特别是在管理工作中，更应处处谨慎，少说多做。切忌夸夸其谈，过于张扬。"树大招风"，"枪打出头鸟"。不要随意在背后去议论他人，更不能在背后随意去说别人坏话，这是为人处世的最大忌讳。兢兢业业，踏踏实实做事的人更受领导和同事的青睐。

九、善于用脑，开拓创新

在职场中，要勤于用脑，善于用脑。人的大脑就像一台机器，不用就会生锈。科学研究表明：人的大脑在一生中使用不到30%，至少有70%以上的潜能未能挖掘与发挥。在工作中，要学会科学用脑，充分挖掘和发挥大脑的潜能，充分利用自己的聪明才智，解放思想，开动脑筋，勇于开拓，大胆创新，才能取得一个又一个骄人的业绩，才能在竞争激烈的职场中脱颖而出，立于不败之地，创造辉煌事业，谱写壮丽人生。

十、历炼特长，打造优势

我们正处于知识爆炸、人才辈出的时代，职场竞争异常激烈。要想在复杂而激烈的职场竞争中脱颖而出，求得生存与发展，就必须练就一手绝活，具有与众不同或出类拔萃的特长。力争做到：人无我有，人有我优，人优我特。如突出的专业技能、出众的演讲才能、妙笔生花的写作能力、叹为观止的表演才能、叱咤赛场的体育特长、令人仰慕的书法技能、得心应手的电脑技术等都将为你的职业生涯增光添彩，如虎添翼。

十一、培养综合素质，造就复合人才

当今社会两类人才最吃香：一类是特长突出或在相关领域研究得特别深、特别精的"专、精、尖"特殊人才、专家，另一类则是知识全面、素质全面的复合型人才。如有的人能写会讲；有的人既有专业特长又有管理才能；有的人既有丰富的自然科学知识，又有一定的社会科学知识；有的人既懂专业，又通法律等。这类人在职场中往往能左右逢源、如鱼得水，比一般人机会更多。如记者、编辑、主持人等媒体工作人员，要求知识渊博，阅历丰富，既有较强的文字能力、语言表达能力，还要懂得一定的法律、政策，还要有一定的相关领域专业知识，以及敏锐的观察力、反应力等综合素质与才能。一般而言，党政机关、企事业单位管理人员、媒体从业人员等必须具备较高的综合素质。

【案例参考】王涛，湖南师范大学历史学专业毕业生。本科毕业后考取了某名牌大学新闻学专业的硕士研究生。该同学硕士毕业后应聘到某省级博物馆工作。参加工作不久，该博物馆要办一份报纸，急需既懂历史又有一定新闻编辑知识的人才。王涛理所当然成了最佳人选，成为该报主编。在工作中，他充分发挥所学的知识和才能，大显身手，如鱼得水，深得单位领导的器重和赏识，工作不到3年时间，就被该馆委以重任。

十二、加强学习，取长补短

我们正处在知识经济的时代，科学技术日新月异，知识每时每刻都在不断更新。每个职场人都必须树立终身学习的理念。现代社会学习理念要求我们：要善于在工作中学习，在生活中学习；要善于向同事学习，向领导学习，向下属学习；要善于向专家学习，向能者学习，向工农学习；要善于向好人学习，向道德模范学习，向成功人士学习；要善于向书本学习，向实践学习，向社会学习；要善于向前辈学习，向同辈学习，向晚辈学习。学习要善于利用时间，讲究方法，不耻下问。学习要与工作相结合，要与实践相结合。要不断反思，要不断总结提高。鲁迅先生有句名言：时间就是像挤牙膏一样挤出来的。俗话说：骏马能历险，犁田不如牛；坚车能载重，渡河不如舟。要善于学人之长，补己之短。既要学现代科技，也要学古典文化；既要学人文知识，也要学礼乐文化；既要学书本知识，也要学实践经验。把不断学习更多的知识作为一种习惯与职责。滴水成河，知识是靠一点一滴积累起来的。越是成功的人，他们越会抓住一切可以学习的机会去充电。

十三、管好业余时间，克服不良习惯

大学毕业以后5年、10年、20年，同学之间在学识、成就，以至于职位等方面差别很大。其原因是多方面的，其中一个重要原因是业余时间的管理。8小时

工作时间，大家都忙于工作，差别不大。现在实行双休日，5 天的工作时间内，除了 8 小时工作与 8 小时睡觉时间外，另外每天至少有 4 小时时间可以自由支配，两者加起来，每周可以自由支配的时间超过工作时间。对这段时间每个人利用的情况不同，每个人的发展也就大不相同。

业余时间尤其要克服几种不良习惯：如果你选择了懒惰，选择了每天打麻将、看电视、喝酒、交不良朋友，你实际上就等于选择了失败。知足、自满、保守、怯懦、孤僻、自以为是、狭隘、自私、骄傲、狂妄、消极、轻信、多疑、冲动等心理因素也会影响事业的成功，想要成功的人要注意克服不良习惯和不良心理因素。

十四、胸怀宽广，海纳百川

古往今来，凡能成大事者，必须具有像大海一样宽广的胸襟，有包容万物，海纳百川的气度。无论在工作中还是生活中，如果处处患得患失，斤斤计较，则很难赢得他人的信任、友谊和尊重。要树立"不怕吃亏，敢于吃亏，吃亏是福"的人生理念。俗话说：小不忍则乱大谋。在与他人发生矛盾时，进一步刀山火海，退一步海阔天空。在职场中，一定要学会忍让。"忍"就是一把刀放在心上，也要沉着冷静，不吭一声。韩信能忍胯下之辱方成就一番大事，曾国藩敢于提拔和重用自己的仇人故能创造一番伟业并流芳百世。要想在职场中呼风唤雨，就要有能屈能伸之大丈夫气概，就要有卧薪尝胆，忍辱负重的襟怀。

十五、学会感恩，善待他人

著名作家艾青有句名言："为什么我的眼里常含着泪水，因为我对这片土地爱得深沉。"古人云：万恶淫为首，百善孝为先。做人要学会感恩，要常怀感恩之心。俗话说：受人滴水之恩，当以涌泉相报。要感恩父母，感恩老师，感恩亲朋好友，感恩所有曾养育过你、教诲过你、帮助过你的人。

我们要学会善待他人。善待他人就是善待你自己。古人云：己所不欲，勿施于人。要严于律己，宽以待人。要善待父母，善待爱人，善待兄弟姐妹和其他亲人；要善待老师，善待同学，善待学生；要善待领导，善待下属，善待同事；要善待朋友，善待长者，善待弱者，善待所有有缘相识的人。

十六、加强锻炼，生命常青

俗话说：身体是革命的本钱，是事业成功的动力和源泉。皮之不存，毛将焉附？没有身体，就没有一切。先辈"出师未捷身先死，常使英雄泪满襟"的悲壮感叹，犹如警钟长鸣，时刻警醒我们。尤其是当今社会，竞争压力越来越大，工作任务日益繁重，必须加强身体锻炼。刚步入职场的大学生，既面临巨大的工作压力，又面临巨大的生活压力，同时又是长身体、打基础的时候，更应加强身体锻炼。锻炼身体也要讲究方法。要与自己的兴趣爱好相结合，要与工作相结合，要与学习相结合，要与生活相结合，要与自己的身体状况相结合。不能盲目锻炼，否则，有时不但达不到锻炼的效果，甚至还会起反作用。如，饭后不宜马上参加剧烈运动，高血压、心脏病等病人不宜参加剧烈运动。要坚持每天锻炼，长期锻炼，就像人每天都要吃饭一样。要日积月累，坚持不懈。特别是步入中年后，心血管病、糖尿病等众多病痛纷至沓来，更应倍加注意，每天都要挤出一些时间加强锻炼。要做到脑体平衡，才能提高工作效率，确保身心健康。生命之树要经常浇灌，用心浇灌，方能常青。

成功人士的 10 个优秀特质：一是心态开放；二是视野开阔；三是拥有自信；四是富有胆略；五是有效策划；六是高效行动；七是不断创新；八是整合平台；九是构建人脉；十是打造品牌。

人生 8 宝：（1）结交两种人：良师、益友。（2）配备两个医生：科学饮食与运动。（3）练好两种本领：说话让人喜欢，做人让人感动。（4）多吃两种"食粮"：乐于吃苦，勇于吃亏。（5）养成两种习惯：多看书与多思考。（6）追求两个一致：兴趣和事业一致，爱情与婚姻一致；（7）记住两个秘诀：健康秘诀在早上，成功秘诀在晚上。（8）发挥两个极致：把潜力发挥到极致，把生命延续到极致。

【案例参考】

San Deep 需要快车道

在 25 岁的时候，San Deep 已经拥有了令人印象深刻的领导经历。11 岁时她是女童子军的首领，高中曾经做过亚洲学生联合会的主席，高中和大学时代做过足球队的队长。她曾经连续 3 个夏天在她的家乡为无家可归的人组织捐赠食物。Deep 坚信，她的这些经历，加上她的正规教育，为她将来成为企业的领导者做了充分的准备。在大学里，Deep 的专业是信息系统和企业管理。

Deep 的第一份工作是在一家中等规模的咨询公司做商业分析师，主要是帮助客户使用大型测量系统，如企业软件。在最开始的时候，她就向团队领导者解释，说她更加希望成为企业的执行官，所以，她想在管理的道路上而不是技术的道路上发展。Deep 的团队领导者解释说，"我知道你急着成功，很多有能力的人士都盼望着晋升。但你必须首先证明自己是一名杰出的分析员，并且以此来开始你的职业生涯。"

Deep 想，"看起来公司需要一些证据来证明我是一块管理的料，因此，我就要努力工作，并且表现突出。"Deep 确实这样做了，对待她的客户、领导和同事都非常地热情和耐心。她开始的几次绩效评估都是非常突出的，但公司并不准备把她提拔到团队领导者的岗位上去。Deep 的团队领导者解释说，"Bob（团队领导者的上司）和我都认为你的表现非常优异，但最近我们公司的晋升很困难。公司正在缩减而不是在扩大，所以现在讨论晋升没有什么太大的意义。"

Deep 认为，如果要在现在的公司晋升成为团队领导者或者管理者需要很长的时间，因此，开始在她的领域内寻找新的职位。她找工作的进程比她所预想的要快。通过一家体育俱乐部的关系，Deep 获得了提供相同服务的一家大型咨询公司面试的机会，在 4 轮面试之后，Deep 成为该公司的高级商务分析师，在和原来相似的系统工作。在面试期间，Deep 再次强调，如果公司认为她能够胜任的话，自己想从事管理岗位工作的目标。她的第一份客户任务是帮助一个咨询团队建立一个联邦个人所得税询问中心。

在长达 1 个月的定位和培训计划之后，Deep 在新老板那里从事票据工作。在刚开始的时候，她又一次提醒她的主管和团队领导者，相对于技术性的岗位而言，她更加偏好管理工作。在 6 个月的辛勤工作之后，Deep 期待着她的第一次正式绩效评估。Deep 的团队领导者告诉她，她的表现比平均水平要好，但还没有达到杰出的水平。Deep 向他的领导者询问为什么她的表现没有被评为杰出的？她告诉她的经理和团队领导，"我需要一份杰出的评估来帮助我实现成为公司领袖的目标。"

公司的经理回答说，"我们的绩效评估是基于你对公司的贡献，我们不会为了帮助一位高级分析师实现她的职业目标而写绩效评估。并且，San，你想成为公司领袖的想法已经表达得很充分了，所以用你的行动去说话吧。"

当天晚上，Deep 和她的未婚夫 Ryan 见面，谈论她现在的两难困境，"Ryan，现在的问题是他们并不认可。我是领导的料，但他们并没有看到，我表现很好，并且让他们知道我的想法，但我的策略好像并不起作用。公司没有把我送上领导培养的快车道，这意味着我正在错过一个黄金的机会。我必须证明他们判断上的错误。"

Ryan 是一位人力资源专家，他回答说，"我听完你所说的，想给你一些好的建议。排除我喜欢你这一事实，请允许我在这里更加客观一些，你近来做了哪些事情能向公司证明你是块领导的料呢？"

问题

1. 这里面谁出了问题，San 还是咨询公司？

2. 你可以给 San 提供哪些建议，以帮助她获得更多的机会，被提升到公司的管理岗位上？

3. 你估计 Ryan 提供给 San 的建议会有什么样的效果？

【案例参考】

Colleen 的魅力挑战

Colleen McFerguson，现年 27 岁，她是 ValuMart 的营销专员，ValuMart 是最大的国际零售连锁店之一。它的总部在美国，但是它在加拿大、欧洲各国、日本和中国香港都有不俗的表现。Colleen 从 ValuMart 的一名收银员开始干起，两年后应邀参加了销售专员的培训项目。

作为销售培训生，Colleen 在纺织品上的表现相当不错。她的专长领域包括：男士、女士和儿童服装；亚麻制品和床上用品；男款和女款的珠宝；家具、装饰品。在连续若干年中，Colleen 的绩效评估总是得到高于平均水平和出色的得分。在主管给她写的主语中，她被形容为"勤奋的员工"、"了解营销的诀窍"、"具有用合适的价钱购买合适的产品的出色才能"、"团队合作良好"。

尽管有积极的绩效评估，而且还有积极的评语作为支持，Colleen 始终对于她在 ValuMart 的职业生涯感到不满。尽管她连续 5 年拥有出色的绩效表现，她仍然没有列为"Valu 追踪者"中的一员。Valu 追踪者是由一组营销和运营专家组成的团体，他们被认为是处在朝向未来公司领导者的快速通道上。这些领导者具有高层职位，诸如营销总监、地区副总裁以及商店经理等。

每当 Colleen 询问为什么她不能被邀请加入 Valu 追踪者团队的时候，她总是被告知她还在某种程度上没有做好进入这个精英团队的准备。她同时也被告知，不要对此感到失望，因为公司仍然很看重她的贡献。

有一天，Colleen 想："我马上就要 30 岁了，我现在需要在零售业开创一份伟大的未来。"因此她说服了她的老板、营销部门主管（Evan Tyler），为她安排一次包括 3 人在内的职业会谈：Colleen、老板以及老板的老板（Heather Bridges）——他是营销部门的经理。她提前让 Even 了解到，她希望在会上讨论她的潜在晋升问题。

Evan 用这样的话作为会议的开场白："Colleen，也许你可以再一次告诉 Heather 和我，你为什么希望召开这次会议。"

Colleen 回答说，"谢谢 Evan 的提问。就像我以前所提到的，我很奇怪你们认为我哪些地方做得不够好。我有很多对于我绩效的积极反馈，但一直不是 Valu 追踪者的一员。同时，在我和你谈论我希望成为营销方面的管理者，并最终成为营销执行官的时候，你总是会转换话题。我做错了什么呢？"

Heather 回答说："Evan 常常和我谈论我们所有营销专员的绩效和潜力。你是一名很好的员工，Colleen，但是，你缺乏一些成为领导所必须的素质。你可以很快而且安静地完成你的工作，但是，这还不够。我们需要 ValuMart 未来的领导者能够产生影响。"

Evan 补充道："我很同意 Heather 的意见，另外，Colleen，你很少能够主动提出建设性想法。我对于你提出的 3 方职业会谈的方式感到很震惊，因为这是你所做出的少数几种主动行为之一。你通常总是表现得很退缩。"

"那么，我应该做些什么才能让你们二位相信我可以成为 Evan 的管理者呢？" Colleen 问道。

Heather 回答："开始更像一名领导那样行动吧，变得更加富有魅力一些。" Evan 也点头赞同。

问题

1. 你可以为 Colleen McFerguson 提供怎样的职业建议？
2. 为了变得更具魅力，Colleen 可以做些什么？
3. 你认为 Valu 追踪者项目的公平性如何？

附录 I

大学生求职择业常见问题解答

1. 什么是毕业生资格审查?

每年 1 月份左右,各省教育厅(直辖市教育局)会对各高校上报的毕业生名册进行一次资格审查,称为毕业生资格审查。审查依据主要为本届毕业生入校时的新生录取名册和在校期间的异动情况,资格审查不合格的学生将不能参加就业派遣。

2. 毕业生就业推荐表审核的基本程序?

(1)学院教务办审核成绩单并签字盖章;

(2)学院学生工作办审核获奖情况、任职情况、评优情况等并签字盖章;

(3)学院相关负责人写出推荐评语,并加盖学院公章;

(4)学校就业办审核盖章。

3. 毕业生就业协议书签订的程序?

签订就业协议一般要经过如下程序:

(1)毕业生到学院学生工作办领取就业协议书;

(2)毕业生和用人单位达成就业意向后,双方在就业协议书上签字盖章;

(3)无独立人事权的用人单位报请上级主管部门在就业协议书上签字盖章;

(4)毕业生所属学院学生工作办审核就业协议,并签字盖章;

(5)学校就业办审核就业协议,并签字盖章。

4. 毕业生签订就业协议书需注意哪些问题?

目前,高校毕业生使用的协议书主要是《全国普通高校毕业生就业协议书》。生效后的协议书是学校制订就业派遣方案、用人单位申请用人指标和大学生就业行政主管部门办理"报到证"的主要依据,对签约的三方都有约束力。毕业生签订就业协议应注意以下几个方面:

(1)要注意弄清用人单位是否具备合法的主体资格。只有具备合法主体资格的单位,才拥有录用毕业生的自主权。因此,毕业生签订就业协议前,要仔细了解用人单位的主体资格,以免上当受骗。

（2）要按规定的程序签订就业协议。按照签订就业协议的程序，学校应是最后签章，但在实际工作中，有些毕业生为图方便，要求学校先盖章，再交用人单位签章，这样一来，容易造成两种不良后果：一是用人单位拿了协议书后迟迟不肯签章，一拖再拖，一两个月或更长时间后，突然找个理由说不能录用毕业生了，因用人单位未签章，协议尚未生效，毕业生有口难言，浪费了精力不说，还白白耽误了与其他用人单位签约的机会；二是个别用人单位未经协商便在协议书上增加一些毕业生不愿接受的条款，待毕业生提出异议，协议已经用人单位盖章生效，若要违约，毕业生又不得不承担赔偿责任。

（3）双方协商条款的内容必须在备注栏中注明。在毕业生与用人单位洽谈中，必然会就一些具体问题进行协商，达成一致意见后，协商条款一定要在备注栏中书面说明，并由双方签字盖章。备注栏中需要注明的条款一般有以下两类：

一是关于工资福利待遇、住房条件、服务期限等等。这些条款的提出，有利于保护毕业生的自身权益，毕业生报到后与用人单位签订劳动合同时，不需要重复协商此类问题。

二是明确违约处理办法。毕业生就业协议书一经订立，任何一方都不得随意解除，否则就应承担违约责任，但由于各种各样的原因，违约现象也是客观存在的。为维护自身权益，有必要约定双方违约所要承担的责任，如规定违约金数额等等。这样一来，若用人单位提出违约，毕业生可获得一定的补偿，若毕业生提出违约，也可避免一些用人单位不允许违约或漫天要价，从而使自己处于被动状态。

三是考研出国问题。若毕业生考研待录或准备出国，与用人单位签订就业协议时，一定要注明"毕业生考研录取或办理出国手续后，协议自行解除"等相关内容，这样就可避免承担违约责任，避免造成经济损失或引起其他争议。

5. 如何办理违约手续？

毕业生提出违约按以下步骤办理手续：

（1）征得用人单位的书面同意并承担规定的违约责任；

（2）本人写出书面申请，陈述违约的正当理由；

（3）学院分管学生工作的副书记签字同意；

（4）学校就业办审核同意；

（5）领取新的就业协议书。

6. 什么是劳动合同？

劳动合同是劳动者和用人单位确立劳动关系，明确双方权利和义务的协议。劳动合同应当以书面形式订立；劳动合同可以约定试用期，试用期最长不得超过六个月；劳动者解除劳动合同，应当提前三十天以书面形式通知用人单位。违反法律、行政法规的劳动合同，采取欺诈、威胁等手段订立的劳动合同为无效劳动合同。

7. 劳动合同有哪些基本条款？

根据《劳动法》的规定，劳动合同一般包括以下内容：（1）劳动合同期限；（2）工作内容；（3）劳动保护和劳动条件；（4）劳动报酬；（5）劳动纪律；（6）劳动合同终止的条件；（7）社会保险、福利待遇；（8）违反劳动合同者应当承担的责任；（9）双方认为需要规定的其他事项。其中，前八项为法定条款，第九项为协商条款。

8. 劳动合同的法律约束力的主要表现是什么？发生劳动争议怎么办？

劳动合同的法律约束力主要表现是当事人必须履行劳动合同规定的义务。用人单位与劳动者发生劳动争议，当事人可以依法申请调解、仲裁、提起诉讼，也可以协商解决，调解原则适用于仲裁和诉讼程序。劳动争议发生后，当事人可以向本单位劳动争议调解委员会申请调解。调解不成，当事人一方要求仲裁的，可以向劳动争议仲裁委员会申请仲裁。当事人一方也可以直接向劳动争议仲裁委员会申请仲裁。对仲裁裁决不服的，可以向人民法院提起诉讼。

9. 签订劳动合同应注意哪些问题？

（1）坚持平等自愿的原则。在签订劳动合同时，毕业生和用人单位是平等的民事主体，具有平等的法律地位，享有法律规定的平等权利，因此，双方必须坚持自愿的原则协商合同条款内容，任何一方不得将自己的意志强加给另一方，更不能采取欺诈手段订立劳动合同。

（2）合同内容必须合法，不得与相关法律法规相冲突。

（3）合同条款的表述要规范，语言表达要清楚，避免产生歧义。

（4）对用人单位提供的格式合同要认真推敲。有些用人单位为方便订立劳动合同，事先已拟好格式合同，毕业生在签订此类劳动合同时，一定要仔细阅读有关条款，对条款中出现的不愿接受的"霸王条款"要坚决拒绝，以免吃亏上当。

10. 毕业生求职时需避免哪些误区？

一是乱投简历。由于求职竞争激烈，应届生不愿放过任何一次机会。在这种心态下，一些应届生到处投递简历。不管自己是否符合要求，只要是觉得与自己的意愿、能力沾一点边，就把简历投出去。据介绍，在用人单位所收简历中，首先被筛选掉的是基本条件不符合岗位要求者。

二是自身定位模糊。一些应届生对自己的职业定位模糊，因此，求职时便缺乏针对性。制作简历时，由于要考虑到适应多种岗位的要求，往往面面俱到，自身的特长、优势不突出。最令用人单位不满意的是，一些应届生由于所投职位太多，最后连自己都记不住，竟然要向面试人员询问自己所应聘的职位。

三是漫天要价。很多应届生对人才市场薪酬行情缺乏了解，往往一厢情愿地漫天要价。殊不知，大多数用人单位都有自身的薪酬体系。即使求职者所提薪酬较低，用人单位也会依照自己的薪酬体系给予员工相应薪酬。应届生所开薪酬过高，只会吓跑用人单位。

四是礼仪欠缺。一些应届生面试失败，往往不是因为个人能力不够，而是因为礼仪方面的欠缺。大多数应届生是独生子女，在待人接物方面往往表现得不拘小节，给用人单位留下不好的印象。一些应届生在接到面试通知后，当面抱怨面试时间的安排。还有一些应届生在面试时不遵守约定时间，或提前，或迟到。不能参加面试时也不提前通知用人单位。这些在面试中暴露出的问题反映了一些应届生综合素质方面的缺憾。

11. 参加面试要注意哪些问题?

做好充分的思想和心理准备;充分认识自我，准确定位;充分了解用人单位和招聘官的相关情况;准备好求职推荐表、就业协议书;注意礼仪，准备好合适得体的服装;自信而不自夸;自谦而不自卑;语言表达准确、精练，普通话标准;讲究诚信，实事求是;不迟到、不早退、不无故缺席;不要贬损竞争对手;注意细节，讲究策略，随机应变。

12. 面试时有可能问到哪些问题?

(1) 你能简单介绍一下你自己吗?

(2) 你对我们单位有何看法?

(3) 我们为何要聘用你? 请举出 3~5 个聘用你的理由。

(4) 你在工作中追求的是什么?

(5) 你认为这个职务有哪些技能和知识是关键的?

(6) 你需要多长时间才能做出实绩呢?

(7) 简单概括一下你的工作风格。

(8) 你的同学如何评价你?

(9) 你的老师如何评价你?

(10) 你怎么评价你自己?

(11) 你希望在这个职位上得到多少薪水?

(12) 你为什么想到我们单位工作?

(13) 你还想应聘哪些职位呢?

(14) 你的奋斗目标是什么?

（15）你的强项是什么？你的弱点呢？

（16）你希望在 3 至 5 年内达至什么职务？有何打算？

（17）假如你获聘，在第一年内你想实现什么目标？

（18）有什么你希望我问而我没提及的问题？

（19）你有什么要问我们的吗？

（20）现在跟你竞争这一岗位的是你的同班同学，你能评价一下你的竞争对手吗？

（21）你认为在所有参加本次面试的同学中，谁最优秀？为什么？

13. 到外企面试要注意哪些问题？

第一，接到面试通知后，确认时间。为准时赶到，应考虑到堵车因素，提前出门。如果，还因为一些特殊原因不能准时到达，一定要在路上先打电话过去，说明原因。

第二，要注意仪表，着装要庄重大方。

第三，要善于"听"。面试开始，一般是面试人员先作公司介绍，让求职者从赶路的紧张状态中松弛下来，给你一个休息和静下来的时间。这时，你要"倾听"，表现出对这个公司这个职位很感兴趣，不能无所谓。外企的观点是你不了解我的公司怎会做好工作呢？

第四，自我介绍时，要着重介绍对方感兴趣的方面，多讲自己的长处，这不是自吹自擂，因为外企特别看重你的"自信"，如果光讲缺点，谁还会用你呢？还要注意根据应聘职位不同而介绍重点不同，比如应聘财会，就要讲中国的财会制度、法规等；而应聘营销则又大不一样了。

第五，要特别注意"提问题"。一般在面试快完的时候，外方让你提，你千万不能说"no problem"。为避免一时想不出，应聘前应准备几个问题，比如问公司发展前景、员工福利情况等，使他注意到你不仅仅看到了公司的现在，还关注他的前景，你在关心公司。如果你的回答是"没问题"，只说明你要么没有思维，要么对公司不感兴趣，不想干。报酬问题在第一次面试时一般不要谈，而且大跨国公司一般都有一套薪金制度，不需要你去关心，除非是他问到你希望多少工资时。这时你要了解市场行情，回答时给对方一个余地，比如说希望在"两千至三千"，同时说明，我不在乎你的工资，而在乎你的工作。提问时可问档案存放、住宿问题、社会保险等，你可以从中看出公司对你负不负责任。因为外企中也有些不太正规的小公司。

第六，有好的开始，也要有好的结束。你要注意，面试时公司还约有其他人，他会给每一个人打分（记录）。面试结束时你要说："非常感谢你给我一个面试机

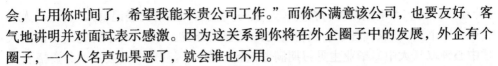

会，占用你时间了，希望我能来贵公司工作。"而你不满意该公司，也要友好、客气地讲明并对面试表示感激。因为这关系到你将在外企圈子中的发展，外企有个圈子，一个人名声如果恶了，就会谁也不用。

第七，注意练好外语（英语、日语等），特别是注重外语的听说能力，如用外语作自我介绍、回答问题等。

14. 什么是"国家编制"？

编制是国家人事部门对所管辖的国有单位（全民、集体）正式职工人数予以核定的方案，编制内职工的工资由国家财政支付。编制仅存在于国家财政拨款的政府机关、事业单位、国有企业、集体企业等公有制单位，非公有制单位不存在编制问题。

15. 什么是"择业期"？

按国家有关规定，毕业生从毕业之日起两年内为择业期。择业期内未落实就业单位的毕业生可以享受应届毕业生同等待遇。

16. "五保一金"指的是什么？

医疗保险、养老保险、公伤保险、生育保险、失业保险、住房公积金。国家规定每家用人单位都应给员工缴纳上述五保一金。

17. 什么是人事代理？

人事代理是政府人事部门所属人才流动服务机构接受单位和个人委托，依据国家有关人事政策和法规，对其人事业务、人事档案及相关事宜进行集中、规范、统一的社会化管理和系列服务。

对通过聘用形式灵活就业的毕业生而言，办理人事代理解决了两方面的问题：一是户口问题；二是合法权益问题，即毕业生不论在何种类型单位（包括私营、三资或民营企业）工作，其应有的社会、政治待遇和人事服务都得到保障，例如保留干部身份、转正定级、工龄连续计算、国家规定的档案工资调升、职称申报、出国政审、党团管理、代办社会保险及住房公积金、各种证件审核、购买经济适用房等。

18. 哪些毕业生需要办理人事代理？

毕业生到不愿或不能接收人事档案关系的用人单位就业，均可申请办理人事代理，如外资企业、乡镇、区街企业，集体、私营企业、民办机构等。此外，暂无接收单位又想落户当地的毕业生也可办理人事代理手续。

19. 如何办理人事代理？

（1）办理人事代理需准备下列材料：①就业报到证；②户口迁移证；③身份证复印件；④毕业证复印件；⑤身份证大头照片2张；⑥就业协议书、员工聘用

（劳动）合同、人事档案等材料。（2）填写《代理人员情况登记表》，签订《人事代理合同书》，领取代理证，交付规定的代理服务费。（3）一年后凭代理证到人才中心领取《大中专毕业生见习期满考核签证表》、《初定专业技术职务资格表》，办理转正定级和初定职称手续。

20. 哪些机构可以办理人事代理？

全国各地取得人事代理资质的人才交流中心均可以办理人事代理。

21. 毕业生离校时需取得哪些材料？

毕业生离校时一般应取得以下材料：（1）毕业证、学位证：由教务处委托学院教务办发放；（2）报到证：由学校就业办委托学院学生工作办发放；（3）户口迁移证：由学校保卫处委托学院发放；（4）组织关系：学生党员必须到学校组织部办理组织关系转移手续；（5）档案：由学校就业办转递。

22. 户口是如何转迁的？

应届毕业生户口是根据毕业生就业报到证上的单位地址转迁的。户口已迁入学校的毕业生户口由学校保卫处户籍管理科负责办理，户口尚在原籍的毕业生户口由毕业生本人凭就业报到证在原籍派出所办理。就业报到证、户口迁移证、毕业证是毕业生在就业单位所在地办理落户手续必须递交的材料。

23. 就业报到证有什么作用？

报到证的用途主要包括：（1）到接收单位报到的凭证；（2）证明持证的毕业生是纳入国家统一招生计划的学生；（3）凭报到证及其他有关材料办理户口手续；（4）干部身份证明；（5）人才服务机构存档的证明。

24. 如何办理就业报到证？

毕业生在学校就业方案制定前（每年约为6月10日左右）签订了就业协议书的，由学校就业办统一到省（市）大中专学生信息咨询与就业指导中心办理。毕业生在学校就业方案上报后落实就业单位或要求改派的，由学校就业办开具介绍信，毕业生自行到省（市）大中专学生信息咨询与就业指导中心办理。

25. 毕业生档案是如何转递的？

毕业生档案由学院毕业生辅导员负责整理，在毕业生离校后10天内由学院移交学校就业办，通过当地机要局发送。

26. 哪些用人单位可以接收毕业生档案？

根据我国《档案法》的有关规定，一般只有县团级以上公有制单位、知名的大型非公有制单位（不含外企、合资企业、三资企业，其法人代表必须是中国公民）才能接收档案。县教育局、人事局等县级以上（含县级）可以接收档案。

27. 毕业生档案袋中主要有哪些材料？

主要材料包括：毕业生读大学之前的有关材料，如高考报考登记表等；高等学校毕业生登记表、成绩单、学位表、奖惩材料、学年鉴定表、入党（团）志愿书、体检表、全国普通高校本专科毕业生就业通知书。上述材料如有遗失，可向相关职能部门申请补办（如学院学工办、学工处、教务处等）。

28. 已派遣的毕业生如何办理改派手续？报到证遗失如何补办？

已派遣的毕业生在毕业后一年内（未转正定职）因故与单位解除了就业协议，并落实了新的就业单位，可以办理改派手续。改派前毕业生需先办理好违约手续，并领取新的就业协议书（具体要求见相关问题）。然后，毕业生持原就业协议书、原就业报到证、原单位同意改派的书面证明，与新接收单位签订的就业协议书、毕业证书等到校就业办公室开具介绍信并填写改派申请表，再凭上述材料到省（市）大中专学生信息咨询与就业指导中心办理新的就业报到证。

自毕业之日起两年内，若毕业生报到证遗失，需先到公开发行的报纸上刊登遗失启事，声明作废，再凭该报纸到校就业办公室开具介绍信及证明，持上述材料到省（市）大中专学生信息咨询与就业指导中心补办就业报到证。

29. 参加"大学生志愿服务西部计划"有哪些优惠政策？

为鼓励高校毕业生积极参加大学生志愿服务西部计划，团中央、教育部、财政部、人事部联合做出决定，参加西部计划的志愿者除享受国家规定的高校毕业生就业优惠政策外，还可以享受十项优惠政策：（1）服务期间志愿者享受每月600元/人的生活补贴，在西藏服务的，每月800元/人，按月发放；交通补贴按志愿者入学前户籍所在省省会城市和服务省省会城市之间的距离划分为不同的等级确定，按年发放；办理人身意外伤害、住院医疗等保险。（2）服务期间计算工龄，党团关系转至服务单位。服务期间户口和档案保留在毕业学校。（3）服务期间可兼职或专职担任所在乡镇团委副书记、学校及其他服务单位管理职务。（4）服务期满考核合格，报考研究生的，总分加10分。（5）服务期满考核合格，可以应届高校毕业生身份报考国家机关公务员。报考中央国家机关和东、中部地区公务员的，同等条件下，优先录取；报考西部地区公务员的，笔试总分加5分。（6）服务期满将对志愿者做出鉴定，并存入本人档案。考试合格的颁发证书，作为志愿者服务经历和就业、创业的证明。（7）在录用党政机关公务员和新增国有企事业单位专业技术人员、管理人员时优先录用。（8）服务期为1年、服务期满考核合格的，授予中国青年志愿者服务铜奖奖章。服务期为2年、服务期满考核合格的，授予中国青年志愿者服务银奖奖章，表现优秀的授予中国青年志愿者服务金奖奖章，表现特别优秀的推荐参加中国青年五四奖章、中国十大杰出青年、中国十大青年志愿者等评选。（9）服务期间，享受往返于入学前户籍所在地与服务地之间每年四次火车硬座票半价优惠。（10）对于上学期间办理助学贷款、服务期间还贷确有困难的，各高校应积极协调银行等有关方面，为其延期还贷提供帮助。——转自共青团中央、教育部、财政部、人事部《关于做好 2004 年大学生志愿服务西部计划工作的通知》。

30. 鼓励毕业生到西部和艰苦边远地区就业有哪些优惠政策？

对到西部县以下基层单位和艰苦边远地区就业的高校毕业生，实行来去自由的政策，户口可留在原籍或根据本人意愿迁往西部地区和艰苦边远地区。工作满 5 年以上的，根据本人意愿可以流动到原籍或除直辖市以外的其他地区工作，凡落实了接收单位的，接收单位所在地区应准予落户；需要人事代理服务的，由有关机构提供全面的免费代理服务。对毕业后自愿到艰苦地区、艰苦行业工作，服务达到一定年限的学生，其在校期间的国家助学贷款本息由国家代为偿还。到艰苦边远地区和国家扶贫开发工作重点县就业的，可提前执行转正定级工资，高定 1 至 2 档工资标准。在艰苦地区工作 2 年或 2 年以上者，报考研究生的，应优先予以推荐、录取，报考党政机关和应聘国有企事业单位的，在同等条件下，应优先录用。——转自共青团中央、教育部、财政部、人事部《关于做好 2004 年大学生志愿服务西部计划工作的通知》。

31. 大学生自主创业有哪些优惠政策？

凡高校毕业生（含大学专科、大学本科、研究生）从事个体经营的，除国家限制的行业（包括建筑业、娱乐业以及广告业、桑拿、按摩、网吧、氧吧等）外，自工商行政管理机关批准其经营之日起，1 年内免交个体工商户登记注册费（包括开业登记、变更登记，补换营业执照及营业执照副本的费用）、个体工商户管理费、集贸市场管理费、经济合同签证费、经济合同示范文本工本费。

高校毕业生申请个体工商户设立登记时，应当向登记机关出具普通高等学校颁发的毕业证书、个人身份证，以及省级高校毕业生就业工作主管部门签发的就业报到证；登记机关核实无误后，依法办理登记注册手续，并在报到证上注明登记注册时间、加盖登记机关印章后退回本人，在个体工商户营业执照经营者姓名后注明：高校毕业生；高校毕业生凭个体工商户营业执照免交上述规定的有关费用。

32. 什么是"选调生"？

省委组织部、省人事厅、省教育厅每年都会共同选拔一批品学兼优的普通高校应届毕业生充实到乡镇等基础单位工作，这批学生称为"选调生"。选调对象为全日制普通高校国家任务应届毕业生。

33. "选调生"录用有哪些基本程序？

根据湖南省委组织部、人事厅、教育厅湘组〔2006〕1 号《关于做好 2006 年选调生工作的通知》精神，我省高校毕业生参加"选调生"录用考核有以下程序：

（1）推荐报名：学校一般由党委组织部负责选调生推荐和报名等相关工作，校毕业生就业指导中心和院（系）党组织配合。推荐工作步骤：学生本人写出书面申请，表明个人选调去向，并填写《湖南省选调到乡镇（街道）工作的优秀毕业生推荐表》；院（系）党组织按照选调条件，认真核实申请学生的有关材料，根据其表现情况和个人意愿，向校党委组织部推荐；各校党委组织部、学生处和毕业生就业指导中心对各院（系）推荐的对象进行审查和筛选，确定推荐对象名单，并在推荐表上签署意见。各校推荐对象人数不限。每一推荐对象只能向一个市州推荐。推荐对象一般在4月10日左右到省里报名参加选调生国家公务员和机关工作人员录用考试，省内高校可由学校统一组织报名，资格审查合格的报考人员由选调办发给笔试准考证。

（2）录用考试：考试时间一般在4月份进行。考试科目为《行政职业能力倾向测验》和《申论》。考试不指定复习用书，考试范围以当年考试大纲为准。

（3）确定考察对象：全省统一划定考试总成绩合格线。根据考试总成绩，以市州为单位，从报考同一市州考试总成绩在合格线以上的对象中由高分到低分，按选调计划1：2的比例确定考察对象。达不到比例的，按考试总成绩在合格线以上的实际人数确定考察对象。为提高选调生质量，以下对象考试总成绩加5分：研究生；省部级"三好学生"、省部级"优秀毕业生"；教育部直属高校和进入"211"工程的高校院以上团组织、学生会正副职；一般大学校级团组织、学生会正副职。以下对象考试总成绩加2分：少数民族学生，志愿到湘西自治州工作的学生。同时符合两项以上加分条件的，取其中最高的一项，不能累加。

（4）组织考察：适时组成考察组，到有关高校进行考察。根据考察对象的综合素质，择优确定体检对象。考试总成绩只作为确定考察对象资格的条件，不作为确定体检对象的依据。

（5）体检：体检工作参照《湖南省国家公务员录用体检试行办法》和新修订的《湖南省国家公务员体检项目和标准》实施。体检合格者正式确定为选调对象。选调对象应与各市州委组织部签订就业协议，若选调对象违约，按有关规定承担违约责任。

（6）工作安排：选调生一般安排到领导班子团结、党政主要领导热心培养年轻干部的乡镇（街道）工作，在综合性较强、能较快熟悉全面工作的岗位上锻炼。选调生的国家公务员和机关工作人员录用手续由各市州委组织部统一办理。按照湘政办发〔1994〕5号文件规定，选调生不实行试用期工资待遇，可提前定级。

34. 如何鉴别留学中介机构的合法性?

合法的中介服务机构应具备两份重要证件,二者缺一不可:一是注有"留学中介服务"字样的工商部门颁发的有效营业执照;二是由教育部核发的《自费出国留学中介服务机构资格认定书》。

35. 如何办理出国留学中介服务手续?

在办理出国留学手续时,务必要与留学中介服务机构签订按顺序编号的出国留学中介服务协议书,并注意协议书中双方的权利、义务是否合理,有无关于退费的规定等。在选择留学国家和学校时,应了解中介机构是否与该国学校签订了有效的合作协议,并可要求中介机构出示我驻外领事馆的认证文件。消费者在递交各项申请材料时,务必要保证各项材料的真实性,否则,其合法权益将得不到保障。

36. 公务员招考一般程序如何?

公务员招考按照各级人事部门的统一部署开展,具体细节上各地及各部门会有差异,要以主管招考的相关部门的规定为准。一般来说,公务员招考有以下一些步骤:(1)发布招考公告(简章)。公告(简章)内容包括:招考单位、职位、专业、人数、资格条件、报名方式、考试科目、内容、报名及考试时间和地点等。(2)报名。如有网上报名须先在网上填写相关资料,然后将其打印出来,在规定时间持相关证件,到指定地点进行资格确认。如果只是现场报名,考生要到指定的报名点办理报名手续。考生一般应持以下报名材料:应届毕业生持本人身份证、学生证、《应届毕业生就业推荐表》、成绩单、近期正面免冠照;其他人员持本人身份证、户口本、学历证和有关证明材料以及本人近期正面免冠照。(3)考试。考试包括笔试和面试,笔试一般都统一命制试卷、统一考试时间,并统一组织阅卷评分。对笔试合格的考生,依笔试成绩高低顺序,按招考职位拟录用人数1:3的比例由人事部门确定面试对象,面试时间会有差异,届时会有通知,并在相关网站公布。(4)体检和考核。对面试合格的考生,按笔试、面试成绩各占50%的比例合成总成绩,依总成绩高低顺序,按照招考职位拟录用人数等额确定体检、考核人选。体检不合格者,按成绩高低顺序依次补上。(5)录用。根据考生总成绩高低顺序和体检、考核结果,分类择优拟定录取人选,报省人事部门审批。(6)试用期。新录用的国家公务员,试用期为1年。试用期满合格的,予以正式任职;不合格的,取消录用资格。

附录 Ⅱ

关于鼓励和扶持大学生自主创业的
政 策 意 见

　　大学生是宝贵的人才资源，也是重要的创业主体。坚持以创业带动就业，最大限度地引导大学生走自主创业之路，既是扩大就业容量、缓解就业压力的重大举措，也是推动科学发展、构建和谐社会的客观要求。为大力实施"人才强市"战略，深入贯彻落实市委、市政府《关于大力推动创业富民加快建设创业之都的若干意见》（长发〔2008〕23号），按照"市场调节、自主创业、政府引导、配套服务"的基本原则，激发广大大学生自主创业的内在动力，加快推动创业式发展，建设创业型社会，现就鼓励和扶持大学生在长自主创业提出如下政策意见。

　　一、明确鼓励和扶持对象

　　（一）本政策意见所鼓励和扶持的大学生自主创业，主要是指具有高等专科院校学历以上的大学生、硕士研究生、博士研究生，在读期间或毕业两年以内在长初始创办各类企业或从事个体经营，并担任所创办企业或个体工商户的法人代表。

　　（二）大学生到农村创办现代农业项目，规模种植面积超过50亩、规模养殖年总值超过20万元，或创办各类专业合作社等经济组织和经济实体的，纳入本意见鼓励和扶持范围。

　　（三）对零就业、下岗失业、低保户和残疾人家庭大学生自主创业的，给予重点鼓励和扶持。

　　二、建设大学生创业基地

　　（一）凡新增大学生创办企业20家以上的产业园区（基地、大学、大厦）、吸纳大学生创办企业10家以上的企业，可经市推进创业富民工作领导小组办公室（以下简称创业办）认定为大学生创业基地，每年给予30~50万元资金补贴。

　　（二）大学生创业基地要加大标准产业用房和产业公寓的建设力度，其城区工程报建费均按照长沙高新技术产业开发区工业用地标准执行，国土部门应优先安排建设用地，房产部门也应及时办理产权登记。力争通过三年的努力，基本满足大学生自主创业的需求。

三、多渠道解决大学生创业场所

（一）入驻大学生创业基地的大学生自主创办企业，由创业基地提供经营用房，第一年按每月 900 元、第二年按每月 700 元、第三年按每月 500 元减免经营用房租金。在长没有家庭住所的，可由创业基地提供三年免费创业公寓或宿舍。创业基地不能提供免费住处的，可参照廉租房政策，由房产部门给予每人每月 160 元廉租住房补贴。

（二）在大学生创业基地以外租赁经营场所自主创办企业的，三年内由房产部门给予经营场所租赁补贴，第一年按每月 800 元、第二年按每月 600 元、第三年按每月 400 元给予补贴。在长没有家庭住所的，可参照廉租房政策，由房产部门给予每人每月 160 元廉租住房补贴。

四、加大创业自主力度

（一）市本级每年从创业扶持奖励资金中安排 3000 万元（其中市创业富民专项扶持奖励资金新增预算部分列支 1100 万元，科技、工业、商贸、农业专项经费中分别列支 1000 万元、500 万元、200 万元、200 万元），区（县市）每年从创业扶持奖励资金中安排 1000 万元，设立市、区（县市）两级大学生创业扶持奖励资金，主要用于大学生自主创业的各种扶持、奖励和贷款贴息。

（二）大学生创业项目申请无偿资助的，由相关部门审批，每个项目一般在 20 万元以内，且不超过企业自有资金的投入额度。首批拨付审批总额的 60%，其余部分在首期资助资金通过考核审计后即予拨付。对申请财政贷款贴息的，经审核贴息期限一般不超过 2 年，年贴息总额度最多可达 10 万元。

（三）各区（县市）要成立小额贷款担保机构，市财政根据各区（县市）政府担保资金规模 2：1 予以补助。鼓励设社会贷款担保机构支持大学生自主创业，市、区（县市）两级财政通过适当补贴的方式帮助其降低经营风险。大学生自主创业的，可到户口所在地社区劳动保障管理服务中心申请最高 5 万元的小额担保贷款。大学生合伙经营或组织起来就业并具备一定自有资金和相应反担保条件的，可按其吸纳人员人均 5 万元以内的额度给予担保贷款，最高为 50 万元。从事微利项目的，享受两年财政全额贴息。

（四）对大学生自主创办的新兴项目，根据企业规模可给予最高 200 万元的小额担保贷款扶持。贷款期限最长为两年，由同级财政部门按贷款基准利率的 50% 给予贴息。

（五）鼓励大学生以创业项目为平台积极争取国家和省专项资金支持，争取社会风险投资和银信机构融资，市创业扶持奖励资金在所争取资金或融资总额的

10% 以内给予支持（单个项目最高可达 10 万元），帮助创业主体降低融资风险。

（六）大学生自主创业的科技项目获得上级资助资金的，由市、区（县市）科技部门分别给予上级资助金额 30%、20% 配套，配套资金不低于 5 万元；对获得上级部门立项的项目或创新成果但未获得资金支持的，给予 5～10 万元不等的一次性资助。

（七）由市创业富民领导小组牵头，每年评选 30 个市级大学生自主创业成功典型，每个给予 5～8 万元奖励，奖励资金必须用于企业追加投资扩大再生产。

五、落实税费优惠政策

（一）大学生自主创业三年内，同级财政采取先征后返的方式减免其营业税和个人所得税的地方所得部分，市属行政事业性收费全免；经评定为成长性好的项目，可继续享受两年政策优惠。

（二）各级公共就业服务机构和人才服务中心要建立大学生档案免费托管制度，自主创业、灵活就业、登记失业的大学生可将档案交由高校毕业生就业工作相关职能部门进行免费管理。对择业期内回原籍的大学生，公共就业服务机构免费提供档案托管服务。

（三）鼓励大学生积极投身创新实践，自主创业三年内申请专利、商标、软件著作权等无形资产的，由纳税地知识产权部门对申请费用给予全额补贴。

六、开展创业培训辅导

（一）由劳动保障部门牵头，对大学生开展 SIYB（创办和改善你的企业）培训等免费创业培训，确保每个有创业意愿的大学生参加一次以上创业培训。

（二）大学生到定点创业培训机构参加创业培训合格的，由劳动保障部门按规定提供创业培训补贴。完成 GYB（产生你的企业想法）培训每人补贴 100 元，完成 SYB（创办你的企业）培训每人补贴 500 元。实现自主创业的，凭相关证照再给予每人 800 元补贴。对已经参加技能培训并有创业愿望和创业能力的大学生，可继续接受 SYB 培训，按规定给予相应的培训补贴。

（三）鼓励和引导高等院校实施创业教育培训，将大学生创业技能培训逐步纳入课程设置和讲授范围，采取多种方式培养学生创业意识，提高大学生创业综合素质。积极引入国内外著名创业培训机构，由大学生创业基地提供经营场所，并按照鼓励大学生自主创业政策给予租金减免。

（四）由各级创业办牵头，聘请创业培训老师、成功企业家和政府有关部门专家组建创业导师团，采取单个辅导、会诊辅导、授课辅导、陪伴辅导、咨询辅导等方式，帮助大学生提高创业实践能力。对创业导师团成员，根据个人工作业绩给予工作奖励和生活补助。

七、完善创业服务和保障

（一）以教育部门为主，对创业政策实施一次性告知，并配套发放《大学生在长创业服务指南》。

（二）在放宽创业准入条件的基础上，对大学生自主创业进行工商登记注册的，工商部门免收登记类、证照类收费，并设立大学生创业注册登记绿色通道，凡大学生注册登记非禁止、非限制类发展项目且无重大要件缺失的，实行即到即办；免费为大学生自主创业办理税务登记证，并提供免费税务知识培训。

（三）按照放宽大学生落户政策的有关规定，凡大学生在长自主创业的，评"三证一簿"（身份证、毕业证、毕业生就业报到证和户口簿）和工商登记证明，即可到公安部门办理落户手续。

（四）由劳动保障部门和民政部门牵头，实施"创业挫折关怀行动"，创业遇到严重挫折的大学生可按规定享受失业保险待遇，纳入社会救助范围，切实解决其面临的现实生活困难。

（五）相关部门和产业园区要立足自身职能，拓展有利于大学生自主创业的公共服务平台，积极创优服务环境，为自主创业大学生提供招商推介、项目融资等全方位服务。

（六）严禁乱收费、乱罚款、乱摊派、乱检查，严厉查处各种侵犯大学生等创业主体合法权益的违法违纪行为。

八、附则

（一）在现行政策的基础上，落实本意见形成的相关部门新增资金缺口，由同级财政从公共服务预算中列支。

（二）将大学生创业作为创业富民的重要内容纳入绩效考核，由各级创业办和绩效考核办督促落实。

（三）本政策意见自发布之日起试行，由长沙市创业办负责解释。

中共长沙市委

长沙市人民政府

2009 年 3 月 26 日

附录 Ⅲ

全国知名招聘网站

1. 中华英才网 www. chinahr. com
2. 中国人力资源网 www. hr. com. cn
3. 中国高校毕业生就业服务信息网 www. myjob. edu. cn
4. 中国国家人才网 www. newjobs. com. cn/index. htm
5. 中国职业咨询网 www. career163. com
6. 中国国际人才开发中心 www. chinascanning. com
7. 中国资讯网 www. onchina. com
8. 中国人才网 www. chinatalent. com. cn
9. 中国招聘求职网 www. 528. com. cn
10. 前程无忧 www. 51job. com
11. 智联招聘 www. zhaopin. com
12. 搜职网 www. globehr. com
13. 新浪 www. sina. com
14. 搜狐 www. sohu. com
15. 上海高校毕业生就业信息网 www. firstjob. com. cn
16. 中南人才网 www. znrc. com
17. 南方人才网 www. southjob. cn
18. 科锐人才网 www. chinacareer. com
19. 北京人才网 www. bjrc. com. cn
20. 华夏英才网 www. job163. com. cn

参考文献

［1］［美］荣福莱（Ron Fry）．世界最佳企业面试指导［M］．靳北翔，译．北京：中央编译出版社，2005．

［2］［美］Robert D. Lock．求职指导［M］．时勘，曾重凯，等，译．北京：中国轻工业出版社，2008．

［3］［美］ANDREW J. DVBRIN．职业心理学［M］．姚翔，陆昌勤，等，译．北京：中国轻工业出版社，2008．

［4］［英］雪莉·詹纳（Shirley Jenner）．大学生求职指南［M］．秦岩，译．北京：电子工业出版社，2003．

［5］［美］马修·麦凯、玛莎·戴维斯、帕特里克·范宁．人际沟通技巧［M］．郑乐平，刘汶蓉，译．上海：上海社会科学院出版社，2005．

［6］［美］S·E·Taylor L·A·Peplau D·O·Sears．社会心理学［M］．谢晓非，谢冬梅，张怡玲，郭铁元，等，译．北京：北京大学出版社，2004．

［7］［美］雷恩·吉尔森．选对池塘钓大鱼［M］．彭书淮，编译．北京：机械工业出版社，2004．

［8］北京纽哈斯国际教育咨询有限公司．求职圣经［M］．北京：机械工业出版社，2005．

［9］徐小平．骑驴找马［M］．北京：光明日报出版社，2003．

［10］蓝天．我能！求职应聘实战指南［M］．北京：北京大学出版社，2005．

［11］公务员录用考试命题研究小组．面试及心理素质测评［M］．北京：中国人事出版社，2006．

［12］周盈，文戈．面试教程［M］．北京：中国铁道出版社，2008．

［13］谯一河．高人一筹的求职秘诀［M］．北京：中国纺织出版社，2004．

［14］中国企业人才网．求职易经［M］．北京：中共中央党校出版社，2005．

［15］张春健．创业空手道［M］．北京：经济科学出版社，2003．

［16］樊丽丽．趣味创业案例集锦［M］．北京：中国经济出版社，2005．

[17] 熊源伟. 公共关系学 [M]. 合肥：安徽人民出版社，2000.

[18] 田光哲，张春林. 创业技能的基础指导 [M]. 北京：中国劳动社会保障出版社，2004.

[19] 萧天石. 世界伟人成功秘诀之分析 [M]. 北京：华厦出版社，2007.

[20] [美] 奥里森·S·马登 (Orison Swett Marden). 伟大的励志书 [M]. 文夫，译. 青岛：青岛出版社，2007.

后 记

　　就业不仅是关乎大学生生存与发展的大事，关乎千万个家庭和睦与幸福的大事，也是关乎社会和谐与安定的大事，更是关乎民族兴衰、国家兴亡的千秋大业。为更好地帮助广大高校毕业生驰骋职场、决胜职场，我们根据教育部相关要求，结合广大大学生就业与职业发展的实际情况，组织编写了大学生职业生涯辅导系列教材。本教材是湖南师范大学长期从事大学生就业指导工作的教师在总结课堂教学经验和实际工作经验的基础上，参考相关权威资料，精心编写而成，是我校广大职业生涯指导工作者智慧和汗水的结晶。

　　大学生职业生涯辅导系列教材的成功编写与出版发行，受到了湖南师范大学党政领导的高度重视与大力支持，得到了湖南师范大学出版社、教务处及各学院和相关部门领导、兄弟院校同仁的关心与支持，在此，谨致衷心的谢意！并向付出辛勤劳动的各位作者表示衷心感谢！

　　教材撰写作者分别为：职场名言，黎大志、姚金海；第四章、第八章及附录Ⅱ、Ⅲ，姚金海；第一章，颜中玉；第二章，梁勇；第三章，周彩姣；第五章，罗嵘；第六章，王齐、陈君；第七章，周劲松；第九章，姚金海、王云；附录Ⅰ，周俊。全书最后由黎大志、姚金海同志负责修改、统稿，莫燕同志协助统稿、校稿，由黎大志、刘祎同志审阅、定稿。

　　本教材参考和引用了一些著作、论文资料，未能一一指明出处，在此谨向这些作者表示感谢，并致歉意。

　　由于时间仓促、水平有限，本书有许多不足之处，需要不断改进与完善。热忱欢迎广大读者及专家同仁们提出宝贵意见，我们定当虚心接受，使之更上一层楼。

编 者

2009 年 9 月